Martin Kohlrausch

·

# Brokers of Modernity

## East Central Europe and the Rise of Modernist Architects, 1910–1950

Leuven University Press

Leuven

2019

Мартин Кольрауш

# Предвестники современности

Восточно-Центральная Европа и подъем архитекторов-модернистов 1910–1950

Academic Studies Press

Библиороссика

Бостон / Санкт-Петербург

2023

УДК 72.036
ББК 85.113
К62

Перевод с английского Анастасии Рудаковой

Серийное оформление и оформление обложки Ивана Граве

Фото Мартина Кольрауша — © Rob Stevens

Опубликовано при поддержке Университетского фонда Бельгии
https://www.fondationuniversitaire.be

Были предприняты все усилия для того, чтобы связаться со всеми обладателями авторских прав на иллюстративный материал, содержащийся в данном издании. Владельцев авторских прав, считающих, что иллюстрации были воспроизведены без их ведома, просим связаться с издательством.

**Кольрауш, Мартин.**

К62 Предвестники современности. Восточно-Центральная Европа и подъем архитекторов-модернистов. 1910–1950 / Мартин Кольрауш ; [пер. с англ. А. Рудаковой]. — СПб.: Academic Studies Press / Библиороссика, 2023. — 484 с. : ил. — (Серия «Современная европеистика» = «Contemporary European Studies»).

ISBN 979-8-8871934-8-9 (Academic Studies Press)
ISBN 978-5-907532-97-7 (Библиороссика)

Книга Мартина Кольрауша рассказывает о том, как страны Восточной и Центральной Европы превратились в полигон для испытания новой системы взглядов модернизма. Сочетание интернационализма организации CIAM и модернизационных устремлений новых государств, появившихся после 1918 года, позволило архитекторам-модернистам выйти далеко за пределы своих областей — за что порой они были вынуждены платить высокую цену. В этом исследовании на примере Польши и других стран впервые рассматривается динамика развития группы архитекторов-модернистов: как они получали квалификацию, как организовывались, общались и пытались жить в стиле модернизма.

УДК 72.036
ББК 85.113

ISBN 979-8-8871934-8-9
ISBN 978-5-907532-97-7

© Leuven University Press, 2019
© Martin Kohlrausch, text, 2019
© А. Рудакова, перевод с английского, 2022
© Academic Studies Press, 2023
© Оформление и макет.
ООО «Библиороссика», 2023

# Благодарности

Исследование и написание этой книги оказались долгим путешествием, которое не всегда следовало очевидным маршрутом. Однако на этом пути я получил возможность воспользоваться многими соображениями других людей.

Книга началась с нескольких общих идей, разработанных в сотрудничестве с Хайнцем Райфом в Берлинском техническом университете. Основы были заложены в длительный период моей работы научным сотрудником в Германском историческом институте в Варшаве и совместного с Катрин Штеффен и Штефаном Видеркером исследования роли квалифицированных специалистов в Восточно-Центральной Европе. Щедрая стипендия Дильтея от VolkswagenStiftung позволила мне выйти в своих изысканиях за рамки польского материала, а группа Регины Шульте в Рурском университете в Бохуме создала для этого вдохновляющую обстановку.

Одной из причин того, что написание этой книги заняло больше времени, чем планировалось изначально, явился мой чрезвычайно стимулирующий опыт командной работы в рамках проекта «Создание Европы» (Making Europe), а также возможности для совместной интеллектуальной работы, предоставленные Нидерландским институтом углубленного изучения гуманитарных и социальных наук (NIAS) в Вассенаре. Хочу выразить особую признательность Рут Олдензил, Андреасу Фиккерсу, Йохану Схоту и Хельмуту Тришлеру за то, что благодаря им это время оказалось столь плодотворным.

Когда семь лет назад Лёвенский католический университет предложил мне вступить в его ряды, я столкнулся с еще одним препятствием на пути завершения книги. Но здесь, в научно-исследовательском подразделении «Современность и общество» (MoSa), я встретил коллег, совместная работа с которыми означает нечто гораздо большее, чем просто работа.

На разных этапах работы над рукописью огромную пользу мне приносила информация с различных исследовательских коллоквиумов. За предоставленную мне возможность обсуждать свои идеи и наработки, а также за многочисленные дельные вопросы и советы, полученные в исследовательских группах, я хотел бы поблагодарить Кристиану Айферт и Томаса Вельскоппа, Люциана Хёльшера, Константина Гошлера, Бохум, Ульриха Герберта, Фридриха Ленгера, Дирка ван Лаака, Пауля Нольте и Конрада Яруша, Йоханнеса Паульмана, Корнелию Раух, Бернда Рёка, Мартина Шульце-Весселя, Якоба Фогеля, Клеменса Циммермана, а также Маркуса Функа и группу CCGES (Канадский центр немецких и европейских исследований) в Торонто, Исследовательский семинар в Маастрихтском университете, Утрехтский семинар по политической истории и группу MDRN в Левенском университете.

Изучая различные архивные фонды и работая над книгой, я получал ценные сведения от Андраша Феркая, Давида Кухенбуха, Хильде Хайнен, Филипа Вагнера, Стивена Мансбаха, Агнешки Заблоцкой-Кос, Мачея Яновского, Катажины Кайданек и многих других, назвать которых здесь я не имею возможности.

Важную роль сыграли Мальте Рольф и Ян Берендс, привлекшие мое научное любопытство к восточной части континента и побудившие меня к размышлениям о восточноевропейских столицах и участии в их обсуждении. Вместе со Штефаном-Людвигом Хоффманом я исследовал феномен посткатастрофического города.

Давид Фрайс, Хеннинг Хольстен, Дана Мехельманс и Свен Лефевр оказали мне помощь в подборе зачастую неуловимого материала. Я также чрезвычайно обязан многочисленным архивам и библиотекам, которые сделали мое исследование возможным. На последнем этапе всю рукопись с позиций настоящего эксперта прочла Дарья Бочарникова. Огромную работу по превращению текста, написанного на языке, который не является для меня родным, в читабельную книгу проделала Алексия Грожан.

Также мне хочется поблагодарить двух анонимных рецензентов за весьма внимательное прочтение моей рукописи и UPL за полное сопровождение от изначального текста до книги гораздо более содержательной, чем я когда-либо предполагал. Феерле де Лат — просто воплощение идеального издателя.

Не следует упускать из виду и оборотную сторону того, что я потратил столько лет на размышления о жизненных путях архитекторов-модернистов. У самых близких мне людей не было иного выбора, кроме как привыкнуть к зачастую неосознаваемому присутствию людей и сюжетов, которые всегда были где-то рядом. Эта книга посвящается Ане (которая, помимо всего прочего, прочла всю рукопись на заключительной стадии), Артуру, Эдгару и нашему долгому путешествию по континенту.

# Принятые сокращения

AA — L'Architecture d'Aujourd'hui (журнал «Аршитектюр д'ожурдюи»)

AiB — Architektura i Budownictwo (журнал «Архитектура и будовництво»)

AM — Arkitekturmuseets (Svenskt arkitektur- och designcentrum, Шведский центр архитектуры и дизайна, Музей архитектуры, Стокгольм)

APW — Archiwum Państwowe m. st. Warszawy (Государственный архив Варшавы)

a. r. — Группа «Революционные художники» (Artyści rewolucyjni), или «Настоящий авангард» (Awangarda rzeczywista)

BA — Bauhaus-Archiv (Архив Баухауса)

BKG — Bank Gospodarstwa Krajowego (Банк национального хозяйства)

BOS — Biuro Odbudowy Stolicy (Бюро восстановления столицы, Варшава)

CIAM — Congres Internationaux d'Architecture Moderne (Международный конгресс современной архитектуры)

CICI — Commission internationale de coopération intellectuelle (Международная комиссия по интеллектуальному сотрудничеству)

CAE — Committee of Architectural Experts (Комитет экспертов по архитектуре Лиги Наций)

CIRPAC — Comité International pour la Réalisation du Probleme Architectural Contemporain (Международный комитет для подготовки резолюций по проблемам современной архитектуры)

CPIA — Comité Permanent International des Architectes (Постоянный международный комитет архитекторов)

DOM — Dom. Osiedle. Mieszkanie (журнал «Дом. Оседле. Мешканье»)

EEST — Van Eesteren papers (Фонд К. ван Эстерена)

ETH — Eidgenössische Technische Hochschule Zurich (Швейцарская высшая техническая школа в Цюрихе)

FP — Forbát papers (Фонд Ф. Форбата)

GP — Giedion papers (Фонд З. Гидиона) gta — Institut für Geschichte und Theorie der Architektur (Институт истории и теории архитектуры Швейцарской высшей технической школы в Цюрихе)

IFHTP — International Federation for Housing and Town Planning (Международная федерация жилищного строительства и городского планирования)
IVW — Internationaler Verband für Wohnungswesen (Международная федерация жилищного строительства)
LNA — League of Nations Archives (Архив Лиги Наций, Женева)
MA — Muzeum Architektury, Wrocław (Музей архитектуры, Вроцлав)
MARS — Modern Architectural Research Group (Группа исследователей современной архитектуры)
NAI — Netherlands Architecture Institute (Нидерландский архитектурный институт, Het Nieuwe Instituut, Роттердам)
PAU — Pracownia Architektoniczno-Urbanistyczna (Архитектурно-градостроительная мастерская)
PeWuKa — Powszechna Wystawa Krajowa w Poznaniu (Всеобщая национальная выставка в Познани)
RIA — Réunion International d'Architectes (Международное объединение архитекторов)
SAP — Stowarzyszenie Architektów Polskich (Ассоциация польских архитекторов)
SARP — Stowarzyszenie Architektów Rzeczypospolitej Polskiej (Ассоциация архитекторов Польской Республики)
SP — Helena Syrkus papers (Фонд Х. Сыркус)
TRM — Towarzystwo Reformy Mieszkaniowej (Общество жилищной реформы)
TUP — Towarzystwo Urbanistów Polskich (Общество польских урбанистов)
UFA — Universum-Film Aktiengesellschaft (киностудия «Универсум-Филм Акциенгезельшафт», Германия)
WGA — Walter-Gropius-Archiv (Фонд Вальтера Гропиуса)
WSM — Warszawska Spółdzielnia Mieszkaniowa (Варшавский жилищный кооператив)

ВПИ — Варшавский политехнический институт (Politechnika Warszawska)
ВХУТЕМАС — Высшие художественно-технические мастерские
ГДР — Германская Демократическая Республика
ОСА — Объединение современных архитекторов
СССР — Союз Советских Социалистических Республик
ЦПР — Центральный промышленный регион Польши (Centralny Okręg Przemysłowy)

# Список иллюстраций

Илл. 1. Кадр из кинофильма «Черный кот». Модернистская вилла Пёльцига над военным кладбищем

Илл. 2. Вилла Тугендхат близ Брно (современный вид)

Илл. 3. Порт Гдыня — символ достижений Второй Польской Республики

Илл. 4. Статистические показатели тяжелой жилищной ситуации в Варшаве и Польше по сравнению с Западной Европой. В таблице подчеркивается перенаселенность однокомнатных квартир (внизу)

Илл. 5. Проект Школы политических наук в Варшаве, разработанный Б. Ляхертом и Ю. Шанайцей

Илл. 6. Э. Норверт. Центральный институт физического воспитания (Centralny Instytut Wychowania Fizycznego), Варшава

Илл. 7. Новейшие польские архитектурные проекты для Миланской триеннале 1933 года. Коллаж

Илл. 8. Слева: Ш. Сыркус. Павильон минеральных удобрений. Справа: С. и Б. Брукальские. Павильон «Электролюкс». Всеобщая национальная выставка в Познани. 1929

Илл. 9. Слева: Выставочный дворец в Праге. Справа: лестница в кафе «Эра» в Брно (современный вид)

Илл. 10. Фасад Дома Мельникова в Москве

Илл. 11. Ф. В. Зайверт. Архитектор

Илл. 12. Проекты выпускников архитектурного факультета ВПИ. 1933

Илл. 13. Бал архитекторов на архитектурном факультете ВПИ. 1938

Илл. 14. Распределение архитекторов, получивших строительные заказы в Польше в 1919–1939 годах, по годам рождения: родившиеся до 1875 года (A), родившиеся в 1876–1890 годах (B), родившиеся в 1891–1905 годах (C), родившиеся после 1906 (D). 1 — одобренные проекты; 2 — завершенные проекты

Илл. 15. Количество дипломов, выданных архитектурным факультетом ВПИ в 1921–1939 годах, в том числе женщинам (нижняя кривая)

Илл. 16. Рост численности архитекторов — членов профсоюза в Польше (верхняя кривая) и Варшаве в 1919–1938 годах

Илл. 17. Машинная культура в журнале «Блок»
Илл. 18. Б. Ляхерт. Дом архитектора
Илл. 19. Статья Ш. Сыркуса для каталога «Machine-Age Exposition»
Илл. 20. Б. Брукальская. Проект кухни и ее рационального использования
Илл. 21. Ш. Сыркус. Многоквартирный жилой дом. 1930-е
Илл. 22. Государственное планирование. Карта Центрального промышленного региона Польши. 1938
Илл. 23. Санатории в Отвоцке и Истебне, Польша
Илл. 24. Г. Одерфельд, Ш. Сыркус. Конкурсный проект Дворца Лиги Наций
Илл. 25. Обложка первого номера журнала «Презенс. Квартальник модернистов»
Илл. 26. Участники заседания CIAM-Ost в Будапеште. Сидят З. Гидион, Х. и Ш. Сыркусы
Илл. 27. Участники выставки WSM, посвященной минимальному жилищу
Илл. 28. Варшавские проекты WSM
Илл. 29. Ш. Сыркус. Проект Симультанного театра
Илл. 30. Визуальная привлекательность модернизма. Собственный дом супругов Брукальских. Фото из журнала «Презенс» за 1930 год
Илл. 31. Перспективы железобетона. Фотографии в журнале «Презенс». 1926, 1930
Илл. 32. Обложка журнала «Блок». 1926
Илл. 33. Раздел «Современная архитектура Польши». Архитектурные выставки, преимущественно в странах Центральной Европы. Иллюстрации в журнале «Аршитектюр д'ожурдюи». 1930, 1933
Илл. 34. Ш. Сыркус в рубрике «Наша анкета» журнала «Аршитектюр д'ожурдюи». 1937
Илл. 35. Проекты чехословацких модернистов в журнале «Презенс». 1930
Илл. 36. Л. Немоевский. Проекты застройки будущей Варшавы: торговый район и планировка улицы. 1925
Илл. 37. Пример соотношения журнальных иллюстраций и текста. Материал о спортивных сооружениях Варшавы в «Архитектуре и будовництве»
Илл. 38. Воплощенный модернизм. Ф. Мольнар. «Две фигуры»
Илл. 39. Банкет для французских архитекторов в Варшаве в 1932 году. Фотография в журнале «Аршитектюр д'ожурдюи»

Илл. 40. IV Конгресс CIAM. На борту судна «Патрис II». X. Сыркус с Ле Корбюзье и З. Гидионом. 1933

Илл. 41. Кампания за доступное собственное жилье. Обложка журнала «Дом. Оседле. Мешканье». 1932

Илл. 42. Польский павильон на Всемирной выставке в Париже. 1937

Илл. 43. Всеобщая национальная выставка в Познани (PeWuKa) 1929 года. Главный павильон Выставочного центра в Брно, возведенный для чехословацкой Выставки современной культуры, приуроченной к 10-летию нового государства (современный вид)

Илл. 44. А. Гриневицкая-Пиотровская. Павильон женского труда на Всеобщей национальной выставке в Познани (PeWuKa) 1929 года

Илл. 45. Всеобщая национальная выставка в Познани (PeWuKa) 1929 года. «Графический язык» и социальные проблемы

Илл. 46. Павильоны Всеобщей национальной выставки в Познани (PeWuKa) 1929 года

Илл. 47. Масштабная функционалистская застройка в Злине

Илл. 48. Ле Корбюзье в Злине. 1935

Илл. 49. К. ван Эстерен. Кроки Варшавы с изображением государственных участков под жилую застройку (Staatsgelande für Wohnzwecke), расположенных к северу от городской черты

Илл. 50. С. Ружанский. План Варшавы с обозначением жилых районов и зеленых зон. 1928

Илл. 51. Стенд Бюро регионального планирования Варшавы на Выставке жилищного строительства в Варшаве. 1935

Илл. 52. С. Стажинский и другие политические деятели на выставке «Варшава будущего». Слева на заднем плане — карта «Варшава в Европе и в Польше». 1936

Илл. 53. Выставка «Варшава вчера, сегодня, завтра». 1938. Слева: карта школ и культурных учреждений Варшавы. Справа: схема существующего и перспективного развития сети общественного транспорта в Варшаве

Илл. 54. Выставка «Варшава вчера, сегодня, завтра». 1938. С. Стажинский (слева) и С. Ружанский

Илл. 55. Карта-схема для IV Конгресса CIAM, демонстрирующая загрязнение окружающей среды в Варшаве

Илл. 56. Карты из «Варшавы функциональной». Варшава на пересечении европейских путей сообщения

Илл. 57. Карты из «Варшавы функциональной». Передача урбанистической информации с помощью инфографики

Илл. 58. Карты из «Варшавы функциональной». Кластеры будущей городской застройки
Илл. 59. Макет Форума Пилсудского в Варшаве. 1938
Илл. 60. Национальный музей в Варшаве
Илл. 61. Обложка последнего номера журнала «Архитектура и будовництво». Июнь 1939
Илл. 62. Обложка книги Т. Жарновер «Оборона Варшавы»
Илл. 63. Варшавское здание «Пруденциаль»: проект, вид в процессе и после завершения строительства
Илл. 64. Х. Сыркус. Планировка микрорайона в Коло, Варшава. 1947, начато во время войны
Илл. 65. Письмо Ш. Сыркуса из Аушвица. 25 июля 1944
Илл. 66. Послевоенная открытка. Х. Сыркус К. ван Эстерену с видом здания PAU, на которой крестиком отмечено место ареста Ш. Сыркуса в 1942 году
Илл. 67. Разрушения в Варшаве после подавления восстания 1944 года. На переднем плане здание «Пруденциаль»
Илл. 68. Члены BOS
Илл. 69. Жилой район Коло, спроектированный Х. Сыркус во время войны и возведенный в 1947–1950 годах
Илл. 70. М. Спыхальский и Д. Эйзенхауэр осматривают руины варшавского Старого города
Илл. 71. Преемственность планирования? Слева: С. Стажинский на выставке «Варшава будущего» 1936 года. Справа: 22 июня 1948 года, архитектор Ю. Сигалин демонстрирует Б. Беруту проекты главной транспортной артерии Варшавы — магистрали «Восток — Запад» (Trasa W-Z). Среди присутствующих на снимке Р. Пиотровский
Илл. 72. Универмаг ЦДТ (ныне Smyk) — последний выдающийся модернистский проект в центре Варшавы перед внедрением социалистического реализма. 1948–1952
Илл. 73. Телеграмма Х. Сыркус Ф. Форбату от 4 июля 1945 года
Илл. 74. Разрушение и восстановление. Фотографии из каталога выставки «Варшава живет»
Илл. 75. Карта-план Варшавы. Проектируемые варшавские небоскребы. Иллюстрации из каталога выставки «Варшава живет»
Илл. 76. Х. Сыркус с президентом Варшавы С. Толвинским и его женой Иоанной во время посещения Стокгольма. 1948
Илл. 77. Х. Сыркус с Ле Корбюзье и Х. Л. Сертом на VII Конгрессе CIAM в Бергамо. 1949

# Введение
# Предвестники современности[1]

> У меня есть причины полагать, что мои находки
> Изменят облик человеческого рода.
> А до того все эти годы я был слеп.
> Таков мой вывод,
> Ибо я архитектор.
>
> *Песня «Архитектор» (The Architect)*
> *группы dEUS*

В 1925 году в художественной литературе появился редкий тип здания: дом, полностью сооруженный из стекла, изготовленный на заводе, но приспособленный под нужды владельца, легкий, но прочный, с плоской крышей и стенами разного цвета, в зависимости от характера окружающей местности. Полые стены предоставляли возможность циркуляции воды (зимой горячей, летом холодной), что создавало в помещениях комфортную температуру, а наличие вентиляторов способствовало движению свежего воздуха. Циркулирующая вода также обеспечивала постоянное омывание стен и полов. Даже мебель, тоже сделанная из стекла, подвергалась этому непрерывному ритуалу очищения. Подобные дома из стекла распространились «как эпидемия. Кому охота жить в сыром, подверженном гниению и плесени деревянном хлеву или в сарае, в котором наживается ревматизм, чахотка, гнездится скарлатина?..» [Жеромский 1925: 70].

Этот риторический вопрос задает один из главных героев романа Стефана Жеромского «Канун весны» («Przedwiośnie») 1925 года.

---

[1] В оригинале название книги — «Brokers of Modernity...», что дословно можно перевести как «агенты, посредники современности» В русском издании выбор был сделан в пользу близкого по смыслу слова «предвестники». —*Прим. ред.*

Жеромский был одним из наиболее влиятельных польских писателей той эпохи. Хотя «Канун весны» — его последний роман, это первое значительное литературное произведение, где главной темой является новое Польское государство. В первой главе отец главного героя рассказывает сыну (с которым возвращается из охваченной Гражданской войной России в Польшу) фантастическую историю о родственнике. Якобы этот человек сразу после Первой мировой войны начал производить стеклянные дома, изготавливая на диковинном заводе стекло из песка прибрежных дюн при помощи электрической энергии, вырабатываемой морем. Стеклянные дома вызвали глубокие социальные преобразования. Городские стандарты сделались в сельской местности нормой благодаря чистоте омываемых водой стеклянных стен, к которой волей-неволей приучились обитатели домов — прежние крестьяне. В дальнейшем «старые города, эти кошмары старой цивилизации, станут исчезать» под натиском нового типа — «городов-садов», раскинутых вдоль «линий электрических железных дорог и трамваев». Кульминацией этой фантазии становятся жилища рабочих под Варшавой, которые будут «удобнее, здоровее, чище, красивее изысканнейших аристократических палаццо...» [Там же: 74].

Образ стеклянного дома, вдохновленный архитектором Яном Кощицем-Виткевичем, у Жеромского служил двум целям. С одной стороны, жилища из стекла символизировали повышение уровня гигиены, культуры и образования у рабочих и крестьян. С другой, это «изобретение» выступало в качестве противоядия от коммунистических тенденций, олицетворяемых в романе сыном. Мудрые преобразования, опирающиеся на науку и технику, противопоставляются слепому бунту, а могущество новаторской архитектуры подается как ключ к переустройству общества. Родственник героев «инженер Барыка» — мозг комплексного проекта — создает социальные условия, помогающие покончить с классовыми различиями и облегчающие преодоление отрицательных явлений XIX века: социальных барьеров, болезней и зараженных микробами жилищ. Неудивительно, что его заводы, где производятся дома, организованы как кооперативы и их деятельность основана на научных принципах [Там же: 71].

Стеклянные дома олицетворяют собой будущее, которое в условиях отсутствия всех удобств, обещаемых этими сооружениями, казалось необходимым. Кроме того, стеклянные дома отвечают ожиданиям, возлагавшимся на архитекторов, которые превратились в инженеров, создававших нечто гораздо большее, чем стены, замаскированные фасадом. В дальнейшем три черты нарисованной Жеромским литературной картины сделались типичными для той роли, которую начали играть в межвоенной Европе архитекторы-модернисты. Во-первых, это представление о tabula rasa, способствовавшее реализации радикально новых решений. Во-вторых, ключевое значение архитекторов в реформировании общества. И наконец, упор на науку и технику, в том числе передовые, но потенциально принудительные формы взаимодействия с рабочими и жильцами.

Как подсказывает роман Жеромского и его образ стеклянного дома и как продемонстрирует данное исследование, особое выражение эти черты обрели в Восточно-Центральной Европе, в первую очередь в Польше. Сосредоточив внимание на достижениях этого региона, мы получим более отчетливую картину влияния, оказанного подъемом архитекторов-модернистов на все европейские общества. Фантазия Жеромского, появившаяся в тот самый момент, когда в Польше разрабатывались масштабные социальные проекты жилой застройки, сильно повлияла на воображение участников польского движения за жилищную реформу [Tołwiński 1970: 274–275][2]. Метафору «домов из стекла» поляки использовали в ракурсе, который отсылал к дискуссиям о гигиене, планировании и социальных преобразованиях вообще. Поэтому образ стеклянного дома следует рассматривать в гораздо более широком контексте — как и изменение роли архитекторов-модернистов. Поиск решения жилищного кризиса и происходившей трансформации городов стал для недавно образованных государств Восточно-Центральной Европы — Польши, Чехословакии и Венгрии — ключевой проблемой. Это был вопрос, обусловливавший их

---

[2] Об образе стеклянного дома вообще см. [Caumanns 2006b].

внутреннюю и внешнюю легитимность, а следовательно, вопрос наивысшего социально-политического порядка. Как косвенно доказывает Жеромский, этот вопрос обусловливал и успех лавирования между советским коммунизмом и Западом, слишком далеким, чтобы просто подражать ему.

В Польше примеров зданий, имевших хоть какое-то сходство со стеклянными домами Жеромского, было мало — меньше, чем в Нидерландах или Германии, признанных лидерах архитектурного модернизма. Если брать регион в целом, то картину несколько обогащает многочисленность ярких образцов «стеклянного модернизма» в Чехословакии, самый известный из которых — вилла Тугендхат. Однако здесь куда важнее иное. В Германии, Нидерландах, Франции, Бельгии или Великобритании, если уж на то пошло, нет улиц, названных в честь стеклянных домов (*maisons de verre* или *gläserne Häuser*). А в окрестностях Варшавы для феминистки и общественной деятельницы Ирены Кшивицкой в 1928 году был построен авангардный «Стеклянный дом» (Szklany Dom)[3], и даже сегодня одна из варшавских улиц носит такое название (ul. Szklanych Domów). Вообще в Польше стеклянный дом имел свою историю. В 1930-е годы Варшавский жилищный кооператив (Warszawska Spółdzielnia Mieszkaniowa, WSM) учредил для своих жильцов организацию взаимопомощи под названием «Стеклянные дома» (Szklane Domy), а в одном из поселков WSM имелся собственный Театр имени Жеромского[4].

Как показывают данные примеры, метафора и художественный образ, созданные Жеромским, безусловно, нашли в Польше живой отклик. Однако стеклянные дома — это еще и наглядное

---

[3] Начиная 1932 года дом расширял и перестраивал выдающийся архитектор-модернист Максимилиан Гольдберг. URL: http://www.podkowianskimagazyn.pl/archiwum/szklany_dom.htm.

[4] О связи фантазии Жеромского и польского движения за жилищную реформу см. [Roguska 1996a: 61]. В честь романа Жеромского назван жилой массив Пшедвесние (Przedwiośnie), построенный в варшавском районе Беляны еще в 1960-х годах.

проявление межнационального взаимообмена. Образ стеклянного дома перекликается с экспрессионистскими идеями Бруно Таута, воплощенными в «Стеклянном павильоне» (Glashaus), сооруженном для выставки Веркбунда в Германии (1914), и новаторском тексте «Венец города» (Stadtkrone, 1919), а в более широком смысле — с сообществом архитекторов «Стеклянная цепь» (Gläserne Kette)[5]. Достаточно привести лишь несколько очевидных аналогий: в 1927 году в Париже Пьер Шаро и Бернар Бейвут начали строительство необычайного Стеклянного дома (Maison de Verre), а в 1929 году Людвиг Мис ван дер Роэ приступил к сооружению своего барселонского Павильона [Cohen 2017: 242, 244]. Поэт и архитектурный критик Пауль Шеербарт в 1914 году опубликовал утопический трактат под названием «Стеклянная архитектура» — развернутую концепцию, центральное место в которой занимали стеклянные дома. Шеербарт предвосхищает Жеромского как в деталях (стеклянные вентиляторы и мебель), так и в сфере общественных ожиданий (стекло как средство борьбы с социальными конфликтами и рознью), и его следует рассматривать как главный источник вдохновения для последнего [Scheerbart 1914: 18, 47][6].

Динамика интеллектуального обмена займет немаловажное место в этой книге. Однако «путешествие» идей как таковых — не самая примечательная особенность фантазии Жеромского. Ее актуальность для данного исследования в том, как Жеромский увязывает устремления нового Польского государства с потенциалом рационалистичной и дальновидной «социальной» архитектуры. Эстетика стеклянной архитектуры, сильно влиявшая на Шеербарта и игравшая ключевую роль в экспрессионистских проектах Таута, не слишком волнует Жеромского. В его конкретной утопии морское побережье, приобретенное новым Польским государством в составе так называемого коридора, то есть тер-

---

[5] О различных концепциях см. [Musielski 2003: 17–27, 79–95, 121–139]. О столь же революционном в политическом смысле характере программы Таута см. [Gartman 2009: 76].

[6] См. также [Olsson 2004; Thiekötter, Bätz 1993].

ритория политически окрашенная[7], соединяется с увлеченностью техникой и преклонением перед гениальным инженером-архитектором, который совершает ни больше ни меньше как гигантский скачок в будущее. Новый тип архитектуры пробуждает пустынную, зачумленную сельскую местность, скованную вековым застоем. Темы раннеурбанистической мысли XIX века — новая планировка улиц или фасады — уже не столь актуальны. Актуален теперь преобразовательный потенциал архитектуры, понимаемый как инструмент изменения общества, модернизации страны и вступления в обетованное царство современности.

Эта книга начинается с изображения новаторского стеклянного дома и его связи с триадой, образуемой архитекторами, обществом и конкретным регионом в конкретный исторический момент. Тем самым данное исследование стремится ответить на вопрос: почему для Жеромского было естественно воплощать свои социально-политические фантазии в архитектурных образах — и почему столь многие его современники считали это убедительным? Отчасти ответом является тема этой книги — подъем архитекторов-модернистов, которые редко становятся предметом исследования как единая группа.

Когорта архитекторов, родившихся около 1900 года и овладевших новыми технологиями, в том числе применением стекла, разработала новое представление о том, какова должна быть их профессия и ее цели. Считать себя архитектором-модернистом означало не только строить на современный лад, то есть с использованием самых передовых технологий, но и радикально расширять сферу, которую должна охватывать архитектура, включая туда не только общество, но также культуру и политику. Разумеется, это относилось не ко всем архитекторам, приступившим к деятельности в 1920-е годы, и, безусловно, не ограничивалось Польшей Жеромского. Кроме того, как демонстрируют стеклянные дома Жеромского, новые архитектурные устремления могут развиться лишь на фоне меняющихся социальных ожиданий.

---

[7] О символическом значении этой территории для нового Польского государства и ее архитектурном формировании см. [Romaniak 2005: 102–116].

Именно последний аспект, как будет показано в этой книге, делает архитекторов-модернистов ключевыми предвестниками фундаментальных изменений в Европе в первой половине XX века. В обещание спасения, заключенное в стеклянных домах, верил не каждый. И все же понятие о том, что новый, комплексный подход к строительству, опирающийся на технологический прогресс и последние научные достижения, может способствовать значительным улучшениям и излечению от болезней XIX века, было широко распространено. Эта вера свидетельствует о происшедшем после Первой мировой войны подъеме технократических идей и технократического движения, к которому принадлежали архитекторы-модернисты [Kohlrausch, Trischler 2014: 70–77][8]. Вместе с тем стеклянные дома Жеромского с их принудительной прозрачностью и глубоким вмешательством в частную жизнь олицетворяют также темную сторону технократии и, в более широком смысле, проект модерности. Чрезмерная рационализация, как убедительно доказал З. Бауман, являлась одним из путей, приведших к нацистским лагерям смерти, и, по утверждению М. Турды, была тесно связана с евгеникой [Бауман 2010; Turda 2010]. Кроме того, тема индустриального массового домостроения, разрабатывавшаяся (и не только Жеромским) в 1920-е годы, подразумевает, что коммунистические жилищные проекты унаследовали ее от прошлого.

Вопрос о том, как надо строить и как строительство связано с социальными изменениями, являлся одной из важнейших тем первой половины XX века в Европе. Впрочем, образ стеклянного дома у Жеромского более сложен. Архитектор представлен не просто как человек, лавирующий между преимуществами и недостатками сверхрациональной модернизации. Здесь инженер-архитектор выступает в качестве реализатора глубоких, переломных изменений, который, не побоявшись взяться за дело национального строительства, проявляет себя. Совершенно очевидно, что при этом инженер-архитектор тоже подпадал под действие преобразовательного проекта модерности и разрывов, которыми сопровождалась политика модернизации.

---

[8] Об архитекторах как технократах см. [Kuchenbuch 2010: 89–100].

Вероятно, после Первой мировой войны в регионе, условно называемом Восточно-Центральной Европой[9], этот опыт был более динамичным, а потенциал более убедительным, чем в любой другой части Европы. Здесь появились на свет новые государства (Польша, Чехословакия), или же государство претерпело радикальные изменения (как в Венгрии). Все три названные страны наследовали империям, рухнувшим во время войны. В ситуации чрезвычайных экономических трудностей и политических потрясений эти государства практически по определению должны были принять вызов модернизации и попытаться пожать обещанные ею плоды.

Именно масштабы восточно-центральноевропейского кризиса позволили архитекторам-модернистам добиться культурной, политической и общественной значимости. Однако то, что можно назвать достижением архитекторами-модернистами новой значимости, — нечто гораздо большее, чем простое уравновешивание спроса и предложения, общественных нужд и предлагаемых архитекторами решений. Архитекторы-модернисты как новые специалисты и социально значимые фигуры возникли лишь в ходе того самого процесса, о котором речь, когда взвалили на себя груз ожидаемых перемен и одновременно сформировали их. Следовательно, архитекторов-модернистов следует рассматривать как комплексный продукт представлений, спроецированных на профессии, набиравшей новый вес. А фигуру архитектора-модерниста — как динамическую форму.

В своей книге «Азбука» польский писатель, лауреат Нобелевской премии Чеслав Милош в качестве центральной категории вводит понятие «центр и периферия» [Милош 2014]. Подтверждая значимость вышеупомянутого географического деления, Милош размышляет и о собственном творческом существовании в предустановленной асимметрии. Эта асимметрия важна для данного исследования на разных уровнях, начиная с места, которое она занимает в историографии и современной науке. История модер-

---

[9] В главе первой дается более подробная трактовка термина «Восточно-Центральная Европа».

нистской архитектуры по большей части (за исключением Советского Союза) была написана с западных позиций. Восточный модернизм, за некоторыми существенными исключениями, был «открыт» только после падения Берлинской стены, заполнив белое пятно на карте модернизма и пополнив историю модернистского искусства важными аспектами[10].

Обширная проблематика данной книги подразумевает опору на исследовательскую литературу различных направлений, некоторые из которых в последние годы развивались очень динамично, поэтому их краткий обзор здесь невозможен. Эта литература охватывает широкий диапазон дисциплин, от собственно истории до истории изобразительного искусства и архитектуры, градостроительства, технологий и специалистов, но, помимо того, включает в себя художественные произведения, например романы[11]; также при работе над исследованием были использованы фильмы. Вследствие своего многообразия литература будет рассматриваться в конкретных главах. Однако здесь необходимо упомянуть несколько ключевых аспектов и тенденций, а также некоторые важные работы, тем более что вопрос о представлении модернистской архитектуры в современных исследованиях является составной частью настоящего повествования. То же относится и к перекосам в определении архитектурной значимости, которые возникли в 1920–1930-е годы[12]. Наглядный пример — чрезмерное внимание, уделявшееся до недавних пор Баухаусу, который просуществовал в веймарской Германии весьма недолго. Это внимание можно объяснить и тем фактом, что перед Второй мировой войной ведущие представители Баухауса уехали в США и влились в американское научное сообщество. По окончании войны оно сделалось главной ареной, на которой устанавливалась и присваивалась архитектурная значимость [Filler 2010;

---

[10] Помимо многих других публикаций, упомянутых в этой книге, см. [Mansbach 1999].

[11] О многообразии взаимосвязей литературы и архитектуры см. [Nerdinger 2006].

[12] О концепции см. [Franck 1999].

Bergdoll, Dickerman 2009][13]. Эта тенденция зародилась уже в 1920-е годы и отчасти была сознательно спровоцирована, например, попытками З. Гидиона упорядочить и «очистить» движение модернизма, ограничив его элитарными «семью светочами архитектуры»[14]. Впоследствии ее поддержали авторитетные труды Г.-Р. Хичкока (1932) и Н. Певзнера (1936) [Hitchcock, Johnson 1995; Pevsner 1960].

В последние годы предпринимались многочисленные попытки «подкорректировать» эту картину, отведя Восточно-Центральной Европе место в истории модернизма[15]. Этим изданиям, часто приуроченным к выставкам, удалось показать значимость, оригинальность и масштаб восточно-центральноевропейских авангардных течений, которые далеко выходили за пределы простого копирования или заимствования западных тенденций[16]. До некоторой степени это справедливо и в отношении модернистской архитектуры — важной составляющей этих авангардных течений [Leśnikowski 1996a]. Однако данной литературе присущи три существенных недостатка. Практически отсутствуют квалифицированные исторические исследования о группах или сетях архитекторов-модернистов данного региона[17]. Кроме того, крайне малочисленны биографии архитекторов, которым отведено центральное место в этой книге, и существует очень немного работ о социальном влиянии этих мастеров и их взаимодействии с обществом и политикой[18].

---

[13] Об иерархиях, уделявших внимание Баухаусу, см. [Guillén 2006: 15–17].

[14] Понятие восходит к классическому труду [Рескин 2007]. З. Гидион предложил архитекторов Я. Й. П. Ауда, М. Стама, Ле Корбюзье, Л. Мис ван дер Роэ, В. Гропиуса, Г. Шмидта и К. ван Эстерена [Mallgrave 2009: 276].

[15] См. один из первых трудов в [Moravánszky 1988].

[16] Вот лишь один пример из многих других, которые будут более подробно рассмотрены в главах 1–4, см. [Benson 2002].

[17] В то же время см. содержательные исследования об отдельных архитекторах, пользовавшихся известностью в тот период (хотя и не принадлежавших к ядру модернистского движения) [Czapelski 2008; Omilanowska 2008].

[18] О восточноевропейском городе см. [Kohlrausch 2015], о Варшаве см. [Trybuś 2012].

Что касается Международного конгресса современной архитектуры (CIAM), то за последние два десятилетия увидели свет важные новые исследования, без которых эта книга не состоялась бы. Отдельного упоминания заслуживают работы Э. Мамфорда и К. Сомера о CIAM как организации [Mumford 2000; Somer 2007]. Кроме того, значительно расширил и углубил наши представления об этой организации изданный в 2014 году «Атлас функционального города» [Es et al. 2014] — исключительно разнообразный сборник, являющий собой нечто гораздо большее, чем обычный отчет о самом известном IV Конгрессе CIAM 1933 года.

Многим из источников, на которые опиралось данное исследование, до сих пор не уделялось должного внимания. При подготовке этой книги широко использовались письма тех восточно-центральноевропейских архитекторов, которые активно участвовали в работе CIAM, и документы об их сотрудничестве с этой организацией. Сюда входят как корреспонденция, непосредственно связанная с деятельностью CIAM, так и, особенно с середины 1930-х годов, переписка, завязавшаяся благодаря тесным дружеским отношениям, которые сложились между членами CIAM и укрепляли общее дело модернизма. По причинам, подробно изложенным в первой и третьей главах, особое внимание будет уделено Польше, поскольку польская группа, безусловно, являлась наиболее активной из восточных групп CIAM. Однако вследствие страшных бедствий, от которых в годы немецкой оккупации пострадали как Варшава, так и большинство польских членов CIAM, и последующего уничтожения архивов первоисточники по польской группе оказались разрозненными, и деятельность разных архитекторов отражена в них неравномерно[19].

---

[19] Уцелевшие документы Х. и Ш. Сыркусов хранятся в архиве Польского музея архитектуры во Вроцлаве (Muzeum Architektury we Wrocławiu). См. также подробные воспоминания Х. Сыркус [Syrkus 1976]. Переписку, связанную к поднимаемыми здесь вопросами, можно найти в Фонде CIAM Архива Института истории и теории архитектуры Швейцарской высшей технической школы в Цюрихе (gta Archiv), Фонде В. Гропиуса в берлинском Архиве Баухауса (Bauhaus-Archiv), Фонде Ф. Форбата в архиве Музея архитектуры в Стокгольме (Arkitekturmuseets Arkiv) и Фонде К. ван Эстерена в Нидерлан-

Осознание периферийного статуса восточно-центральноевропейского региона, о котором постоянно размышляли и политики, и архитекторы-модернисты, сформировало основу, позволившую им заключить между собой неформальный модернизационный союз [Szczerski 2010: 14–19]. Однако у рассматриваемых архитекторов приверженность модернизму подразумевала более масштабные цели, чем, скажем, у голландского архитектора-модерниста, в том числе личную эмансипацию. В этой книге данный момент понимается как крайне важный для глубокого осмысления подоплеки модернистской программы. Если мы переключимся с проблем стиля и эстетики на общественное влияние и социальную зависимость архитекторов-модернистов, в центре внимания почти неизбежно окажутся регионы, где эти влияние и зависимость проявились особенно ярко, а модернизация была особенно глубокой. Вопросы, на которые ищет ответы эта книга, актуальны не только для Восточно-Центральной Европы и изначально даже не указывают на этот регион. На примере Восточно-Центральной Европы автор в первую очередь стремится более глубоко проанализировать подъем архитекторов-модернистов и его последствия. В том числе ответить на правомерный вопрос, высмеянный Т. Вулфом, автором знаменитой книги «От Баухауса до нашего дома» [Wolfe 1999], а именно: при каких коммуникативных условиях архитекторам-модернистам верили?

В настоящей книге автор не придерживается положения о западной модели модернизации, которую впоследствии практически неизбежно должен был заимствовать Восток[20]. Тем не менее он признает, что данное положение существовало и как таковое оказало свое влияние. Сама идея модернизации всегда была связана с ассиметрией Востока и Запада, которая в Восточно-

---

ском архитектурном институте в Роттердаме (Nederlands Architectuurinstituut). Относящиеся к рассматриваемой теме источники находятся также в Государственном архиве Варшавы (Archiwum Państwowe m. st. Warszawy). Кроме того, при работе над данным изданием широко привлекались журналы и книги, опубликованные в межвоенный период и сразу после войны, а также визуальные материалы, необходимые для анализа.

[20] См. [Herbert 2007: 7].

Центральной Европе усугублялась идеей современности, до некоторой степени сопряженной с представлением о Европе и цивилизации и потому тоже интенсивно подвергавшейся рефлексии [Behrends, Kohlrausch 2014a]. Эту рефлексию, в свою очередь, следует рассматривать как неотъемлемую часть современности.

### Почему архитекторы-модернисты?

На архитекторов влияет подвижная природа их ремесла, которое имеет дело как с искусством, так и с технологиями. Хотя вопросы стиля и материального воплощения архитектурных проектов, разумеется, не могут и не будут игнорироваться, здесь главными темами являются не они. Основное внимание сосредоточено на архитекторах-модернистах как членах группы. В этом данная книга отличается от большинства существующей литературы в этой области[21] двумя важными аспектами.

Во-первых, историков искусства и архитектуры в основном интересуют проблемы стиля, наиболее важные категории которых — эстетические достоинства и инновационный потенциал. Всем этим исследованиям можно поставить в упрек, что архитекторы, не принадлежащие к числу выдающихся мастеров, таких как, например, Мис ван дер Роэ, или к кругу причастных к новаторским течениям вроде конструктивизма, как правило, остаются без внимания, хотя существуют примечательные исключения даже в анализируемом нами регионе[22].

Во-вторых, когда в научной литературе архитектора рассматривают как самостоятельную личность, то преимущественно в биографическом ракурсе, выводя на первый план мастеров, сформировавших канон. Безусловно, работы подобного плана давно вышли за рамки «славословий», были предприняты весьма значительные усилия представить архитекторов, в частности

---

[21] О недостаточности исследований архитекторов как группы см. [Necker 2012: 13]. См. также эссе на эту тему [Heß 2012].

[22] См. [Twardowska 2016; Wiśniewski, Ochęduszko 2013].

архитекторов-модернистов, как нечто большее, чем «обычных» строителей. Самоформирование (self-fashioning) этих архитекторов в опосредованном современном мире в последнее время привлекает все больше внимания, особенно это касается знаковой фигуры Ле Корбюзье[23].

Сосредоточившись на архитекторах-модернистах как группе, вне рамок отдельных биографий, мы получим шанс лучше понять, что побуждало этих мастеров следовать курсом модернизма. А главное, это позволит нам осмыслить личностный аспект того, что можно рассматривать как достижение архитекторами новой социальной, культурной и политической значимости. Мы сумеем изучить воздействие социально-политических изменений, в частности политических разрывов, на жизнь архитекторов-модернистов, чья работа была столь тесно связана с современным обществом и модернизирующим государством и в которых видели символическое воплощение современности и модернизации. Таким образом, на биографическом уровне развернется панорама масштабных разрывов, имевших решающее значение для европейской истории первой половины XX века, в числе которых смена гражданства, эмиграция, вынужденное переселение и геноцид.

Следовательно, эта книга способна обеспечить более широкую картину и более глубокий анализ того, как проявлялась и сказывалась на жизни приверженность модернистской архитектуре и какую цену за это надо было платить. Выход за рамки отдельной биографии — это нечто большее, чем вопрос расширения выборки. Принадлежность к группе (разумеется, всегда являвшейся условной) подтверждала в глазах ее участников значимость их нового дела. Данная книга продемонстрирует, каким образом формирование движения, перешагнувшего государственные границы, укрепило значимость архитекторов-модернистов и их положение у себя на родине посредством своего рода самосбывшегося пророчества. Кроме того, фокус внимания на группе позволяет бросить вызов установкам, чересчур тесно связанным

---

[23] Из многочисленных соответствующих исследований о Ле Корбюзье см. [Cohen 2004]. В более общем плане см. [Peter 2000].

с упрощенным представлением о политических изменениях, как убедительно сформулировала М. Херрен:

> Они [сети] не имеют тесной связи ни с эволюцией институтов, ни с межличностными отношениями; они не являются продуктом эволюционного процесса модернизации, их нельзя объяснить прагматической концепцией политики[24].

Сколь бы очевидна ни была необходимость изучать архитекторов как группу, провести подобное исследование непросто. Практически невозможно уделить равное внимание десяткам архитекторов, не в последнюю очередь из-за общераспространенной скудости источников. Практическая потребность ограничить группу изучаемых архитекторов — одна из причин, хотя и не самая важная, почему в данной книге основное внимание уделяется архитекторам — членам CIAM. CIAM, как будет показано в главе третьей, представлял собой уникальный способ организации архитекторов вокруг общего дела — модернизма — и акцентирования дополнительных преимуществ интернационализма.

Тому факту, что особенных успехов CIAM добился именно в Восточно-Центральной Европе, до сих пор не уделялось большого внимания. Автор настоящей книги попробует разобраться, почему это не является простым совпадением, не упуская при этом из виду постоянно наличествовавшую асимметрию между Востоком и Западом, которую CIAM преодолел лишь частично. Благодаря этому данное исследование также поспособствует лучшему осмыслению значения самогó CIAM. Использование CIAM в качестве точки отсчета естественным образом объясняет, почему в исследование не были включены архитекторы СССР, безусловно, сыгравшие ключевую роль в развитии модернистской архитектуры. Хотя для архитекторов CIAM, о чем будет сказано ниже, Советский Союз имел важное значение и как демонстрационный экран новых градостроительных возможностей, и как реальное поле деятельности, советские архитекторы почти не участвовали в работе конгресса, в основном по политическим причинам.

---

[24] Цит. по: [Rodogno et al. 2015a: 4].

С учетом вышеизложенного повествование будет концентрироваться на тех восточно-центральноевропейских архитекторах-модернистах, которые были наиболее активными членами CIAM. В книге будут часто упоминаться Шимон и Хелена Сыркус. Перед Второй мировой войной Ш. Сыркус являлся, пожалуй, одним из ведущих европейских архитекторов-модернистов, и тот факт, что сегодня его едва ли признают таковым, свидетельствует о вышеупомянутых асимметриях в историографии модернизма. Выходцами из польского объединения «Презенс» (Praesens) были некоторые другие заметные члены CIAM. На протяжении всей этой книги в ней будут фигурировать имена таких архитекторов, как Богдан Ляхерт, Юзеф Шанайца, Барбара и Станислав Брукальские, Роман Пиотровский. Как будет показано в главе третьей, взаимодействие CIAM и чехословацких архитекторов, несмотря на важнейшую роль, которую играла модернистская архитектура в этой стране, было проблематичным. Поэтому за исключением таких мастеров, как Франтишек Каливода, чешские архитекторы, но не сама страна, в основном останутся вне поля зрения. В Венгрии критериям отбора соответствуют Фаркаш Мольнар и Фред Форбат. Форбат, который оставил богатое документальное наследие и был весьма восприимчивым наблюдателем, будет часто упоминаться на страницах этой книги. Данная выборка означает, что результаты этого исследования в большей степени отражают достижения Польши, а не Венгрии или Чехословакии. Однако цель исследования состоит не в том, чтобы предоставить всеобъемлющий отчет об архитекторах Восточно-Центральной Европы, а в том, чтобы, используя упомянутые примеры, получить более ясное понимание того, что привело к подъему модернистской архитектуры вообще, даже за пределами рассматриваемого региона.

Когда мы рассуждаем об архитекторах-модернистах как о группе, возникает вопрос, принадлежали ли они к одному поколению. Большинство упомянутых архитекторов родились на рубеже веков: Форбат в 1897 году, Пиотровский в 1895-м, Ляхерт в 1900-м, Шанайца в 1902-м, Б. Брукальская в 1899-м, Х. Сыркус в 1900-м. С. Брукальский и Ш. Сыркус, появившиеся на свет в 1894 году, были немного старше остальных, тогда как Ф. Каливода, принимавший участие в работе CIAM во второй половине 1930-х, родился в 1913-м, то есть был чуть младше. Широкое представительство мастеров, родившихся около 1900 года, отделяет эту группу от Вальтера Гропиуса (род. в 1883) и Ле Корбюзье (род. в 1887) — ведущих фигур CIAM довоенного периода. Архитекторы, родившиеся после 1900 года, принадлежали к поколению, испытывшему сильное влияние новых технологий, с которыми оно столкнулось в процессе обучения, а также идеи планирования [Necker 2012: 12–13].

Большинство архитекторов, которым посвящена эта книга, приступили к профессиональному обучению во время и сразу после Первой мировой войны, а свою карьеру — отличавшуюся стремительным развитием — начали в первое послевоенное десятилетие. То была эпоха государственного строительства, подъема радикальных авангардных культур и жарких дебатов о месте экспертов-профессионалов в государстве и обществе. Использование в названии книги слова «предвестники» подчеркивает эти связи. Концепция предвестников призвана вычленить некую группу на стыке государства и общества — группу, которая, занимая центровое положение, обсуждала современность как новую реальность и желаемую цель. Архитекторы-модернисты сумели позиционировать себя как предвестники того, что следовало понимать под современностью, в своей профессии и в обществе, в местной среде, где они работали (городе, но и национальном государстве тоже), и на глобальной международной сцене архитекторов-модернистов. Кроме того, термин «предвестник» отражает коммуникационный аспект, а также активную роль архитекторов в том, что в главе второй будет описано как процесс самоуполномочия (self-empowerment).

Это исследование исходит из посылки о подъеме архитекторов-модернистов на новый уровень влияния и значимости, и его цель — проанализировать и продемонстрировать этот подъем. Ц. Тодоров отмечал, что в межвоенной Европе архитектура достигла положения «тотального искусства, способного изменить жизнь каждого» [Todorov 2010: 41]. Сосредоточивая внимание на этом процессе, нельзя забывать о специфике профессии архитектора. Ассоциации, связанные с понятием «подъем», безусловно, не в полной мере отображают опыт этой профессии в XX веке. Особого внимания заслуживают два присущих ей противоречия.

Первое отражено в романе Айн Рэнд «Источник» — вкупе с неуклюжей идеологической программой. Оно касается категорий представителя прекариата и демиурга как возможных форм существования одного архитектора, воплощаясь в фигуре главного героя Говарда Рорка. Учитывая, что архитекторы в реализации своих проектов зависели от заказчиков (что было особенно верно в отношении издавна вызывавших споры модернистов вроде Рорка), они куда сильнее рисковали быть обреченными на бездействие, чем большинство других специалистов. Однако литературный образ Рорка может служить и примером архитектора-демиурга. Демиургический характер, свойственный профессии архитектора, особенно ярко проявлялся у модернистов, когда они возвещали о своей способности преобразовывать общество [Рэнд 2019][25].

Второе противоречие связано с первым. Мало того, что архитекторы зависели от заказчиков в отношении любой работы вообще и продвижения проектов, включающих в себя более одного здания, в частности, они к тому же гораздо сильнее, чем представители большинства других профессий, были зависимы от политики. С небольшой долей преувеличения для сравнения можно привести карьеру А. Шпеера между сооружением гитлеровской Рейхсканцелярии и тюрьмой Шпандау или судьбы многих советских архитекторов, которые около 1930 года пребывали на пике карьеры, а в итоге несколько лет спустя погибли при сталинских чистках. Архитекторы, вероятно, в большей степени, чем представители других профессий, цеплялись за иллюзию, что они могут использовать свою причастность к политике так, как сочтут нужным, — пример переоценки собственных возможностей, весьма точно отраженной и в строках песни dEUS, послуживших эпиграфом к этому введению.

---

[25] См. также более раннюю (1892) драматическую трактовку взлета и падения «строителя» у Г. Ибсена [Ибсен 1909].

Определение роли, которую сыграло во всем этом личное тщеславие, выходит за рамки данной книги. Пожалуй, гораздо важнее то, что общество практически взывало к архитекторам (что особенно верно в отношении архитекторов-модернистов) как к воплощению современности [Cohen 2017: 109]. Архитекторы-модернисты ответили на эту потребность вдвойне авангардным способом: не только яркими авангардными решениями, связанными с претворением модернистских проектов в жизнь, но и новыми, передовыми формами самоорганизации и коммуникации [Beyme 2005: 100–108]. Поэтому данные категории займут центральное место в этой книге.

Прежде чем обратиться к структуре книги, необходимы пояснения по ключевому термину, уже использовавшемуся выше. Группа, на которой сосредоточено наше внимание, обозначается термином «архитекторы-модернисты», таким образом, вводя составляющую модернизма как эстетический идентификатор и как самостоятельный процесс.

## Архитекторы-модернисты и современность

Термины «современность» (modernity) и «модернизм» отличаются как долгой историей, так крайней противоречивостью. Это объясняется их относительной расплывчатостью и значительной нормативной нагруженностью. Зачастую вместо того чтобы рассматривать современность как многовариантный процесс, который не обязательно завершится положительно, ее связывают с демократическими и эмансипационными итогами[26]. Несмотря на эти трудности, важнейшая причина, по которого в данном исследовании все же употребляется термин «архитекторы-модернисты», заключается в том, что данный термин не только вводит аналитическую категорию, но и является неотъемлемой частью самóй истории, которая будет рассказана в этой книге. Хотя это, безусловно, недостаточно четкий признак, показатель-

---

[26] См. [Herbert 2007: 9].

но и важно то, что сами архитекторы использовали понятия «современный» или «модернистский» и для обозначения той группы, к которой они принадлежали, и для характеристики своего новаторского подхода. Корень «modern» фигурирует в наименовании CIAM (Congres Internationaux d'Architecture Moderne), а также нескольких национальных объединений, что отражено, например, в названии польского журнала «Презенс: квартальник модернистов» (Praesens: kwartalnik modernistów). Это сигнализировало о чем-то гораздо большем, чем простая необходимость себя наименовать. Используя термин «современный» (modern), архитекторы связывали себя с более широкой концепцией современности как международного феномена и с динамикой модернизации. Тем самым они гораздо полнее отражали свое географическое и временно́е положение, чем архитекторы предыдущих направлений, которые в любом случае характеризовались менее выраженным и менее мессианским групповым самосознанием. Архитекторы-модернисты подхватили идею о том, что началось нечто радикально новое, к чему они причастны и что уже не может быть встроено в прежние нарративы[27]. Отличительной особенностью современности нередко называли рефлексивность, и не только те социологи, которые диагностировали «рефлексивную современность» в Европе после Второй мировой войны [Beck et al. 1997]. Архитекторы-модернисты, имевшие четкое представление о том, как выглядит прогресс и как его следует достигать, рефлексировали о том, какой может и должна быть современность. Как будет показано в главе второй, эти мастера не только внесли вклад в конкретизацию идеи современности, но и, рефлексируя о себе, способствовали известности своего движения.

Принадлежность к группе архитекторов-модернистов можно определить по приверженности знаменитым пяти отправным точкам архитектуры Ле Корбюзье, но это едва ли отразит динамику нового движения [Le Corbusier 2008]. Менее строго модер-

---

[27] См. статью с несколькими примерами утвердившегося на тот момент в Польше модернизма [Michejda 1932: 137–152].

низм может быть охарактеризован как новый подход, отводящий центральное место принципам «единства, упорядоченности, чистоты». Эти принципы шагали рука об руку с новой концепцией пространства, которое теперь, в отличие от предыдущей, рассматривалось как поддающееся формированию [Guillén 2006: 256–275]. Однако в данном случае не будет учтено гораздо более широкое и важное взаимодействие архитекторов-модернистов со многими аспектами современности — и присущими ей противоречиями [Heynen 1999]. Кроме того, модернистская архитектура всегда являлась интеллектуальным занятием, которое один из ее главных апологетов, З. Гидион, метко охарактеризовал как «изобретение новой традиции» [Coleman 2005: 98][28]. Именно полный отход от традиции был утвержден М. Брейером в качестве общего знаменателя современного движения [Breuer 1975].

Для архитекторов-модернистов было типично участие в процессе социально-экономических изменений и появлении новых технологий — как реакция на проблемы, которые возникали в результате этих изменений или сами вызывали изменения. Модернистское движение в гораздо большей степени характеризовали социальная активность и представление о возможности формировать общества и производить изменения к лучшему, чем собственно вопросы стиля. Кроме того, рефлексирующие о современности, участвующие в ее создании и попутно «изобретающие» самих себя как группу архитекторы-модернисты опять-таки могут быть названы предвестниками современности. Это значит, что они являлись частью самой динамики современности, переданной в знаменитой фразе К. Маркса «Все твердое растворяется в воздухе» из «Манифеста Коммунистической партии», а позднее использованной в названии классического исследования М. Бермана об опыте модерности [Берман 2020].

Термин «модернизация» отражает эту динамику и связывает социальные ожидания, возлагаемые на архитекторов, и собственные устремления представителей этой профессии с государством [Mergel 2012]. Эта связь, как будет показано в главе первой, была

---

[28] См. также [Tournikiotis 1999; Vidler 2008].

особенно выраженной в Восточно-Центральной Европе. Ключевые составляющие модернизации, такие как наука, технологии, рационализация и эффективность, являлись основными условиями того, чего обязалась достигнуть модернистская архитектура. Это обязательство, как будет здесь продемонстрировано, обладало большим потенциалом в регионе, который в сравнении с нередко идеализируемым Западом отчасти был, а отчасти сам воспринимал себя как отсталый, где прошлое в значительной мере имело негативный подтекст [Stanisławski 2006].

В последние годы велись жаркие споры по поводу того, насколько современность и модернизм действительно глобальны [Friedrich 2009b]. В настоящей книге автор не придерживается позиции о том, что значение восточно-центральноевропейского модернизма в общей историографии модернистской архитектуры кроется прежде всего в особом пути к современности, согласно концепции «множественных современностей» Ш. Айзенштадта [Eisenstadt 2002]. Напротив, при обращении к данному региону поражает необычайно интенсивное и рефлексивное взаимодействие архитекторов-модернистов с зарубежными образцами[29]. Это отнюдь не подразумевало критического отказа модернизма, воспринимавшегося как западное явление.

В соответствии с основным направлением в соответствующей литературе данное исследование отталкивается от того, что «высокая современность» наступила в конце XIX века, в эпоху небывалых потрясений, происходивших приблизительно с 1880-х по 1960-е годы[30]. Техническая и научная модернизация городского пространства сделалась неотъемлемой частью высокой современности, и о ней все чаще рефлексировали как о таковой [Levin 2010; Lenger 2013]. Это время существования высокой современности следует понимать как «открытый процесс преобразовательного динамизма» [Herbert 2007: 11]. На данный пери-

---

[29] См. [Jarzombek 1997]. В главе четвертой это наблюдение будет рассмотрено подробнее.
[30] См. [Bayly 2004: 451–487; Osterhammel 2009: 109–116; Raphael 2012; Toulmin 1992].

од заметно повлияли политические потрясения, которые также проистекали из попыток найти политические решения проблем, поставленных современностью, политизируя тем самым эти решения. Модернистская архитектура тоже предложила одно из решений, хотя и весьма спорное.

## Тематическая и временна́я структуры

Если мы допустим, что архитекторы-модернисты пережили взлет, устремившись навстречу новым возможностям влияния на общество, необходимо также допустить, что за неизбежным подъемом последовал спад. Действительно, этот процесс можно изобразить в виде параболы, возникшей незадолго до Первой мировой войны, возраставшей в течение двух межвоенных десятилетий, а затем сошедшей на нет через 20 лет после Второй мировой. Таким образом, эта парабола, разумеется, не случайно, более или менее соответствует эпохе так называемой высокой современности, то есть периоду 1890–1960-х годов. Настоящая книга хронологически стартует с несколько более позднего момента и заканчивается примерно десятилетием ранее. Повествование начинается с Первой мировой войны и завершается в 1948 году. Эти цезуры связаны с двумя важнейшими политическими событиями, повлиявшими на рассматриваемую здесь тему. В 1918 году возникли новые восточно-центральноевропейские государства, каждое из которых, безусловно, имело серьезную и весьма самобытную предысторию. В 1948-м упрочение коммунистических режимов и внедрение доктрины социалистического реализма практически положили конец международному взаимообмену, являвшемуся неотъемлемой частью межвоенного модернизма[31]. Содержание и повествовательная линия данной книги разбиты на шесть глав, которые в общих чертах

---

[31] К. Зарекор подчеркивает, что для Чехословакии водоразделом стал 1950-й, а не 1948 год, соглашаясь, однако, с приведенным здесь общим соображением о глубокой цезуре [Zarecor 2011: 6].

следуют хронологической структуре и сочетают ее с тематическими подходами. В каждой из глав, основное внимание уделяющих Восточно-Центральной Европе, исследуются вопросы, выходящие далеко за пределы этого региона.

Глава первая, «Современность в Восточной Европе: восточноевропейский модернизм?», рисует общую панораму, подробно описывая особую связь между модернизмом и модернизацией в Восточно-Центральной Европе во время и после Первой мировой войны. Регион представлен в виде демонстрационного экрана радикальных общественно-политических изменений и огромных возможностей, сопровождавших планирование и модернизацию. В главе рассматривается основа для подобных фантазий на фоне экономического кризиса, восстановления региона и возникновения после 1918 года новых государств. Для этих государств модернизация являлась неотложной потребностью, а модернистская программа во многих отношениях обеспечивала решение сложных проблем и была ключом к обретению политической легитимности. В таких обстоятельствах архитекторы-модернисты вполне могли претендовать на новый статус.

Глава вторая обращается к архитекторам как специалистам по социальному (experts of the social). Данная глава, охватывающая по большей части период с 1916 по 1925 год, повествует о том, как архитекторы, замахнувшиеся на новые задачи, сделались средоточием общественных ожиданий, как это превратило архитекторов-модернистов в экспертов-профессионалов в гораздо более обширной области, чем «обычное» строительство, и привело к появлению новых форм профессиональной подготовки. Эти архитекторы представляют собой новый фенотип, в котором модернизм в частной жизни сочетается с новым пониманием своей профессиональной идентичности и самоуполномочием в качестве «социального планировщика». Во второй части главы рассматриваются основные мотивы преобразований, а именно подъем научного градостроительства, увлечение машиной и триада «рационализация — планирование — технократия» — «фоновые» идеологии, воспринятые и развившиеся архитекторами-модернистами.

В главе третьей, «Формирование новых архитектурных целей», автор сосредоточивает внимание на второй половине 1920-х годов и анализирует новые формы самоорганизации архитекторов после Первой мировой войны, делая особый акцент на CIAM. В данной главе CIAM рассматривается как объединение нового типа, которое занималось утверждением архитекторов как ведущей силы в еще не определившихся взаимоотношениях экспертов-профессионалов и политиков. Последствия этих изменений разбираются на примере польской группы CIAM. Переключая внимание на редко становящийся предметом исследования CIAM-Ost, данная глава оценивает актуальность этих наблюдений в более широком контексте, охватывающем Восточно-Центральную Европу и выходящем за ее пределы.

В главе четвертой, «Распространение информации о социальных изменениях, осуществляемых посредством архитектуры», будет исследован вопрос о том, как архитекторы изменили метод коммуникации с окружающим миром, создав новые типы книг, журналов и архитектурных выставок в период приблизительно с 1925 по 1935 год. Здесь анализируется стратегическое использование архитекторами-модернистами различных форм медиа, в том числе роль инфографики, для формулирования социальных проблем. Цель этой главы — разобраться в противоречии между интернациональными убеждениями и национальными устремлениями, характеризовавшими как профессиональную, так и частную жизнь изучаемых архитекторов. Слияние национального и интернационального уровней обнажает серьезные противоречия, с которыми столкнулись эти архитекторы-эксперты, — главную тему следующей главы.

Глава пятая, «Материализация международной повестки: "Варшава функциональная"», рассматривает основные проблемы, затронутые в предыдущих главах, на конкретном примере польской столицы, Варшавы, начала 1930-х годов. В этой главе продемонстрировано, как модернизационные повестки центральных властей Польши и городского совета Варшавы и программа CIAM на короткий период слились воедино. Обращаясь к «Варшаве функциональной» — единственному реальному плану так называемого функционального города, разработанному в рамках CIAM, данная глава связывает отвлеченный, на первый взгляд, интернационализм с весьма конкретными местными проблемами. «Варшава функциональная», заметно повлиявшая как на планирование самой Варшавы, так и на международную дискуссию, служит образцом того, как архитекторам удалось занять лидирующие позиции в то время, когда кризис города становится государственной проблемой. Как показано в этой главе, данный проект пошел на пользу и CIAM (с его настоятельной потребностью в примерах практического применения), и местным польским архитекторам, которые обрели возможность употреблять международное влияние CIAM, взаимодействуя с политикой у себя на родине.

Глава шестая, «Под давлением: архитекторы-модернисты и рост политических крайностей», посвящена подпольному планированию в Варшаве во время Второй мировой войны и восстановлению, стартовавшему после установления в 1936–1948 годах коммунистических режимов. Здесь основное внимание будет уделено постоянно усиливавшейся причастности профессионального архитектурного сообщества к политике, заставлявшей архитекторов занимать определенную позицию в идеологической борьбе, которая охватывала Восточно-Центральную Европу до, во время и после Второй мировой войны. Свобода действий, которой архитекторы располагали благодаря владению специальными знаниями, и давление, оказывавшееся на этих мастеров по той же самой причине, анализируются в данной главе на примере Ш. Сыркуса, проведшего три года в Аушвице. Последний из рассматриваемых вопросов — каким образом архитекторы использовали военную катастрофу для продвижения радикальных проектов в период «окна возможностей», открывшегося в 1945 году и закрывшегося в 1948-м?

Чтобы ответить на этот вопрос и на вопросы предыдущей главы, сначала мы обратимся к анализу конкретного пространства и к вопросу о том, почему именно здесь архитекторы-модернисты обрели столь благодатную почву.

# Глава 1
# Современность в Восточной Европе: восточноевропейский модернизм?

В 1934 году студия «Юниверсал» выпустила киноленту австро-американского режиссера Эдгара Ульмера «Черный кот». Картина, в которой впервые снялись вместе Борис Карлофф и Бела Лугоши, принадлежала к жанру фильма ужасов и пользовалась в США шумным успехом. Однако Карлофф и Лугоши сыграли не Франкенштейна и Дракулу, а вымышленного знаменитого австрийского архитектора Яльмара Пёльцига и венгерского психиатра Витуса Вердегаста. Кроме того, действие происходило не в привычном для зрителей мрачном трансильванском замке, а на гипермодернистской вилле, возведенной, по сценарию, на фундаментах гигантской крепости Мармарош, сооруженной в венгерской глубинке в Первую мировую [Grissemann 2003: 72–73]. Там Вердегаст пытается свести старые счеты, оставшиеся со времен войны. Таким образом, личная война между двумя людьми сопрягается с мировой войной, а модернистское здание является одновременно и местом действия, и аллегорией: «шедевр архитектуры (masterpiece of construction), возведенный на руинах шедевра истребления (masterpiece of destruction)», по выражению Вердегаста, противостоящего Пёльцигу, который в военное время служил комендантом крепости [Böhm 2012: 702; Eue 1997: 24–25][1].

---
[1] В целом о возрастающей роли архитекторов в художественном оформлении фильмов см. [Kettelhut, Sudendorf 2009].

Илл. 1. Кадр из кинофильма «Черный кот». Модернистская вилла Пёльцига над военным кладбищем

Разумеется, «Черный кот» — популярная коммерческая кинокартина со своей жанрово обусловленной драматургией. Тем не менее появившиеся в ней мотивы далеки от случайных. Недаром режиссер Ульмер, самостоятельно спроектировавший для фильма вестибюль модернистской виллы, называл время съемок этой ленты своим периодом Баухауса. Биограф Ульмера приписывает модернистскому измерению фильма «почти документальное качество» [Grissemann 2003: 72–73]. Можно с уверенностью утверждать, что «Черной кот» отразил важные тенденции своей эпохи. Архитекторы-модернисты исследуются в настоящей книге как воплощение явления высокого модернизма. Три главные темы фильма лежат в основе этой книги и определяют выбор географического места действия. Все три аспекта занимают в данном исследовании центральное место, а последние два обусловливают выбор места действия.

Первая тема — тип знаменитого архитектора с присущим ему особым отношением к своему творчеству. В фильме на этот тип работают два момента: игра Карлоффа и отсылка к знаменитому архитектору Веймарской республики Хансу Пёльцигу[2]. Вымышленный Яльмар Пёльциг с его экспрессионистским поведением — явная персонификация «человека нового времени», а суховатая актерская манера Карлоффа резко контрастирует с игрой Лугоши (Вердегаст), олицетворяющего нравы прошлого.

Вторая тема — воплощение в Пёльциге (Карлофф), которого в картине неизменно называют «инженером», образа архитектора как великого творца — не только инженера, но и создателя эстетики своей поразительной виллы. Как инженер-архитектор, окруженный символами современного, почти футуристического образа жизни, Пёльциг является собой прототип не просто современного человека, но творца современности. В фильме убедительно отражена мера деспотизма, свойственная модернистской архитектуре: «милым, уютным, непритязательным дурдомом» называет виллу Пёльцига один из персонажей. Это впечатление подчеркивается быстрым переходом от рациональных и научных эпизодов к иррациональным и пугающим (с сатанинскими обрядами и трупами, хранящимися в похожих на бункеры подвалах, вызывающих в памяти сказку о Синей Бороде). Модернистская архитектура призвана здесь изобразить попытку преодолеть ужасы войны с помощью ясности и технологий, но одновременно она символизирует неконтролируемые силы современности — а также утрату иллюзий, последовавшую за примерно десятилетним периодом модернистского строительства.

Наконец, показательно, как этот фильм без обиняков связывает модернистскую архитектуру с катастрофой Первой мировой войны — здесь, на мрачном и географически конкретном, однако абстрактном восточноевропейском театре военных действий, «величайшем кладбище в мире», как говорится в фильме. Для этого Ульмер соединяет вместе восточный театр военных действий, вымышленную крепость Мармарош, модернистский об-

---

[2] О Пёльциге см. [Pehnt, Bolz 2007].

разный ряд и столкновение старого с современным [Liulevicius 2005: 151–175]. Разрушение как предпосылка радикального новаторства станет сквозной темой этой книги.

Сколь бы красноречив ни был контраст между темными, грязными полями битв, утыканными могильными крестами, и возвышающейся над ними яркой гипермодернистской виллой, действительно ли в этом противопоставлении имеет значение конкретность данного пространства? Ульмеру был важен набор ассоциаций, связанных с восточноевропейским пространством кризиса: сражения мировой войны, о которых западная публика мало что знала, хаос и драматические последствия большевистской революции в России, неудобоваримые для посетителей американских кинотеатров и потому внушавшие ощущение таинственности языки и культуры. И все же для Ульмера, родившегося в бывшем австрийском городе Ольмюце (в 1918 году отошедшем Чехословакии), реальность этого пространства имела значение, как показала его карьера в США в качестве специалиста по фильмам о восточноевропейских меньшинствах. В Советском Союзе некоторые из самых выдающихся достижений модернистской архитектуры положили начало развитию, которое впоследствии лишь частично было воспринято на Западе. Чехословацкие образцы современного движения, прежде всего вилла Тугендхат близ Брно, явились первыми знаковыми образцами новой глобальной архитектуры [Hammer-Tugendhat, Tegethoff 1999][3]. Во время поездки в Прагу в 1927 году Ле Корбюзье отметил в своем дневнике: «*Чехословацкое архитектурное движение в настоящий момент заслуживает самого пристального внимания*» (Le movement architectural tchéchoslovaque mérite, à l'heure actuelle, la plus grande attention)[4]. Не случайно первый президент недавно образованной Чехословакии Т. Г. Масарик назвал Европу после 1918 года «лабораторией, построенной на огромном кладбище мировой войны»[5].

---

[3] О Брюнне/Брно см. [Kudělka, Chatrný 2000; Švácha 1999b; Janatková 2002].
[4] Запись от 24 ноября 1927 года, опубл. в [Soutter 2011: 220]. О нескольких поездках Ле Корбюзье в Прагу см. [Sayer 2013: 144–151].
[5] Цит. по: [Müller 2013: 50].

Илл. 2. Вилла Тугендхат близ Брно (современный вид). © Mark Baker (www.markbakerprague.com)

Историки искусства и архитектуры стали уделять все более пристальное внимание проявлениям модернизма в Восточной Европе после падения там коммунистических режимов [Leśnikowski 1996a; Miłobędzki 1996a; Nowakowska-Sito 2008a; Benson 2002; Ferkai, Branczik 2001; Passuth 2003; Švácha, Malý 1996; Parlagreco 2005]. Каким образом радикальный модернизм мог преуспеть или, по крайней мере, достичь определенного значения в регионе, который во многих отношениях считался довольно отсталым? Прежде чем изложить в следующих пяти главах возможные ответы на этот вопрос, нужно подчеркнуть два аспекта, необходимых для осмысления значимости нижеследующего. Мы должны обозреть западное представление о «Востоке» в рассматриваемый период. Кроме того, надо, сосредоточившись на особенно показательном примере Польши, проанализировать материальное положение, материальный базис архитектуры в исследуемом регионе. Это будет выполнено с особым упором на то, насколько данное положение предопределило возможность так называемого социального поворота в архитектуре и появления «социального архитектора». И представление о Востоке, и конкретные задачи на местах, наиболее очевидные в городах, необходимо принять во внимание и рассматривать в совокупности.

## Европейский Восток: зарисовки на демонстрационном экране

Вследствие холодной войны, длившейся более 40 лет, в значительной степени забылось (или же никогда полностью не осознавалось), насколько определяющим для искусства и архитектуры первой половины XX века стал восточный подход[6]. В публикациях последнего времени особое значение придается разностороннему сотрудничеству восточных и западных архитекторов, скажем, в рамках движения Баухаус [Bajkay 2010b; Anna 1997]. Не менее важным было вдохновение, почерпываемое западными архитекторами из известных по опыту или представляемых восточных примеров.

Эти представления можно разделить на три группы. Во-первых, в немецком дискурсе, по давней традиции, восходящей к XIX веку, Восток фигурировал как подлежащий колонизации регион и поддающаяся формированию территория, ожидающая столкновения с западной, а конкретнее, немецкой эффективностью [Thum 2013; Blackbourn 2006: 259–261; Koenen 2005]. Во-вторых, считалось, что образцы подлинно восточной архитектуры, особенно в России, но и далее на восток, указывают на более непосредственную связь с местным населением и, таким образом, создают стимул для духовного обновления. В-третьих, в политическом плане русская революция вдохновляла на облечение архитектуры социальной миссией и наделение ее способностью менять общество[7]. В данном прочтении Восток превращался в «символ социального принципа»[8].

---

[6] Концептуальный аспект см. в [Hain 1994].
[7] О восприятии Советского Союза см. [Gropius 1931: 57].
[8] Так, «Распад городов» (Die Auflösung der Städte) Б. Таута был вдохновлен русскими примерами [Hain 1994: 139].

Эти различные направления мысли объединялись в идее Востока как некоей tabula rasa, к примеру, когда сообщество авангардных немецких архитекторов «Стеклянная цепь» заявляло в 1920 году: «Россия, tabula rasa, теперь должна продемонстрировать новое строительство на новой земле»[9]. Регион, который ехидно именовали «пригородом Европы», превратился в демонстрационный экран, чтобы противопоставляться западноевропейской «цивилизации» или оказываться ее же порождением [Jedlicki 1999]. Крупнейший европейский архитектор-модернист, француз швейцарского происхождения Ле Корбюзье, тоже не избежал искушения Востоком. В 1911 году Ле Корбюзье отправился в «путешествие на Восток», которое во многом сформировало личность и архитектурный стиль этого отца-основателя современной архитектуры [Ле Корбюзье 1991][10]. В дневнике, который он вел в поездке, запечатлено идеализированное порой пространство, не затронутое негативными аспектами европейской цивилизации («всепроникающей и всепоглощающей "европеизацией"»), давшее несравненные произведения подлинного искусства — истинное проявление народа [Там же: 9, 19–20]. Вместе с тем Ле Корбюзье и считает доказанным существование данного пространства, которое он именует «Востоком», и сам же вносит вклад в определение и наполнение этого почти мифического края[11]. А. Дёблин, автор романа «Берлин, Александерплац», являвшийся, подобно Ле Корбюзье, провозвестником модернизма, в Варшаве пренебрежительно отзывался о «европейских» писателях и приветствовал власть подлинного народа на земле, якобы почти нетронутой Западом [Döblin 2000: 60]. Австрийский писатель Й. Рот, в 1920-е годы много путешествовавший по Польше и России, воспринимал европейский Восток как «неслыханное

---

[9] В оригинале: «Rußland, tabula rasa, soll jetzt zeigen neuen Bau auf neuem Boden». Цит. по: [Hain 1994: 140].

[10] Аналогичные представления о Польше, относящиеся к более позднему времени, можно найти в [Le Corbusier 1974: 95].

[11] См. например, [Ле Корбюзье 1991: 21]. О данном механизме применительно к Балканам см. классический труд [Todorova 2009].

пространство социального эксперимента», в котором разворачивается сам проект модерности [Bürger 2015: 130].

На краткий исторический миг Восточно-Центральная Европа, территория, которую Масарик назвал «Новой Европой», оказалась наиболее перспективной из неблагополучных регионов мира — не вопреки, но благодаря своему тяжелому экономическому положению [Masaryk, Warren 1972]. С. Роккан указывал на «структуры возможностей», которые могут возникать в периферийных регионах. Однако он предупреждает нас о более сильном, как правило, влиянии извне, из центра, характерном для периферийных регионов [Rokkan et al. 2000: 147]. Оба аспекта характеризуют место Восточно-Центральной Европы в общеевропейском контексте в рассматриваемый период. Показательно, например, что польский регион Галиция стали представлять как пространство возможностей для экономического развития [Frank 2005]. Но мы также должны принять к сведению склонность немецких, в частности, экономистов полагаться на силу планирования и смотреть на Восточно-Центральную и Юго-Восточную Европу как на пространства, которые должны быть освоены организацией высшего порядка из внешнего центра [Sachse 2010]. Для данной книги особенно важно, что понятие о развивающихся регионах являлось неотъемлемой частью дискурса того времени. Этот дискурс сформулирован с использованием концепций о наверстывании упущенного, реализации потенциала или даже превращении местных недостатков в преимущества при скачке в будущее, осуществленном посредством планирования [Kochanowicz 2006]. В основе всех подобных идей лежала посылка о том, что на Востоке возможно запоздалое повторение западных достижений в области модернизации. Эта посылка указывала на общие принципы желаемой модернизации и современности как на цель и соглашалась с ними. Вместе с тем «новый человек», который в то время занимал центральное место во многих культурных концепциях, на Востоке приобрел гораздо более конкретные очертания. На деле же все новые государства надеялись на появление новых граждан, которые должны были воплотить в жизнь их представления о современном государстве и обществе [Szczerski 2010: 6].

### Восточно-Центральная Европа: пространство кризиса?

Как именно выглядит подобное пространство возможностей? Где пролегали его границы и как следует подходить к проблеме его колоссальной разнородности? По причинам, указанным во введении, Россия и Советский Союз в данное исследование не включены. Предпочтительнее, осознавая бесчисленные трудности и подводные камни, связанные с определением консолидированного географического пространства, использовать в этой работе собирательный термин «Центральная Европа» (Central Europe), который нельзя путать с дискредитированным понятием «Срединная Европа» (Mitteleuropa) [Ther 2006].

Страны Центральной Европы — Германия, Австрия, Польша, Чехословакия и Венгрия — имели общие культурные традиции, отчасти обязанные своим появлением имперским структурам, и давние связи в сфере образования, включая университетские программы, обмен специалистами и т. д. Всем этим странам досталось имперское наследие трех великих европейских сухопутных империй (Германской, Австро-Венгерской и Российской). Последующего двойного воздействия крупного перекраивания границ и фундаментального изменения политической системы Нидерланды или Бельгия, к примеру, не испытали; последняя, разумеется, сильно пострадала во время Первой мировой войны. Чехословакия, Польша и Венгрия как национальные государства возникли из бывших имперских субъектов. Как таковые страны этого региона обладали важными общими характеристиками, отличавшими их от государств Западной Европы. Вместе с тем должно быть ясно, что представления о Восточно-Центральной и особенно о Восточной Европе допускали сильно перегруженные толкования и что общие характеристики не должны отвлекать внимание от весьма существенных различий между этими странами[12]. В то время как Венгрия лишилась статуса имперской державы в 1918 году, Польша и Чехословакия образовались в результате национальных движений, противостоявших дово-

---

[12] См. [Wolff 1994]. См. также [Schenk 2002].

енным империям. И если в Чехословакии развивалась сравнительно успешная демократия, Венгрия пережила несколько волн авторитаризма, а зарождающейся демократии Польши в 1926 году пришел на смену полудиктаторский режим. К данным расхождениям можно прибавить разницу в экономическом положении и общественном устройстве этих стран. Богемские земли являлись одним из ведущих промышленных регионов мира, тогда как бо́льшая часть Венгрии и Польши до войны оставалась аграрной.

Тем не менее высказывание о Восточной Европе как о пространстве возможностей особенно справедливо для этих трех стран, называемых обычно, как и в настоящем исследовании, Восточно-Центральной Европой[13]. Концентрация внимания на восточной части Центральной Европы, особенно на Польше, отнюдь не предполагает ограниченного подхода. Очевидно, что важной точкой отсчета и сравнения служат прецеденты из таких стран, как Нидерланды, а Югославия и Румыния, как и страны Балтии, во многих отношениях демонстрируют закономерности, сходные с теми, которые рассматриваются здесь. Столь же очевидно, что в поле зрения должна оставаться западная часть Центральной Европы — Германия, не только как страна с серьезным имперским наследием, но и как наиболее радикальный источник вдохновения модернистских решений, а позднее, после 1933 года, наиболее радикальная угроза этим решениям.

Вдобавок к тому географический регион — всегда в определенной степени сконструированное образование, в нашем случае сконструированное еще и рассматриваемыми архитекторами-модернистами. Как будет показано в главе третьей, архитекторы из Польши, Венгрии и Чехословакии подчеркивали общность своего положения — по отношению к западным коллегам или в своем кругу. Исследователи отмечают широкое внутрирегиональное взаимодействие различных авангардных групп. Порой это взаимодействие требовало акцента на принадлежности к Западу, в других же случаях упор делался на отличии от Запада. Показательно, что в литературе анализируемый здесь регион

---

[13] Об изменении представления о том, что такое Восток, см. [Zarycki 2014].

фигурирует под названием как Центральная [Benson 2002; Moravánszky 1998], так и Восточная Европа [Leśnikowski 1996a; Mansbach 1999][14].

Проблемы, с которыми столкнулся восточно-центральноевропейский регион, становятся особенно очевидны, если мы более внимательно разберем случай Польши. Когда в августе 1919 года будущий президент США Г. Гувер комментировал положение Польши после Первой мировой войны, о котором как глава Американской администрации помощи был хорошо осведомлен[15], он нарисовал мрачную картину:

> В результате семи вторжений различных армий страна в значительной степени лишилась зданий... Произошел полный сбой экономического цикла. В придачу к разрушениям и грабежам, сопровождавшим неоднократные вторжения противоборствующих армий, эти территории, разумеется, угодили в клокочущий котел большевистской революции, и интеллигенция либо бежала из страны, либо большей частью оказалась в тюрьме[16].

В отличие от Германии, Нидерландов, Швейцарии и Скандинавии, стран центра с более радикальным, социально ориентированным направлением модернистской архитектуры, восточно-центральноевропейский регион во время Первой мировой войны претерпел масштабные разрушения. Мало того, недавние исследования справедливо подчеркивают, что война в Восточно-Центральной Европе в ноябре 1918 года не закончилась, а продолжалась в течение многих лет в виде невероятно кровопролитной борьбы ни больше не меньше как за национальное выживание [Gerwarth 2016: 187–198]. Материальный ущерб на территории будущей Второй Польской Республики в период с 1914 по 1921 год оценивается примерно в 2 млн зданий, включая 6 тыс. школ. Польша потеряла 4,5 % населения — больше, чем любая из вое-

---

[14] В целом см. [Zarycki 2014].

[15] О роли Гувера в межвоенной Польше см. [Adams 2009]. См. также [Rodogno et al. 2015b].

[16] Цит. по: [Horne 1923].

вавших западных стран [Minorski 1970: 11–15]. В городах Восточной Польши было разрушено до 70 % зданий. Эти цифры следует рассматривать на фоне и без того относительно слабого развития инфраструктуры и процесса урбанизации, который начался гораздо позднее, чем в западных странах. В 1931 году в восточных областях Польши, так называемых кресах, в городах проживало менее 15 % населения, в промышленности был занят лишь 1 % [Pszczółkowski 2016: 12].

Кроме того, война имела значительные косвенные последствия[17]. Надо было осуществить реинтеграцию территорий, ранее находившихся под властью распавшихся держав, как политико-административную, так и экономическую. Данный процесс чрезвычайно осложнял тот факт, что территории, в прошлом принадлежавшие Германской, Австро-Венгерской и Российской империям, имели не только разные административные структуры и отличающиеся нормы во всех сферах жизни, но и абсолютно разный экономический и социальный уровень развития[18]. Эти задачи должна была решать центральная государственная власть, которая сама пребывала в стадии построения, переживала ожесточенные внутриполитические конфликты и подвергалась угрозам из-за рубежа, в частности, со стороны бывших Германской и Российской империй. Последнее отразилось в сильно политизированном вопросе о национальных меньшинствах, с которым столкнулась не только Вторая Польская Республика, но и Чехословакия. Вопрос о меньшинствах усугублял социальные противоречия, которые и без того расшатывали Польское государство и общество. Модернизация, начавшаяся после войны, высветила существующие структурные проблемы региона. Двумя ключевыми проблемами являлись неравномерное распределение материальных благ и возможностей и вопрос об этническом многообразии в постимперском пространстве новорожденного национального государства[19].

---

[17] В целом о Первой мировой войне в Восточной Европе см. [Baberowski, Sapper 2014].
[18] Более подробно см. [Aldcroft 2006: 42–49].
[19] Общий обзор см. в [Stachura 2004].

Илл. 3. Порт Гдыня — символ достижений Второй Польской Республики
Слева: Narodowe Archiwum Cyfrowe (NAC), 1-G-4838-3;
Справа: AiB 14, № 6 (1938), 197

В плане градостроительства и архитектуры эти структурные условия и проблемы нашли выражение в феномене новых городов. В Европе XIX века очень мало новых городов было спланировано с нуля [Kargon, Molella 2008; Irion, Sieverts 1991]. Учитывая вышеупомянутые проблемы, есть определенная структурная логика в том, что два наиболее интересных примера новых городов за пределами СССР[20] были построены в межвоенные годы в Польше. Гдыня с прибрежным регионом [Sołtysik 1993; Romaniak 2005; Störtkuhl 2005] и Сталева-Воля в только что созданном ЦПР — Центральном промышленном регионе (Centralny Okręg Przemysłowy) [Furtak 2014] не являлись примерами инновационного городского планирования и авангардной архитектуры, хотя там и было возведено несколько примечательных зданий. Скорее, эти два города служат свидетельством первостепенной важности стратегических и политических соображений для развития страны. Гдыня обеспечивала прямой, без зависимости от немецких портов и «вольного города Данцига», доступ к Балтийскому морю, а следовательно, к международной торговле. Она обладала важнейшим символическим значением польских «ворот в мир»,

---

[20] О новых городах в России см. [Конышева, Меерович 2011; Боденшатц, Пост 2015].

первенствовавшим даже над ее растущим экономическим статусом [Szczerski 2010: 203–210]. В течение нескольких лет бывший поселок Гдыня был преобразован в средних размеров город, игравший ключевую роль в частично плановой национальной экономике. Сталева-Воля и ЦПР демонстрируют сравнительно хорошо развитый потенциал Польши в области регионального планирования, а также первые шаги в области государственного планирования. ЦПР, по военным соображениям размещенный как можно дальше от государственных границ, был призван обеспечить охваченной кризисом стране экономический (а следовательно, и социальный) качественный скачок.

Оба примера также можно рассматривать как «анклавы современности», которые А. Щерский назвал типичными для исследуемого региона [Ibid.: 7][21]. Необходимо отметить, что львиную долю инвестиций в ЦПР вложило государство, и ЦПР составлял крупнейшую часть инвестиционного бюджета государства как главный проект второй половины 1930-х годов. Более того, весь этот проект мог состояться только в условиях государственного планирования, где ключевой фигурой был министр финансов Евгениуш Квятковский — почти уникальная фигура общеевропейского масштаба [Drozdowski 2005: 137–172][22]. Квятковский, сыгравший важную роль также и в строительстве Гдыни, до Второй мировой войны входивший в состав нескольких правительств, воплощал собой технократическое направление, которое было столь сильно на ранней стадии авторитарного режима «санации».

Таким образом, Квятковский представлял и более эффективную и, вероятно, более позитивную сторону «санации». Режим опирался как на социалистические идеи левых, так и на элементы националистической повестки правых. Название «санация» подтверждало присущую ему внутреннюю логику планируемых социальных улучшений [Karamańska 2007: 132–133]. После государственного переворота Пилсудского, происшедшего в мае 1926 года, национа-

---

[21] О кресах см. [Pszczółkowski 2016: 22].
[22] См. также [Drozdowski 2002a].

листическая программа была дополнена целым рядом технократических схем и подходов. Не случайно Пилсудского называли Строителем Отчизны (Budowniczy Ojczyzny), используя понятие, имевшее в польском языке двоякое значение, что сигнализировало об отождествлении политики с модернизацией.

Внешне нейтральное региональное, а позднее общенациональное планирование способствовали заметным достижениям Польши, особенно в 1930-е годы. Региональное планирование выполняло там двойную функцию гораздо четче, чем в западных странах. Планирование было призвано решать не только конкретные экономические задачи, но и многочисленные проблемы, доставшиеся в наследство от предыдущего периода [Drozdowski 2002b; Fisher 1966]. Особенно очевидно это было в преимущественно отсталых восточных кресах. Здесь политик режима «санации» Александр Прыстор учредил Товарищество развития восточных земель (Towarzystwo Rozwoju Ziem Wschodnich) [Pszczółkowski 2016: 27–29]. Хотя Вторая Польская Республика добилась довольно заметных успехов в стабилизации экономики, борьбе с инфляцией и создании работоспособной инфраструктуры, общая экономическая ситуация оставалась чрезвычайно сложной, и государство продолжало доминировать — отчасти из-за слаборазвитости частных компаний[23]. Значительная роль государства сказывалась отрицательно, в том смысле что частных капиталовложений было мало. В Восточно-Центральной Европе это побуждало государство к участию в тех секторах, где на Западе оно играло более слабую роль, в том числе в жилищном строительстве [Kochanowicz 2006].

В таких условиях государство по большей части было единственным участником, способным предоставить капитал, рабочую силу и квалифицированных специалистов, требовавшиеся, чтобы попытаться решить хотя бы самые очевидные проблемы. Это относилось и к жилищному сектору, который во многом отражал тяжелое экономическое положение и по любым крите-

---

[23] См. [Turnock 2006: 183–184; Berend 2001: 225–226]. О строительной деятельности в кресах см. [Pszczółkowski 2016: 29].

риям являлся наиболее политически чувствительной из всех проблем[24]. Польша оказалась в одной из худших жилищных ситуаций в Европе, характеризовавшейся чрезвычайным дефицитом небольших доступных квартир и столь же чрезвычайной перенаселенностью жилья, особенно в центрах городов. По оценкам, в 1938 году 65 % городского населения проживало в однокомнатных квартирах[25]. В дискуссиях 1920–1930-х годов жилищная ситуация в Польше привлекала пристальное внимание даже за пределами страны[26]. Показательно, что и те, кто защищал и поддерживал молодое Польское государство, и те, кто оспаривал его легитимность, преподносили достижения и неудачи как попытку политического разрешения кризиса и рассматривали их как прецедент для Польского государства[27]. Как местные, так и зарубежные комментаторы были единодушны в том, что ситуация ужасна. Даже в 1934 году, уже после того как некоторые меры принесли свои плоды, архитектор-модернист Роман Фелинский по-прежнему утверждал, что, с учетом роста численности населения в Польше, в течение следующих 30 лет строительный потенциал страны необходимо удвоить [Czerner et al. 1981: 148–151]. Также комментаторы соглашались, что государство единственный участник процесса, способный изменить ситуацию, — в первую очередь по причине нехватки частных инвестиций и изначально довольно слабого кооперативного движения. Исследование, предпринятое Варшавским жилищным кооперативом (WSM) реформатора жилищного строительства Теодора

---

[24] О вмешательстве государства в нестабильный жилищный сектор в Польше см. [Kozińska-Witt 2006: 186–191].

[25] В целом о жилищной ситуации в Польше в межвоенный период см. [Caumanns 2006a].

[26] См., например, [A. K. 1938: 180] и таблицу, иллюстрирующую драматичное положение в Варшаве, [Teige 2002b: 60]. О формулировке обеспеченности жильем как европейской социальной проблемы в межвоенный период см. [Saunier 2010].

[27] Публикация в поддержку [A. K. 1938]; критическая, с позиций немецкого нацизма [Seraphim 1939: 280–285]. О П. Х. Серафиме см. [Petersen 2007]. См. также французскую точку зрения [Lubinski 1935: 58–59].

Илл. 4. Статистические показатели тяжелой жилищной ситуации в Варшаве и Польше по сравнению с Западной Европой. В таблице подчеркивается перенаселенность однокомнатных квартир (внизу). DOM 8, no. 10-11 (1936), 3

Тёплица в 1935 году, когда ситуация уже улучшилась, установило, что среднее количество проживающих в варшавской однокомнатной квартире — 3,7 человека, по сравнению с 2,1 в Берлине и еще более низкими показателями в других европейских столицах [Turowski 1996: 54]. То, что обеспечение жильем стало политической проблемой и все чаще воспринималось как обязанность государства, после 1900 года стало явлением общеевропейским[28]. Конституция Веймарской республики декларировала право на достойное жилище[29]. И все же поразительно, что Польское государство, принявшее в 1920 году закон о создании национального

---

[28] В целом о превращении жилищного вопроса в политическую проблему см. [Zimmermann 1991: 122–224].

[29] Веймарская конституция, ст. 155.

жилищного фонда для обеспечения гигиеничным и доступным жильем, взяло на себя эту роль с замечательным усердием, несмотря на чрезвычайную ограниченность своих ресурсов. Дальнейшее развитие это получило во время режима «санации», особенно благодаря прямому вмешательству центральных властей в жилищную ситуацию в Варшаве и использованию WSM[30].

### Постмонархическое государство и военное наследие

Новые границы, проведенные в Восточно-Центральной Европе после Первой мировой войны, способствовали формированию сильного государства. Учреждая новые административные органы, такие как управление бывшей прусской провинцией в Познани, под непосредственным контролем центральных властей, Польское государство пыталось решать задачи, которые в западных странах, либо не затронутых, либо меньше затронутых последствиями войны, как правило, возлагались на местную администрацию [Loose 2010; Kohlrausch et al. 2010a: 154]. Чехословацкое и новое Венгерское государства столкнулись с аналогичными задачами интеграции новых территорий или (в случае Венгрии) компенсации территориальных потерь и реорганизации соответствующей инфраструктуры. Нередко новое национальное государство (что, безусловно, имело место в Польше) напрямую продолжало махинации сильной центральной власти. Значительная часть территорий, вошедших в состав Польши после 1918 года, ранее принадлежала к «зонам дробления» различных империй. Следовательно, они уже требовали существенного вмешательства и капиталовложений со стороны центральной власти.

Эта связь прослеживалась и в градостроительстве, где центральная власть во многих случаях брала на себя обязанности, которые в западных государствах осуществлялись местными

---

[30] Обеспечение жильем было включено в ежегодный государственный бюджет уже в 1919 году; см. [Wynot 1983: 162–164, 176–177].

администрациями. Дело заключалось не только в конкретных местных проблемах такого масштаба, что они угрожали основным статьям социального обеспечения (таким как жилье), но и в политической легитимности [Müller, Tooze 2015]. Если быстрая урбанизация Западной Европы в XIX веке являлась преимущественно следствием экономического роста, экспансия польских городов в основном имела место во времена нестабильности и кризиса, последовавшие за распадом трех империй. При отсутствии зажиточной буржуазии в будущее своих столиц приходилось инвестировать государству [Behrends, Kohlrausch 2014b]. Как показывает пример режима «санации», социально-экономическая модернизация в немалой степени зависела от государства, и его политический курс зачастую основывался на современных идеологиях социализма и национализма. Эти идеологии также были призваны заполнить политический вакуум, возникший после двойного воздействия новой политической системы и новых государственных границ, сопровождавшего крах империй, которые и сами постоянно конкурировали между собой [Berger, Miller 2014: 14–16]. В 1918 году была уничтожена лояльность не только государственному устройству России, Австро-Венгрии и Германии, но и значительная порой лояльность династиям [Gusejnova 2016].

В трех странах Восточно-Центральной Европы, а также в Австрии и Германии (но не во Франции, Соединенном Королевстве и Бельгии, которые также серьезно пострадали в Первую мировую войну) возникло то, что можно назвать постмонархическим государством. После столетий династического правления постмонархическому государству необходимо было кардинально трансформировать чувство политической лояльности. Вплоть до 1918 года династии Гогенцоллернов, Габсбургов и Романовых сохраняли гораздо более прочное положение, чем большинство династий Запада, и требовали от своих подданных, особенно во время четырехлетнего вооруженного конфликта, неукоснительной преданности.

В столицах новых постмонархических, постимперских государств, от Праги до Вены и от Будапешта до Берлина, власти должны были доказать, что могут стать лучше империй, которым они наследовали[31]. По окончании послевоенной демобилизации этим государствам необходимо было восстанавливать структуры в пространстве, которое в сравнении с Западной Европой порой напоминало вакуум [Seipp 2009]. Немаловажно, что новые страны ощущали нехватку не только транспортных артерий и административных элит, но и политической легитимности.

Новообразованным государствам пришлось с нуля создавать собственные элиты и институты (прежде всего для того, чтобы обрести легитимность, основанную на эффективности), что обусловило их сильную зависимость от высококвалифицированных специалистов[32]. В соответствии с технократическими концепциями, широко распространенными по всей Европе, венгерские, чешские и польские инженеры утверждали, что способны стать нейтральной силой, вокруг которой может сплотиться эффективное управление. Вследствие предопределяющей необходимости модернизации подобные идеи завоевывали в этих государствах все больше доверия, а следовательно, оказывали все большее влияние [Rohdewald 2010]. Это хорошо иллюстрирует пример нового Польского государства, не располагавшего собственной технической элитой хоть сколько-нибудь значимой численности. Во время Первой мировой войны польские инженеры, по сути, приравняли свое дело к делу нации [Piłatowicz 1999]. Эти инженеры верили, что их познания могут решить любые социальные проблемы, препятствующие будущим успехам новообразованного государства. А следовательно, инженеры должны занимать ключевые посты в высших органах администрации. Отсюда был сделан вывод, что подготовке инженеров следует уделять особое внимание не только техническим знаниям, но и навыкам, необходимым для формирования демократического общества [Piłatowicz 1994: 123–128]. В Чехословакии инженер Альбин Башус

---

[31] В целом об этом см. во введении к кн. [Gunszburger Makaš, Damljanović Conley 2010].

[32] Этот вопрос до сих пор должным образом не исследован. См., однако, тематическое исследование [Brzeziński 2001].

предложил, чтобы техническое образование было официально ориентировано на подготовку «организаторов» и «руководителей», нужных для формирования современной нации. Еще более радикальные идеи можно было найти в Венгрии — это так называемая утопия для инженеров[33]. Профессиональные организации инженеров утверждали, что только инженерные специалисты способны преодолеть социальное неравенство и, в частности, проблемы партийной политики [Kohlrausch, Trischler 2014: 65–77].

Чрезвычайная нужда в государственной легитимности в таких сферах, как здравоохранение и жилищное строительство, привела к появлению новых возможностей и задач для специалистов в данных областях [Bucur 2002; Weindling 1993]. «Государственное проектирование» предоставляло огромные возможности, но те, кто обрел новую значимость, также должны были осознать все более настоятельную необходимость решить вопрос о своей лояльности. Оборотной стороной этого процесса было усиление ограничений и принуждения в отношении технических специалистов, которые теснее, чем прежде, примыкали к конкретным политическим режимам. Показательно, что польские инженеры требовали, чтобы ни один иностранный специалист не занимал требующих квалификации должностей в органах власти [Steffen 2008]. Так, экстремальным образом, потрясения 1918 года в Центральной Европе высвечивают процесс, начавшийся ранее, — привлечение к государственному строительству специалистов-профессионалов.

Столь же очевидно, что после 1918 года постмонархические государства оказались под огромным давлением принятой на себя ответственности. По всей Европе, но особенно в этих странах, межвоенный период привел к новым размышлениям о том, что обязано осуществлять и что гарантировать своим гражданам государство. В Веймарской республике — тоже бывшей империи, постоянно сравниваемой со своей предшественницей, имперской Германией, — ученые-юристы приложили большие усилия, чтобы осмыслить эту перемену. Эрнст Форстхофф, разработав-

---

[33] См. [Meer 2010: 102].

ший концепцию, остававшуюся влиятельной вплоть до наших дней, ввел термины Leistungsverwaltung и Daseinsvorsorge, которые можно вольно перевести как «обслуживание общества». Форстхофф, впоследствии получивший печальную известность своими связями с нацистским режимом, сумел точно уловить новое направление государственной деятельности. Государство, по мнению Форстхоффа, должно было отреагировать на тот факт, что индивид, с одной стороны, ограничен все более узкими сферами жизни, тогда как с другой — располагает все более широкой доступностью благодаря технологическим средствам. По этой причине индивид стал зависеть от услуг, финансируемых государством. На взгляд Форстхоффа местом, где должно было проявить себя государство, было городское пространство. Было совершенно очевидно, что здесь индивид уже не мог полагаться на традиционные средства защиты, обеспечивающие безопасность сельской жизни. В городе он зависел от снабжения (газ, вода, электричество, канализация и транспортные средства), осуществляемого более абстрактной структурой — как правило, государством [Meinel 2011: 154–180].

Хотя здесь не место обсуждать более радикальные принципы и нормы концептуальной схемы Форстхоффа, его наблюдения, несомненно, полезны для осмысления кардинальных перемен, происходивших в европейском городе после 1900 года, когда государство в разных его ипостасях начало все чаще вмешиваться в жизнь своих граждан. Они оказываются верными и в том случае, если мы сопоставим парадигму Форстхоффа с городской реальностью большей части Восточно-Центральной Европы после 1918 года. В 1918 году выдающийся архитектор-модернист и мыслитель Веймарской республики Бруно Таут заметил, имея в виду этот регион и Россию: «При нищете городов все достижения западной, европейской цивилизации выглядят смехотворными». Мерилом любого успеха революционных движений 1918 года будут аграрный и городской вопросы[34]. Действительно, политическая легитимность в восточно-центральноевропейском

---

[34] Цит. по: [Hain 1994: 142].

Илл. 5. Проект Школы политических наук в Варшаве, разработанный Б. Ляхертом и Ю. Шанайцей. DOM 8, no. 10-11 (1936), 3

регионе начала все сильнее зависеть от успешной модернизации городского пространства и эффективного обеспечения услугами стремительно увеличивавшегося городского населения.

В Польше, как и в большинстве государств Восточно-Центральной Европы, Министерство здравоохранения появилось сразу после войны, намного раньше, чем на Западе [Turda 2010]. В 1919 году к этому министерству уже было приписано управление жилищного строительства, и обеспечение жильем официально признали обязанностью государства. Государство как никогда активно взялось за вопросы гигиены, школьного образования, здоровья, спорта[35]. Физическую культуру символически воплощали необычайно современные новые спортивные залы Центрального института физического воспитания (Centralny

---

[35] См. введение в [Uzdrowiska 2012: 4–11], где подчеркивается политическая значимость здравоохранения для нового Польского государства. См. также работу того времени (первое изд. — 1930) о Веймарской республике [Margold, Warhaftig 1999: 1–4]. О наиболее важных архитектурных достижениях Польши в области здравоохранения см. [Pszczółkowski 2015: 225–247].

Instytut Wychowania Fizycznego) в Варшаве, с 1935 года носившего имя Ю. Пилсудского и в настоящее время привлекающего к себе огромное внимание [Śleboda 2000][36].

Анализ Форстхоффа особенно актуален применительно к четырем годам Первой мировой войны. Показательно, что и влиятельный французский ученый-юрист Леон Дюги пересмотрел во время войны свое определение государства. Отныне он делал акцент на государстве как поставщике общественных услуг, где эти услуги фактически легитимизировали государство [Purseigle 2014: 254]. Первая мировая война трансформировала роль государства: одним из главнейших уроков, которые предстояло извлечь из нее всей Европе, являлась необходимость централизованного планирования под руководством государства. И правый, и левый политические лагеря считали военную экономику ключом к победе или поражению в войне. Планирование военной поры, при условии, что уроки были усвоены правильно, тоже оказалось ключом к построению эффективной экономики и общества в послевоенном мире [Kohlrausch, Trischler 2014: 77–79]. Идея планирования и разнообразные технократические концепции почти всегда включали в картину государство [Kohlrausch et al. 2010b: 19–20].

Как отметил в своем классическом исследовании на эту тему Ч. Майер, важнейшей целью западноевропейских обществ после Первой мировой войны была стабилизация. Буржуазия должна была допустить к процессу политических переговоров новые группы. Способом достичь этого, не оспаривая социально-политический строй в целом, служил корпоративизм [Maier 1981]. Первым о влиянии войны на города задумался Патрик Геддес. Он, как и другие, надеялся, что война может стать катализатором, который превратит города в пространство реформ и социального обновления. Для Геддеса было бесспорно, что реконструкция города должна привести к чему-то большему, чем обычное вос-

---

[36] См. также материалы современников об этой архитектуре [Tereny 1929: 307–314; Norwerth 1930: 405–429; Dudryk 1930: 430–435; Nowakowski 1933: 352–357].

Илл. 6. Э. Норверт. Центральный институт физического воспитания (Centralny Instytut Wychowania Fizycznego), Варшава. AiB 6, № 10-11 (1930), 428

становление старого порядка. Его доктрина «городской реконструкции» предусматривала духовное возрождение [Meller 1990: 161; Welter 2002]. Историки архитектуры спорили о том, насколько подобным требованиям соответствовала реконструкция в более узком смысле, то есть, в частности, реконструкция обширных ландшафтов на западе Бельгии и севере Франции, включая ряд небольших и средних городов. Что касается Бельгии, то в соответствующей литературе подчеркивался довольно традиционный характер архитектурной реконструкции и недостаток инновационного, более радикального городского планирования. В Бельгии государство также взяло на себя совершенно новую роль в городском развитии в условиях реконструкции, что едва ли удивительно, учитывая масштабы разрушений. Бельгийский Департамент по делам опустошенных войной территорий (Dienst der Verwoeste Gewesten) — конкретный пример нового, всеобъемлющего воздействия государства на городскую среду [Smets 1985; Uyttenhove 1990].

Разрушительное и вместе с тем преобразовательное влияние Первой мировой войны на западноевропейское общество сегодня глубоко осмыслено. Однако если многие по-прежнему будут ассоциировать катастрофические разрушения с Соммой, Верденом и Фландрией, Лувеном и Реймсом, в действительности наиболее глубокой трансформации подверглись именно общества Центральной Европы[37]. В этой части континента пострадали не только гораздо более обширные регионы, но погибло больше мирных жителей и было разрушено больше зданий, чем на Западе. Кроме того, были передвинуты границы, перемещены большие группы населения, образованы новые страны и перенесены столицы. Конкретные градостроительные меры будут обсуждаться в следующих главах, но перед тем нам нужно задаться вопросом, в какой степени эта плеяда привнесла особый опыт модернизации и современности и в какой степени модернизм сыграл в рассматриваемом здесь регионе особую роль.

## Восточная современность

Дж. Скотт в своем эпохальном исследовании «Благими намерениями государства» заявил, что «в конце XIX в. На Западе трудно было не быть модернистом того или иного толка» [Скотт 2005: 153]. Есть несколько причин дополнить это утверждение, указав, что было бы еще сложнее, во всяком случае представителю молодого и преуспевающего поколения, не быть модернистом в течение трех десятилетий после 1900 года в Центральной и Восточной Европе. «Новое в Польше подхватывают охотнее, чем в других странах», — отмечал в 1931 году голландский теоретик искусства и художник Тео ван Дусбург [Doesburg 1990a: 304]. В новых государствах Восточно-Центральной Европы после 1918 года модернизация сделалась настоятельной потребностью. Имеется в виду «модернизация» в узком смысле понятия, то есть развитие экономики, инфраструктуры и общественных услуг. Однако речь и о модернизации в широком смысле — как

---

[37] В целом о трансформации городов во время Первой мировой войны см. [Winter, Robert 1997].

необходимости построения подлинно современных обществ, обществ, соответствующих «европейским» и «американским» стандартам (или тому, как мыслились стандарты, называемые европейскими и американскими). Наконец, о достижениях в последнем направлении надо было оповестить внешний мир посредством нарочито модернистской программы, которая вследствие своего визуального воздействия являлась в первую очередь программой строительной. В последние годы историки искусства все чаще уделяют внимание этому феномену [Szczerski 2010; Bartetzky, Fichtner 2005; Schuler, Gawlik 2003]. В ряде региональных исследований подчеркиваются не только большой географический охват, но и изобилие образцов модернистского строительства во всем восточно-центральноевропейском регионе [Plank 2003; Ferkai, Branczik 2001; Aněl 2005; Marek 2004; Šlapeta 1987; Stiller, Slachta 2003; Švácha 1995] и за его пределами[38]. Некоторые элементы восточноевропейского модернизма стали составной частью самого понятия о том, что есть современное — например, произведения русских конструктивистов [Buchli 2000; Konstruktivistische 1992]. Разумеется, — и особенно это касается архитектуры, — выбор модернистских решений для зданий, памятников и прочих сооружений зачастую диктовали определенные практические требования и желательная рентабельность стандартизованных и рационализованных проектов. Однако более пристальный взгляд на значимые сооружения и тенденции в искусстве показывает, что новообразованные государства использовали модернистский стиль в качестве свободно конвертируемой валюты, чтобы добиться внимания и признания, опираясь на процессы, начавшиеся еще во время Первой мировой войны [Głuchowska 2006: 314]. Напоминающие корабли криволинейные модернистские постройки молодого, быстро растущего польского города Гдыня или внешне модернистский облик многих зданий Варшавы находят аналогии и в Брно,

---

[38] В более обширном региональном охвате см. [Connah 2005; Blagojevic, Vlaskalic 2003; Mahecic 2007; Machedon, Scoffham 1999; Popescu 2004; Makaryk 2010; Bozdoğan 2001].

и в Праге, и к востоку от рассматриваемого здесь региона, в столице Литвы Каунасе [Störtkuhl 2005; Szymanski-Störtkuhl 2000; Mansbach 2014; Sayer 2013].

Административные здания в этих и многих других городах региона, построенные в модернистском стиле, стремились провозгласить универсальные ценности — ясность и прозрачность — и тем самым вырвать эти государства с периферии мысленной карты Европы. Остается невыясненным, насколько далеко простиралась прямая «национализация модернизма»[39]. Ведь почти всем усилиям по легитимизации новых государств Восточно-Центральной Европы свойственно комбинирование традиционных и инновационных внешних элементов [Bartetzky, Fichtner 2005]. Вопрос о том, насколько часто оригинальное сочетание традиционного (демонстрировавшего многовековую национальную историю) и интернационального (провозглашавшего принадлежность к семье современных наций) стилей образует самостоятельный новый стиль, здесь должен остаться открытым. Однако важно отметить решающую роль государства в «культурной политике» и в наделении искусства и архитектуры политическим значением. Последнее также было обусловлено нередкими иконоборческими попытками этих государств дистанцироваться от держав, к которым они принадлежали ранее, — Германии, России и Австро-Венгрии. Данная тенденция наиболее ярко проявилась в разрушении в 1920-е годы в Варшаве собора Александра Невского, воспринимавшегося как символ российского господства и угнетения [Уортман 2004]. Несомненно, эта мотивация способствовала более радикальному и определенному выбору архитектурных решений, особенно, как показала Б. Штерткуль, в пограничных районах, оспариваемых Польшей и Германией [Szymanski-Störtkuhl 2000; Gussone 1992][40].

Итак, эта книга придерживается концепции специфического восточного модернизма, который, однако, следует не просто воспринимать как стиль, а рассматривать в определенном соци-

---

[39] О Второй Польской Республике см. [Piotrowski 2003; Schuler, Gawlik 2003: 56].
[40] О Германии см. также [Muthesius 2000].

ально-политическом контексте. Использование концепции восточного модернизма поможет объяснить интригующий феномен: как недочеты региона (реальные или мнимые) обеспечили модернизму особенно благодатную почву. Подобно тому, как архитекторы-модернисты в отсутствие заказчиков-буржуа зависели от государства, новые государства нуждались в таких экспертах-модернистах, чтобы создать себе имидж, а также социальную инфраструктуру, которая им столь отчаянно требовалась [Guillén 2006].

Кроме того, все государства региона (в частности, три страны Восточно-Центральной Европы, но в целом это относится и к странам Балтии, Югославии и Румынии) вступили в негласное соревнование[41]. Конкуренция и обусловленная ею многоуровневая «политика сравнения» имели место не только и не столько на уровне государства, сколько на уровне города. В столицах состязательная репрезентация города сливалась с состязательной репрезентацией государства[42]. Воображаемые масштабы модернизации применялись при сравнении не только Восточной Европы с Западной, но и государств и городов Восточно-Центральной Европы[43]. Описанное Н. Вудом самоизобретение польского города Кракова как современного города явно отсылает к европейскому идеалу, но не вполне соответствует условиям «догоняющей» модернизации. Наоборот, Вуд ставит акцент на «интергородской матрице», в соответствии с которой жители Кракова уверенно помещали себя в европейский контекст [Wood 2010: 51, 97–99]. Действительно, в случае Кракова город, без сомнения, несущественно отставал в плане городской инфраструктуры сравнительно со многими другими городами Центральной, да и Западной Европы. Его развитие, скорее, отличалось региональными особенностями. Пример Кракова указывает на тот важный факт, что слияние модернизации и легити-

---

[41] Об этом см. [Behrends, Kohlrausch 2014a].

[42] О соперничестве городов региона см. [Kozińska-Witt 2008; Moravánszky 1998].

[43] Наряду с Краковом, показательным примером является Люблин. См. [Gebhard 2006].

мизации нового государства началось не с образования новых государств (в случае Польши — 11 ноября 1918 года). Конкретные планы реконструкции Варшавы, рассматривавшейся как старая-новая столица, были составлены уже во время Первой мировой войны. Планы эти основывались на польской традиции «органической работы» (praca organiczna), подчеркивавшей необходимость экономической модернизации в период отделения [Janowski 2004: 86–101]. Важное значение, изначально придававшееся правительственным зданиям, отражает также исключительную потребность в быстром создании прежде ненужных правительственных структур как таковых и в обеспечении их зданиями [Pszczółkowski 2015: 21–22].

Разумеется, нам следует учитывать контекст и нюансы подчеркнуто современного имиджа новообразованных государств Восточно-Центральной Европы[44]. В новых странах строились выдающиеся представительские здания в более неоклассическом стиле [Pszczółkowski 2014: 119–144], иногда с элементами, напоминающими об образцах, возведенных в эпоху razionalismo фашистского периода [Pfammatter 1990; Mattioli, Steinacher 2009]. Этот стиль наилучшим образом отвечал потребности как в определенной монументальности, так и во впечатлении чего-то опережающего свое время (в том числе в подходе к интерьеру). Данная тенденция отчетливо заметна в Польше, где новое государство могло распоряжаться всего несколькими представительскими зданиями в своей новой столице Варшаве [Pszczółkowski 2014: 198–214][45]. Однако поразительное количество подобных зданий можно отнести к «конструктивистскому» или «функционалистскому» монументализму [Ibid.: 215–236]. Тем не менее существуют и примечательные образцы чистого модернизма, использовавшегося при

---

[44] Кроме того, любая попытка отнесения зданий к определенному стилю непременно носит несколько произвольный характер. Попытку классифицировать польскую межвоенную архитектуру см. в [Pszczółkowski 2014: 198–214].

[45] О резиденции президента Польской Республики см. [Malinowski, Englert 1993]. Нереализованные проекты рассматриваются в [Trybuś 2012].

Илл. 7. Новейшие польские архитектурные проекты для Миланской триеннале 1933 года. Коллаж. AiB 9, № 5 (1933), 163

строительстве самых секретных архитектурных репрезентаций нового государства. Станислав Брукальский (1894–1967), один из наиболее передовых и радикальных представителей современного движения в Польше, спроектировал здание польского Генерального штаба, сохранившееся до наших дней[46]. Еще один яркий пример — функционалистско-модернистский интерьер летней резиденции, построенной для президента Второй Польской Республики [Frąckiewicz 2008: 28]. Той же логикой руководствовались при создании польских представительств на межвоенных всемирных выставках и Миланской триеннале 1933 года [Dybczyńska-Bułyszko 2005; Zimnica 1999 URL: http://

---

[46] Здание расположено на углу улиц Раковецкой и Вишневой. См. [Pszczółkowski 2014: 231]. Обзор примечательных зданий, возведенных в Варшаве в межвоенный период, см. в [Leśniakowska 2006].

Илл. 8. Слева: Ш. Сыркус. Павильон минеральных удобрений. AiB 4, № 11-12 (1929), 17. Справа: С. и Б. Брукальские. Павильон «Электролюкс». Всеобщая национальная выставка в Познани. 1929. AiB № 3, no. 2 (1928), 78

www.collectionscanada.gc.ca/obj/s4/f2/dsk2/ftp01/MQ37993.pdf]. Эти образцы свидетельствуют о том, сколь привлекателен был państwowy modernizm (государственный модернизм) и как он сумел заинтересовать авторитарное правительство, пришедшее к власти в Польше [Szczerski 2010: 7].

То, что новый современный облик был придан даже (или особенно) таким городам на отсталых восточных территориях Польши, как Вильнюс и Львов, указывает на связь между модернизирующим государством и усвоением модернизма. Многочисленные общественные здания в этом регионе, профинансированные в большинстве своем государственными учреждениями вроде Управления социального страхования (Zakład Ubezpieczeń Społecznych) или Фонда Общества рабочих поселков (Towarzystwo osiedli robotniczych), имели бесспорно модернистский облик [Pszczółkowski 2016: 29].

Стремление этих сначала зарождавшихся, а впоследствии образованных национальных государств обрести легитимность повлияло и на национальные выставки и представительство на международных выставках [Janatková 2008; Hofmann 2009]. Показательный польский пример — Всеобщая национальная выставка в Познани 1929 года (Powszechna Wystawa Krajowa w Poznaniu, PeWuKa) [Bombicki 1992; Szczerski 2003; Störtkuhl 2006]. Познань являлась экономически процветающим городом, но не менее важным было ее символическое значение как крупнейшего города бывших прусских провинций, которые ныне образуют западные территории Польши. В прусско-германский период город был местом грандиозных строительных проектов в «немецком» стиле, кульминацией которых стал Замок кайзера (Kaiserschloss) в Познани [Pazder 2003]. Подобное наследие придавало дополнительный стимул борьбе нового государства за представление своих достижений в области технологий, инфраструктуры и архитектуры в как можно более выгодном свете. Это же помогает объяснить и появление на познанской выставке прекрасных, всемирно известных образцов функционалистской архитектуры [Jakimowicz 2005].

Эта взаимосвязь модернизма и зарождающегося нового государства, разумеется, прослеживается не только в Польше[47]. Чехословакию, в частности Брно, можно даже рассматривать как более поразительный пример в смысле эстетической смелости и количества образцов[48]. Здесь в архитектуре доминировало всеобщее «стремление избавиться от влияния монументальных австрийской и немецкой строительных культур» [Kudělka, Chatrný 2000: 13]. Не случайно в одном из величайших европейских произведений функционалистской архитектуры, кафе «Эра» Йозефа Кранца, применены принципы голландского «Де стейл» и при этом использованы чешские национальные

---

[47] Общую оценку, преимущественно с точки зрения истории искусства, см. в [Purchla, Tegethoff 2006].

[48] В целом об обращении к модернизму в Чехословакии см. [Meer 2010].

 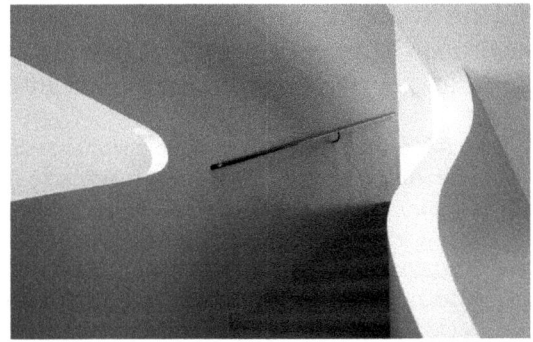

Илл. 9. Слева: Выставочный дворец в Праге. Справа: лестница в кафе «Эра» в Брно (современный вид)

цвета: синий, белый и красный. Архитектор Ян Котера, ключевая фигура зарождающегося модернистского движения в Чехословакии, построил Народный дом в Простеёве (1905–1907) в рационалистском, хотя еще не модернистском стиле [Alofsin 2006: 93–94]. В Праге монументальный Выставочный дворец из стали и бетона, торжественно открытый в сентябре 1928 года к 10-летней годовщине образования государства, сочетал функционалистский дизайн с дерзновенными устремлениями республики [Sayer 2013: 153–154]. Все это примеры «современности», ставшей национальным брендом Чехословакии [Cohen 2017: 258–260].

«Язык рационализма», как указывал Э. Алофсин, предлагал формы выражения, особенно подходившие для потребностей Восточно-Центральной Европы. Стиль пользовался более широким в большинстве случаев спектром проявлений, чем на Западе, но Алофсин также отмечал, что модернизационный посыл рационализма особенно хорошо совпадал с устремлениями, скажем, чешского национального движения [Alofsin 2006: 81–82]. Моравский город Злин в Чехословакии даже можно рассматривать как пример наиболее последовательного в Европе применения идеи функционализма в архитектуре.

Центральная власть четко понимала значение этой строительной политики. В обращении к мэру Брно Масарик, первый президент Чехословакии и во многом «отец-основатель» нации, подчеркивал:

> …Это правильно, и я ценю тот факт, что вы в этом месте демонстрируете большие задачи, стоящие перед новым Брно… Новое руководство Брно поймет, как развивается современный большой город и каково направление этого развития. Одним словом, вы должны сделать Брно интернациональным городом, но эта интернациональность зависит, как говорится, не от количества, а от качества. Перед вами стоят большие социальные и национальные задачи, как вы уже объясняли до того, как я приехал в ваш город. От всего сердца желаю вам успехов в решении ваших задач… Заверяю вас, что я действительно заинтересован в процветании Брно и всегда буду делать все, что в моей власти, чтобы содействовать вашим усилиям[49].

Хотя во многих отношениях Чехословакия (и Брно) с точки зрения промышленного развития добилась большего, чем другие страны региона, наблюдаемая динамика характерна для всего региона. Это касается не только национальных противоречий, влиявших на принятие новообразованной Чехословакией современных решений. Как показывает пример Брно, после переломного 1918 года городу пришлось столкнуться с чрезвычайным давлением и трудностями. В результате из 23 пригородных общин был образован «Большой Брно», где реализовывались масштабные современные проекты молодых архитекторов, только начинавших карьеру [Kudělka, Chatrný 2000: 15]. Концепция «максимальной экономии», ставившая во главу угла эффективность, была призвана решить проблемы нового статуса города в занявшем место обширной империи узко ограниченном национальном государстве, постоянного притока иммигрантов и смены элит [Ibid.].

---

[49] Из обращения президента Чехословацкой Республики Т. Г. Масарика, приуроченного к его визиту в Брно в сентябре 1921 года; см. [Kudělka, Chatrný 2000: 13].

## Заключение

Лишь на первый взгляд кажется парадоксальным, что необходимость модернизации возникла в ситуации, которую можно охарактеризовать как «кризис модернизации»[50]. Что делает пример Восточно-Центральной Европы столь значимым, так это намного более заметный, чем в Западной Европе, перевес позитивных аспектов модернизации над негативными. Возлагая большие надежды на ту роль, которую архитектура могла сыграть на Востоке, Бруно Таут мечтал о духе авангарда, который «по-восточному ориентирован на деятельность» [Hain 1994: 156]. Таут подразумевал, что дискурсу модернизации в Восточно-Центральной Европе в большей степени, чем на Западе, присущи визионерское измерение и утопичность. Предвкушение грядущего, мечты о скачке в светлое будущее, слияние национальных амбиций и потенциала модернизации в этом регионе проявлялись гораздо более выпукло. Прежде чем более глубоко проанализировать эту связь, напоследок необходимо критически рассмотреть три понятия, уже упоминавшиеся в этом тексте: современность, модернизация и модернизм.

Термины «современность» (modernity) и «модернизация» подвергались особенной критике за присущий им налет сомнительного западного стандарта, относительно которого оцениваются другие регионы и который не принимает в расчет иные пути и модели модернизации [Eisenstadt 2002]. Однако важно отметить, что архитекторы, которым посвящено данное исследование, имели довольно четкое представление о «европейской современности». Западный путь служил образцом, хотя иногда умышленно использовался для преодоления сопротивления внутри страны [Stanisławski 2006]. Третий важный для данной книги термин, «модернизм», можно определить как самостоятельный стиль в архитектуре и градостроительстве. Этот стиль,

---

[50] Пример городской России, взятый из трудов М. Хэмма, см. в [DeHaan 2013: 33]. В более общем плане о Веймарской республике как «кризисных годах классической современности» см. [Peukert 1987].

или движение, как предпочли бы назвать его некоторые архитекторы, развивался в первой половине XX века и стал влиятельным международным явлением[51]. Если связь модернистского искусства с рационализированными технологиями доказать трудно (хотя и не невозможно), с модернистской архитектурой дело обстоит совершенно иначе. Современность и архитектура были связаны практически неразрывно [Heynen 1999]. Эстетические и технологические разработки и решения зачастую совпадали. Архитекторы-модернисты нередко полагали себя не только строителями, но провозвестниками и создателями современных условий, а также современными мужчинами и женщинами. Во многих случаях их эстетические инновации не укоренились бы без технологической модернизации, а часто даже без изменения социальных условий в соответствии с тем, что мы считаем современными характеристиками [Vidler 2008; Tournikiotis 1999].

Термины «современность» и «модернизация» много значили для архитекторов-модернистов Восточно-Центральной Европы, поскольку и прямо, и косвенно отражали посылку о ее участии в процессе «наверстывания». Модернизм же сигнализировал о стремлении участвовать, а зачастую и о реальном участии, в более масштабном, трансграничном движении. В таком контексте те, кто столкнулся с особыми трудностями модернизации, могли даже использовать это к своей выгоде. Замечание Ч. Майера о том, что технологический потенциал был особенно силен там, где наличествовали глубокие разломы, вписывается в эту картину [Maier 1970: 36–37]. Вместе с тем обращение к технологической модернизации стало для государства необходимостью[52].

Последнее имело также долгосрочные последствия для архитектуры в ее модернистском, технологичном варианте. С важными оговорками мы можем утверждать, что модернистская архитектура оказывалась особенно эффективной там, где в качестве «заказчика» выступало государство, где оно по экономико-технологическим или же символическим причинам до определенной

---

[51] См. классические труды [Берман 2020; Гэй 2019].
[52] О таком же периферийном государстве, Португалии, см. в [Saraiva 2007].

степени принимало модернизм на вооружение [Guillén 2004]. Временный союз архитекторов-модернистов и модернизирующего государства, в общих чертах описанный выше, — проявление этой связи. В то же время нет противоречия в том, что, хотя установка на современность являлась крайне необходимой, процесс модернизации был чрезвычайно конфликтным и кризисным. Это поспособствовало и тому, что архитекторы-модернисты сделались ключевыми, хотя и противоречивыми фигурами общественного дискурса и социального воображения. Мы не должны забывать, что сосуществование архитекторов, считавших себя людьми современности, и государством, особенно восточно-центральноевропейским, не всегда было гладким. Прославившиеся позднее Ласло Мохой-Надь, Марсель Брейер, Фред Форбат и Фаркаш Мольнар вскоре после Первой мировой войны покинули Венгрию, и только Мольнар на длительный период возвращался на родину.

В этой главе мы внимательно ознакомились с ландшафтом, столь ярко воспроизведенном в фильме «Черный кот». Нами были рассмотрены затронутые войной территории Восточно-Центральной Европы, испытанное ими воздействие Первой мировой, показательное противоречие между отсталостью и современностью, отраженное в «Черном коте», и роль, которую начали играть в новых государствах региона, стремившихся стать по-настоящему современными, модернизация и модернизм. Также в этой главе периодически отмечалось значение анализируемых проблем для градостроительства и архитектуры — вопросы, которые будут подробнее изучены в остальных пяти главах. В следующей главе, в соответствии с визуальной логикой «Черного кота», мы обратимся к столь драматично срежиссированному Ульмером моменту, когда на экране появляется «инженер Пёльциг», воплощение архитектора-модерниста.

# Глава 2
# Архитекторы как специалисты по социальному: новый тип, вышедший на европейскую сцену

Большинство посетителей Дома Мельникова в Москве, вероятно, удивляются предстающему перед ними зрелищу. Кроме прочего, они сталкиваются с поразительной особенностью этого памятника авангардной архитектуры. Конечно, уже давно принято помещать имена архитекторов на спроектированных ими зданиях или ссылаться на авторство каким-либо иным визуальным способом. Мельников же пошел намного дальше — по всему фасаду его дома-мастерской, над огромным, почти во всю стену окном, пущена надпись: «КОНСТАНТИН МЕЛЬНИКОВ АРХИТЕКТОР».

Самоуверенное заявление Мельникова можно рассматривать как отражение трех важных изменений, затронувших профессию архитектора.

Во-первых, Дом Мельникова изначально являлся одним из ярких образцов «авторского» (signature) здания 1920-х годов [Toker 2004: 260–261][1]. Благодаря средствам массовой информа-

---

[1] Обратите также внимание на важность утверждения «Говард Рорк, архитектор» в романе «Источник» [Рэнд 2019].

Илл. 10. Фасад Дома Мельникова в Москве. Фото ©Denis Esakov

ции некоторые дома в международном контексте феномена, известного под названием современное движение, или интернациональный стиль, обрели культовый статус. Можно допустить, что такие сооружения сразу задумывались с расчетом на авторский характер и даже «коммуникативность».

Во-вторых, подобное здание представляло своего создателя, а в некоторых случаях попутно превращало его в торговую марку, используя метод, не знакомый предыдущим архитектурным стилям и возникший лишь в XX веке. Аналогичным образом каждое такое здание является свидетельством значительности конкретного архитектора, основанной на его выдающихся творческих способностях, что демонстрируется посредством не применения, но нарушения правил искусства [Heß 2012]. Каждое из этих сооружений воплощает связь нового ви́дения архитектуры с духом времени (zeitgeist) и обещанием кардинальных социальных перемен, к которым способна привести архитектура. И разумеется, отнюдь не случайно, что радикальное модернистское заявление Мельникова стало возможным в стране и городе, которые сильнее всего пострадали в результате социально-политических потрясений в Восточно-Центральной Европе, последовавших за Первой мировой войной.

Наконец, в-третьих, броское размещение слова «архитектор» на фасаде здания тоже следует рассматривать как сигнал о самоуполномочии и проявление расширяющегося диапазона архитектурной профессии. Сам Мельников переосмыслил возможности архитектуры и обратился к новым формам зданий, создав, помимо прочего, ряд примечательных крупномасштабных гаражей. То же справедливо и в отношении многих других архитекторов-модернистов, стремившихся применять свои профессиональные навыки в тех областях, которые только возникали или же всего несколько десятилетий назад не принадлежали к сфере компетенции архитектуры. Этот процесс вскоре вышел далеко за рамки строительства в узком смысле понятия.

Мельников, что говорит само за себя и подтверждает три вышеназванных пункта, использовал свой статус исключительно оригинального и изобретательного архитектора, чтобы проявлять определенную степень независимости, весьма необычную даже для довольно либерального Советского Союза 1920-х годов. Безусловно, это одна из причин, почему он смог построить свой знаменитый дом в центре Москвы, где больше практически никому не разрешалось возводить частные жилища[2]. Архитектор Мельников, спроектировавший саркофаг В. И. Ленина, выполнял при новом режиме важную политическую функцию эксперта по инновациям в сфере строительства. Таким образом, пример Мельникова демонстрирует связь, являющуюся основной темой данной главы и книги в целом: общественное значение архитекторов и взаимозависимость экспертов-профессионалов и поли-

---

[2] По-прежнему не утратила значимости биография Мельникова, написанная С. Ф. Старром, [Starr 1978].

тической легитимности. Их необходимо трактовать как две стороны одной медали.

В данной главе мы проанализируем эту связь, для начала попытавшись выяснить, в какой мере архитекторов следует рассматривать как специалистов и как эта характеристика улучшает наше понимание вышеописанных изменений. Далее мы посмотрим, каким образом новый статус этих архитекторов как специалистов отразился на их архитектурной подготовке. Наконец, будут затронуты вопросы о том, как изменился образ архитектора и что это говорит нам о новой сфере охвата профессии, каков был способ мышления архитекторов и к каким темам они обращались, вступая в общие культурные, социальные и политические дискуссии. Тем самым в этой главе будут установлены и временны́е рамки исследования: от периода, предваряющего Первую мировую войну, до времени, следующего непосредственно за окончанием Второй мировой. Основываясь на посылке о том, что архитекторы-модернисты в узком смысле понятия возникли в этом промежутке времени, в настоящей главе автор доказывает, что данная группа вывела профессию на новый уровень в ряде областей, не обязательно связанных со строительством.

## Новые задачи архитекторов

Для того чтобы осмыслить глубокую трансформацию, по крайней мере частичную, архитектурной профессии, нужно увидеть в архитекторах-модернистах не строителей, а прежде всего специалистов-профессионалов. На первый взгляд, архитектор — не самый очевидный пример специалиста. Его можно определить как художника, принадлежащего скорее к сфере стиля, чем к сфере социальных изменений и технологий, которая обычно ассоциируется со специалистами. Однако подобное представление не учитывает глубокую трансформацию, которую профессия архитектора претерпела за последние 150 лет. Отношение к архитекторам как к специалистам отражает научно-технический аспект, ставший столь важным для этой профессии в XX веке. В Центральной Европе изменения, происшедшие в профессии, по большей части были ограничены и свелись к внедрению новых строительных технологий и попыткам (в том числе юридическим) закрепить свой профессиональный статус. Однако для значительной части группы трансформация заключалась не только в профессионализации, она привела к освоению широкого спектра проблем в сферах гигиены, планирования, эффективности и многих других[3].

Профессия архитектора имеет многовековую родословную, ее последовательному развитию на протяжении многих эпох было посвящено несколько недавних публикаций[4]. И все же переломным пунктом в ее истории по праву можно считать вторую половину XIX века. В этот период возникли две соперничающие образовательные модели: традиционное обучение в академиях изящных искусств и преподавание архитектуры в стремительно плодившихся технических университетах. Городское планирование как самостоятельная дисциплина с сугубо научным подходом появилось лишь после 1900 года.

Изменившееся положение архитектора воспринималось как решающий момент уже в конце XIX века. Из-за возникшей необходимости сотрудничать и одновременно конкурировать с инженерами и другими специалистами, пришедшими в строительную отрасль (а также из-за нового определения взаимоотношений между архитектурой и искусством), роль архитекторов подверглась пересмотру. После Первой мировой войны эта профессия столкнулась с тройной проблемой: восстановлением в широком смысле слова, остро ощущаемой потребностью осмыслить военную катастрофу и вызванные ею глубокие изменения и, наконец, серьезнейшими последствиями мирового экономического кризиса, повлиявшего на профессию как в повседневной деятельности, так и на очень личном уровне. В Германии около 1930 года

---

[3] О понятии специалистов по социальному см. [Raphael 1996].

[4] В общемировой перспективе см. [Nerdinger 2012a], преимущественно на примере США [Kostof 1977], Германии [Ricken 1990].

примерно 90 % архитекторов были безработными; в других странах, в том числе восточно-центральноевропейских, ситуация мало чем отличалась [Боденшатц, Пост 2015][5].

Однако широкий архитектурный контекст теперь изменился, по крайней мере, в Центральной Европе. В Германии и новых восточно-центральноевропейских странах постмонархическому государству необходимо было доказывать свою политическую легитимность, не в последнюю очередь посредством технической и социальной эффективности, как было продемонстрировано в предыдущей главе. Для новых архитекторов это звучало весьма убедительно. Архитектурный критик А. Бене в 1920-е годы заметил, что «архитектор сегодня, без сомнения, более гигиеничен, чем гигиенист, более социологичен, чем социолог, более статистичен, чем статистик, и биологичен, чем биолог» [Behne 1930: 164]. Тем самым Бене намекал на тенденцию, которую можно квалифицировать как запросы усложняющегося общества, ищущего специалистов по социальному в месте критического сечения — области жилья и городского пространства, и в равной степени как успешное самоуполномочие архитекторов, проявившееся в этот период [Saint 1983: 122]. Фриц Шумахер в 1930-е годы утверждал, что архитектор вмешивается в вопросы, которые сами по себе выходят за пределы художественной сферы. Мышление архитектора расширяется, заключал Шумахер и приветствовал «территорию социальных проблем, экономических проблем и технических проблем»[6]. Шумахер — один из тех архитекторов, котоыре стали градостроителями и сформировали городской облик Гамбурга перед и после Первой мировой войны, — сам являлся олицетворением этой трансформации [Krau 2012].

Эта трансформационная связь более всего проявилась в новых государствах Восточно-Центральной Европы, не в плане количества построенных домов, а в том, каким образом переплелись в архитектуре и градостроительстве политический, социальный и культурный импульсы модернизации. Польша, Венгрия и Че-

---

[5] О Польше см. [Wisłocka 1968: 95].
[6] Высказывание 1930-х годов; цит. по: [Schumacher 1977: 6].

хословакия столкнулись с уникальным сочетанием спорной политической легитимности, необходимости построения новой экономики и серьезного жилищного кризиса. В старых-новых столицах новых государств, наиболее показательным примером из которых является Варшава, эти проблемы совместились. Неудивительно, что польские эксперты по городским вопросам постоянно подчеркивали как «изъяны» российского городского наследия, так и возможности, проистекавшие из ситуации, напоминавшей практически tabula rasa, чтобы заручиться поддержкой своих замыслов и представить себя строителями нации в широком смысле этого понятия.

Сложное сочетание новых амбиций архитекторов и новых ожиданий относительно того, чего они способны достичь, швейцарский архитектор и временный руководитель Баухауса Ханнес Майер отразил в краткой формуле: «Архитектор — бывший художник, ныне организатор» [Nerdinger 2012b]. Несомненно, подобные высказывания не всегда описывали новую реальность, а передовые архитекторы межвоенного периода, как известно, переоценивали преобразовательный социальный потенциал новых строительных технологий. Однако столь же несомненно (правда, в значительной мере потому, что многие политики разделяли оптимистичное суждение архитекторов о себе как об экспертах по социальным проблемам), — что архитекторы действительно стали играть в новообразованных органах планирования решающую роль. Впечатляющим примером этого служат франкфуртский stadtbaurat (главный архитектор) Эрнст Май и его масштабный, всеобъемлющий проект «Нового Франкфурта» (Neues Frankfurt) [Henderson 2013; Höpfner, Fischer 1986]. Что касается численности привлекаемых архитекторов, то еще примечательнее другие примеры, — такие как Бюро Совета Лондонского графства или же Варшавский отдел городского планирования, где трудилось несколько сотен архитекторов и инженеров, — свидетельствующие, что архитекторы добились главенства в планировании в целом.

Прежде чем более подробно рассмотреть, чтó повлекло за собой обретение архитекторами экспертного статуса, как менялось, все заметнее упрочивая этот статус, архитектурное образование и как это привело к появлению (по крайней мере, в определенной группе мастеров) архитекторов нового типа, нового облика, необходимо заострить внимание на двух общих характеристиках профессии.

В первую очередь это чрезвычайная зависимость от заказчиков, отличавшая архитекторов от представителей других профессий. Пожалуй, нет другой группы, столь же зависимой от заказчиков в продвижении проектов, за исключением кинорежиссеров. Архитекторы, зачастую видевшие себя демиургами, могущими менять мир, постоянно метались между грандиозными замыслами и практической обреченностью на бездействие. В то же время возможность осуществлять свои замыслы в немалой мере была обусловлена способностью адаптироваться к изменчивым пожеланиям властей, выступавших в качестве заказчика. Даже если архитектору удавалось получить заказ, для крупных проектов требовалась особая способность к долговременной стабильности, чтобы довести дело до конца. В условиях индустриализации и постоянно усложнявшейся экономической, юридической, технической и социальной ситуации в строительной отрасли эта способность становилось еще более насущной. Рассматриваемый период ознаменовался появлением в социально ориентированных государствах новых коллективных органов управления и нового уровня муниципальной активности в жилищном секторе, к которым архитекторы должны были адаптироваться, но которые и сами предоставляли им значительные новые возможности. Однако во многих странах в результате возникновения авторитарных режимов также наблюдалась и полная трансформация специфики государственного подрядчика. Последнее открыло для архитекторов колоссальные перспективы, поскольку строительство сделалось основным элементом стратегии легализации режимов и режимы эти, по крайней мере теоретически, предлагали возможности для реализации крупномасштабных и долгосрочных проектов, осуществить которые в демократических государствах было бы гораздо труднее [Szczerski 2010: 14–16]. Однако эти режимы, в отличие от предыдущих, требовали определенной лояльности, даже в идеологическом отношении.

Илл. 11. Ф. В. Зайверт. Архитектор. LVR-LandesMuseum Bonn. Rheinisches Landesmuseum für Archäologie, Kunstund Kulturgeschichte

Это еще одна причина того, что противоречие между прекарным статусом и демиургическими устремлениями, которое всегда было присуще профессии архитектора, после Первой мировой войны стало гораздо более выраженным.

Кроме того, хотя, рассматривая архитекторов как специалистов, мы сумеем лучше осмыслить курс, которым пошла значительная часть представителей профессии, нам не удастся вполне понять архитекторов и новые возможности, за которые они ухватились, если мы не принимаем в расчет эстетический аспект их проектов и построек. Этот эстетический аспект всегда шел вразрез с технической и инженерной сторонами профессии [Kranakis 1997; König 1999]. По мере того как в межвоенный период все большее значение приобретала технологическая сторона, это противоречие ощущалось все отчетливее. Художникконструктивист-прогрессивист Ф. В. Зайверт в 1931 году заметил, что архитектор «превратился в эмблему планового мышления (planerisches Denken), ориентированного на строительство, а следовательно, в символ прогресса посредством современных технологий»[7].

Наблюдение Зайверта указывает на три важных изменения.

Во-первых, обусловленное переменами в медийной сфере, особенно подъемом фотографии и киноискусства новое культурное значение, которого удостоились архитекторы, идеально иллюстрировало новые реальные или желаемые возможности модернистского строительства и жилой архитектуры. Некоторые крупные и влиятельные архитекторы отреагировали на это изменение разработкой нового внешнего облика и даже превращением себя в бренд, персонифицирующий предполагаемые социальные ожидания.

Во-вторых, заявили о себе форсированные профессионализация и специализация, шедшие рука об руку с существенным расширением сферы деятельности архитекторов, все больше превращавшихся в специалистов по комплексным социальным задачам. Архитекторы с успехом присоединились к бурно развивающемуся движению за гигиену и подхватили более широкую концепцию, подходившую к городскому пространству с новыми научными представлениями. Теперь архитектура более чем когда-либо была, по выражению голландского архитектора Х. П. Берлаге, «образцовым социальным искусством» [Searing 1974: 133]. Также это означало, что архитектура поддерживала и использовала к своей выгоде и глубокую социальную мобилизацию того времени, и социальную дифференциацию современных обществ. Архитекторы-модернисты проектировали новые формы как индивидуализма, так и (никакого противоречия здесь нет) коллективизма.

---

[7] Надпись на картине «Архитектор» (Der Architekt; Рейнский земельный музей, Бонн). Об идее Зайверта об архитекторе как новом типе художника-конструктора, который займется построением структуры нового общества, см. [Scherf 2013: 69].

В-третьих, архитекторы подверглись тому, что можно назвать двойной технологизацией, прямой и косвенной. Прямой — через технологические новинки, имевшиеся в их распоряжении, например большие стеклянные поверхности и железобетон, с успехом использовавшиеся в небоскребах. Косвенная технологизация произошла в более широком смысле социальной инженерии, вдохновленной новыми техническими возможностями и воображаемыми и реальными новыми перспективами решения жилищной проблемы со всеми его социальными последствиями. Здесь также сыграли важную роль статистика и новые социологические подходы к пониманию городского общества.

Новая дисциплина, градостроительство, возникшая около 1900 года, стала выражением этих новых перспектив, открывшихся благодаря развитию статистики, социологии, планирования, технологий и новой общественной потребности в благоустроенном городском пространстве[8]. Однако эволюционировала эта дисциплина отчасти вследствие энергичного самоуполномочия архитекторов, плодотворно подключившихся к оживленной дискуссии о планировании, определявших проблемы, которые надо было решать, и позиционировавших себя как экспертов по всем городским вопросам. При всей осторожности, необходимой в трактовке столь общих результатов, эта тенденция прослеживается очень четко, если взглянуть на частоту использования термина «архитектор» («архитекторы») в публикациях XIX–XX веков. Вероятность его появления в публикациях между концом Первой мировой войны и серединой 1920-х годов была более чем на 60 % выше, чем до войны. Термин «урбанизм» (urbanism), который перед Первой мировой войной почти не употреблялся, после 1918 года постепенно распространяется, но в 1927–1933 годах его использовали в пять раз чаще, чем до войны[9]. Первые

---

[8] См. [Albers 1997: 119–135; Hall 1990; Sutcliffe 1981; Ward 2002; Cherry 1996].

[9] Согласно поисковым результатам Google Ngram Viewer, по частоте употребления термин «town planning» (градостроительство) аналогичен термину «urbanism», но начинает использоваться еще до Первой мировой войны.

градостроители нередко не имели четкой рабочей специализации, однако зачастую были архитекторами, подтверждая свои притязания на выход за рамки строительства как такового. Берлаге работал над планом расширения Амстердама, Ле Корбюзье прославился радикальным проектом планировки Парижа, а результаты деятельности Фрица Шумахера в Гамбурге сделали ее образцом нового профиля работы [Albers 1997: 74–77, 177].

Главная причина нового общественного влияния архитекторов — серьезность жилищной проблемы и активизация ее обсуждения после Первой мировой войны [Janatková, Kozińska-Witt 2006; Kähler 2000; Kuhn 2001]. Как объясняется в главе первой, постмонархическое государство превратило жилищный вопрос в свою сферу деятельности. Теперь он гораздо внятнее обозначался как социальная проблема, которая, если ее не решить, будет иметь колоссальные негативные последствия, и вместе с тем представлял собой задачу для специалистов нового типа [Saunier 2010: 64–68]. Между тем неоспоримый строительный опыт архитекторов явно имел отношение к жилищной проблеме. Этот момент позволял архитекторам позиционировать себя как инженеров социальных проблем, в то же время проводя четкую дифференциацию с инженерами и представителями общественных наук, такими как статистики, которые умеют анализировать проблемы, но редко обладают навыками и инструментами, необходимыми для их решения[10].

**Архитекторы и появление современного специалиста**

Превращение архитекторов в специалистов широкого профиля было частью гораздо более масштабного процесса, а именно появления технических специалистов, относящегося примерно к 1850 году. Что показательно, понятие «специалист» (expert) широко распространилось лишь в XIX веке, отражая новую

---

[10] Немецкий пример см. в [Bolenz 1994]; в целом о крупных достижениях статистики см. [Tooze 2001].

реальность. В этот период сделалось повсеместным явлением получение формального образования. Действительно, доступность все усложнявшихся технических и научных знаний обусловила возникновение отчетливо выраженной группы, которая могла договариваться с государством и обществом; а международный взаимообмен стал обычным явлением в Европе и за ее пределами[11].

Кроме того, понятие «специалист» начало отражать перформативные аспекты, столь важные для архитекторов. Они в большей степени, чем представители других профессий, опирались на коммуникационные процессы и символические акты, а также на взаимозависимость активного стремления к новому положению и ожиданий государства или общества [Collins, Evans 2009]. Специалисты функционируют в рамках триады, включающей в себя академическое образование, опосредованную публичную сферу и государство (то есть правительство и административные органы) [Vandendriessche et al. 2015]. Одного формального образования недостаточно, особенно для общественного признания специалистов. Ключевое значение для профессионального авторитета имело общественное положение, особенно у архитекторов. Кроме того, участвуя в процессе, описанном в главе первой, специалисты не только способствовали государственной экспансии, но и зависели от нее. Специалисты зачастую формулировали проблемы, которые должны были решать политики и административные органы. Взаимоотношения специалистов и государства, то есть вопрос лояльности, самоопределения специалистов и национального прогресса, не всегда согласовывались с государственной деятельностью. Чем больше государство полагалось на специалистов, тем самым укрепляя свое положение, тем настоятельнее становилась политическая необходимость контролировать последних[12].

---

[11] Во множественном числе термин «expert» до 1850 года практически не использовался, а ко Второй мировой войне частота употребления резко возросла. См. также [Kohlrausch, Trischler 2014: 4–13].

[12] Об этой проблеме см. классическое исследование [Gouldner 1954].

Что касается восточно-центральноевропейских архитекторов, особенно польских, важно напомнить, что территории, на которых они работали, до 1918 года входили в состав сухопутных империй, доминировавших в этом регионе. Для новых специалистов эти империи были и империями возможностей. Инфраструктура, объединявшая каждую империю, наряду с большими новыми технологическими проектами, плотинами и транспортными артериями, сформировавшими ее новые энергетические ресурсы, значительно повышала самостоятельность специалистов, поскольку зависимость империй от этих специалистов возрастала. Это наделило тех, кто взялся за решение технологических проблем империй, поразительной мобильностью [Buchen, Rolf 2015; Хейвуд 2013]. Кроме этого, в обмен на лояльность империи предлагали обширные структуры для профессиональной подготовки[13].

Вот почему переломный 1918 год, распад империй и появление новых государств оказали такое влияние на восточно-центральноевропейских специалистов[14]. Специалисты региона прошли так называемую территориализацию (territorialisation), то есть процесс образования новых форм политического контроля, стимулировавшийся техническим прогрессом; процесс этот, по утверждению историка Ч. Майера [Maier 2000], начался около 1850 года и протекал в два этапа[15]: сперва специалисты стали подстраиваться под потребности империй, каждая из которых в десятилетия, предшествовавшие Первой мировой войне, подверглась, с бо́льшим или меньшим успехом, стремительной и зачастую вынужденной модернизации. В дальнейшем они сделались ключевыми фигурами при создании после 1918 года новых европейских государств. Этот поворотный момент вынудил специалистов, наряду со многими другими необходимыми изменениями, пересмотреть свою политическую лояльность,

---

[13] Об Австрии см. [Surman 2008], о Германии см. [Molik 1989].

[14] О постимперской реорганизации образовательных маршрутов на примере Югославии см. [Sobe 2008].

[15] См. также [Скотт 2005; Otter 2008].

если они еще не сделали этого в предыдущие годы. Они должны были превратиться в специалистов постимперского и постмонархического государства [Kohlrausch et al. 2010a].

Когда Балтазар Брукальский, сын известных и влиятельных архитекторов С. и Б. Брукальских, оглядывался на жизнь своих родителей, то подчеркивал, что они рассматривали свою профессию как выражение их социальной миссии и кульминацию недавно обретенной Польшей независимости [Brukalski 2000a: 55]. «Государственная инженерия» предоставляла гигантские возможности, но специалисты также должны были осознать все более настоятельную необходимость решить, сколь далеко распространяется их лояльность, помимо обычной профессиональной идентичности. Обратной стороной этого процесса стало усиление ограничений и принуждения в отношении технических специалистов, которые теперь теснее, чем прежде, примыкали к конкретным политическим режимам [Steffen 2008].

С образованием новых государств или, по крайней мере, новых политических систем, подобных немецкой и австрийской, технические специалисты в тех областях, где этим государствам необходимо было доказать свою способность решить послевоенные проблемы, бесспорно, стали играть важнейшую роль. Особенно в странах, которые пережили и военное поражение, и социальный кризис или где война, даже если ее итоги считались положительными, привела к смене политического режима и созданию совершенно новых политических образований. Перелом 1918 года в Центральной Европе экстремальным способом подчеркнул причастность специалистов к процессу государственного строительства. Мы обнаруживаем эту связь в самоуполномочии специалистов в венгерской «утопии для инженеров», а также в общих заявлениях технических элит о том, что, после подготовки и достижения технологических успехов во время Первой мировой войны, им надлежит взять руководство на себя[16].

Подобные представления включали в себя профессиональный протекционизм, например, требование не принимать иностран-

---

[16] См. [Péteri 1989: 87].

ных специалистов на руководящие должности, которые можно заполнить квалифицированными местными кадрами, или попытки предотвратить вмешательство государства в то, что считалось заслуженными правами какой-либо группы. Однако таких технических специалистов было мало. В Польше их в основном можно было найти на бывших австрийских территориях, где полякам в прошлом было легче получить соответствующую подготовку. В 1931 году было подсчитано, что страна с населением около 32 млн человек в результате ограничительной политики распавшихся держав, проводившейся до конца Первой мировой войны, располагает всего 25 тыс. технических работников и инженеров. Из них высшее образование имели лишь около 10 тыс. [Żarnowski 2003b]. Практически вся вторая промышленная революция, то есть подъем науки и новых способов производства в десятилетия, предшествовавшие Первой мировой войне, прошла в условиях нехватки значительных учебных заведений, и новое Польское государство опиралось главным образом на два источника, помимо малочисленной технической элиты, получившей образование до 1918 года. Попытки властей поощрить польских специалистов к возвращению из Западной Европы и США имели ограниченный успех [Loose 2010: 34–45].

Таким образом, недавно получившим образование восточноцентральноевропейским специалистам предстояло заполнить вакуум в двух отношениях. Они должны были занять рабочие места, освобожденные людьми, в той или иной мере вынужденными уехать в Россию, Германию и Австрию. Кроме того, этим специалистам надлежало заместить вакуум политической легитимности, образованный распадающимися империями и противостоящими им новыми государствами. В данном смысле нам следует рассматривать этих специалистов как элиту, чья более узкая профессиональная идентичность зачастую (но не всегда) обусловливала определенную социальную и даже политическую функцию.

Строительство во всех его аспектах — от репрезентации новой нации до сооружения жилья для масс, которые ныне символически принадлежали к новой нации и заслуживали ее заботы, — имело ключевое значение для нового государства, и архитекторы стали хрестоматийными примерами этой новой элиты. В Польше архитекторам также пришлось заполнять вакуум, который был образован ограничениями, наложенными на профессиональную вертикальную мобильность, особенно на бывших российских территориях. Показателен в данном отношении яркий пример новопостроенного города Гдыня, где возведением 600 зданий руководили всего восемь архитекторов [Wisłocka 1968: 95].

Отнюдь не менее важен был другой вакуум — недостаток легитимности у новых государств. В тот самый момент, когда в 1916 году новое Польское государство обрело потенциальную жизнеспособность, архитекторы заявили о себе как о новых экспертах в области государственного строительства. Еще в 1915 году архитектор Тадеуш Зелинский назвал восстановление миссией нации, которой еще предстоит осуществиться. Зелинский настаивал, что и архитекторы, и общество обязаны понимать роль искусства в формировании нации. Ни одно другое искусство не несет такой же ответственности, как архитектура, утверждал он [Zieliński 2000: 33]. Разумеется, каждая профессиональная группа желала обратить эту ситуацию исторического перелома в свою пользу. Но на фоне развития событий, о котором было рассказано в главе первой, гораздо больше шансов добиться столь значимого положения или даже быть выдвинутыми и в конце концов избранными на такие позиции (либо воспользоваться позициями, которые лишь постепенно становились доступными) теперь было у архитекторов. Эту взаимосвязь спроса и предложения демонстрирует стремительный карьерный взлет Романа Фелинского, родившегося в 1886 году и учившегося на архитектурном отделении Львовской политехнической школы. Фелинский, который очень рано предложил комплексные решения для решения проблемы печально известной отсталости городов и деревень Восточной Польши, после обретения Польшей независимости быстро обеспечил себе ведущую роль в Министерстве общественных работ [Lewicki 2007: 19, 140]. Его новый стиль проектирования, так же как и новопостроенный город Гдыня, был напрямую связан с уничтожением во время войны около 150 небольших городов и 1500 деревень в Галиции [Feliński 1919].

## Подготовка современных архитекторов

Однако недостаточно исследовать спрос в новообразованных государствах и задачи, с которыми они столкнулись в своих новых столицах. Необходимо также изучить и предложение, посмотреть, как изменилась профессия архитектора, как это сказалось на образовании и насколько соответствующий процесс подготовил архитекторов к выполнению роли экспертов-профессионалов, о которой говорилось выше. В этом отношении Фелинский был скорее исключением из правила или, если сформулировать иначе, переходной фигурой между теми, кто получил традиционное образование, и молодым поколением, чья подготовка напрямую отражала потребности нового государства.

В 1907 году один из самых влиятельных критиков архитектуры начала XX века Карл Шеффлер опубликовал свою работу «Архитектор» (Der Architekt) — серию «социо-психологических монографий» под редакцией философа Мартина Бубера. Шеффлер сумел понять, как в годы, предшествовавшие Первой мировой войне, сблизились и сошлись в одной точке разные направления в развитии профессии. В этот критический момент в истории профессии архитекторы осваивали множество новых областей, тогда как самые основы их профессии оказались под угрозой. Согласно Шеффлеру, решающую роль в развитии профессии сыграли разнообразные новые потребности, возникшие с появлением больших городов и промышленности. В течение чрезвычайно короткого периода архитекторы столкнулись с новой необходимостью решения проблем планирования, мобильности и жилищного обеспечения масс. Прогресс обусловливался уже не традиционным частным заказчиком, а «безличной экономической идеей». Еще один новый аспект заключался в том, что архитекторы должны были предвидеть будущее во всем, что делали [Scheffler 1907: 28–29]. В основе намеченного Шеффлером развития лежали два важнейших изменения: стремительное повышение роли технологий и частично связанное с этим возникновение новой дисциплины, градостроительства.

Это развитие зашло гораздо дальше и глубже того более частного процесса, который можно назвать профессионализацией и который был характерен и для других профессий[17]. Архитекторы также пытались стандартизировать дипломы и создавать профессиональные организации, предпочтительно с внутренним законодательством. Кроме того, они старались ограничить доступ к профессии и защитить профессиональное звание архитектора. Как и представители других профессий, архитекторы стремились к самостоятельности по отношению к государству и обществу [Gaber 1966: 15–16]. Однако, сосредоточиваясь на профессионализации, нельзя упускать из виду, что в течение долгого времени параллельно существовали различные, зачастую конкурировавшие друг с другом модели. В плане образования для архитекторов, что характерно, по-прежнему оставалась важной чрезвычайно индивидуализированная подготовка, отражая художественный аспект профессии[18]. Отнюдь не случайно, что три ведущие фигуры модернистского движения — Ле Корбюзье, Гропиус и Мис ван дер Роэ — обучались у одного архитектора и дизайнера, Петера Беренса[19].

Как и в инженерных дисциплинах в целом, в архитектуре чертежная культура тоже начала меняться и обособляться, в том числе и в национальном плане, и чем дальше, тем активнее учитывала новые технологические возможности. Все более стандартизированное и академичное преподавание черчения служило цели отделить профессионально подготовленных чертежников от архитекторов [Johnston 2008: 3][20]. Все бóльшую роль в подго-

---

[17] См. (не бесспорную) концепцию в классическом исследовании [Abbott 1988]. Исторический аспект профессионализации в европейском контексте рассматривается в [Siegrist 2004]. О профессионализации в Центральной Европе в исторической перспективе см. [Jarausch 1990]. На примере архитекторов Германии [Clark 1990]. Наиболее емкое исследование по США (результаты которого, однако, следует с осторожностью распространять на Европу) [Woods 1999].

[18] См. [Mies van der Rohe 1986].

[19] О влиянии Беренса см. [Anderson 2000].

[20] Вообще о рисовальной и чертежной культурах см. [Kranakis 1997].

товке архитекторов начинают играть технологии [Pfammatter 1997: 222–264; Damus 2010: 89–104][21]. Участвуя в этом процессе, архитектурное образование хотя и принимало на вооружение новые инженерные методы, однако расходилось со инженерно-строительным, которое также превращалось в самостоятельную академическую дисциплину [Ricken 2005: 153–170]. Две учебные специальности, архитектор и инженер-строитель, стали формальным выражением продолжительного «родственного соперничества» архитекторов и инженеров в XX веке [Saint 2008]. Хотя эта тенденция предполагала, что в перспективе архитекторы скорее будут трудиться в крупных подразделениях, идеал независимого архитектора сохранился и оставался в Центральной Европе преобладающим эталоном.

Придавая особое значение результатам профессионализации, не следует, однако, забывать, что и в XX веке в профессию еще долго можно было прийти различными образовательными маршрутами, в том числе через средние специальные учебные заведения. Уровень образования даже самых известных архитекторов-модернистов, так гордившихся своей технической разносторонностью, был поразительно низок. Гропиус бросил занятия, так и не получив диплома. Ле Корбюзье обучался лишь в художественной школе на мастера гравировки часов. Пионер голландской модернистской архитектуры Я. Й. П. Ауд посещал различные ремесленные училища. Мис ван дер Роэ пришел в профессию как сын строительного подрядчика, не имея специальной подготовки. Некоторые считали его архитектором века, но он никогда не учился архитектуре, и когда 72-летний мастер заканчивал строительство знаменитого нью-йоркского небоскреба Сигрэм-билдинг, власти США попросили его подтвердить наличие надлежащей квалификации на экзамене[22]. Профессиональная подготовка Геррита Ритвельда состояла в уроках по изготовлению мебели, полученных у отца, тогда как образование ван Дусбурга включа-

---

[21] Об архитектурном образовании в США в долгосрочной перспективе см. [Pollak 1997].
[22] Ludwig Mies van der Rohe† // Der Spiegel. 1969. 25 August. S. 127.

ло театральные занятия [Tomlow 2006b: 9]. Эти примеры подчеркивают, что неформальное образование и практический опыт оставались важными источниками профессиональной подготовки и в XX веке. Более того, они показывают, что обрести статус специалиста помогали другие факторы, такие как символический капитал или дальновидность.

По сравнению с другими свободными профессиями, например врачами или юристами, архитекторы, работающие независимо, появились очень поздно. Лишь к концу XIX века в Центральной Европе возникла группа, не принадлежавшая к числу архитекторов, работавших на власти, и занятых в строительной отрасли ремесленников и предпринимателей, которая быстро овладела новыми тенденциями в профессии. Конкуренция с архитекторами на службе у государства, при доминировании частного сектора, тем не менее, оставалась ключевой проблемой на протяжении всей первой половины XX века [Bolenz 1991: 252–272]. Свободные архитекторы, разумеется, воспользовались ростом строительной индустрии, происходившим с конца XIX века, и благодаря этому могли все увереннее рассуждать о своих потребностях и воззрениях[23].

Новая специфика профессии, описанная Шеффлером, проникла в новые учебные заведения лишь после Первой мировой войны. Наиболее известными из них были Баухаус, основанный в Веймаре в 1919 году, и ВХУТЕМАС в молодой Советской России, в которых подготовку архитекторов воспринимали как составляющую социального эксперимента, проводимого соответственно в Веймарской республике и России [Bergdoll, Dickerman 2009].

При анализе поставленных здесь вопросов и той группы архитекторов-модернистов, которой посвящено данное исследование, классические аспекты профессионализации будут не столь полезны. Более убедительно возникновение данной формации объясняется с точки зрения технологизации — и соответствую-

---

[23] Показательный пример — учреждение в 1903 году Союза немецких архитекторов, элитарной организации свободных архитекторов. См. [Gaber 1966: 31–37].

щих изменений в образовании. Новоприобретенная важность инженерной стороны архитектуры выступала далеко за пределы овладения новыми технологиями вроде железобетона. Необходимость обладать техническими знаниями подчеркивала научный аспект архитектуры в ущерб самоидентификации архитектора как художника. С этой переменой самовосприятия притязания архитекторов-модернистов на то, чтобы предлагать решение проблем, выходящих за рамки собственно строительства, также возросли[24].

Эта тенденция повлияла на развитие профессии архитектора и в Восточно-Центральной Европе, как наглядно демонстрирует пример Польши. Тем не менее существуют некоторые примечательные особенности, помогающие объяснить, почему именно здесь возлагали столько надежд на технологии. Трансформация архитекторов шагала рука об руку с регламентирующими усилиями сначала восточно-центральноевропейских империй, а затем новообразованных государств. Этот процесс был связан с реконфигурацией элит в большей степени, чем в Западной Европе. Архитекторы, как и представители других свободных профессий, воспользовавшись в том числе и традиционной слабостью буржуазии, быстро (и довольно ловко) объявили, что их собственная борьба за независимость согласуется с национальными интересами новообразованных государств, в элиту которых они стремились войти[25].

И отчетливо выраженная функция элиты, выполняемая польскими архитекторами, и особенности их подготовки по сравнению с западноевропейскими странами проявились в деятельности Варшавского политехнического института (ВПИ), ставшего самым передовым в XX веке учебным заведением Польши, готовившим архитекторов. Учреждение в 1915 году ВПИ и его архитектурного факультета, а также предыстория института являются красноречивой иллюстрацией. Он был открыт в ноябре

---

[24] О примере К. Тейге см. в [Hríbek 2005].

[25] Эта связь (без акцента конкретно на архитекторах) анализируется в [Müller, Siegrist 2014].

1915 года, вскоре после того как немецкие войска отобрали Варшаву у владевшей городом ранее Российской империи. ВПИ не был совершенно новым учебным заведением, однако немецкие оккупанты предприняли определенные усилия, чтобы обозначить цезуру. Они отпраздновали открытие с необычайной (учитывая военное время) помпой и торжествами[26]. Тот факт, что специально по этому случаю был снят фильм, призванный донести значимость события до широкой общественности, подчеркивает: это была не просто одна из мер по восстановлению городской инфраструктуры [Głuchowska 2014: 309].

Немецкие оккупанты, очевидно, надеялись завоевать сердца польского населения, преподнеся им весьма привлекательный, хотя и не первой свежести подарок. Они ввели в университетах обучение на польском языке, которое русские до 1915 года не разрешали. Более того, они предоставили полякам заметную самостоятельность в новом учебном заведении (считая, впрочем, что это послужит их военным целям). Для польской элиты ВПИ и его архитектурный факультет имели большое значение, даже в далеко не идеальных обстоятельствах. Новый институт давал возможность наверстать давно возникшее отставание [Żarnowski 2003b: 408][27].

Конструкция здания, в котором был размещен ВПИ, согласуется с его транснациональной концепцией. Пытаясь объединить лучшие из существующих традиций, два польских архитектора посетили ведущие учреждения технического образования в Европе и на основе архитектуры этих школ создали собственное оригинальное произведение[28]. Аналогичный синтез лег в основу устройства архитектурного факультета ВПИ. Его профессора ввиду нехватки соответствующих польских учебных заведений получили в основном заграничное образование. По этой причине учебная программа характеризовалась смешением различных европейских традиций [Ardis, Lewis 2003: 14]. Факультет архи-

---

[26] Отчет см. в [Kamiński 2000].
[27] См. также [Micińska 2008: 101–103].
[28] О здании ВПИ см. [Pszczółkowski 2014: 39; Omilanowska 2008: 46].

тектуры был одним из первых в Европе, где создали кафедру градостроительства и подключили социальный аспект архитектуры, столь значимый для роли профессии в проектируемом новом государстве [Politechnika 1967: 34]. Этому совершенно очевидно способствовал тот факт, что на пути утверждения современного (также по европейским понятиям) технического подхода стояло немного традиций.

Несмотря на все помехи, обусловленные войной и оккупацией, в течение трех лет, с 1915 по 1918 год, условия оставались благоприятными. Во время войны создавались сети, например, когда немецкие советники анализировали генеральный план Варшавы, разработанный профессором ВПИ Тадеушем Толвинским. Политическая подоплека архитектурного факультета ВПИ, естественно, не избежала критики. Со дня открытия ВПИ его преподавателей обвиняли в сотрудничестве с немецкими оккупантами. Тем не менее профессора — основатели факультета, такие как живописец Зигмунт Каминский, бывший его деканом в 1930-е годы, полагали, что альтернативы, которая позволила бы польским студентам технического направления остаться и сформировать элиту, в которой страна так отчаянно нуждалась, не существует. Действительно, после того как в ноябре 1918 года Польша обрела независимость, основу новой элиты, имевшей огромный профессиональный успех и влияние во новообразованном государстве, составили именно выпускники ВПИ.

С окончанием Первой мировой войны и ее отголосков, произошедшим в Польше не ранее 1920 года, архитектурный факультет ВПИ наконец стабилизировался и перешел на более стандартную схему преподавания. Однако своих отличительных черт — всесторонней подготовки и современного подхода, особенно в отношении социального аспекта архитектуры, — не утратил. По этой причине и вследствие большого количества выпускников данное учебное заведение приобрело и сохранило влияние на общенациональном уровне[29]. Львовская политехническая школа,

---

[29] О дальнейшем развитии факультета, особенно в военный период, см. [Noakowski 2000: 31–32]. О Ноаковском см. [Pągowski 1990].

основанная еще в XIX веке и первоначально конкурировавшая с варшавской, имела менее отчетливый модернистский облик, а в количественном отношении набирала лишь около трети от числа тех, кто поступал на архитектурный факультет ВПИ. Другие учреждения на территории Второй Польской Республики, готовившие архитекторов, факультет изящных искусств Университета в Вильно и архитектурный факультет краковской Академии изящных искусств, основанные вскоре после Первой мировой войны, следовали другой, гораздо более классической учебной траектории [Noakowski 2000: 31–32].

Если те, кто, как Фелинский, родился до 1895 года, обучались в политехнических учебных заведениях распавшихся держав, младшее поколение польских архитекторов по большей части получило образование в ВПИ [Minorski 1970: 210–213; Politechnika 1967: 34]. Однако их выучка не обязательно была менее европейской. Напротив, архитектурный факультет почти от рождения имел интернациональную ориентацию, поскольку заимствовал подготовку за рубежом [Chionne 2005: 170]. Как следствие, его учебная программа оказалась гибридом, на который оказали влияние французские, немецкие и российские традиции. Поскольку факультет был основан совсем недавно, его ориентация была и практической: это был один из первых факультетов Европы, включивших в свою программу градостроительство [Kłosiewicz 2000: 84–95]. Градостроительство преподавалось на конкретных примерах, в том числе с использованием международных сравнений, а обращение отнюдь не только к застроенной среде сделалось отличительной особенностью архитектурного факультета ВПИ [Roguska 1996b: 23].

В 1922 году студентам факультета были вручены первые дипломы. Кроме того, в марте 1922 года польские власти издали нормативные акты, регулировавшие работу недавно созданной кафедры польской архитектуры, подчеркнув тем самым необходимость связать архитектуру с государственным строительством [Sosnowski 1925/26: 3–23]. Архитектурный факультет ВПИ с его сильным инженерным уклоном и чуткостью к социальным задачам новой республики приобрел и сохранял большие возможно-

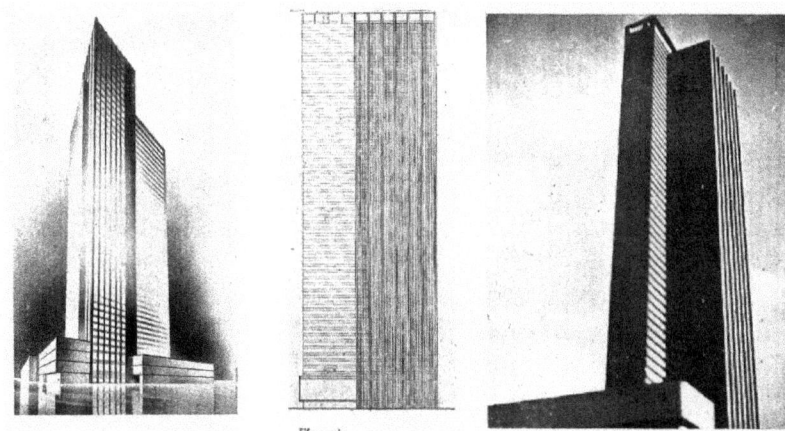

Илл. 12. Проекты выпускников архитектурного факультета ВПИ. 1933. AiB, № 7 (1933), 30–32

сти для того, чтобы поддерживать тесные связи с усиливающимся и «плановым» государством [Minorski 1970: 206]. В 1934 году факультет, реагируя на растущие социальные потребности, ввел специализацию «градостроительство». Эта программа объединила гражданских инженеров и специалистов по городскому развитию и включала в себя преподавание самых передовых знаний в области экономики, социологии и технологий, направленное на подготовку специалистов в сфере все усложняющегося городского пространства [Piłatowicz 1994: 60–61]. Этот сплав заложил основу так называемой варшавской школы архитектуры, для которой характерен особый тип современного, социально ориентированного архитектора [Politechnika 1967: 7]. К 1930-м годам учеба на архитектурном факультете ВПИ стала показателем «престижности» и современности. Факультетские балы сделались модным светским мероприятием [Olszewski 1996: 31].

В Польше архитекторы, как и другие технические специалисты, сильно зависели от государства. Около половины польских инженеров в межвоенный период служили в государственных или зависимых от государства учреждениях [Żarnowski 2003b: 418–

Илл. 13. Бал архитекторов на архитектурном факультете ВПИ. 1938. NAC, 1-P-2471-1

419]. Квалификация выпускников архитектурного факультета ВПИ, так же как и сценарии развития их карьеры, отражала нужды нового государства и неизбежные перспективы деятельности чрезвычайно необходимых специалистов. Вследствие острого недостатка авторитетных профессионалов «новоиспеченные» выпускники быстро, то есть еще в молодом возрасте, достигали высокого положения и должностей, поскольку после начального этапа политической и экономической консолидации новое Польское государство запустило масштабную серию проектов городского благоустройства. Перед архитекторами были поставлены новые задачи, прежде всего в сферах гигиены, здравоохранения и образования, и власти подчеркивали, что все эти задачи имеют первостепенное значение.

Хотя вряд ли стоит удивляться тому, что более молодые архитекторы, как правило, были восприимчивее к модернистской архитектуре, все же стремительный взлет молодого поколения, родившегося между 1891 и 1905 годами, в Польше после Первой мировой войны поражает воображение. Очевидно, их впечатляющим достижениям этого поколения в осуществлявшейся программе строительства поспособствовал тот факт, что ему не пришлось вытеснять сильную традиционную элиту[30]. Но отнюдь не менее важно то, что оно владело передовыми знаниями и сочетало современные технологии жилищного строительства с социальной направленностью.

Составной частью модернизационной программы новых государств была эмансипация женщин[31]. Несмотря на то что в профессии по-прежнему преобладали мужчины, помимо широко известных Х. Сыркус и Б. Брукальской, появилось значительное количество женщин-архитекторов, сделавших впечатляющую карьеру[32].

Поразительно большое количество женщин среди выпускников архитектурного факультета можно считать отражением специфики польской ситуации, а именно отсутствия сложившейся элиты и общедоступности нового архитектурного образования [Noakowski 2000: 31]. В межвоенный период из 813 выпускников архитектурного факультета ВПИ 96 (12 %) были женщинами. Для сравнения: в восьми (позднее девяти) высших технических школах (Technische Hochschulen) прогрессивной Веймарской республики числилось лишь 300 студенток (не выпускниц), многие из которых происходили из Восточно-Центральной Европы. Это всего 4 % от 7000 студентов-архитекторов в Германии. Если считать только архитекторов, получивших дипломы, то один лишь варшавский факультет выпустил столько архитекторов-женщин, сколько вся Веймарская республика[33].

Необычайный рост спроса и предложения в отношении архитекторов в целом отражает фактическое количество архитекто-

---

[30] В целом об этой взаимосвязи см. в [Guillén 2006: 121].
[31] Об этом см. [Harvey 2004].
[32] Примеры см. в [Kunz 2016].
[33] О женщинах-архитекторах Веймарской республики и Баухауса см. [Dörhöfer 2004; Baumhoff 2001; Maasberg, Prinz 2005; Müller, Radewaldt 2009].

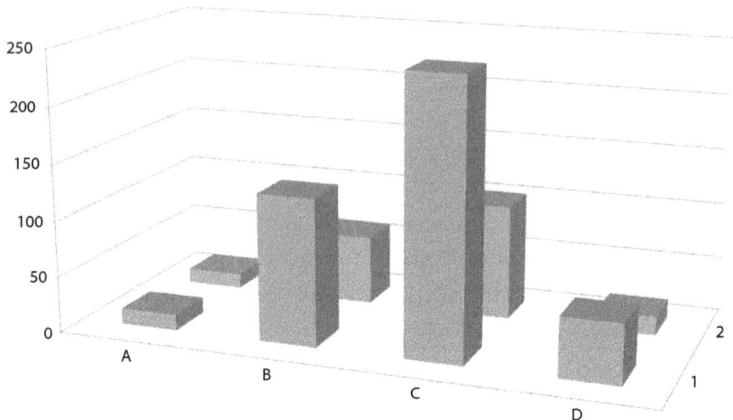

Илл. 14. Распределение архитекторов, получивших строительные заказы в Польше в 1919–1939 годах, по годам рождения: родившиеся до 1875 года (A), родившиеся в 1876–1890 годах (B), родившиеся в 1891–1905 годах (C), родившиеся после 1906 (D). 1 — одобренные проекты; 2 — завершенные проекты

ров, ставших членами официальной профессиональной организации архитекторов Второй Польской Республики — SARP (Stowarzyszenie Architektów Rzeczypospolitej Polskiej). Численность SARP, деятельность которой будет рассмотрена в следующей главе, в 1918–1939 годах увеличилась в шесть раз. На фоне того, что было сказано ранее, не удивительно, но все же примечательно, что архитекторы, практиковавшие в Польше в 1920-е годы, учились более чем в 40 различных образовательных учреждениях, в основном зарубежных [Minorski 1970: 206].

Это хорошо иллюстрирует пример польского архитектора Шимона Сыркуса (1893–1964), «возможно, крупнейшего представителя функционализма во всей Восточной Европе» [Åman 1992: 173]. Как и большинство его коллег, Сыркус получил интернациональное образование. В 1912–1917 годах он учился в технических университетах Вены, Граца и Риги, Академии изящных искусств в Кракове и, наконец, недавно основанном ВПИ, кото-

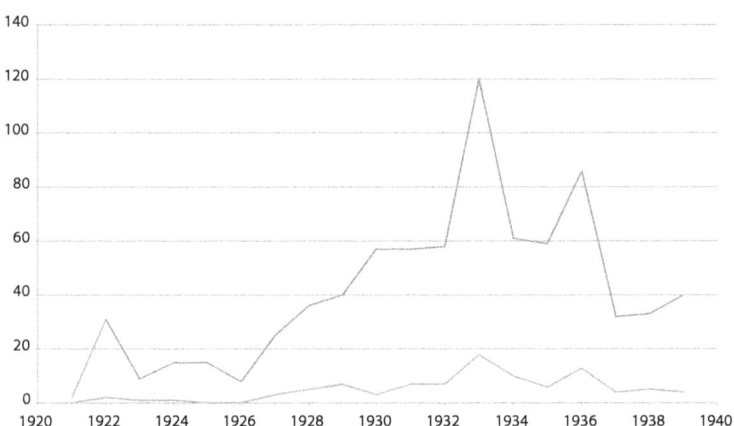

Илл. 15. Количество дипломов, выданных архитектурным факультетом ВПИ в 1921–1939 годах, в том числе женщинам (нижняя кривая)

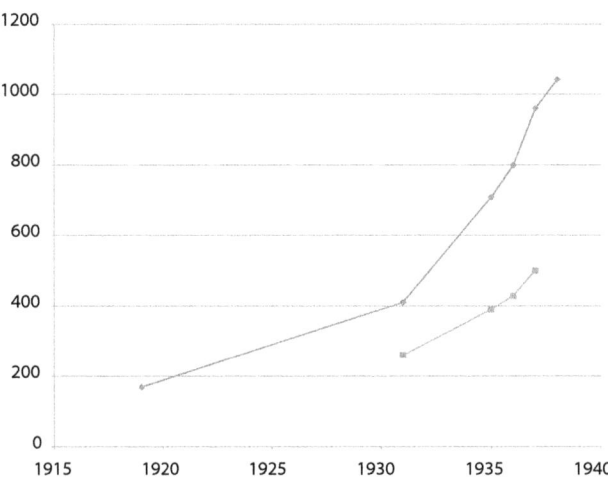

Илл. 16. Рост численности архитекторов — членов профсоюза в Польше (верхняя кривая) и Варшаве в 1919–1938 годах

рый окончил в 1922 году[34]. В 1922–1924 годах жил в Париже и Берлине, выбираясь к представителям немецкого Баухауса и «Де стейл» в Нидерландах. Окончательно в Польшу Сыркус вернулся лишь в 1924 году и именно с этого момента стал оказывать решающее воздействие на формирование авангардного направления в польской архитектуре и место архитектора в обществе.

Будучи следствием раздела Польши и жесткого российского (а позднее и немецкого) режима, данная разновидность «вынужденного интернационализма» в Польше проявилась особенно отчетливо, однако аналогичные прецеденты можно найти и в Чехословакии. Наиболее показателен пример чешского архитектора Яна Котеры. Котера традиционно считается одной из знаковых фигур чешского модернизма. Он числился среди наиболее одаренных учеников Отто Вагнера в Вене. Широкое влияние Котеры обусловлено рядом факторов. Во-первых, он сумел воплотить радикальные аспекты архитектурной дискуссии в решениях, привлекательных для чешского национального движения, открыв пространство, которого в более традиционной венской обстановке не существовало. Во-вторых, Котера олицетворял собой широкий подход к архитектуре, особенно в отношении ее социального измерения. В-третьих, это превратило его в чрезвычайно влиятельного преподавателя Высшей школы прикладного искусства в Праге, где он стал достойным преемником Фридриха Омана, представителя австрийской немецкоязычной элиты. Для мастеров вроде Богуслава Фукса, Яромира Крейцара и Адольфа Бенша — ключевых фигур чешского модернизма — Котера был авторитетным наставником, прививавшим как транснациональное понимание архитектуры, так и представление об архитектуре как о двигателе социальных реформ [Alofsin 2006: 93].

Еще более впечатляющий (по сравнению с Прагой) прорыв молодые архитекторы совершили в промышленном Брно. Здесь, в городе, где до и во время Первой мировой войны велось оже-

---

[34] Биография или по меньшей мере развернутое исследование жизни Сыркуса до сих пор не написаны. Наиболее подробный отчет о деятельности окружения Сыркуса принадлежит его жене Хелене Сыркус [Syrkus 1976].

сточенное соперничество между чехоязычными и немецкоязычными жителями, этническая принадлежность и язык оказывали значительное влияние на профессиональные элиты. Когда в 1918 году место немецкого городского совета занял его чешский преемник, это открыло перед молодыми чешскими архитекторами широкие перспективы [Klingan 2009: 78]. Первые выпускники курса архитектуры и гражданского строительства Чешского технического университета в Брно, прежде всего Индржих Кумпошт, уже получили признание и начали играть ключевую роль в превращении Брно в знаковую точку на европейской модернистской карте середины 1920-х годов. Использование принципов международного модернизма имело для быстрого преуспеяния этих молодых архитекторов столь же определяющее значение, как их сосредоточенность на социальной архитектуре и медицинско-оздоровительных сооружениях [Kudělka, Chatrný 2000: 31, 45, 54]. Таким образом эти новые архитекторы могли извлекать выгоду и из описанных в предыдущей главе механизмов, действовавших в Брно, а именно официальной инициативы по созданию образцового современного и интернационального города.

## Подъем научного градостроительства и самоуполномочие архитекторов

Выбор конкретного метода подготовки архитекторов имел воздействие, которое не ограничивалось университетами или академиями художеств, где преподавали архитектуру. Помимо этого, далеко не случаен тот факт, что в определенных регионах развивались определенные модели. М. Ф. Гийен, опираясь преимущественно на примеры Южной и Центральной Америки, утверждал, что инженерный тип обучения прижился в тех странах, где главным двигателем социально-политических изменений — в отсутствие сильного гражданского общества — выступает государство. Гийен был не первым, кто подчеркивал, что подъему архитекторов-модернистов способствовала инженерная модель, противоположная модели beaux-arts. Она пестовала всесторонний взгляд на социальные вопросы и наделяла будущих архитекторов технологическим, статистическим и другими инструментариями, которые подтверждали их притязания на влияние за пределами стройплощадки. Можно даже говорить, что эта новая форма образования обеспечивала интеллектуальную основу для социального уполномочия, наподобие того, что имеет место в других областях инженерии[35].

По причинам, аналогичным тем, которые указывал Гийен, рассматривая Южную Америку, инженерная модель подготовки архитекторов успешно развивалась и в Восточно-Центральной Европе. Потребностям догоняющей модернизации, с которыми столкнулись новообразованные государства, эта модель отвечала гораздо убедительнее, чем классическое архитектурное образование, фокусировавшееся на художественном аспекте архитектуры. То, что было справедливо для инженерно-ориентированной архитектуры, а именно — гораздо более научный и целостный, чем классическая архитектура, подход, при котором архитекторов воспринимают не столько как художников, сколько как техников и социальных инженеров, по меньшей мере так же справедливо и для подъема градостроительства. Возникновение градостроительстваповлекло за собой как новый спрос (на науку о планировании), так и новые предложения государства в сфере организации городского пространства. Однако, помимо этого, появление градостроительства было следствием способности нового класса специалистов расширять рамки того, что необходимо и возможно решить, как и тех, кто был потенциально способен решать данные проблемы. В этом процессе специализация и генерализация не обязательно противоречили друг другу.

Немногие области воплощали в себе новый вид идейных специальных знаний (expertise with a cause) так же, как градостроительство [Saint 2008]. Эта довольно молодая дисциплина обрела легитимность, взяв на вооружение «научные методы», которые зиждились на безграничном авторитете, завоеванном наукой и техникой

---

[35] См. [Kohlrausch, Trischler 2014: 59–65].

в предыдущие десятилетия[36]. Такие методы, как статистическое сравнение, использование ставших с недавних пор доступными визуальных материалов, например аэрофотосъемки, опросы и социологический анализ, начиная с 1900 года способствовали утверждению идеи о том, что плановое развитие всех аспектов города (если не общества в целом) не только желательно, но и достижимо. Сверх того, обоснование аргументов цифрами и формулами вселяло надежду на предотвращение политической борьбы и даже международной напряженности [Wagner 2016: 167–181].

Разумеется, чаще всего научный подход, о применении которого заявляли архитекторы и урбанисты, был менее объективен, чем им представлялось. Нередко «научное» скорее работало на дискурсивную стратегию, чем отражало методологически обоснованные новые подходы. Однако Д. Кухенбух прав, подчеркивая, что притязания на научность глубоко трансформировали профессию архитектора. Воспринимая и проблематизируя социальное на научной основе, архитектор — «объективный специалист», а не «человеколюбивый буржуа» — в битве за улучшение жилищных условий и городского планирования овладевал господствующими высотами [Kuchenbuch 2010].

Ожидалось, что городское планирование, особенно на европейском континенте, поспособствует не только обычному улучшению организации города [Straalen 1998]. Борясь с изъянами современного города, планирование стремилось с помощью современных средств побороть изъяны самой современности. Радикальные градостроители рисовали в своем воображении новое общество и возникновение «нового человека» [Poppelreuter 2007]. Эти завышенные ожидания являлись реакцией и на новые технологические возможности, неважно, реальные или воображаемые. Градостроители почти неизбежно становились научно-техническими специалистами, тесно связанными с государством и обществом. Они были неотделимы от политических, социальных и культурных процессов и дискуссий своего времени.

---

[36] См. специальный выпуск журнала «Осирис» «Наука и город» (Osiris. 2003. Vol. 18).

Большинство первых градостроителей в современном смысле этого понятия по образованию были архитекторами. Хотя архитекторы и являлись градостроителями-самоучками, они без колебаний смело рассуждали о том, чего можно достичь, применяя новые урбанистические идеи. Дискуссии в CIAM предоставляют достаточно свидетельств беспрерывной полемики по поводу того, насколько архитекторам следует углубляться в планирование городской структуры и где их необходимо ограничивать экспертными знаниями специалистов [Somer 2007: 108]. Архитекторы вроде Гропиуса или Ле Корбюзье весьма активно способствовали формированию представлений о том, чего может достигнуть современное градостроительство. Вспомним необычайные масштабы деятельности радикалов Баухауса в сферах строительства, социальных преобразований и образования или впечатляющие проекты Красной Вены, в равной степени вдохновленные и перспективами научного градостроительства, и политическими дивидендами, которые она рассчитывала получить [Blau 1999]. Градостроительство обрело такую притягательность потому, что, с одной стороны, кардинально расширяло область, в которой архитектура (и архитекторы) могли чего-то достичь и произвести улучшения, а с другой, придавало общему, зачастую отвлеченному тренду на планирование вполне конкретное направление[37].

Хотя эти явления сами по себе значительны и оказали глубокое историческое воздействие, в данном контексте они помогают объяснить, почему архитекторы смогли успешно претендовать на новые сферы компетенции и деятельности. Особенность, долгое время считавшаяся изъяном профессионального образования, а именно то, что архитекторы фактически не были инженерами, поскольку им не хватало глубины и технической основательности, в 1920-е годы была трансформирована таким образом, чтобы архитекторы превратились в универсальных специалистов по планированию. Многолетний руководитель CIAM Корнелис ван Эстерен отмечал, что «в 1920-е годы дости-

---

[37] О подъеме планирования в целом см. [Petz 1995]; в Германии [Leendertz 2008; Schlimm 2014].

жения искусства градостроительного проектирования обрели более широкие перспективы». Градостроительное проектирование превратилось в «синтез организованной жизни и технологий», который имел надрегиональные масштабы и требовал четкой работы всех задействованных специалистов [Somer 2007: 74]. Новая дисциплина — градостроительство — являлась потенциально бессрочной и имела множество зон соприкосновения с другими дисциплинами, многие из которых, например социология и статистика, в этот период как раз входили в моду. В общих чертах эти устремления выступают на первый план в Ла-сарраской декларации CIAM с ее требованием регуляции всех сфер жизни: «Урбанизм — это организация всех функций коллективной жизни; он распространяется как на городские агломерации, так и на сельскую местность»[38].

Во многих отношениях влияние урбанизма сильнее проявилось в Восточно-Центральной Европе, в обстановке серьезного городского кризиса и развития новых столиц. По этой причине здесь также была сильна связь с планированием в широком смысле, а также с региональным и национальным планированием. Конкретные последствия будут рассмотрены в главе пятой, здесь же важно отметить, что эта связь отражала и положение восточно-центральноевропейских архитекторов. Мы можем предположить, что они были более склонны брать на себя роль «национального модернизатора». Городское планирование повсеместно сделалось способом самоуполномочия. Однако в Восточно-Центральной Европе резкий контраст между неблагополучными городами XIX века с их трущобами и антисанитарными условиями жизни, с одной стороны, и перспективами современного города, с друой, был особенно заметен[39].

Поскольку урбанизм в основном занимался трансформацией уже существующих городов, их структура, как следствие, становилась главной проблемой и помехой. Грандиозные замыслы можно

---

[38] Немецко- и франкоязычные версии декларации воспр. в [Steinmann 1979: 28–31].
[39] См. [Lenger 2013: 122–126].

было осуществить лишь в том случае, если выделялись огромные средства на проведение глубинных изменений. Кроме того, в идеале требовался юридический карт-бланш на изменение существующей «нерациональной» схемы распределения недвижимости. Начиная с 1920-х годов прилежно копируемым образцом реализации этого стремления на практике являлся Советский Союз. Как показала Х. Дехаан на примере исследовании Нижнего Новгорода (Горького), это повлекло за собой глубокую трансформацию профессии архитектора. Применяя убедительную метафору, навеянную тем фактом, что градостроители приписывали гражданам потребности, Дехаан сравнивает первое поколение советских градостроителей со «всеведущим автором романа» [DeHaan 2013: 14]. Для них научный подход был ключом как к решению конкретных городских проблем, так и к улаживанию потенциальных конфликтов с теми, кто принимал политические решения.

Неудивительно, что Советский Союз на некоторое время превратился в Sehnsuchtsort [здесь: Земля обетованная] архитекторов и градостроителей всей Европы, и в начале 1930-х годов в его органы планирования вошли сотни специалистов [Боденшатц, Пост 2015]. Кроме того, многие архитекторы, не участвовавшие в строительстве новых городов за Уралом, восхищались тем, какую роль играла их профессия в СССР. Само собой, политическая обстановка в Польше, Чехословакии и Венгрии весьма существенно отличалась от той, которая существовала восточнее. А главное, в Восточно-Центральной Европе частная собственность по большей части оставалась неприкосновенной, что имело огромные последствия для крупномасштабных проектов трансформации городов. Но и здесь основным проводником модернизации и важнейшим заказчиком для архитекторов стали государство и близкие к государству структуры. Государство, несомненно, объединило сферы городского и общего планирования, тем самым придав градостроительствузначение национальной задачи [Wagner 2016: 137].

Восточно-центральноевропейские архитекторы-модернисты, безусловно, размышляли о неизбежных переменах, которые повлек за собой подъем градостроительства. В 1935 году один из ведущих архитекторов-модернистов Польши Станислав Брукальский (1894–1967) настаивал, что визионерствующие градостроители и архитекторы — отнюдь не «ученые безумцы», а «достигнутый уровень урбанистических знаний, выдающийся прогресс строительных технологий и новые архитектурные формы, возникшие на этом фундаменте, выдвинули творческие силы, которых хватит», чтобы реализовать новые цели [Brukalski 2000b: 81]. Стоящие за этим представления особенно выразительными делает идея, попросту говоря, решения проблем XIX века с использованием знаний века XX. В данном случае под знаниями в первую очередь имеется в виду наука о городе. Хорошим примером того, как в Польше воздействие урбанизма преобразовалось в архитектурные возможности, является Роман Фелинский. Даже несмотря на то что в 1926 году этот мастер из-за своих левых убеждений был смещен с руководящего поста в государственной администрации, своими городскими проектами он смог оказать заметное влияние на два важнейших крупномасштабных государственных проекта — Гдыню и ЦПР [Lewicki 2007: 19].

Вообще говоря, в Польше архитекторы-модернисты высказывались о социальной миссии архитектуры более отчетливо, чем их западные коллеги. Это отражало и устремления архитекторов. Сыркус, который во время Первой мировой войны учился в Риге и свободно владел русским языком, ссылался на ожесточенную полемику, имевшую место в России около 1930 года, и утверждал, что многие из радикальных решений, таких как коммунальные кухни, будут актуальны и в польском контексте. Сыркус воздерживался от подражания коммунистической программе и точного копирования советских образцов. Однако радикальные подходы, усвоенные на Востоке, служили для него ориентиром. Архитектура, настаивал он, должна «оказывать прямое воздействие, направленное на преобразование образа жизни». Здесь архитектуре необходимо проявлять то, что Сыркус называл zwingungsfähigkeit (способностью к принуждению)[40].

---

[40] Stellungnahme der polnischen Gruppe, vorgelegt von Syrkus (опубл. в [Steinmann 1979: 117]). См. также [Kohlrausch 2007].

К этим заявлениям, сделанным Сыркусом в 1930 году во время подготовки будущего IV Конгресса CIAM по так называемому функциональному городу, легко можно присовокупить другие утверждения Сыркуса и прочих польских архитекторов — его единомышленников. Чтобы подчеркнуть динамику архитектуры и ее проникновение в сферу социального, Сыркус применял термин «архитектонизация». Для этого процесса он использовал формулу $A = f(S, T, P)$, описывающую архитектуру как функцию социальных, технических и пространственных факторов[41]. Архитектор Роман Пиотровский, исповедовавший те же принципы, что и Сыркус, призывал государство уполномочить архитекторов на выполнение их социальной миссии [Wisłocka 1968: 96–97]. Явственная тенденция к акцентированию социальной роли архитекторов была обусловлена и тем фактом, что государство и общественные организации имели важнейшее значение для архитекторов региона как заказчики. Эта связь сделалась еще заметнее вследствие глобального экономического кризиса 1929 года, приведшего к почти полному исчезновению частных заказов[42].

Благодаря тесным связям с модернизирующим государством и близкими к нему организациями архитекторы выступали как разработчики современности. Их радикальные требования отчасти были обусловлены огромными проблемами, с которыми урбанизм столкнулся в Польше и других странах Восточно-Центральной Европы, о чем говорилось в предыдущей главе. Но устремления и фактическая роль архитекторов являлись и следствием давления, вызванного экономическими трудностями, которое чаще всего вынуждало архитекторов региона планировать на будущее, вместо того чтобы строить в настоящем[43].

М. Ф. Гийен категорично сформулировал: «Модернистская архитектура есть дитя промышленности и инженерии». По его мнению, модернистская архитектура возникла вместе с научной

---

[41] См. [Czaplinska-Archer 1981: 38].

[42] Несколько примеров см. в [Piłatowicz 1994: 125–126].

[43] Это постоянная тема в переписке, например, Ф. Форбата 1930-х годов.

организацией труда. Следовательно, в основе истории успеха модернистской архитектуры лежат метод, стандартизация и планирование, а архитекторы превращаются в «техников, организаторов и социальных реформаторов» [Guillén 2006: 1]. Ввиду вышеизложенного Гийен отмечает второй момент, даже более важный для настоящего исследования. Он утверждает, что в Европе модернистская архитектура развивалась «гораздо свободнее», чем в США, «формируя жизнь на заводе, дома и в общественных местах». Если в Соединенных Штатах технологический прогресс и архитектура шагали рука об руку, в континентальной Европе, где промышленность отставала от американской, архитекторы запустили процесс модернизации сверху. Это, согласно Гийену, привело к тому, что в «относительно отсталых и политически нестабильных странах континентальной Европы» архитекторы-модернисты заняли «ведущее положение» и оказали «громадное влияние на организацию общества и производства как проектировщики и планировщики жилья, городов и предприятий». В континентальной Европе архитекторы в гораздо большей степени, чем в Великобритании и США, «активно пропагандировали и планировали преобразование общества» [Ibid.: 9]. Самый изобретательный теоретик архитектуры в Восточно-Центральной-Европе, Карел Тайге, считал непреложной истиной, что настоящий авангард не только «строит современность», но и «борется за новое мышление», то есть за изменение существующего социального порядка [Dluhosch, Švácha 1999: 149].

Если мы согласимся с этой довольно распространенной трактовкой, мы должны предположить, что в самых политически нестабильных и экономически отсталых странах Восточно-Центральной Европы связь, проанализированная М. Ф. Гийеном, проявлялась сильнее всего. Акцент на инженерном уклоне в архитектурном образовании как на ключе к прорыву модернистской архитектуры хорошо объясняет значение, приобретенное модернистской архитектурой в Восточно-Центральной Европе. Кроме того, подчеркивание Гийеном важности государства как заказчика не только помогает объяснить рост политического и социального влияния архитекторов-модернистов

Восточно-Центральной Европы, но и превращает данный регион в чрезвычайно значимый пример для осмысления модернизма в целом [Guillén 2006: 40–43].

### Увлечение машиной

Обещания модернизма — эффективность посредством планирования и непреклонного антитрадиционализма — наибольшее впечатление, безусловно, произвели на регион, страдавший, особенно Польша, от огромных трудностей, препятствовавших экономическому развитию и социальной структуре, которая характеризовалась неработоспособными пережитками традиции[44]. Чешский и польский авангард в целом и архитектурный авангард в частности предоставляют достаточно свидетельств того, как «машина стала идеологической, технической и эстетической системой отсчета» — не только для проектирования и сооружения зданий, но и для создания нового, более эффективного общественного строя [Guillén 2006: 30][45].

Воинственное стихотворение польского поэта-конструктивиста Тадеуша Пейпера «Город, масса, машина» («Miasto, masa, maszyna») 1922 года, вдохновленное итальянским футуризмом, оказало огромное влияние далеко за пределами польского авангарда. Лозунг «трех М» пробуждал увлечение современностью. Как и в других публикациях Пейпера в авангардном журнале «Звротница» («Железнодорожная стрелка») и различных последующих произведениях раннего польского авангарда, акцент тут сделан на революционном, переворотном аспекте техники[46]. Поэзия Пейпера была связана с системой отсчета, которая вслед-

---

[44] О восприятии техники, автомобилей и самолетов в Кракове до Первой мировой войны см. [Wood 2010: 129–160].

[45] В общем плане см. [Trommler 1995; Cohen 2004].

[46] Miasto, masa, maszyna // Zwrotnica. 1922. № 2. На англ. яз. см. в [Benson, Forgács 2002: 267–272]. См. также с репродукциями соответствующих произведений искусства [Nowakowska-Sito 2008b].

Илл. 17. Машинная культура в журнале «Блок». BLOK, № 3-4 (1924)

ствие чрезвычайно стремительного общего технического прогресса и долгосрочного опыта инженерно разработанных приемов ведения войны в Первую мировую, была воспринята и признана повсеместно[47]. Ле Корбюзье в манифесте «К архитектуре» апеллировал к автомобилям, а также океанским кораблям и самолетам, с их двойным обещанием — новой эстетики и стандартизации [Ле Корбюзье 1977в: 10; Gartman 2009: 25]. Автомобиль, приближая архитектуру к условиям современной жизни, превратился в самый мощный символ переходного периода. Несмотря на то что в 1920-е годы в Центральной Европе, в отличие от США, массового производства практически не существовало, социальные перспективы, которые оно сулило, были весьма убедительны [Ле Корбюзье 1977в: 11–12].

---

[47] См. [Pick 1993].

Можно даже утверждать, что техника приобрела особое значение в условиях догоняющей модернизации в Польше 1920-х годов [Żarnowski 2003c]. В первом выпуске польского авангардного журнала «Блок» (Blok) были представлены не только произведения модернистской архитектуры, но также танки и автомобили [Mansbach 1999: 119–131]. В пятом выпуске журнала было опубликовано утверждение художника Мечислава Щуки о том, что «изменения в сфере строительных материалов, так же как изменения в системе и состоянии строительных технологий, предопределяют изменения внешнего вида спроектированных объектов, что видно по самолетам, дирижаблям, крейсерам и трансатлантическим пароходам»[48]. Последующие номера «Блока» продолжали пропагандировать привлекательность машины. Неудивительно, что первая выставка группы, которая издавала «Блок», состоялась в марте 1924 года в варшавском отделении автомобилестроительной компании Laurin & Klement. В это же самое время член группы Генрик Берлеви устроил в салоне «Австро-Даймлер» выставку под названием «Механофактура» (Mechanofaktur) [Wisłocka 1968: 103; Chomątowska-Szałamacha 2015: 75–80].

То, что может показаться почти исключительно художественным проявлением, на самом деле представляло собой нечто гораздо большее. Одержимость авангарда техникой, машиной и городом была общим международным трендом, который наладил множество связей в Европе, используя различные концепции, например конструктивистскую, как будет продемонстрировано в следующей главе[49]. Привлечение внимания к притягательности техники — наиболее известен пример Ле Корбюзье с его отношением к домам как к «машинам для жилья» — обеспечивало новые доводы [Ле Корбюзье 1977в: 12][50]. Но, помимо того, тема техники

---

[48] Blok. 1924. № 5. S. 10.

[49] См. классическую работу З. Гидиона [Giedion 1948]. О связи машины и архитектуры см. [Zabel 2003; Mumford 1974].

[50] В общем плане см. [Cohen 2004]. О восприятии Ле Корбюзье в Польше см. статьи того времени [Norwerth 1925/26b: 34–35; Le Corbusier 1938]. См. также [Olszewski 1988].

Илл. 18. Б. Ляхерт. Дом архитектора. Praesens, № 1 (1926)

выстраивала связи в Польше, Чехословакии и Венгрии, а также между отдельными художниками и архитекторами, позволяя архитекторам-модернистам высказывать свои требования все нарастающим крещендо [Szczerski 2010: 8–10].

Карел Тайге был не менее радикален, чем вышеупомянутые польские художники. Его работы — лучший пример революционного воздействия, который оказал на развитие архитектуры региона технологический прогресс. Тайге, очарованный американской культурой, подхватил культ современного инженера. Он восхищался Ле Корбюзье как инженером, архитектура которого базировалась на современном промышленном производстве. Безусловно, в начале 1920-х годов Тайге считал Ле Корбюзье олицетворением архитектуры — единственного вида искусства, который соответствовал его новому критерию: представлению о науке и рационализме как об истинной основе современной жизни. Наилучшее определение рационализму дано в изречении

Гюстава Флобера «Искусство завтрашнего дня будет безличным и научным» («L'art de demain sera impersonelle et scientifique»), которое Тайге неоднократно цитировал [Dluhosch, Švácha 1999: 111, 114]. В его статье 1925 года «Конструктивизм и ликвидация искусства» новая архитектура понимается как наука, «логичный и рациональный проект современной жизни». Тайге разделял популярную среди советских архитекторов идею о том, «что не существует ни строительного искусства, ни архитектуры как таковой, только унифицированный, строго научный процесс строительства». По его мнению, даже необходимо ликвидировать все художественные аспекты архитектуры.

Разумеется, подобные идеи возникли и в других странах, прежде всего в Нидерландах и Германии [Zabel 2003][51]. Но то, что к столь радикальным выводам пришел чешский мыслитель Тайге, не было случайностью. Как и то, что идея о необходимости лишить архитектуру художественного содержания сделалась популярной у влиятельных архитекторов Восточно-Центральной Европы. Понятие о том, что мы живем в «век машины», отраженное на нью-йоркской выставке 1927 года с тем же названием (Machine-Age Exposition), подавалось как само собой разумеющееся [Léger 1927: 9–10]. Знаменательно, что Шимон Сыркус также принял участие в работе над каталогом выставки, в котором были воспроизведены и несколько лучших образцов польской модернистской архитектуры середины 1920-х годов. Статья Сыркуса даже в большей степени, чем тексты других авторов, показывала, что технологии являются для новой архитектуры ключом и задающим тон лидером, и утверждала новое представление о пространстве [Ibid.: 30].

Венгр Ласло Мохой-Надь заключал: «Таков наш век: технология, машина, социализм. Примиритесь с этим и возьмитесь за задачи века»[52]. Действительно, в самом известном из институциональной базы Мохой-Надя веймарско-дессауском Баухаусе новый набор прикладных технологий был плодотворно воплощен

---

[51] А особенно см. [Banham 1960] и классический труд [Giedion 1948].

[52] Цит. по: [Guillén 2006: 28].

## ARCHITECTURE OPENS UP VOLUME

OF ALL the plastic arts architecture is the most closely bound to human life—life conceived not merely as a physiological function but also as a certain process of vital rhythm, as the composition of life.

An architectural work blends with space. It might be said to recover the space which is outside and to functionalize the space which is inside it. That is to say, it gives a well-defined purpose to each segment of space which enters into it.

The functioning of space, entering into an architectural work acts as a scale. In every house, during the period of its destiny, daily life is played upon the notes of that scale.

The construction of a modern building is based upon a new conception of space in architecture.

The architect of the past ENCLOSED SPACE IN VOLUME.

The historical steps in the conception of space in architecture may be indicated as follows:

CLASSIC ARCHITECTURE

placed volumes side by side or on top of each other—the lighter on the heavier. The problems of form were solved by a juggling of proportions, which at that time expressed the whole notion of art.

Result: the period of revolt, characterized by an aesthetic hypertrophy and the degeneration of ideas of proportion.

Consequently modern art renounces classic art from the ground up and even refuses to try to modernize it.

CUBISM

made efforts to unite volumes by means of their reciprocal penetration.

CONSTRUCTIVISM

placed heavier volumes on top of the lighter. Problems of form were neglected in favor of problems of pure technique.

Result: technical hypertrophy.

SUPREMATISM

balanced the relationships between volumes.

PURISM

made compositions of the lines of walls, enclosing space.

THE NEW LAWS OF ARCHITECTURE

are based on a heroic composition of communicating passages, and neither place volumes on top of each other nor side by side. THEY DESTROY VOLUME ONCE FOR ALL.

Modern technical means will allow the architect partly to move and partly to destroy the elements which make up volume; that is to say, to open volume out upon space. The interior, opened by this mobility, will blend with the rest of space and take on architectural values through the functioning of each section.

THE CUBE WILL NO LONGER EXIST. Walls and openings will become a subordinate part of the building,—they will be movable. The only stable elements left will be the uprights, about which all living necessities will be centralized.

The new schools of plastic architecture make use of modern technical means, and the latter serve not only to construct but also to create the forms in which the courage of abstract creation will henceforth actualize itself.

It will thus be seen that the creative thought of the architect has left the path prepared for it by classic architecture; for that path was a blind alley.

Having left this path, the architect found new conceptions rapidly succeeding each other, and each time of course the theory anticipated the technical possibilities of realization.

Every day, however, is bringing us new technical possibilities and new experiences.

Cubism, purism and suprematism have already become links in the long chain of architectural creation, and OPEN VOLUME will soon be one more such link.

**S. SYRKUS**

*Warsaw*, 1926.

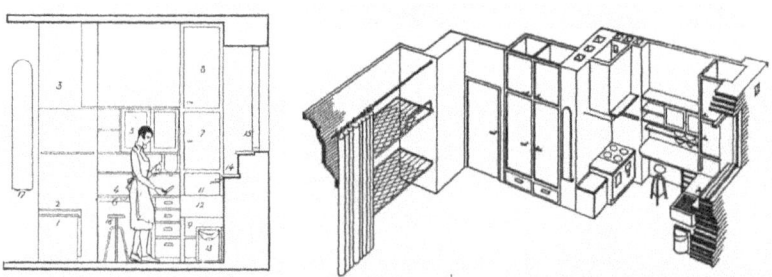

Илл. 20. Б. Брукальская. Проект кухни и ее рационального использования. Вверху: DOM, № 1 (1929), 14; внизу: AiB 4, № 2 (1928), 72

в новые пространственные и архитектурные решения. Всего два примера: основой для создания рациональной «франкфуртской кухни» в духе Баухауса и многочисленных разработок новых поэтажных планов послужил анализ перемещений. Новые технические возможности по применению больших стеклянных поверхностей и террас в сочетании с гигиеническими изысканиями привели к созданию (якобы) более безопасных для здоровья зданий[53].

Как будет показано в следующих двух главах, эти мотивы еще убедительнее раскрыли свой потенциал в Восточно-Центральной Европе, где обеспечили архитекторов-модернистов региона подспорьем для решения тех самых проблем, что лежали в основе национального кризиса.

**Лейтмотивы преобразований — архитектура как технология: рационализация, планирование и технократия**

В ранней статье, определяя свою миссию, Шимон Сыркус заявил, что «архитектура меняет социальный уклад так же, как социальный уклад меняет архитектуру». Соглашаясь со своими товарищами по авангардистской группе «Презенс», Сыркус объяснял, что «все формы художественного творчества должны быть подчинены верховной социальной роли архитектуры» [Syrkus 1926]. В этом Сыркус следовал тенденции, которая наблюдалась также в Нидерландах и Германии. Архитектура рассматривалась как искусство, наиболее ориентированное на новые технологические возможности, и, сочетая в себе пространство, скульптурные элементы и цвет, обещала объединить различные художественные направления авангарда [Beyme 2005: 431–433]. Почему архитекторы с такой легкостью сами назначили себя на должности агентов модернизации и почему столь успешно убедили в своей правоте широкие круги общественности? Как было

---

[53] О Польше см. [Leśniakowska 2004: 189–202]. О веймарской Германии см. [Wupper-Tewes 2002].

продемонстрировано, архитекторы-модернисты действовали в системе отсчета, которая простиралась далеко за пределы их профессии, но при этом испытывала сильное влияние архитекторов и архитектуры. Вопросы, которые архитекторы связывали со своей дисциплиной, были отнюдь не малозначительны. Соображения относительно воздействия на общество рационализации, о внедрении нового, здорового, образа жизни посредством жилищного строительства или о новых эффективных формах построения города формировали самую суть размышлений о социальных изменениях. Такие темы, как «новая женщина», освободительная роль спорта и досуга или новые методы воспитания детей представлялись не только естественным уделом архитекторов, их можно было легко связать друг с другом и с главными проблемами того времени[54].

Обозначают и структурируют соответствующее воображаемое три термина, пересекающиеся, но, безусловно, не тождественные: рационализация, включавшая в себя мощную подкатегорию фордизма, о чем подробно говорится ниже, и стандартизации; планирование; и наконец, технократия [Rohdewald 2010]. Все три термина выходят далеко за пределы нашей темы. Однако нам необходимо бегло обрисовать аспекты, имевшие решающее значение для архитекторов-модернистов, особенно восточно-центральноевропейских. При этом важно понимать, что данные понятия, как будет показано в следующей главе, делали возможной трансграничную коммуникацию, преодолевая Атлантику и ментальное расстояние между Западной и Восточной Европой. Кроме того, обращение к этим понятиям позволяло архитекторам-модернистам участвовать в полемике, имевшей более общее социальное значение.

Хотя привлекательность рационализации и стандартизации для архитекторов очевидна изначально, все же, учитывая колоссальный жилищный кризис, поразительно, сколь велики были

---

[54] Полемику того времени см. в [Norwerth 1927]. Соответствующие исследовательские темы см. в [Heßler 2001; Król 2002; Terlinden 1999; Terlinden, Oertzen 2006].

ожидания. Они подогревались механизацией и стандартизацией, как в представлениях Эрнста Нойферта о промышленном жилищном строительстве и Государственного общества исследований экономической эффективности в строительстве и жилом домостроении (Reichsforschungsgesellschaft für Wirtschaftlichkeit im Bau- und Wohnungswesen) Веймарской республики [Neufert 1999; Fleckner 1995]. Подобные представления основывались на значении (зачастую переоцененном) новых строительных материалов, таких как стекло и бетон. В 1930-е годы бетон считался «героическим как в формальном, так и в социальном отношении», он способствовал «социальным улучшениям посредством строительства общественных сооружений» [Toker 2004: 285; Banham 1986]. В Европе фордизм превратился в широкоохватную концепцию: под ним понимались извлечение выгоды из новых технологических возможностей и потенциальная способность к преодолению глубокого социального, экономического и политического кризиса [Maier 1970]. Фордизм, являясь, по сути, организационной концепцией, в Европе катализировал то, что можно назвать идейными специальными знаниями (expertise with a cause), то есть систематическое использование технологий в целях улучшения общества. Сопутствовавшие ему большие ожидания простирались далеко за пределы более эффективной организации производства. В этом смысле фордизм обещал и перспективы альтернативного пути развития, отличного от старых либеральных систем и опасности правого или левого авторитаризма [Kohlrausch, Trischler 2014, 4].

В конечном итоге символом для европейских архитекторов-модернистов Форда сделала не столько рационализированная эстетика автомобиля или то, что он олицетворял собой технический прогресс, сколько стандартизация. Ауд несколько иронично называл обсуждавшиеся «минимальные» квартиры «жилищами-фордами» (Wohn-Ford) [Lenger 2013]. Если многие архитекторы Баухауса, в частности Гропиус, считали стандартизацию ключом не только к решению послевоенного жилищного кризиса, но и к снижению социальной напряженности в целом и примирению общества с современностью, в контексте Восточно-Центральной

Илл. 21. Ш. Сыркус. Многоквартирный жилой дом. 1930-е. NAC, 1-С-508

Европы, особенно Польши с ее катастрофической жилищной ситуацией, эти обещания выглядели еще более убедительными [Gropius 1936]. Действительно, такие архитекторы, как Б. и С. Брукальские и Х. и Ш. Сыркусы были заворожены возможностями, которые, казалось, предоставляли стандартизация и индустриальное домостроение. Сыркус превозносил перспективы, которые открывала сборка квартир методом, похожим на те, что применял при производстве автомобилей Форд [Syrkus 1926]. Вместе со своей женой Хеленой он, используя мощности польской сталелитейной промышленности, разработал программу строительства 100 тысяч стандартизированных квартир, таким образом, по сути, воспроизведя более ранние аналогичные проекты Ле Корбюзье[55].

---

[55] См. [Syrkus 1928; Syrkus 1935] и особенно [Roguska 1996a: 67]. О перспективах стандартизированного жилья в Чехословакии см. [Zarecor 2011: 224–231].

Эти проекты, хотя и не осуществленные, черпали свою убедительность в самóм понимании планирования как продвижения к будущему прогрессу [Laak 2008]. Планирование, базировавшееся на неимоверных усилиях по координации экономики во время Первой мировой войны, предпринятых практически всеми воюющими странами, а также на представлении о том, что современная промышленность и коммуникация требуют и предоставляют возможности для совершенно нового уровня рационализации экономики, стало одной из самых жарких политических тем 1920-х годов. В «догоняющей» логике и риторике восточно-центральноевропейских государств политическая идентификация важнейших экономических сфер, учитывая проблемы безопасности и политической легитимности, имела большой смысл. Центральный промышленный регион Польши (ЦПР), о котором шла речь в главе первой, являет собой наглядный пример данной тенденции, как и польские достижения в области регионального, а затем и государственного планирования, связанные с именем Е. Квятковского.

Для архитекторов планирование выполняло определенную функцию, поскольку давало им возможность помещать свои проекты в более широкий контекст и, используя этот контекст, обретать подлинную стабильность, предсказуемость и финансирование, требовавшееся для строительства, выходящего за рамки частного жилья.

При этом планирование с его технократическим характером привлекало архитекторов, поскольку отводило им заметную роль. В своих умозрительных построениях научно-технические специалисты использовали технологический прогресс как нейтральное средство, позволяющее осуществлять улучшения без необходимости преобразовывать политику или общество. Вместе с тем неудивительно, что на практике технократическая мысль оказывалась гораздо менее нейтральной. И не только из-за левых идей, встроенных в язык планирования. Разнообразные технократические подходы легко можно было объединить с авторитарными идеями, набиравшими силу в большинстве государств Восточно-Центральной Европы. В определенном смысле автори-

Илл. 22. Государственное планирование. Карта Центрального промышленного региона Польши. 1938

таризм был даже встроен в технократию, поскольку технократические решения эффективно внедрялись и реализовывались лишь в стабильной политической обстановке, которая была в высшей степени деятельной.

Все три лейтмотива — рационализация, планирование и технократия — являлись аспектами социального преобразования, пробуждая решительное устремление в лучшее будущее, и все три давали архитекторам-модернистам возможность встать у руля. Все три сопутствовали тому факту, что архитекторы, по сравнению с предыдущим периодом, добились роли национальной элиты, как объяснялось на приведенных выше конкретных польских примерах. Ведущих архитекторов CIAM X. Л. Серта и Ле Корбюзье, если отсылать к концепции элит X. Ортеги-и-Гассета, CIAM также был призван наделить функцией элиты [Mumford 2000: 207; Ортега-и-Гассет 1997]. Ведь архитекторы-модернисты овладели внешне революционными новыми строительными технологиями, в частности железобетоном, и, по крайней мере, претендовали на то, чтобы действенно сочетать их с новыми возможностями стандартизации. Ш. Сыркус вдобавок ко многим другим своим достижениям сделал себе имя как изобретатель новых строительных методов [Urbanik 2006].

Учитывая всестороннюю подготовку архитекторов и многосоставность их профессии, вполне естественно, что они оказались поборниками крупномасштабного планирования. Неудивительно, что подобные способы самоуполномочия имели и обратную сторону. Как бы ни были очарованы технократией архитекторы-модернисты и многие из обращенных ими в свою веру, у таких представлений явно были свои минусы. Как динамика и потенциально всепроникающее воздействие рационализации и планирования, так и их потенциально негативные результаты отражены в более аналитичном позднейшем термине «социальная инженерия» [Raphael 2012; Kott 2008]. Т. Этцемюллер отнес «социальную инженерию» к давней традиции утопий о совершенствовании человека. Однако в то же время он продемонстрировал, как после Первой мировой войны подобные идеи лишь обрели новую силу. Опыт успешного решения сложных технологических проблем наводил на мысль, что социальные проблемы тоже можно решать посредством нейтральных научно обоснованных специальных знаний. Социальная инженерия возникла как «особый способ проблематизации современности» [Etzemüller 2009b: 36]. Архитекторы-модернисты, которые с их «риторикой кризиса и самоуполномочия» считали себя специалистами по социальному, сыграли в этом процессе решающую роль. Последующие противоречия часто связывались с фигурой Ле Корбюзье и в последние годы стали вызывать больше разногласий[56].

Социальной инженерии было свойственно не ограничиваться в своих амбициозных планах уровнем повседневной жизни отдельных людей. Очевидно, что для архитекторов это имело значение. Попытки реорганизации современности в основном были направлены на семью — связующее звено между обществом и индивидом, как продемонстрировал Д. Кухенбух на примере Швеции [Kuchenbuch 2009: 118–120]. Поэтому жилищное строительство и градостроение превратились в важнейшие сферы деятельности социальной инженерии. Столь популярной в шумных дискуссиях о применении фордистских моделей или о достижении эффективной технократии при помощи рационализации архитектуры сделал не только и даже не в первую очередь технологический аспект, свойственный модернистской архитектуре, а, скорее, сам факт, что архитектура олицетворяет собой ту область взаимодействия новых технологий с людьми, которая более всего наводит на размышления. В то время как реальная технологизация архитектуры, как известно, была весьма далека от ожиданий ее поборников, теоретическая разработка новых форм жилья давала возможность преобразовывать общество на базовом уровне. Красной нитью в мемуарах Х. Сыркус проходит ее гордость по поводу сотрудничества с социологами, экономистами, статистиками и другими специалистами по социальным изменениям [Syrkus 1976: 69–71, 177–178, 238–239].

Когда архитекторы-модернисты обсуждали требования к «минимальному жилищу» (minimum dwelling), как на II Конгрессе CIAM во Франкфурте в 1929 году, то исходили отнюдь не только из структурного анализа или строительных материалов. По сути, они должны были разработать характеристики «стандартного» жизненного уклада[57]. В этом виде вмешательства в саму жизнь

---

[56] О недавних разногласиях см. [Roulet 2006; Filler 2009]. В более общем плане о проблеме тотального планирования и Ле Корбюзье см. [Böhme 1996; Bruyn 1996]. См. также [Herf 1986].

[57] О II Конгрессе CIAM во Франкфурте см. [Barr 2010], а также документы, опубл. в [Rodríguez-Lores 1977].

людей технологии играли и символическую, и практическую роль. В таких сферах, как жилье и гигиена применение конкретных технологических инноваций вне пределов лаборатории или предприятия также представлялась все более привлекательным. По восклицанию Фрица Шумахера, это было самоочевидно: «Городскому врачу мало просто пощупать горячий лоб пациента. Он должен оценить лихорадку в численных показателях. Он должен не только провести внешний осмотр тела пациента, но и иметь возможность изучить рентгеновские снимки внутренних органов»[58].

Франкфуртский конгресс имел первостепенное значение для групп CIAM из Восточно-Центральной Европы, он ввел их в эту новую организацию. Фаркаш Мольнар из Венгрии, Шимон Сыркус и Юзеф Шанайца из Польши представили работы из своих стран, подчеркнув социальный аспект малогабаритного жилья, спроектированного, например, в Варшаве [Mumford 2000: 42]. В издании, выпущенном после конгресса, были опубликованы работы из Лодзи [Internationale 1979: 146]. Эта тема оставалась для CIAM центральной, однако попутно высвечивала идеологические и географические различия. Карел Тайге в своей статье для сборника материалов III Конгресса CIAM, прошедшего в Брюсселе, утверждал, что проблема скорее в определении «экзистенциального минимума» прожиточного уровня человека. Одного лишь увеличения количества квартир, доказывал Тайге, недостаточно, чтобы решить проблему хронического жилищного кризиса при капитализме [Bourgeois et al. 1930; Mumford 2000: 53].

Тайге показательным образом превратил жилье в проблему и внес данный вопрос в общественную повестку. Не случайно он сам подключился к этой дискуссии и сделался одним из ее ведущих участников[59]. «Минимальное жилище» как проявление социального жилья было особенно актуально в Восточно-Цен-

---

[58] Цит. по: [Durth 2001: 63]. Аналогичное высказывание Сыркуса см. в [Chomątowska-Szałamacha 2015: 108].

[59] [Dluhosch 1999] и статьи Тейге [Teige 2002b; Teige 2002c].

тральной Европе. II Конгресс CIAM во Франкфурте в 1929 году вызвал у архитекторов региона более активный интерес, чем следующий съезд, состоявшийся в Брюсселе в 1930 году. Кроме того, Франкфуртский конгресс стал определяющим для появления польской группы CIAM и ряда тематических статей из этой страны, о чем будет сказано в следующей главе[60]. При этом проблема «минимального жилища» представляет собой наглядный пример превращения социальной инженерии в особый способ проблематизации современности. Тема «минимального жилища» помогла четко сформулировать проблему, которая в противном случае осталась бы расплывчатой, и содержала в себе обещание решить подобные проблемы раз и навсегда[61].

Аналогичным образом на горизонте архитекторов возникла проблема общественного здравоохранения. Они подхватили общую тенденцию приложения концепций эффективности к человеку и человеческому организму, а власти начали уделять проектам в сфере здравоохранения много времени и ресурсов [Rabinbach 1992: 271–280; Wallenstein 2009: 30–35]. Как объяснялось в главе первой, здоровье и гигиена приобрели первостепенное значение для легитимности новых государств, ведущих драматичную борьбу с санитарными проблемами. Так же как и Веймарская республика [Margold, Warhaftig 1999], хотя в пропорционально меньших масштабах (а если учесть ограниченные финансовые возможности такого государства, как Польша, то даже более впечатляюще), новые восточно-центральноевропейские государства инвестировали в санатории, больницы и тому подобные проекты[62]. Большинство ярких образцов этой тенденции носят поразительно современный характер [Leśnikowski 1996b]. Однако и в чешском Брно, если привести всего один этот пример, мы находим неимоверное количество функционалист-

---

[60] Письма Ш. Сыркуса З. Гидиону и Мозеру (gta Archiv. CIAM, 42-K-1929).

[61] См. статьи Мая, Гропиуса, Шмидта, Буржуа и Ле Корбюзье для сборника материалов Франкфуртского конгресса, переизд. в [Steinmann 1979: 48–65].

[62] О варшавской больничной архитектуре того времени см. [Borawski 1929: 101–117]. См. также [Caumanns 2006b].

Илл. 23. Санатории в Отвоцке и Истебне, Польша. Слева: AiB 11, № 12 (1935), 372; справа: NAC, 1-C-264-4

ских зданий медицинского назначения, возведенных в короткий период между серединой 1920-х годов и Второй мировой войной [Kudělka, Chatrný 2000: 45].

Архитектура социальных преобразований, разумеется, появлялась не только в Восточно-Центральной Европе, и данное направление архитектуры не было феноменом исключительно межвоенного периода. Рост организованных общественных движений также приводил к подъему социальной архитектуры [Moravánszky 1998: 409–428; Blau 1999]. Кроме того, потенциально положительное воздействие этой новой архитектуры на гигиену и общее благосостояние сулило гораздо больше, чем возведение чистых домов, больниц и санаториев.

### Заключение

То, что великий выразитель обещаний современного движения Зигрфрид Гидион назвал в манифесте 1929 года «освобожденным жильем» (befreites Wohnen), удачно воплощает собой идеалистическую чрезмерность, столь типичную для жилищной реформы [Giedion 1929]. Как и литературный образ стеклянного дома — одно из самых действенных «разъяснительных» понятий, подобные термины несли в себе двойной импульс. Они указывали на будущее и посягали на области, которые прежде не являлись для архитекторов главными.

Многие более радикальные идеи даже не приблизились к реализации. Однако это не означает, что они совсем не оказали или оказали лишь ограниченное воздействие, как будет продемонстрировано в следующих главах. Впрочем, важно осознавать, что вышеописанное самоуполномочие действует лишь на фоне общей технологической и экономической модернизации и возникновения новых дискурсов, отражающих эти перемены. Поэтому следующие две главы будут посвящены общению архитекторов-модернистов рассматриваемого региона и обзору организаций, созданных этими архитекторами для того, чтобы продвигать свои идеи и добиваться для себя нового положения.

# Глава 3
# Формирование новых архитектурных целей

9 марта 1936 года состоялось первое заседание Комитета экспертов по архитектуре Лиги Наций (CAE)[1]. Этому учредительному заседанию комитета предшествовали долгие восьмилетние дебаты о том, как включить архитектуру в расширяющуюся структуру Лиги. Хотя архитектура, безусловно, не являлась главной заботой организации, направлявшей свои усилия на поддержание мира на планете, все же она обладала значением, отражавшим цели Лиги Наций как в общем, так и в частностях.

Так, решение выбрать местом пребывания Лиги Наций швейцарский город Женева ознаменовало собой упрочение этой организации. Ввиду заметного положения Лиги как оплота всеобщего мира были высоки и требования к тому, как должна в идеале выглядеть ее штаб-квартира. Серьезные надежды, возлагавшиеся на Лигу, превращали будущее здание в своего рода символ. Поэтому неудивительно, что решение по окончательному проекту Дворца Лиги Наций, вероятно, представляет собой один из самых спорных итогов архитектурных конкурсов XX века [Pallas 2001: 48–70; Sonne 2003: 278–280]. Такие светила модернистского движения, как Ле Корбюзье, яростно протестовали против того, что он и многие его единомышленники считали безнадежно тради-

---

[1] Organisation de Cooperation Intellectuelle. Comite d'Experts Architectes, Concours internationaux d'architecture. 9 March 1936 // LNA. C.I.C.I./E.A./2.

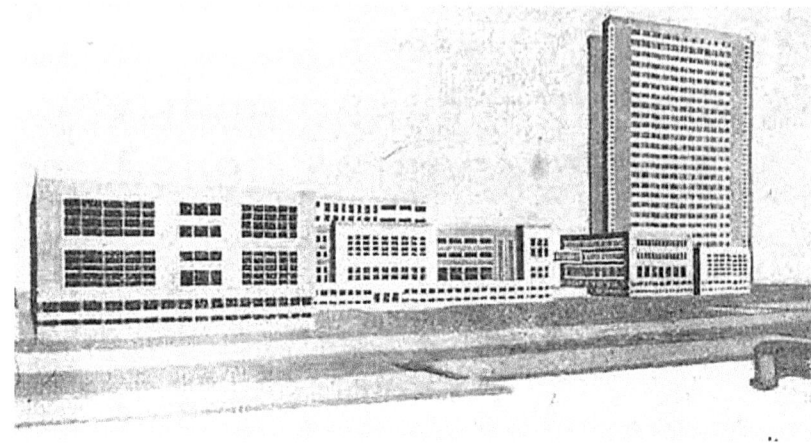

Илл. 24. Г. Одерфельд, Ш. Сыркус. Конкурсный проект Дворца Лиги Наций. AiB 3, № 6 (1927), 194

ционным решением — и жестом неуважения к смелому конкурсному проекту самого Ле Корбюзье[2].

Для Лиги Наций эта реакция еще больше прояснила то, о чем уже просигнализировало решение построить гигантскую штаб-квартиру на открытом месте: важнейшую роль архитектурной репрезентации нельзя сводить только к эстетике. Не случайно 1928 год был также отмечен началом дискуссий о создании в составе Лиги архитектурного комитета, отразив тем самым заинтересованность в архитектуре вообще[3]. Однако в течение многих лет его формат оставался неясным. Попытается ли Лига воздействовать на данную сферу и развивать тенденцию к социально ориентированной архитектуре, о которой говорилось в предыдущей главе? И кого привлечет к работе: архитекторов, которые сами себя называют современными, или, скорее, традиционалистов?

---

[2] Переписка З. Гидиона, связанная с конкурсом Лиги Наций // gta Archiv. CIAM, 42-К-1931. О проекте Ле Корбюзье см. [Pallas 2001: 71–75].

[3] См. [Mumford 2000: 14].

Как и в случае с другими экспертными комитетами, Лига Наций не создала (и по финансовым причинам не могла создать) собственных структур, но вынуждена была сосредоточиться на координации существующих профессиональных объединений. Более того, Лига, следуя логике международной организации и политике своей Секции интеллектуального сотрудничества и международных бюро, секретариата Организации интеллектуального сотрудничества Лиги Наций, должна была избегать вопросов с политической подоплекой[4]. Вместо этого она постаралась сосредоточиться на тех сферах, которые наиболее явно нуждались в международной координации и в то же время не вызывали открытых разногласий[5]. Регламентация архитектурных конкурсов идеально соответствовала данной политике. Кроме того, с организационной точки зрения это укрепляло позиции Секции международного сотрудничества и международных бюро в Лиге и в соперничестве с отделом искусства Международной комиссии по интеллектуальному сотрудничеству (CICI), также функционировавшей в составе Организации интеллектуального сотрудничества[6].

Как и в других сферах, Лига стремилась доказать свою нужность, привлекая экспертов и решая проблемы, с которыми отдельные государства по определению не могли справиться самостоятельно. В отношении архитекторов это означало, что Лига должна разработать стандарты международных конкурсов[7]. И конкурс на проектирование штаб-квартиры самой Лиги Наций,

---

[4] Об этой секции см.: United Nations Archives Geneva // United Nations Geneva: Электронный ресурс. URL: http://biblio-archive.unog.ch/Detail.aspx?ID=408 [дата обращения: 31.03.2022].

[5] См. [Rodríguez García et al. 2016].

[6] Organisation de Cooperation Intellectuelle. Comite d'Architectes. Rapport Introductif du Departement d'Art, d'Archeologie et d'Ethnologie de l'Institut International de Cooperation intellectuelle, 16 December 1937 // LNA. C.I.C.I./E.A./4. О структуре в целом см. [Laqua 2011a: 224].

[7] См.: Organisation de Cooperation Intellectuelle. Comite de Redaction d'un Reglement des Concours Internationaux d'Architecture, Convoque a Paris, a l'Institut international de Cooperation intellectuelle, 25 March 1938 // LNA. C.I.C.I./E.A.5.

и чрезвычайно спорный конкурс на проектирование Дворца Советов в Москве 1931 года продемонстрировали, насколько актуален данный вопрос[8]. Регламентация конкурсов, как подчеркивало в 1933 году британское правительство, выявила очевидную и признанную необходимость международного регулирования, это требовалось для того, чтобы обеспечить равные условия архитекторам, работающим за пределами своей страны[9]. Создание CAE также представляет собой хрестоматийный пример того, что Т. Миса и Й. Схот назвали «невидимой интеграцией» Европы, происходившей путем регламентации и взаимообмена [Misa, Schot 2005; Kaiser, Schot 2014].

К активной деятельности по разработке новых правил CAE приступил во второй половине 1930-х годов[10]. Однако в данном случае важны не правила, регулирующие конкурсы. Важно, что Лига Наций рассматривала архитектуру как сферу первостепенного значения. Лига могла бы стать, как в других областях, объединяющим центром для всех связанных с архитектурой и жилищным строительством организаций, которым Первая мировая война нанесла существенный урон [Wagner 2016: 66–68]. Действительно, Лига приложила немало усилий, чтобы определить ключевых игроков в этой отрасли. Создание CAE обеспечивает нам общее представление о многообразии международных архитектурных и жилищно-строительных организаций около 1930 года, в середине исследуемого периода. Переписка CAE сразу демонстрирует, что многообразие это обусловливали не только конкурирующие организации, но также их частично совпадающие цели и различные уровни и степени их конфигурации. Если

---

[8] О московском конкурсе см. [Cohen 1992: 262].

[9] United Kingdom Government, Creation of an International Committee of Architects under the Auspices of the League, 2 February 1933 // LNA. R 3951, 5 A, file 1169, 394.

[10] Эта деятельность, остановленная Второй мировой войной, привела к появлению следующего документа: UNESCO. International Competitions in Architecture and Town Planning, August 22, 1955 // Цифровая библиотека «UNESDoc»: Электронный ресурс. URL: http://unesdoc.unesco.org/ images/0012/001273/127325eb.pdf, Unesco (дата обращения: 31.03.2022).

Постоянный международный комитет архитекторов (CPIA), основанный в Париже в 1867 году, позиционировал себя как единственного, первого и естественного партнера, Лига стремилась привлечь к участию и Международное объединение архитекторов (RIA), созданное Пьером Ваго незадолго до CAE в качестве более прогрессивной альтернативы консервативному CPIA и связанное с влиятельным французским журналом «Аршитектюр д'ожурдюи» [Vago 2000: 115–144].

Помимо профессиональных международных объединений архитекторов в узком смысле возникло несколько более тематически ориентированных групп, отражавших динамичное развитие жилищно-строительной и урбанистической тематики, которые явились основной причиной создания RIA. Наиболее примечательной и долговечной из них оказалась Международная федерация жилищного строительства и городского планирования (IFHTP), основанная в Великобритании в 1913 году Эбенизером Говардом. Говард сыграл важную роль в движении «Город-сад» и Ассоциации городского и сельского планирования (Town and Country Planning Association), учрежденной 14 годами ранее, в 1899 году, и имевшей гораздо более локальный, британский облик.

В то время как главной целью CPIA было представление профессии архитектора, IFHTP, особенно с конца 1920-х годов, стремилась к обмену знаниями и передовым опытом. Если до войны ключевым видом ее деятельности являлось распространение национальных моделей, то в 1920-е годы акцент сместился на достижение консенсуса по стандартам в четко определенных областях специальных знаний и использование научных методов [Wagner 2016: 66–68, 105–108]. Ф. Вагнер показал, что IFHTP, уходившая корнями в систему конгрессов XIX века и функционировавшая преимущественно посредством ежегодных съездов, превратилась в чрезвычайно динамичную структуру. Во многом это было обусловлено научным мировоззрением, которого она демонстративно придерживалась, и его связью с развивающейся новой дисциплиной, градостроительством [Ibid.: 25–27, 40–59; Saunier 2001]. IFHTP, в свою очередь, пришлось конкурировать с другими организациями, а именно с Международной федерацией жилищного строительства (IVW), основанной во Франкфурте, который в 1929 году являлся очагом жилищной реформы. IVW объединила тех градостроителей и активистов жилищного строительства, которые считали IFHTP слишком традиционной и особенно критиковали ее за уклонение от действенного политического вмешательства в городские структуры [Wagner 2016: 111–118]. Однако показательно, что IFHTP тоже предпринимала значительные усилия по взаимодействию с Лигой Наций, чтобы с ее помощью стать международным лидером в сфере городского планирования [Ibid.: 193].

Все эти организации — свидетельство того, что с конца XIX века на архитектуру возлагали все более далекоидущие ожидания. Эти ожидания прослеживаются и в первоначальном устройстве CAE, что видно из резолюции CICI:

> Комитет [CICI], отмечая, помимо прочего, что архитектура и ассоциированные с ней искусства поднимают другие международные проблемы, которые Организация интеллектуального сотрудничества не может оставить без внимания, выражает надежду, что Институт также будет запрашивать мнение Комитета архитекторов по этим проблемам[11].

В конце концов, вследствие запоздалого создания CAE в середине 1930-х годов, в охваченный кризисом период, комитет не оправдал возлагавшихся на него завышенных ожиданий и не проникся динамикой архитектуры, теми ее элементами, которые отвечали духу времени или указывали на будущее. Вне зависимости от этого Лига Наций и ее экспертный комитет служат примером существовавших и вновь возникавших международных научно-технических организаций в области градостроительства и архитектуры и отражают тенденции этой сферы. Лига Наций

---

[11] Intellectual Co-Operation Organisation. Executive Committee, Action to be taken on the Resolution of the International Committee on Intellectual Co-Operation, 11 December 1936 // LNA. International Bureaux General. Box R3970, Registry: 5 A, 27000, 22841.

расшевелила международную арену, и всем зарождающимся объединениям так или иначе пришлось иметь с ней дело [Ibid.].

В этой главе мы увидим, как архитекторы-модернисты 1920–1930-х годов нашли новые способы самоорганизации и с помощью международных связей вновь заявили о социальной значимости своей профессии. Ниже будет показано, как эти организации отразили тенденцию, в соответствии с которой архитекторы стали объединяться уже не по профессиональному признаку, а вокруг архитектурно-градостроительных проблем, попутно заявляя о своей способности предложить решения, опробованные на международном уровне. Вместе с тем в этой главе будет проанализировано, как организационные навыки и мастерство на международной арене превратились в важнейший актив. Особый акцент будет сделан на взаимовлиянии локальных и международных процессов и, на этом фоне, переходе к объединению архитекторов вокруг проблем, задач и конкретных целей. Для этого мы сфокусируемся на CIAM как наиболее радикальной (и потому репрезентативной) ассоциации архитекторов-модернистов.

Международные организации стали активно множиться практически во всех областях науки и общественной жизни начиная примерно с 1850 года [Iriye 2002; Geyer, Paulmann 2001]. Первая мировая война послужила катализатором очередной, второй, фазы интернационализма. Война коренным образом изменила существующие способы взаимообмена: некоторым придала новую интенсивность, но многим устоявшимся формам положила конец [Manias 2015: 53]. В межвоенный период старая, «классическая», разновидность интернационализма уступила место новым видам, которые обычно предусматривали проблемно ориентированный подход (problem-solving approach) и аспекты социального прогресса, частично заменившие довольно нейтральный в политическом отношении обмен знаниями, до Первой мировой войны являвшийся нормой [Laqua 2011b]. Наглядным примером оказывается сама Лига Наций, хотя и не с первого взгляда. В последнее время внимание историков переключилось с неудач Лиги в деле обеспечения мира на ее впечатляющие успехи в сфере интеллектуального обмена и технологической стандартизации, достигнутые путем создания экспертных комитетов, таких как архитектурный, о котором говорилось выше [Soutou 2000; Fleury 1998]. Лига Наций успешно координировала инфраструктурные проекты и трансграничные технологические сети в рамках нового «технократического интернационализма» [Schot, Lagendijk 2008].

Таким образом, Лига, помимо прочего, дает яркий пример возникновения новой, наднациональной, лояльности, а возможно, даже идентичности со своим «неповторимым голосом» (distinctive League voice) [Clavin, Wessels 2005: 474]. Д. Родоньо, Б. Штрук и Я. Фогель ввели термин «транснациональные сферы» (transnational spheres), имея в виду новую разновидность пространства, появившуюся в XIX веке и позволившую осуществлять интенсивный взаимообмен людьми и идеями. Это, утверждают исследователи, по существу, привело к новому взгляду на социальные проблемы, который был уже не просто суммой идей, разработанных в разных местах [Rodogno et al. 2015a; Herren 2009]. Кризис интернационализма, обусловленный всеобщим послевоенным кризисом и надвигающимся подъемом национализма, впрочем, не всегда означал упадок международных объединений. Однако зачастую организационная структура и цели вновь созданных ассоциаций разнились. Интернационализм, как показывают вышеупомянутые примеры из области градостроения и жилищного строительства, сделался более проблемно ориентированным, а следовательно, и более политизированным. Кроме того, взаимовлияние национальной и межнациональной динамики становилось все интенсивнее. В частности, международного признания добивались новообразованные государства Восточно-Центральной Европы. Эти два подводных течения — более проблемно ориентированный интернационализм и усмотренные новыми государствами возможности для обретения легитимности посредством международного взаимообмена — привнесли мощную динамику[12].

---

[12] Об этой политизации международных организаций см. [Eichenberg 2011].

В политизированных дискуссиях 1930-х годов для Лиги Наций имело смысл воздерживаться от сближения с программами радикального толка. Многие архитекторы-модернисты, напротив, именно это и считали веянием времени. Их разочарование Лигой Наций не ограничивалось неудовлетворенностью новым зданием в Женеве. После своего создания в 1928 году CIAM поначалу проявил стремление сотрудничать с Лигой — на собственных условиях. На графическом «плане сражения» Ле Корбюзье, обнародованном на первом съезде CIAM в 1928 году, различные ведомства Лиги изображались как естественный союзник инициативной группы архитекторов-модернистов, которой, по его замыслу, и должен был стать CIAM [Mumford 2000: 23, 27]. Однако отношения CIAM и Лиги переросли в лучшем случае в любовь-ненависть, а затем быстро превратились скорее в пренебрежение, чем в разочарование. С созданием CAE Лига Наций, очевидно, перестала делать ставку на CIAM — скорее всего, потому, что последний считался откровенно левацким.

Таким образом, проблемные отношения между Лигой и CIAM поднимают вопрос о том, какой тип организации в действительности представлял собой Международный конгресс современной архитектуры. Некоторые ученые рассматривали CIAM в единой плоскости с IFHTP и его цель видели в развитии перспектив урбанизма на международном уровне [Domhardt 2012: 175–178]. Другие подчеркивали скорее специфику CIAM, а также значение, которое он придавал своему отличию от существующих организаций (эта позиция поддерживается и в настоящем исследовании)[13]. Чтобы понять, в чем же заключается специфика и новизна CIAM, полезно будет детальнее изучить этап его формирования, поскольку, по словам Б. Латура, «группообразование оставляет гораздо больше следов, чем уже стабилизированные связи, которые по определению могут оставаться безмолвными и невидимыми» [Латур 2014: 47]. Для этого надо выяснить, почему восточные группы CIAM стали играть в нем столь важную роль и что́ архитекторы из этих групп находили в CIAM — а так-

---

[13] См. [Somer 2007: 48–79].

же что́ сам CIAM находил в данном регионе. Но прежде мы переключим внимание на самоорганизацию архитекторов Восточно-Центральной Европы, в частности Польши, после глубокого перелома, произведенного Первой мировой войной.

### Самоорганизация архитекторов в новом государстве

Процесс перехода от объединения представителей профессии на технической основе в XIX веке к выходу в социум в первой половине XX века хорошо прослеживается на примере Польши. В 1906 году варшавский архитектор Тадеуш Шаниор принимал участие в VII Международном конгрессе архитекторов, организованном CPIA в Лондоне, в качестве неофициального делегата от Польши — неважно, что такой страны не существовало ни на карте, ни в сфере международных отношений [International 1908: 44]. На обратном пути в Париж Шаниор встретился с генеральным секретарем CPIA, который, по всей видимости, был весьма удручен подобным нарушением установившейся практики интернационализма, отталкивавшейся от признанного суверенитета самостоятельных государств [Szanior 2000: 21]. Однако в следующем конгрессе CPIA, состоявшемся в Вене в 1908 году, участвовали более 30 польских архитекторов, входивших в состав «делегации польских архитекторов, созданной в 1908 году после Международного конгресса архитекторов в Вене» (Delegacja Architektów Polskich utworzona w 1908 roku po Międzynarodowym Kongresie Architektów w Wiedniu). Официальный представитель Польши посетил данное мероприятие только в 1911 году в Риме, за семь лет до фактического образования Польского государства [Ibid.: 23]. Хотя проблема представления несуществующей страны поучительна для логики международного представительства и подчеркивает тот факт, что по этой самой причине в Польше до 1918 года архитектура и национальное представительство были неразрывно спаяны, лишь ситуация, сложившаяся после Первой мировой войны, стала совершенно новой отправной точкой.

Еще до Первой мировой войны архитекторы российской Польши образовали неформальный и малочисленный «Кружок архитекторов» (Koło Architektów), связанный с ассоциацией инженеров и занимавшийся регулированием архитектурных конкурсов. «Кружок» представлял собой довольно традиционную организацию, о чем свидетельствовали его стилевые предпочтения и использование членства для ограничения доступа, особенно молодых архитекторов, к выгодным заказам. Эта характеристика применима и к преемнику «Кружка архитекторов» — Всепольскому съезду архитекторов (Powszechny Zjazd Architektów), созданному в 1919 году. Задачи и сфера охвата съезда были намного шире, чем у «Кружка архитекторов», поскольку было необходимо заполнить вакуум, оставшийся после соответствующих германских, российских и австро-венгерских объединений. Учитывая, что первые выпускники ВПИ в целом обладали намного более высокой квалификацией, чем старшее поколение, этот назревающий конфликт постепенно перерос в противоборство между мастерами, выступавшими за ориентацию профессии на классические строительные задачи, и теми молодыми архитекторами, которые считали себя провозвестниками социального прогресса на службе у новообразованной нации. Так, неформальные собрания небольшой группы прогрессивно мыслящих архитекторов в 1926 году привели к расколу и созданию Ассоциации польских архитекторов (SAP) [Pietrowski 2000; Czerny 2000][14].

Богдан Пневский, который на момент первого заседания SAP был уже признанным архитектором с прогрессивной, хотя и не радикальной репутацией, вспоминал, что о социально-политической ориентации SAP свидетельствовал красный переплет журнала заседаний. Действительно, восходящих звезд той поры Шимона и Хелену Сыркусов, а также Юзефа Шанайцу и Богдана Ляхерт в SAP привела его реформистская повестка [Chomątowska-Szałamacha 2015: 105]. Ключевыми требованиями программы SAP

---

[14] Общий обзор см. в исследовании деятельности SAP/SAPR в Верхней Силезии [Boberski 1998].

были: во-первых, «социальная архитектура» для удовлетворения потребностей огромной массы населения, страдающей от тяжелых жилищных условий; во-вторых, урбанизм и инвестиции в развитие городов, основанные на планировании; и наконец, в-третьих, борьба с оппортунизмом инвесторов и произволом надзорных органов, сопровождаемая требованиями, нацеленными на более эффективную внутреннюю организацию архитектурной профессии.

Организационный комитет SAP не только позиционировал себя как значительно более левый по отношению к авторитарному «режиму санации», установившемуся в Польше в 1926 году, но и включал в свой состав нескольких членов, лишившихся официальных должностей из-за своих политических убеждений. В самой организации, впрочем, были представлены различные направления профессии [Stefanowicz 2000]. Во время мирового экономического кризиса начала 1930-х годов, который чрезвычайно глубоко затронул Польшу, члены SAP боролись за бюджетные инвестиции, особенно для решения проблемы жилищного дефицита [Ibid.].

Сфера деятельности SAP пересекалась с некоторыми примечательными центрами деятельности архитекторов-модернистов в Польше. Эти архитекторы участвовали в программе строительства Варшавского жилищного кооператива (WSM) и Управления социального страхования (Zakład Ubezpieczeń Społecznych). Кроме того, в состав SAP входили те урбанисты, которые с самого начала выступали за плановую городскую экономику [Czerny 2000]. В 1934 году SAP слилась с другими профессиональными организациями, образовав Ассоциацию архитекторов Польской Республики (SARP), и с сугубо прогрессивной ориентацией ее организационного комитета было покончено. SARP, также вследствие растущего политического давления, начала подавлять прогрессивистские течения, первоначально столь характерные для SAP[15].

---

[15] О различных организационных аспектах, в том числе представлении польских архитекторов за рубежом, см. в [Marzyński 2000].

Таким образом, SAP различными способами отражала специфические условия и проблемы Восточно-Центральной Европы, описанные в предыдущей главе. Она в гораздо большей степени, чем аналогичные западноевропейские объединения, сочетала миссию прогрессивных архитекторов со строительством нового государства, где новая столица Варшава обеспечивала особое пространство для осуществления широких и глубоких изменений. Интересы государства и архитекторов в значительной мере совпадали. Однако новая организация, SARP, перестроившая отношения с более авторитарным государством, продемонстрировала и пределы этого прогрессивного курса. SAP была отражением эмансипировавшейся профессии, которая обращалась все к новым сферам социально-экономической жизни. Кроме того, она отвечала потребности в международном представительстве Польши на этапе усиления и распространения международных организаций. В обзоре модернистской архитектуры Польши и деятельности польских архитекторов-модернистов, сделанном в 1931 году, голландский архитектурный критик Тео ван Дусбург выявил «сугубо националистичную» деятельность SAP по «пропаганде... современной архитектуры» внутри страны и ее функционирование в качестве транслятора этих польских достижений за рубежом [Doesburg 1990b: 304].

Однако SAP и SARP, как объединения широкой ориентации, лишь в малой мере отражали динамику самоорганизации архитекторов-модернистов Восточно-Центральной Европы в межвоенные годы. Наглядными примерами, свидетельствующими об устремлении профессий к новым берегам после 1918 года являются две преимущественно новые тенденции. В Восточно-Центральной Европе, так же как в Нидерландах и Германии, архитекторы-модернисты стали ключевыми фигурами авангардных движений, расплодившихся после Первой мировой войны[16]. Кроме того, следуя внешне совершенно иной логике, архитекторы-модернисты захватили лидерство в ряде новых инициативных движений, например, движении за жилищную реформу, которое

---

[16] О ключевой роли архитектуры в авангарде см. [Beyme 2005: 431–437].

отражало охват профессией новых сфер общественной жизни. Второй аспект будет рассмотрен в конце данной главы, первый же займет центральное место в следующей, посвященной роли коммуникации.

SAP, впрочем, была не самым радикальным из объединений, отразивших подъем архитекторов-модернистов. Шимон Сыркус стал основателем и ключевым членом влиятельной польской авангардной группы «Блок» (BLOK), возникшей в 1924 году и явившейся предшественницей группы «Презенс» (1926–1930). «Блок» отталкивался от раннего польского конструктивизма, но ему были присущи заметные трения между мастерами более радикальных, конструктивистских убеждений и сторонниками большей гибкости и творческой свободы. Он прекратил существование в 1926 году. Некоторые из его членов вступили в новую группу, «Презенс», основатель которой Ш. Сыркус рассматривал архитектуру как основную дисциплину деятельности новой группы: «Путем эксперимента архитектура создает новые возможности, не только пластические, как может показаться, но и социальные» [Syrkus 1926: 12][17].

«Презенсу» придавало импульс и его Weltanschauung (*нем.* мировоззрение). Участники группы разделяли левые политические убеждения, многие состояли в Социалистической партии, что согласовалось с акцентом на коллективной работе [Chomątowska-Szałamacha 2015: 117–118]. Сыркус являлся одним из самых взрослых членов «Презенса», многие же, такие как Б. Брукальска, Ляхерт и Шанайца, родились около 1900 года, и ко времени образования группы им было примерно по 25 лет. Очевидно, что, кроме прочего, группа представляла собой проект поколения. Большинство участников «Презенса» получили образование в ВПИ, а некоторые, например Шанайца, занимали там преподавательские должности.

Супруги Сыркусы и Брукальские, Ляхерт и Шанайца сосредоточились на проектах, имевших явное общественное воздействие [Chomątowska-Szałamacha 2015: 178]. Всего за несколько лет это

---

[17] О «Презенсе» см. [Mansbach 1999: 123–131; Chionne 2005: 157–198].

привело к очередному организационному расколу. Члены «Презенса», больше ориентированные на художественное творчество, в 1929 году образовали группу «a. r.» (что расшифровывалось как «artyści rewolucyjni», *польск.* «революционные художники», или «awangarda rzeczywista», «настоящий авангард») [Piotrowski 2003: 63]; архитекторы-модернисты тоже создали новую группу, получившую программное название «Презенс коллектив» (Praesens kolektyw). Добавление слова «коллектив» ставило новый акцент на архитектуре и подчеркивало, что последнюю надо разрабатывать и реализовывать коллективно, посредством командной работы. К 1930 году «Презенс» стал гораздо сильнее тяготеть к практическим проблемам, центральное место среди которых занимал жилищный вопрос [Piotrowski 1930].

В 1933 году среди 14 членов «Презенс коллектив» насчитывалось целых четыре женщины[18], что свидетельствует о сравнительно более высокой доле женщин в младшем поколении польских архитекторов, чем в западных странах. Как говорилось в предыдущей главе, главная причина этого явления — полная трансформация профессии. Однако, учитывая, что в то время более подходящими для женщин считались скорее помогающие профессии, это можно рассматривать и как результат значимости социального аспекта архитектуры для этой группы.

И поскольку тематическое пересечение архитекторов-функционалистов и художников-конструктивистов начиная с середины 1920-х годов сузилось, такие архитекторы, как Сыркус, Шанайца, Ляхерт и прочие члены «Презенса», все чаще обращали внимание на другие дисциплины. А зона пересечения модернистской архитектуры со столь же новыми областями, например статистикой, социологией и особенно градостроительством, быстро расширялось. Это привело к тесному сотрудничеству с «Группой "U"» (Zespoł «U»), в которую входили прогрессивные градостроители [Zespoł 1932]. «Группа "U"» («U» означало «урбанистика») решила создать новый междисциплинарный коллек-

---

[18] А именно Б. Брукальская, Х. Сыркус, А. Петровская-Гриневицкая и Т. Жарновер. См. также примеры в [Leśnikowski 1996: 216; Król 2002].

Илл. 25. Обложка первого номера журнала «Презенс. Квартальник модернистов»

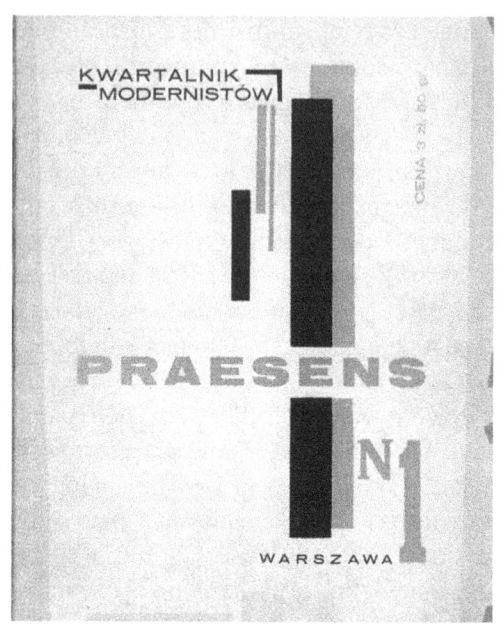

тив, который будет специализироваться на архитектуре и технологиях и отойдет от более узко понимаемых художественных корней периода «Блока»[19]. Новая группа также активизировала сотрудничество с жилищным кооперативом WSM в надежде добиться практических результатов и уйти от теоретической направленности авангардных объединений середины 1920-х годов [Turowski 1996: 57; Kohlrausch 2012].

### Архитектура в новом ключе: CIAM

Значение «Блока» и «Презенса» как европейских авангардных движений заключалось не только в выполнении ими функции приводных ремней, передающих новые идеи, концепции и отчасти конкретные знания. Становление этих групп невозможно

---

[19] О «Группе "U"» см. в [Chmielewski et al. 2013: 31–32].

осмыслить, не рассматривая их как часть общеевропейского движения аналогичных объединений, обеспечивших базу для международного сотрудничества. В частности, русский конструктивизм явился главным стимулом для «Блока», а первые образцы современной архитектуры во Франции, Нидерландах и Германии служили конкретными объектами вдохновения и разногласий во второй половине 1920-х годов. «Новый Франкфурт» Эрнста Мая и радикальные концепции Ханнеса Майера, так же как новые эксперименты в области коллективистского домостроения, проводившиеся в СССР до 1932 года, доказывали, что грандиозные замыслы могут воплощаться в реальных мерах.

Следовательно, то, что инициативные архитекторы «Презенса» с растущим беспокойством поддерживали традиционные международные заявления архитекторов-прогрессивистов, было отнюдь не случайно. Фактически восточно-центральноевропейские архитекторы, и польские в особенности, играли в CIAM ключевую роль, учитывая, что это была совершенно новая форма объединения архитекторов вокруг проблем. CIAM был создан в 1928 году как непосредственная реакция на скандальное, на взгляд многих модернистов, решение остановиться на консервативном проекте Дворца Наций. Пропагандистская деятельность CIAM, связанная с этим вопросом, а также попытки CIAM соответствующим образом повлиять на национальных делегатов Лиги прослеживаются с начала 1930-х годов[20]. Однако CIAM нужно было гораздо больше, чем просто внимание к модернистским проектам. В первую очередь он стремился утвердить новую социально-политическую роль архитекторов путем внедрения научных методов в сферу, считавшуюся неурегулированной и в определенной мере хаотичной. По этой причине CIAM решительно провозгласил, что не является объединением традиционного типа. Он рассматривал себя как художественно-эстетический авангард, который при этом занимается конкретными социаль-

---

[20] См. польское выступление в Лиге Наций в октябре 1929 года и письма З. Гидиона Ш. Сыркусу от 29 октября, 7 и 19 ноября 1931 года (gta Archiv. CIAM, 42-K-1936).

ными проблемами. Главной задачей CIAM, в котором его генеральный секретарь Зигфрид Гидион видел эффективное оружие против реакционных сил, была организация себя как коллектива [Somer 2007: 25]. Тем не менее создание организации вне пределов национальной системы координат, к которому стремился архитектор Март Стам, оставалось недостижимой задачей. Ван Эстерену, президенту CIAM в 1930–1947 годах, приходилось постоянно согласовывать деятельность отдельных национальных групп с централизованно выработанными целями CIAM.

Во многих важных аспектах CIAM представлял собой типичную организацию второй волны интернационализма, последовавшей за Первой мировой войной. В нем господствовала вера в научные методы и нейтральную силу научных разработок [Wagner 2016: 107, 172–181]. Отчасти CIAM создавался для конкуренции с давно утвердившимися профессиональными организациями и никогда не стремился представлять всех архитекторов в целом. Однако, кроме прочего, это был проект поколения архитекторов, родившихся между серединой 1880-х и началом XX столетия. Поколение это главенствовало в CIAM более 30 лет, почти до самого его роспуска в 1959 году. Ведущие архитекторы CIAM — Гропиус, ван Эстерен и Ле Корбюзье — с самого начала ясно понимали, что присуща ему особая форма совместной работы (collaboration) отличает его от традиционных профессиональных организаций. CIAM ставил во главу угла архитекторов как «людей действия» (people of action), одновременно утверждая, что он отвечает за универсальные решения [Somer 2007: 27–28].

Зигфрид Гидион, инженер и историк искусства по образованию, прекрасно сознавал, что это в первую очередь влечет за собой переформулировку социальных проблем в новом ключе. Затем эти проблемы необходимо решать путем сравнения городов, подготавливаемого группами CIAM, представляющими отдельные страны. Это гарантирует максимальный эффект при довольно ограниченных усилиях, в частности за счет использования стратегий привлечения на свою сторону общественности [Ibid.: 29]. CIAM не только как объединение и в своей внутренней деятельности, но и в своих требованиях считал себя авангардным — «прообразом общества, в котором искусство и жизнь слиты воедино» [Somer 2007: 239].

При всей своей возвышенности подобный постулат оставлял значительный простор для самых разных ответных реакций. Действительно, на учредительном собрании CIAM в швейцарском Ла-Сарра были составлены две декларации, отражавшие, согласно более поздней терминологии, подходы «романской» и «германской» фракций[21]. Данное разделение отражало конфликт по поводу конкретизации роли архитекторов в современном обществе, хотя обе фракции соглашались с тем, что роль эта должна выходить за устоявшиеся рамки профессии [Mumford 2000: 19]. Если так называемый романский лагерь проявлял острый интерес к эстетике новой архитектуры и частично соглашался с представлением Ле Корбюзье о крупном капитализме как о преданном заказчике модернистской архитектуры, так называемая германская фракция, напротив, отстаивала социалистические концепции, основанные на научно-экономических соображениях, преобладавших в немецкой, голландской и швейцарской, а также в большинстве восточно-центральноевропейских групп [Ibid.: 21].

Вопрос о конкретной степени участия в политической деятельности оставался спорным и создавал проблемы организации на протяжении всего ее существования. Хотя современники не сомневались, что в целом CIAM имел сильный левый уклон, это не означало, что ему не присуща заметная элитарность во многих отношениях. Ориентация на коллективистское домостроение и радикальные урбанистические меры шагала рука об руку с технократическим самоуполномочием в национальном масштабе, притом что большинство членов CIAM дружно считали, что предлагаемые ими решения обладают универсальной ценностью [Ibid.: 14–15].

Показательно, что CIAM, о чем говорит и его название, проявлял себя преимущественно через свои конгрессы, пять из которых были проведены до Второй мировой войны. Однако связи между

---

[21] О политических течениях внутри CIAM см. [Steinmann 1972].

этими конгрессами, отчасти вследствие их почти миссионерского характера, не только сохраняли прочность, но и наращивали как масштаб, так и интенсивность. Кроме того, чем крупнее становились конгрессы и чем более далеко идущие цели ставил CIAM, тем больше времени тратилось на подготовку и многочисленные небольшие предварительные совещания. Чтобы работать на опережение возникающих задач, было создано нечто вроде исполнительного комитета — Международный комитет для подготовки резолюций по проблемам современной архитектуры (CIRPAC).

Учитывая, что уже существовали международные организации, которые представляли архитекторов как профессию (например CPIA), занимались жилищными и урбанистическими темами, одной из отличительных характеристик CIAM стала его организационная форма. Генеральный секретарь CIAM Гидион, одаренный коммуникатор и дальновидный разработчик повестки, следующим образом выразил мнение организации о самой себе: «Это конгрессы, в основе которых лежит совместная работа, а не съезды, на которых отдельные лица докладывают лишь о своих конкретных областях, как в XIX веке»[22]. Ван Эстерен, второй президент CIAM и еще одна влиятельная фигура, описывал желательный характер CIAM так: «Сначала работа, потом болтовня» [Ibid.: 32].

Гидион преуспел в том, что сделалось отличительным признаком всей организации CIAM, а именно в обдуманном и подчеркнутом уходе от традиционной, внешне устаревшей архитектуры и градостроительства[23]. Для поддержания внутренней сплоченности организации надо было постоянно дистанцироваться от реакционности, якобы пропитывавшей всё и вся: традиционные ассоциации архитекторов, Лигу Наций, национальные правительства, оргкомитеты всемирных выставок. Чрезвычайно разнородные представления о том, как следует развивать CIAM, оправдывали необходимость этого цементирующего отрицания.

---

[22] Цит. по: [Steinmann 1979: 9].
[23] См. [Гидион 1984].

Таким образом, пять конгрессов CIAM, предшествовавших Второй мировой войне, служили не только, и, вероятно, не столько обмену знаниями и передовым опытом. Эти мероприятия скорее осваивали и утверждали темы, обращаясь к творческому и ассоциативному потенциалу модернистской архитектуры и ее оптимистично оцениваемым возможностям. CIAM постоянно приходилось формулировать свою миссию, чтобы поддерживать групповую сплоченность, а также опрашивать тех, кто принадлежал к CIAM, чтобы определить специализацию организации. По мнению Гидиона, «движение могло обрести направление» только путем строгой кооптации [Steinmann 1979: 22, 32]. Все это нашло отражение в уставе CIAM: параграф 2 гласил, что целью ассоциации является: «а) утверждение требований современной архитектуры; б) представление требований современной архитектуры; в) распространение понятия о современной архитектуре в технических, экономических и общественных кругах; г) обеспечение возможности решения строительных задач в современном понимании» [Ibid.: 32].

Акцент на групповом развитии в CIAM не означает, что проблемы, к которым обращалась организация, не существовали либо были малозначительны. Однако вместо того чтобы заполнять общепризнанные «очевидные» пробелы, CIAM формулировал проблемы, которые он тогда обещал и, по собственному утверждению, был способен решить. Главную роль здесь играло понятие «социального» в архитектуре. К. Сомер подчеркивал, что, хотя архитекторы CIAM считали себя авангардом, цели организации во многих отношениях были связаны с гораздо более широким движением, направленным на интернационализацию архитектуры, жилищную реформу и новый урбанизм [Somer 2007: 239]. CIAM пытался покорить господствующие высоты усиливающегося движения за общественные реформы посредством планирования. Голландский архитектор Берлаге в программной лекции на учредительном конгрессе CIAM настаивал (с «непоколебимой серьезностью», как вспоминал Гидион), что архитектура — «единственное социальное искусство» [Steinmann 1979: 24]. Хотя Берлаге в первую очередь имел в виду взаимодействие архитекторов и общества, подавляющее большинство архитекторов CIAM прежде всего заботил социальный аспект архитектуры. Поэтому CIAM желал не просто подготовить почву для новых архитектурных решений. Во всяком случае, самые энергичные его члены, такие как Ле Корбюзье, добивались для специалистов-профессионалов вообще и архитекторов в частности нового места в политике[24].

## Самоуполномочие: CIAM и его польская группа

Итак, деятельность CIAM отражала борьбу новых архитекторов за свое место в обществе. Ле Корбюзье рассматривал архитекторов как капиталистических специалистов по крупным проектам, тогда как более левые члены CIAM видели в архитекторе специалиста-новатора, способствующего появлению новых форм коллективного общества [Mumford 2000: 19]. Эти разногласия выплеснулись во время так называемого дела Мунданеума. Мунданеум представлял собой грандиозный городской проект размещения одноименной организации Поля Отле в Женеве. Отле создал учреждение для сбора и классификации всей имеющейся информации. Он рисовал в своем воображении усовершенствованную Лигу Наций, которая объединит всех значимых деятелей науки и культуры, что приведет к настоящему социальному прогрессу в глобальных масштабах. Отле обратился к Ле Корбюзье, поскольку данный проект не только в символическом, но и в содержательном плане был чрезвычайно значим для архитекторов-модернистов. Этот заказ, даже настоятельнее, чем эстетическая по большей части борьба за Дворец Лиги Наций, ставил вопрос о том, чего способна достичь модернистская архитектура, как архитектура может изменить общество и каковы пределы ее возможностей. Последнее объясняет, почему ведущие

---

[24] Вообще в этом отношении CIAM добился меньших успехов, чем традиционные организации. См. [Wagner 2016: 237–238].

фигуры модернистского движения стали считать Мунданеум принципиальной задачей. Тайге, в соответствии со своими радикальными убеждениями, кратко охарактеризованными в предыдущей главе, гневно обвинил Ле Корбюзье в занятии буржуазной позиции и недостатке революционности. Ле Корбюзье не торопился признавать себя виновным в политической неразборчивости. В ответном послании он сообщил, что пишет «по дороге в Москву», тем самым подчеркивая свою связь с Советским Союзом, и разъяснил, какой политической миссии привержен [Kohlrausch, Trischler 2014: 82].

Действительно, позиции двух выдающихся архитектурных мыслителей были не столь отчетливо выражены, как может показаться, но все же они заостряют определяющую проблему: насколько нейтрален должен быть специалист? Не будет также преувеличением усматривать в этой полемике, которая попала в книги по истории архитектуры [Baird 1974; Fabian, Winko 2010: 239–286], раскол между Востоком и Западом. Разве политическая обстановка около 1930 года не диктовала необходимости занять определенную позицию? И разве архитекторы в Восточно-Центральной Европе, как и Тайге в Чехословакии, не были тесно связаны с происходящим в Советском Союзе, разве им не было предопределено судьбой зафиксировать значимость этого сдвига? И разве не являлся вопрос о том, как решать жилищную проблему — в первую очередь с помощью новых технологий или, скорее, путем глубокой трансформации структуры собственности и замены акцента на личности акцентом на коллективные формы, — гораздо более насущным в Центральной и Восточной Европе? К тому же, хотя у Тайге сложились непростые отношения с CIAM, слишком буржуазной, по его мнению, организацией, случай с Мунданеумом показывает, насколько важны для него были и CIAM, и Ле Корбюзье как точки отсчета и дискуссионные площадки.

То же применимо и к польским модернистам. Польские архитекторы Сыркус и Шанайца появились на радаре CIAM очень рано, когда участвовали в конкурсе на проект штаб-квартиры

Лиги Наций[25]. Их чисто модернистские проекты ясно демонстрировали, что эти двое близки CIAM по духу. Сыркус, в свою очередь, выразил большой интерес к мероприятиям CIAM «со стороны Польши» и предложил помощь в их организации[26]. Однако приверженность Сыркуса, Шанайцы и ряда других польских архитекторов — членов «Презенса» CIAM пошла гораздо дальше. Идентичность их интересов и убеждений покоилась на трех столпах. Во-первых, Сыркус и его единомышленники и единомышленницы демонстрировали свою верность языку модернистского стиля и способность к его оригинальному и передовому применению. Во-вторых, они безоговорочно поддерживали притязания архитекторов-модернистов на формирование общества. Статья Сыркуса «Архитектура осваивает объем» для каталога нью-йоркской выставки 1927 года «Век машины» принесла ему особое международное признание как участнику дискуссии о будущем облике нового, улучшенного общества, сформированного архитекторами[27]. В-третьих, Сыркус и другие польские архитекторы, вступившие в CIAM, благодаря «Презенсу» приобрели практические навыки коллективного метода работы, который CIAM столь высоко ценил и в своей концепции урбанизма и строительства рассматривал как необходимое предварительное условие любого важного проектного решения[28].

Работа «Презенса» и одноименный журнал произвели большое впечатление на Гидиона[29]. Сыркус сумел убедить членов «Презенса» сформировать польскую группу CIAM и объявил, что группа поступает в распоряжение CIAM[30]. Не считая незначи-

---

[25] Проекты Сыркуса и Шанайцы см. в: AiB. 1927. № 6. S. 193–194. О приеме Сыркуса в CIAM см.: З. Гидион — Ш. Сыркусу. 12 июня 1928 // gta Archiv. CIAM, 42-K-1928.

[26] Ш. Сыркус — Гидиону и Мозеру. 19 июля 1929 // gta Archiv. CIAM, 42-K-1929.

[27] См. главу 2.

[28] О роли коллективной работы в CIAM см. [Somer 2007: 11].

[29] З. Гидион — Ш. Сыркусу. 12 июля 1928 // gta Archiv. CIAM, 42-K-1928.

[30] Ш. Сыркус — З. Гидиону. 22 ноября 1932 // gta Archiv. CIAM, 42-K-32.

тельных изменений, эта группа существовала в первоначальном составе вплоть до Второй мировой войны. Польскими делегатами CIRPAC стали Сыркус (член первоначального CIRPAC) и Шанайца (которого в 1933 году сменил Пиотровский), хотя самым сильным влиянием пользовался, несомненно, Сыркус. Он выступил в CIRPAC и CIAM с несколькими докладами и занимал различные должности в иерархии CIAM, например, с 1936 года возглавлял комитет по региональному планированию[31]. Когда CIAM решил создать рабочую группу по повышению эффективности организации, Сыркус был в числе трех членов CIAM, выдвинутых в нее[32]. Это особенно примечательно, поскольку целью CIAM не в последнюю очередь было признание иерархий внутри современного движения.

Значительную роль в организации сыграли и супруги Брукальские, активно участвовавшие в конгрессах CIAM. С. Брукальский также входил в организационный комитет и вместе с А. Ротом возглавлял комиссию по поиску «друзей» CIAM[33]. Послевоенный вице-президент CIAM X. Сыркус неоднократно выступала в качестве переводчицы, протоколиста и помощницы Гидиона[34]. На Первом тематическом конгрессе CIAM, состоявшемся во Франкфурте в 1929 году и посвященном «минимальному жилищу» (II Конгресс CIAM), выступления представителей польских жилищных кооперативов служили примерами, так же как и на III, Брюссельском, конгрессе в следующем году [Roguska 1996b: 66]. Колоссальная потребность Варшавы в социальном жилье и городском благоустройстве означала, что проблемы, которыми

---

[31] Переписка Х. и Ш. Сыркусов насчет заседания CIRPAC в Амстердаме (gta Archiv. CIAM, 42-K-1935) и относительно подготовки заседания в Ла-Сарра (42-K-1936).

[32] Syrkus S. Rozwiązania zasadnicze w zastosowaniu do regionów i wsi (June 1937) // MA. SP.

[33] См. развернутый доклад Б. и С. Брукальских «Habitations ouvrieres en Pologne» (июнь 1937) // gta Archiv. CIAM, 3-9-1. См. также [Kohlrausch 2014b].

[34] З. Гидион — Ш. Сыркусу. 15 июля 1933, 4 ноября 1933, 10 июля 1935 // gta Archiv. CIAM, 42-K-1935.

занимались польские архитекторы-модернисты, во многом совпадают с повесткой CIAM[35].

Польская группа принадлежала к числу наиболее активных национальных групп в составе CIAM. Гидион, например, обращался к чехословацкому архитектору и члену CIAM Богуславу Фуксу с вопросом о том, почему его группа столь пассивна, в то время как «такая страна, как Польша, необычайно активна»[36]. Технические вопросы с социальной подоплекой, вроде темы «минимального жилища», давали Сыркусу возможность использовать конкретные проблемы, с которыми он имел дело в польском контексте, для укрепления своего международного авторитета [Syrkus 1933b; Syrkus 1934]. С этой целью Сыркусу также удалось ввести в состав CIAM польских специалистов по жилищному строительству и кооперативам, хотя и не самих архитекторов. CIAM предлагал политически открытую концепцию, характеризовавшуюся радикальным подходом к планированию, хотя и с сильным уклоном влево. Кроме того, CIAM предоставлял новейшие знания в области городского планирования и социального жилья — двух критически важных для польской ситуации сфер. Напрямую подключившись к международной дискуссии, польские специалисты по планированию смогли осуществить (по крайней мере, на бумаге) «огромный скачок в будущее»[37]. Вдобавок к этому в Польше международные наработки были сравнительно более престижными, чем на Западе. Авторитетом интернационализма часто пользовались для продвижения собственной повестки у себя на родине[38]. В случае польской группы CIAM применялись оба лейбла: и «международное», и «современное». Польские участники CIAM ставили себе на службу как

---

[35] Об этой связи см. доклад, представленный Ш. Сыркусом в CIAM: La question d'habitation en Pologne. 25.11.1930 // gta Archiv. CIAM, 3-9-15.

[36] З. Гидион — Б. Фуксу. 10 июля 1935 // BA. GP. 12/449.

[37] Эта оценка подтверждается и огромным местом, которое занимает CIAM в автобиографиях польских архитекторов и социальных реформаторов. См. [Syrkus 1984: 198–280; Tołwiński 1970: 343–431].

[38] Об IFHTP см. [Wagner 2016: 25].

близость к всемирно известным экспертам, так и стремление Польского государства достичь международного признания с помощью нарочито современных решений, анализируемое в главе первой.

Безусловно, структурными причинами объясняется далеко не все, и деятельность польской группы многим обязана идеалистическому рвению супругов Сыркусов. Ш. Сыркус весьма отчетливо ощущал, какие возможности сулит международная арена, когда заявлял: «Мы, члены CIAM, и наши друзья — часть большого международного рабочего сообщества, и мы представляем идеи CIAM в Польше. Мы не должны и не хотим считаться международными представителями всего корпуса польских архитекторов»[39]. Стратегия Сыркуса включала презентацию своих новых идей в контексте международных примеров, который он постиг лучше, чем большинство его коллег[40].

Действительно, Польша могла многое предложить CIAM, предоставив потенциальный политический рычаг, в котором столь остро нуждалась организация. Варшава, во всяком случае по утверждению Сыркуса, была способна стать лабораторией, где можно в широких масштабах тестировать идеи функционального города. Однако поиск решений социальных проблем оказывался убедительным аргументом и в пользу того, чтобы направлять международную дискуссию в русло местной практики и наоборот[41]. Обсуждение конкретных варшавских жилищных проектов на конгрессах CIAM демонстрирует, что CIAM был организацией, которая не только содействовала обмену знаниями, но и обеспечивала своим членам репутацию и признание. Здесь можно было подавать местные проблемы как конкретные примеры, признанные на международном уровне. С другой стороны, международное признание можно было, в свою очередь, применять в местной

---

[39] Ш. Сыркус — З. Гидиону. 22 июня 1937 // gta Archiv. CIAM, 42-K-1937.

[40] См., например, многочисленные международные отсылки в [Syrkus 1928].

[41] Ш. Сыркус. 13 сентября 1929: отчет о публикациях по CIAM в журналах «Презенс», «Дом. Оседле. Мешканье» и «Архитектура и будовництво» (gta Archiv. CIAM, 42-K-1929).

борьбе за возможность реализовывать свои концепции и идеи [Kohlrausch 2007]. Разумеется, рационализация жилищного строительства являлась важной темой и в IHFTP, но последняя, в отличие от CIAM, избегала политизации этого вопроса [Wagner 2016: 108]. Кроме того, CIAM придерживался гораздо более радикальных взглядов на индустриальное строительство.

## CIAM-универсализм или восточное ускорение? CIAM-Ost

Показательно, что в Комитет экспертов по архитектуре Лиги Наций (CAE) в конечном итоге вошли только признанные архитекторы из Западной Европы. В этом CAE резко отличался от CIAM, что отнюдь не случайно. Как объяснялось выше, CIAM как организация сосредоточился на социальном влиянии архитектуры и предлагал новым участникам огромные возможности, отбирая членов в свой состав в соответствии с новыми принципами. При этом CIAM с большой надеждой смотрел на Восток, неустанно ища примеры, способные доказать, что его дерзновенные замыслы выполнимы и плодотворны. Однако представление о восточноевропейском пространстве кризиса, ожидающем широкомасштабных решений CIAM, имело очевидные ограничения. Проблемы региона были настолько специфичны, что возникал вопрос: возможна ли реализация универсальных решений CIAM на практике?

Ко второй половине 1930-х годов не только резко ухудшился общий политический климат в Европе, но и пропала вера в универсальность дискуссии об архитектуре и градостроительстве. Переосмысляя существовавшее ранее внутри CIAM деление на поборников радикальных урбанистических решений, влекущих за собой социальные преобразования, и сторонников более умеренного варианта, ставивших во главу угла эстетику и изменения в рамках капиталистической системы, группа членов CIAM из стран Восточно-Центральной Европы выдвинула идею более амбициозной региональной ассоциации в рамках CIAM. Эта инициатива является наглядным выражением того, что вышеописанные способы взаимообмена приобрели или даже изначально имели географическое измерение. С новыми границами государств, возникших после Первой мировой войны, сформировались и новые зоны соприкосновения, нуждавшиеся в регулировании [Steiner 2005].

В преддверии Парижского конгресса CIAM 1937 года чехословацкий архитектор Франтишек Каливода и венгр Фаркаш Мольнар вступили в дискуссию CIAM по региональному планированию с прицелом на то, чтобы в дальнейшем призвать к расширению сотрудничества с «балканскими» странами и Польшей[42]. Первоначально Мольнар предложил всем подунайским государствам создать совместный проект, озаглавленный «Страна в мировом масштабе»: выставки, представлявшие каждую из этих стран в контексте глобальной экономики. Главной для группы, быстро получившей название CIAM-Ost, куда вошли Венгрия, Чехословакия, Польша, Югославия, Греция, Австрия и Румыния, оставалась идея нисходящего планирования в широких региональных рамках[43].

CIAM-Ost провел три заседания. Первое состоялось в Будапеште 29 января — 1 февраля 1937 года; второе — 29 апреля — 5 мая в чешских Брно и Злине, где находится знаменитое предприятие «Батя» (Baťa) с его обилием функционалистской архитектуры; и наконец, третье, уже омраченное приливом авторитаризма в Восточно-Центральной Европе, — на греческом Миконосе 5–6 июня 1938 года[44]. В свете развития политических событий в Центральной Европе проведение встреч в первоначально намеченных для этого Вене, Будапеште и Братиславе

---

[42] Ф. Каливода — Ф. Мольнару. 20 октября 1936 // BA. WGA. Papers II, 129.

[43] Документация по заседанию CIAM-Ost в Будапеште в 1937 году: gta Archiv. CIAM, 42-05-1-9-F; о роли Мольнара см. [Ferkai 2011: 308–315].

[44] См. протокол заседания в Брно и соответствующую переписку Ф. Мольнара, Ф. Каливоды, Ш. Сыркуса и З. Гидиона в ноябре 1936 — марте 1937 года (BA. WGA, Papers II, 129). О греческом совещании известно очень мало. Именно на этот факт ссылается Г. Шмидт в своем письме Сыркусам от 19 сентября 1938 года (MA. SP).

Илл. 26. Участники заседания CIAM-Ost в Будапеште.
Сидят З. Гидион, Х. и Ш. Сыркусы. ETH Zürich. ©GTA Archiv

оказалось невозможным. Несмотря на скудость письменных источников по CIAM-Ost, существующие документы все же дают отчетливое представление о том, что двигало архитекторами, общавшимися в рамках этой группы. В соответствии с программой CIAM группа исходила из идеи о том, что городское планирование без планирования регионального бессмысленно [Ibid.: 229]. Будапештское заседание основывалось на предпосылке, что факторы, имеющие значение для западноевропейских архитекторов-модернистов, к остальному миру неприменимы. Поскольку условия у архитекторов во всем восточно-центральноевропейском регионе в целом схожие, утверждали эти архитекторы, то теперь самое время для сотрудничества[45]. В преддверии Парижского конгресса CIAM, намечавшегося в том же году, группы трудились над подготовкой нему, но особенных успехов добились в разработке регионального и государственного планирования[46]. Группы брали за основу категории CIAM — и если бы этой осно-

---

[45] Постановление будапештского заседания 1937 года (gta Archiv. CIAM, 42-05-1-9-F).

[46] О Парижском съезде (V Конгресс CIAM) см. [Mumford 2000: 107–116].

вы не существовало, они, вероятно, не сумели бы прийти к согласию. Восточные группы, как подчеркивал Эрнест Вайсманн из Югославии, особенно нуждались в методологическом руководстве CIAM[47]. Но они отталкивались от более узко очерченной программы CIAM. Архитекторы, вошедшие в CIAM-Ost, особенно настаивали на необходимости развивать сельскую местность — и на возможности осуществлять это с помощью новых научных институтов, которые будут создаваться властями государств.

Исходя из этого, архитекторы CIAM-Ost определили две темы, для которых, по их мнению, нужна «двухскоростная» Европа, где лидирующую позицию займет Восток. Этими темами были жилищное строительство и региональное планирование. Первая являлась ключевым вопросом для CIAM изначально, тогда как вторая стала главной сферой интереса во второй половине 1930-х годов. Архитекторы из состава CIAM-Ost, однако, хотели быстрее добиться успеха в обеих областях: жилищные решения, так называемое минимальное жилище, должны были быть еще радикальнее, чем в модернистских проектах CIAM. Прежде всего это означало увеличение общественного, коммунального пространства, в частности санузлов и кухонь, за счет личного. Такие решения рассматривались как единственно правильный ответ на серьезный жилищный кризис в регионе при весьма ограниченных экономических возможностях. Кроме того, за тяготением к региональному планированию кроются две причины, характерные для данного региона. Границы, проложенные после 1918 года, оборвали старые связи, существовавшие в имперском контексте, и расхождение между городом и деревней в регионе оказалось особенно выраженным. Слаборазвитая сельская местность должна была единым рывком достичь современного уровня посредством применения научного подхода. Социальную инфраструктуру обеспечила бы сеть небольших городов [Platzer 1999].

---

[47] Э. Вайсманн — В. Гропиусу. Письмо не датировано (возможно, январь 1937) // BA. WGA. Papers II, 129, 12/613.

CIAM-Ost запросто можно счесть доказательством того, что методы CIAM едва ли были столь универсальны, как заявляли светила CIAM, — так утверждала М. Платцер [Ibid.: 230]. Однако CIAM-Ost можно расценивать и как иллюстрацию исключительных возможностей, предоставленных специалистам периферийного региона межвоенным интернационализмом, а также универсализмом CIAM. CIAM сыграл важную роль как в плане объединения людей, так и в обеспечении концепциями, структурировавшими обмен мнениями по вопросам, которые большинство считало важными. Вскоре после возникновения CIAM-Ost венгерский архитектор Бела Хальмош написал Мольнару: «Когда я начал размышлять над нашей задачей, то осознал, насколько важной и органичной была идея образовать внутри CIAM отдельную центральноевропейскую группу. В этом группировании наглядно отражается географическое единство региона, которому границы не помеха»[48].

Тем не менее CIAM-Ost нельзя приписывать безоговорочную историю успеха. Во-первых, при более подробном изучении обстановки в Польше и Венгрии выявляются многочисленные препятствия, с которыми приходилось бороться архитекторам-модернистам этих стран в условиях растущего правого авторитаризма [Bajkay 2010a: 141]. Архитекторам становилось все труднее дистанцироваться от политической апроприации. Страх столкновения на политической почве был силен еще до первого заседания CIAM-Ost. Мольнар в письме Гидиону, где он уговаривает последнего приехать в Будапешт, подчеркивает, что Гидион, а также архитекторы Сыркус и итальянец Пьеро Боттони «из дальних стран» нужны ему для общественного авторитета CIAM-Ost. Мольнар опасался, что в противном случае новую организацию сочтут частью системы Малой Антанты. Последняя официально оформилась в 1933 году для того, чтобы укреплять экономическое сотрудничество членов ранее преимущественно военного союза, а в 1937 году пересмотрела свою позицию относительно Венгрии[49].

---

[48] Цит. по: [Ferkai 2014: 228].
[49] Ф. Мольнар — З. Гидиону. 4 декабря 1936 // BA. WGA. Papers II, 129, 12/193.

Вдобавок к этому постоянную угрозу для всего начинания в целом представляли раздоры внутри венгерской группы[50]. Сплоченность группы в значительной мере зависела от действий CIAM, предпринимаемых в центре, то есть в Цюрихе[51]. Чехословацкий случай еще нагляднее свидетельствует о серьезных трениях как внутри группы, так и между региональным отделением и организацией CIAM, несмотря на многочисленные совпадения интересов. Проблемы чешской группы красной нитью проходят через переписку Гропиуса и Гидиона с восточно-центральноевропейскими членами CIAM и воспринимаются как источник постоянного разочарования. Если многие другие группы также не оправдывали ожиданий цюрихской штаб-квартиры CIAM в плане деятельности или простой неоплаты взносов, чехословацкая группа являла собой отдельный случай[52]. В Чехословакии, особенно в таких очагах модернизма, как Прага, Брно и Злин, современные архитекторы строили образцовые города так, как редко делали в остальной Европе. Логично, что промышленный потенциал страны и прогрессивная политическая система сделали ее примером для CIAM, тем более что Германия в 1933 году покинула модернистскую сцену. Кроме того, как подчеркивалось в соответствующем отчете Мольнара о втором заседании CIAM-Ost, в Злине имелся научно-исследовательский институт регионального планирования — в составе предприятия «Батя». Считалось, что институты, созданные по этому образцу, могут стать локомотивом преобразования деревни[53].

Огромные достижения Брно, Праги и Злина ошеломили даже Ле Корбюзье. В свою очередь, вследствие этого становилось все менее очевидным, что чехословацкая группа признаёт главенство центральной организации CIAM. Пока работу группы в чешских

---

[50] Ф. Форбат — В. Гропиусу. 13 августа 1938; В. Гропиус — Ф. Форбату. 30 октября 1933 // AM. FP. 1970–18–187–01.

[51] Ф. Форбат — В. Гропиусу. 23 февраля 1937; В. Гропиус — Ф. Форбату. 30 октября 1933 // AM. FP. 1970–18–187–01.

[52] См. [Misa 2008: 84–93].

[53] Ф. Мольнар — З. Гидиону. 21 мая 1937 // BA. WGA. Papers II, 129.

землях осложняли личные распри, Цюриху было трудно принять радикальную политическую позицию Тайге и некоторых его соратников[54]. На линии раскола, проложенной спором о Мунданеуме, сильный левый уклон Тайге и чехословацкой группы, по крайней мере ее части, столкнулся с нейтральной политической позицией, занятой Цюрихом [Spechtenhauser, Weiss 1999: 244]. Когда к этому добавились скепсис и страх слишком тесного сближения CIAM с радикальными политическими течениями, некоторые его члены решили, что устойчивость организации под угрозой. Большинство французских и итальянских архитекторов в составе CIAM считали весь проект CIAM-Ost результатом представления об архитектуре как о дисциплине, ориентирующейся скорее на улучшение социальных условий, чем на эстетику[55]. Отказ «романской» фракции CIAM приехать в Будапешт также свидетельствует о довольно глубоких расхождениях в CIAM по вопросу выбора курса.

Вместе с тем эти расхождения намекают на CIAM-Ost как на потенциальное проявление асимметрии, присущей CIAM. В данном прочтении сближение с новой организацией было шагом в сторону, а не движением вперед. Действительно, Гидион был скептичным сторонником нового подразделения CIAM. Он жаловался на сумбурную обстановку соперничества и незападных стандартов[56]. А Форбат, член CIAM из данного региона, подчеркивал препятствия на пути сближения групп, которые вне пределов устоявшейся организации оставались весьма многообразными. Именно по этой причине он был благодарен Гидиону, которого вообще-то недолюбливал, за роль медиатора, сыгранную последним в Будапеште[57].

---

[54] Переписка Ш. и Х. Сыркусов с Ф. Мольнаром, Ф. Каливодой, Ле Корбюзье, В. Гропиусом, З. Гидионом в 1938 // gta Archiv. CIAM, 42-K-1938. См. также [Es et al. 2014].

[55] В. Гропиус — Ф. Мольнару. 16 мая 1935 // BA. WGA. Papers II, 129.

[56] З. Гидион — К. ван Эстерену. 6 февраля 1937 // Ibid.

[57] Ф. Форбат — В. Гропиусу. 23 февраля 1937; В. Гропиус — Ф. Форбату. 30 октября 1933 // AM. FP. 1970-18-187-01.

Тем не менее, несмотря на все эти аспекты, CIAM-Ost был весьма значим — не только как симптом общей динамики и противоречий внутри CIAM, но и потому, что запустил новые процессы. Возродилась чехословацкая группа, особенно благодаря деятельности Каливоды. Как заявлял последний, CIAM-Ost позволил ему вновь принять участие в деятельности CIAM[58]. Секретариат CIAM-Ost в Будапеште, которым руководил Мольнар, свидетельствует об институционализации группы и ее превращении в средоточие различных региональных инициатив с привязкой к рамкам CIAM. Первых два заседания CIAM-Ost активно освещались в прессе, что являлось следствием большого авторитета международных организаций вообще и CIAM в частности в Венгрии и Чехословакии[59]. Однако значимость CIAM-Ost следует искать в двух конкретных аспектах.

Во-первых, если «классические» конгрессы CIAM сосредоточились на сравнении примеров, которые, в сущности, нередко бывали совершенно различными, CIAM-Ost заложил основы практического трансграничного сотрудничества, особенно в сфере регионального планирования. То, что растущая политическая напряженность, в условиях которой существовал CIAM-Ost, воспрепятствовала дальнейшему развитию, не умаляет того факта, что CIAM был очень близок к «материализации» в качестве института практического планирования. Появились первые примеры научных институтов, занимавшихся развитием сельской местности, которые были связаны с государственными органами. Landesplanung, планирование сельских районов на основе децентрализации промышленности, как сообщал Мольнар Гропиусу, по всей видимости, было столь привлекательной для венгерского правительства перспективой, что на левацкое прошлое Мольнара закрыли глаза[60]. Коллега Мольнара Виргил Бирбауэр задумал 350 городских центров, чтобы структурировать сельскую мест-

---

[58] Ф. Каливода — В. Гропиусу. 19 июня 1937 // BA. WGA. Papers II, 129.
[59] См. соответствующую переписку Ф. Каливоды и Ф. Мольнара в: BA. WGA. Papers II, 129.
[60] Ф. Мольнар — В. Гропиусу. 28 мая 1937 // BA. WGA. Papers II, 129.

ность в Венгрии и таким образом реорганизовать все венгерское общество [Platzer 1999: 230].

Во-вторых, огромный упор на планирование и крупномасштабные жилищные проекты должен привлечь наше внимание к дальнейшему развитию, происходившему после 1945 года. Это развитие, постоянно омрачавшееся колоссальными потрясениями, вызываемыми Второй мировой войной, Холокостом и радикально иным политическим строем, установившимся после 1945 года, будет рассмотрены в главе шестой. Здесь же следует отметить, что способ, с помощью которого формулировались проблемы и предлагались решения, указывает за пределы 1930-х годов. Кроме того, возникновение CIAM-Ost поднимает вопрос о том, что происходило с социальной мобилизацией архитекторов, которая сама по себе явилась основной причиной создания CIAM-Ost[61].

### Реализаторы: WSM как зона взаимодействия

В сравнении с глубокими социально-политическими изменениями, вызванными установлением после 1945 года государственного социализма, CIAM и CIAM-Ost, безусловно, так никогда не достигли собственных честолюбивых целей касательно непосредственного влияния на политику и общество. Однако это не должно заставить нас преуменьшать их значение. Во многих отношениях влияние в долгосрочной перспективе и благодаря постепенному распространению их идей действительно ощущалось. Кроме того, и CIAM, и CIAM-Ost, хотя и через организации в странах-участницах, напрямую взаимодействовали с администрациями и другими директивными органами на местах. Первый президент CIAM Вернер Мозер рассматривал эти группы как

---

[61] См. письмо З. Гидиона Ф. Форбату от 14 сентября 1946 года, относящееся к тому моменту, когда супруги Сыркусы находились в поездке по США, с предложением создать новый CIAM-Ost с Ш. Сыркусом в качестве президента (AM. FP. 1970–18–162).

«единственное средство влияния на [центральные] власти»[62]. Это влияние, в частности в Швеции, привело к заметным политическим изменениям, которые превратили жилищное строительство и исследования в области жилищного строительства в центральные темы законодательной деятельности [Kuchenbuch 2010: 68–74]. Но, разумеется, чтобы предоставить архитекторам новые строительные возможности, одной законодательной деятельности было недостаточно, да и в любом случае, чтобы изменить законодательство, архитекторам необходимо было влиять на политическую машину.

Ш. Сыркус, используя показательный термин, рассуждал о Realisatoren — «реализаторах» и «сподвижниках», которые в качестве посреднических фигур помогали воплощать идеи архитекторов-модернистов на практике[63]. Биографии этих мужчин и женщин свидетельствуют о чрезвычайно расширившейся зоне соприкосновения архитектуры, общества и политики. Кроме того, критически важная роль «реализаторов» отражает описанное в первой главе развитие государства, вмешивающегося в жизнь общества неслыханным в XIX веке образом. Вдобавок к этому данный термин свидетельствует о появлении у архитекторов-модернистов новых заказчиков.

Однако проблема реализаторов — посредников между архитекторами и сферами, на которые они хотели распространиться, — была столь же характерной и насущной и для CIAM, что отчетливо проявилось в названии «Верховного комитета по распространению архитектуры на экономику и социологию» (Haut Comité pour l'Extension de l'Architecture à l'Economique et au Sociologique) Ле Корбюзье. В сущности, этот вопрос изначально являлся для CIAM ключевым. По мнению Ле Корбюзье, сам смысл CIAM состоял в содействии контактам с директивными органами. На раннем этапе существования CIAM учредил комитет, в состав которого вошли спонсоры CIAM, в том числе Жан

---

[62] Цит. по: [Steinmann 1979: 32].
[63] Переписка Ш. Сыркуса с З. Гидионом и В. Мозером. 5 января — 31 декабря 1929 // gta Archiv. CIAM, 42-K-1929.

Мишлен, Габриэль Вуазен и Роберт Бош, но, что знаменательно, наряду с ними и министр иностранных дел Чехословакии Эдвард Бенеш[64].

Если смотреть шире, то фактические основатели CIAM обладали навыками и качествами, не обязательно ассоциирующимися с архитекторами (в том числе теми архитекторами, которые состояли в «классических» объединениях). Это справедливо в отношении Ле Корбюзье и Гропиуса: оба принадлежали к тому типу организаторов, которые с самого начала карьеры умеют заручиться поддержкой и вниманием со стороны лиц, принимающих политические и экономические решения. Это еще более справедливо для ван Эстерена и Гидиона — пожалуй, самых влиятельных деятелей CIAM[65].

Гидион был идейным лидером Международного конгресса современной архитектуры, он сформулировал его raison d'etre, но, кроме этого, создал секретариат организации в Цюрихе и связал разнонаправленные группы отдельных стран с центром CIAM. Не будучи архитектором по образованию, в CIAM он выполнял функции своего рода PR-менеджера. Придумывал броские лозунги, способствовавшие систематизации и распространению задач CIAM, следил за тем, чтобы этот посыл доходил до средств массовой информации в разных странах. Гидион разработал специализацию организации, положив в основу ее отличия от уже существовавших объединений, а также создал маркетинговые стратегии и стратегии распространения идеологии CIAM. В его представлении уникальной эту организацию делало четко обозначенное стремление CIAM к власти [Mumford 2000: 25–26]. Показательно возразил на критические выпады Форбата Гропиус, заявив, что CIAM нуждается в Гидионе, поскольку он — «ein Kopf» (*нем.* голова), а самое главное, он отвечает за инициативу, столь важную для CIAM[66].

---

[64] Об обоих комитетах см. [Mumford 2000: 27].

[65] О ван Эстерене как организаторе см. [Somer 2007: 70–79], о Гидионе см. [Georgiadis 1989: 85–107].

[66] В. Гропиус — Ф. Форбату. 30 октября 1933 // AM. FP. 1970-18-187-01.

Что касается сыркусовских реализаторов, то еще больше этому определению соответствовал ван Эстерен. Рано достигнув успехов в архитектуре, он уже в 1929 году получил должность главы Амстердамского отдела городского развития. Настойчивое стремление сочетать далеко идущие амбиции с прочной опорой на сравнение различных европейских городов позволяло ван Эстерену предоставлять данные, столь необходимые для дискурса CIAM, печально известного своим отвлеченным характером [Bollerey 1999: 27, 171–172]. Ван Эстерен имел возможность использовать богатый статистический материал, обеспечиваемый его ведомством в Амстердаме — европейском лидере в плане градостроительства.

Ван Эстерену коллективное мышление было гораздо нужнее, чем Ле Корбюзье, и являлось руководящим принципом его урбанистических проектов. Руководствуясь этим принципом, ван Эстерен содействовал сотрудничеству архитекторов CIAM со специалистами всех сфер деятельности. В частности, это требовалось для приобретения статистических знаний, необходимых для концепций CIAM в области жилищного строительства и урбанизма [Somer 2007: 106–108]. Используя Международный конгресс современной архитектуры для передачи важнейших знаний, вместе с тем ван Эстерен стремился провести различие между CIAM и другими, более традиционными архитектурными ассоциациями. Он полагал, что CIAM должен делать это посредством организации «рабочих конгрессов», а не иных видов съездов, ориентированных скорее на представительство или более поверхностную демонстрацию передового опыта [Ibid.: 107]. Этого можно было добиться лишь в том случае, если к дискуссии присоединялись эксперты и специалисты и если CIAM поддерживал тесные связи с теми представителями сферы градостроения и жилищного строительства, которые умели претворять свои замыслы в жизнь.

Когда Сыркус говорил о Realisatoren, он имел в виду конкретные примеры, например своих варшавских коллег Теодора Тёплица и Станислава Толвинского. Оба они обеспечили Сыркуса способами создания и упрочения связей с политической сферой.

Характерно, что директор WSM Тёплиц и специалист по социальному жилью Толвинский входили в число тех немногих участников CIAM, которые не были архитекторами[67]. Это отражает интерес CIAM к социальному аспекту строительства. Но кроме того, их участие показывает, что польской группе CIAM удалось превратить невыгодное положение в преимущество. Эта группа сумела преподнести Варшаву как средоточие урбанистического дискурса, где учитываются социальные аспекты жилья [Tołwiński 1970: 328–333, 420–422][68]. В то же время эта связь подчеркивает привлекательность CIAM для руководителей WSM.

Тёплиц, родившийся в 1875 году, рос в имперском контексте, описанном в главе первой. Он учился в берлинском Техническом университете в Шарлоттенбурге и много путешествовал по Европе. Еще во время Первой мировой войны Тёплиц занимал различные должности в варшавской администрации и, будучи многолетним членом Польской социалистической партии, имел левые убеждения, которые разделяло большинство членов «Презенса». Тёплиц и Толвинский осмыслили и переформулировали жилищную проблему в новом, «современном» ключе. Тёплиц сыграл важную роль в создании Объединения польских городов (Związek Miast Polskich), Общества польских урбанистов (Towarzystwo Urbanistów Polskich, TUP), организации — члена IFHTP с 1925 года, и Общества жилищной реформы (Towarzystwo Reformy Mieszkaniowej, TRM), образованного в 1928 году. Он располагал чрезвычайно широкими международными связями, например, как вице-президент IVW [Turowski 1996: 55; Chmielewski et al. 2013: 16] был прочно связан не только со всеми влиятельными участниками движения за жилищную реформу в Польше, но и с зарубежными деятелями. Кроме того, Тёплиц отлично разбирался в «пропагандистском» аспекте своей миссии, организуя многочисленные выставки и лекции по жилищному вопросу.

---

[67] О роли Тёплица и Толвинского см. [Syrkus 1976: 74–75]. Обзор истории WSM см. в [Szymański 1989].

[68] См., в частности, доклад Толвинского, прочитанный в Париже в июне 1937 года (gta Archiv. CIAM, 45-4-36 D; 5-4-36 D).

В 1937 году он был среди организаторов первого Польского жилищного конгресса, к которому привлек WSM и TRM, продвигавшие концепцию базового жилого пространства. Также Тёплиц стоял у истоков создания новых журналов «Дом. Оседле. Мешканье» («Дом. Жилой квартал. Квартира») и «Организация господарства домовего» («Организация домашней экономики»). В Польше Ла-Сарраская декларация была впервые представлена именно в его доме [Syrkus 1984: 161–195].

Толвинский, который родился в 1895 году и, следовательно, был почти на целое поколение младше Тёплица, тоже имел «левое» прошлое и состоял в Социалистической партии и нескольких организациях кооперативного движения, в том числе Союзе рабочих кооперативных обществ (Związek Robotniczych Stowarzyszeń Spółdzielczych)[69]. Также он играл важную роль в Обществе рабочих поселков и Обществе рабочего университета — все это были посреднические организации, сформировавшие основу междисциплинарной сферы жилищного строительства и связанные с WSM.

Сам Варшавский жилищный кооператив (WSM) был образован в 1921 году по инициативе Польской социалистической партии и в русле прочной традиции польского кооперативного движения [Turowski 1996: 54–56; Coudroy de Lille 2015: 18–20]. Если кооперативы зачастую служили противоядием от социалистических призывов к освобождению, WSM фактически был причастен к последним. И все же общая заинтересованность в облегчении ужасающей жилищной ситуации в Варшаве означала, что WSM, по меньшей мере до второй половины 1930-х годов, даже при «режиме санации» действовал весьма успешно.

Как президент и главный организатор WSM и Столичного строительного предприятия (Stołeczne Przedsiębiorstwo Budowlane) Тёплиц и Толвинский осуществляли надзор за физическим процессом распределения строительных заказов, а как ключевые

---

[69] См. автобиографию Толвинского [Tołwiński 1970]. См. также [Chyra-Rolicz 1987: 116–119]. Содержательный обзор различных организаций представлен в [Towarzystwo 1972].

Илл. 27. Участники выставки WSM, посвященной минимальному жилищу. NAC, 1-U-8482

фигуры движения за жилищную реформу поддерживали тесные контакты с соответствующими органами, принимавшими политические решения на общегосударственном и столичном уровнях. И для группы «Презенс», и для зарождающегося CIAM было важно, что эти два человека имели возможность предоставлять статистику и материалы обследований[70]. В их распоряжении имелись сети, включавшие в себя реформаторские политические круги, и контакты с финансистами[71]. Цели и спектр деятельности WSM, безусловно, не полностью соответствовали идеям «Презенса» и CIAM, однако во многом совпадали, в частности, это касается разделяемого ими положения о том, что глубокие социальные проблемы можно решить с помощью улучшения жилищных условий и градостроительных решений.

Таким образом, подоплеку сотрудничества Сыркуса с Тёплицем и Толвинским составлял не только тот тривиальный факт,

---

[70] См., например, письма Ш. Сыркуса З. Гидиону от 12 августа 1929, 14 и 16 октября 1929 (gta Archiv. CIAM, 42-K-1936).

[71] С подходом Тёплица можно ознакомиться в его многочисленных статьях в журнале «Архитектура и будовництво» [Toeplitz 1928: 129–147].

что кто-то должен обеспечивать крупномасштабным жилищным проектам финансирование и политическую поддержку. Сыркус отмечал, что в специфических польских и варшавских условиях эти люди могли открывать окна возможностей, которых не было в других местах. Более того, он с самого начала понимал и утверждал, что архитектура становится делом коллективным и ее успех зависит от того, насколько архитекторы преуспевают в объединении и сотрудничестве с самыми передовыми специалистами.

С конца 1920-х годов WSM предоставлял архитекторам «Презенса» возможность строить и экспериментировать с новыми решениями [Mazur 2005; Caumanns 2006a]. Он отдавал заказы архитекторам, сочетавшим социальную активность с социалистическими идеями и увлеченностью функционалистской архитектурой. Большинство из них входили в группу «Презенс»: помимо Сыркусов, Брукальских и архитектурного тандема Ляхерта и Шанайцы это были специалист по городскому планированию Ян Хмелевский и молодые члены «Презенса» Роман Пиотровский и Зигмунт Скибневский. На северной окраине Варшавы, в Жолибоже, эти архитекторы возвели типовой микрорайон, который во многих отношениях задал тон более поздним проектам. Из последних наиболее примечателен рабочий микрорайон в Раковце, на западе Варшавы, спроектированный Ш. и Х. Сыркусами. Эти типовые проекты, построенные в 1926–1939 годах, использовались и для тестирования идей, обсуждавшихся на конгрессах CIAM [Klain 1997a; Bosma, Hellings 1997]. Супруги Брукальские, например, включили в свой проект две экспериментальные «франкфуртские кухни» [Roguska 1996b: 18]. Амбиции и микрорайоны WSM отнюдь не ограничивались предоставлением экономичного жилья. В объединении «Общественный дом» (Dom Społeczny), оказывавшем различные услуги и управлявшемся организацией взаимопомощи жильцов WSM под примечательным названием «Стеклянные дома» (Szklane Domy), как в примере из романа Жеромского, открывающем эту книгу, на первый план выходит социальный аспект. WSM интегрировал в свою жилую застройку многочисленные реформистские институты [Kohlrausch 2012].

После Первой мировой войны в Варшаве не хватало около 60 тыс. квартир, и, согласно официальной статистике, на отдельной жилплощади, в среднем составлявшей около 22 м$^2$, проживало примерно пять человек. При отсутствии значимых частных проектов экономичного домостроения новое государство попыталось заполнить пустоту с помощью Государственного жилищного фонда (Państwowy Fundusz Mieszkaniowy). Основанный в 1919 году, он предоставлял кредиты преимущественно жилищным кооперативам. За выделение кредитов отвечал Комитет по расширению Варшавы. Однако, как сетовал WSM, результаты были скромные, и поэтому кооператив предложил создать Предприятие социального жилья, которое появилось во второй половине 1920-х годов. Новая фирма применяла новые методы строительства инженера и социального активиста Отто Роде, разработанные на основе немецких образцов, целью которых была стандартизация строительства [Ibid.]. Банк национального хозяйства (Bank Gospodarstwa Krajowego), учрежденный в 1924 году, также работал над устранением жилищного дефицита. С конца 1920-х годов он финансировал жилищное строительство напрямую и через промежуточные структуры. Кроме того, важную посредническую роль в привлечении средств под низкий процент для WSM сыграл Итальянский коммерческий банк (Banca Commerciale Italiana) [Roguska 1996a: 68].

То, что WSM в конце концов сумел реализовать, конечно, ограничивалось четырехзначными числами, не оправдав завышенных ожиданий и не дотянув до некоторых западных достижений социального домостроения. Однако, несмотря на это, по сравнению с другими строительными инициативами в Варшаве и Польше, а также во многих западных странах, WSM добился выдающихся успехов. Кроме того, он обеспечил архитекторам-модернистам основу для взаимодействия с социальными акторами и политиками. На этой основе и с применением мощностей, созданных в рамках WSM, Ш. Сыркус смог разработать свою программу индустриального домостроения, предусматривавшую строительство 100 тыс. квартир в год. Осуществление подобного проекта в течение пятилетки и с использованием серьезной государственной поддержки поставило бы неизбежный вопрос о национализации частных владений и указало на общие проблемы регионального планирования, рассматриваемые в главе пятой [Roguska 1996b: 18].

Наконец, WSM — это ярко выраженная восточно-центральноевропейская история в том отношении, что она показывает, как архитекторы вынуждены были учитывать — и учитывали — условия на местах, даже когда погружались в международный и потенциально универсалистский дискурс. Сыркус пришел к выводу, что в данный момент целью польской архитектуры является не заимствование английской или голландской архитектуры, а, скорее, поиск самых простых и недорогих способов осуществления. Сущность архитектуры, полагал он, состоит в том, чтобы «подводить фундамент» под организацию жизни отдельных людей и сообществ [Ibid.: 16]. Сыркус критиковал западноевропейские проекты за «гипертрофию квартир и анемию коммунально-бытовых объектов» [Roguska 1996a: 67].

При поддержке WSM Сыркус пытался сократить индивидуальное пространство до минимума, компенсируя его пространством, предназначенным для коммунального хозяйства, в соответствии со своим лозунгом: «Жилое пространство как можно меньше, а театр как можно больше»[72]. Этот лозунг имел не только метафорическое значение. Театральный проект Сыркуса для района WSM в Жолибоже, напоминающий работы В. Гропиуса — Э. Пискатора, наглядно демонстрирует концепцию архитектора, согласно которой пользователь этого пространства может быть соавтором его создателя.

Идея активной заинтересованной стороны была принципиально важна для WSM. По сути, она означала, что дешевое и удобное жилье можно получать посредством взаимопомощи, а «культурные потребности его [WSM] членов» удовлетворять посредством единства [Turowski 1996: 55]. То есть рабочие должны были интересоваться жилищным вопросом. Даже радикальные архитекторы вроде Сыркусов прислушивались к прагматичным предложениям, выдвигавшимся теоретиками WSM. Весь строительный процесс

---

[72] Цит. по: [Roguska 1996b: 17].

Илл. 28. Варшавские проекты WSM. AiB 11, № 5 (1935), 56

характеризовался напряженным интересом к повседневной жизни жильцов. Как выразилась Б. Брукальская, член «Презенса» и ответственная за одно из первых сооружений в Жолибоже,

> построить города не на основе абстрактных принципов, но думая о людях, о тысячах простых людей, для которых мы должны организовать пространство, в котором они живут, работают и отдыхают, и придумать архитектуру настолько

объективную и прочную, чтобы ее можно было назвать классической, и настолько крепко связанную с современной реальностью, чтобы ее в то же время можно было назвать современной, — это долг нашего поколения.

Брукальская утверждала, что «новый образ жизни надо сделать возможным, а не навязанным» и что «неоправданное ограничение свободы предполагаемого жильца [есть] злоупотребление властью застройщика»[73].

Эти доводы основывались на личных убеждениях, но вместе с тем отражали реальность, которая не допускала социальных изменений, осуществляемых насильственным путем, как происходило восточнее, в Советском Союзе, и не позволяла обеспечить человека всеми желательными компонентами, наличествовавшими, как предполагалось, в самых передовых западных городах, а следовательно, вынуждена была везде, где можно, делать упор на коллективные аспекты. Важные составляющие проектов WSM в Западной Европе были уже разработаны[74]. В частности, примером служили французские организации взаимопомощи. Впрочем, начинания вроде «Стеклянных домов» понимались, по выражению Толвинского, «в гораздо более широком смысле, как самоорганизация жителей» [Tołwiński 1970]. Преобладали две основные идеи: желание предусмотреть, во-первых, побольше объектов общего пользования, чтобы обеспечить возможность строительства квартир поменьше (и подешевле), и, во-вторых, социальную структуру для чрезвычайно разнородного населения, прибывающего в Варшаву. Вместо того чтобы принудительно устанавливать новый строй, WSM был нацелен на «создание конкретных форм нового курса» [Heyman 1976: 241].

И реформаторы жилищного строительства, и архитекторы круга WSM размышляли о том, как добиться «морального и материального благополучия» жильцов и как воспитывать «в новых жилых районах новых людей» [Tołwiński 1970: 304, 462–463].

---

[73] Цит. по: [Turowski 1996: 58–59].

[74] О том, какие из французских, бельгийских и австрийских образцов изучались в Польше, см. в [Tołwiński 1970: 304–305].

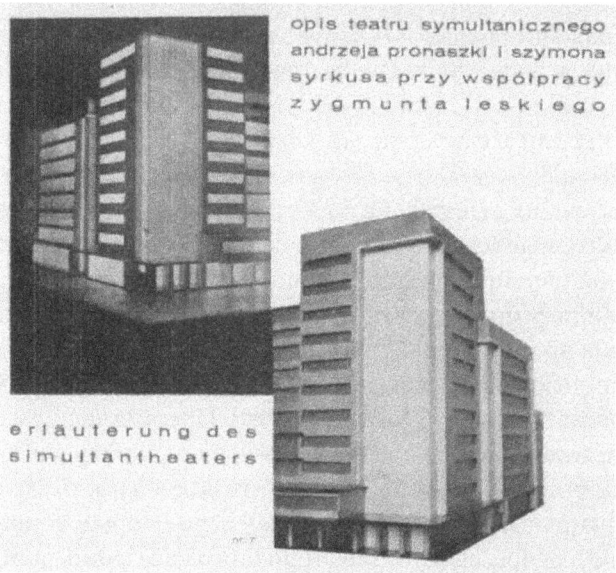

Илл. 29. Ш. Сыркус. Проект Симультанного театра. Praesens, № 2 (1930), 153–154

В частности, типовой микрорайон в Раковце на западе Варшавы, построенный Сыркусами, должен был на практике показать, как можно достичь этих целей, — и потому привлек пристальное международное внимание [Syrkus 1931b].

WSM был уникален тем, что строил жилье в комплексе с социально-культурными объектами. Кроме того, Варшавский жилищный кооператив — наглядная иллюстрация того, как в результате постоянного давления государство признало жилищный вопрос своей сферой ответственности [Dobrzyński 1929]. Итак, WSM демонстрирует как рычаги влияния, которыми располагали архитекторы-модернисты «Презенса», так и пределы их возможностей. Впрочем, картина останется неполной, если вновь не обратиться к международному аспекту.

### Заключение

Сотрудничество группы «Презенс» — по сути, польского филиала CIAM — и WSM проливает свет на вопрос, поставленный в начале этой главы: как архитекторы-модернисты начали формировать новые архитектурные цели и как эти цели осуществлялись на практике? Взаимодействие трех организаций — CIAM, «Презенс» и WSM — иллюстрирует существовавшие тенденции, в частности, взаимовлияние интернационализма и национализма. Противопоставление этого примера более традиционным способам организации архитекторов (тема, открывшая данную главу) раскрывает то новое, что появилось в CIAM и «Презенсе». Новизна заключалась в объединении архитекторов вокруг социальных проблем.

Является ли в таком случае совпадением, что вышеописанные тенденции весьма отчетливо проявились именно в государствах Восточно-Центральной Европы, о чем свидетельствует пример CIAM-Ost? Совершенно очевидно, что это не совпадение, особенно если учесть региональные структурные условия, описанные в главе первой, и региональную специфику профессии архитектора, описанную в главе второй. Можно даже утверждать, что международные сети, окружавшие CIAM, и политика сравнения, которую они обусловливали, на Польшу и Восточно-Центральную Европу влияли гораздо сильнее, чем на Запад. Тёплиц искусно справлялся и с международными (например в рамках IFHTP или CIAM), и с внутригосударственными переговорами с властями и другими причастными сторонами, указывая на международные стандарты.

Политизация жилищного вопроса послужила эффективной стратегией, способствовавшей тому, что архитекторы оказались в центре социально-политических дискуссий. В этом контексте проблемно ориентированный CIAM обрел чрезвычайную значимость и привлекательность. Проникновение в государственные органы и другие учреждения, которое архитекторы-модернисты могли осуществлять до середины 1930-х годов, также опиралось на международный авторитет, которым они сумели заручиться. Важную роль здесь сыграли посреднические фигуры, которых Ш. Сыркус показательно окрестил Realisatoren (реализаторами). Тот факт, что в 1928 году польский режим «санации» принял закон, который предоставлял бо́льшую, в сравнении с Западной Европой, свободу действий при отчуждении имущества, являет собой красноречивый пример совпадения интересов этих жилищных реформаторов и государства — по крайней мере, до начала 1930-х годов [Wagner 2016: 137, 233].

В настоящей главе были рассмотрены новые способы самоорганизации архитекторов, возникшие в межвоенный период. Уделив особое внимание CIAM, особенно его польской группе, глава выявила движущие силы этого нового интернационализма: политику сравнения, эффективное применение интернационализма и подъем идейных специальных знаний (expertise with a cause) — на примере CIAM. В главе было продемонстрировано, что восточно-центральноевропейским архитекторам-модернистам CIAM предложил особенно привлекательный «пакет». Причина его привлекательности заключалась в сравнительно большем авторитете и влиянии, которыми международные организации пользовались в Восточно-Центральной Европе. Но была и другая причина: главные темы CIAM — радикальные градостроительные меры и новые, комплексные, методы решения жилищного вопроса — имели непосредственное отношение к проблемам, особенно ярко выраженным в Восточно-Центральной Европе. Преимущественно по тем же причинам регион CIAM-Ost весьма привлекал CIAM. Международному конгрессу современной архитектуры было намного проще создавать национальные организации в тех государствах, где еще не существовало хорошо развитых традиционных объединений архитекторов [Mumford 2000: 26]. Более сильная поддержка политических целей CIAM и более высокие, по сравнению с Западной Европой, шансы на распоряжение недвижимостью, а также быстрая трансформация общества в этом регионе тоже снабдили CIAM удобными испытательными полигонами, как будет показано в главе пятой. Развитие архитектуры как дисциплины социальных изменений и модернизации, которую Лига Наций не сумела интегрировать в свою организацию, объясняет востребованность и успех CIAM и делает взаимодействие CIAM с местными польскими деятелями столь важным.

Однако последствия самоорганизации архитекторов и архитектурной тематики новых способов преобразований можно осмыслить лишь в том случае, если мы разберемся в новых методах обмена информацией по этой тематике. А уловить суть этих последствий можно, только когда мы разберемся, как архитекторы начали использовать новые методы коммуникации. Оба вопроса займут центральное место в следующей главе.

# Глава 4
# Распространение информации о социальных преобразованиях, осуществляемых посредством архитектуры

> Скажите себе наконец, что архитектура нуждается в вашем внимании.
>
> *Ле Корбюзье. 1923*[1]

В своей заключительной речи на II Конгрессе CIAM, состоявшемся во Франкфурте в 1929 году, Карл Мозер назвал в числе четырех основных проблем, с которыми CIAM придется иметь дело в будущем, «взаимосвязь архитектуры и общественного мнения»[2]. Этот швейцарец, непререкаемый авторитет для архитекторов-модернистов, обратился к данной теме, помогая определить архитектурные и урбанистические устремления «Нового Франкфурта». И действительно, связи с общественностью еще до возникновения самогó понятия public relations стали ключевой задачей формирующейся организации, каковой все еще являлся CIAM, и архитекторов-модернистов в целом.

---

[1] AA. 1935. No. 10. P. 3 (специальный выпуск, посвященный Ле Корбюзье).
[2] Ibid. P. 40.

Предыдущая глава продемонстрировала, как архитекторы объединились в новые транснациональные проблемно ориентированные сети. Эти социальные проблемы нуждались в общей основе и должны были быть и актуальны, и понятны вне государственных границ. Последнее в немалой степени зависело от появления новых печатных и визуальных медиа, а также нового коммуникационного пространства, базирующегося на общем интересе к делу модернистской архитектуры. Это пространство было сформировано не только новыми медиа и политическими изменениями, обусловленными послевоенным устройством (см. главу первую), но и авангардистами, отличительной чертой которых было стремление сократить расстояние между языками, отраслями знания и государствами и которые самоорганизовывались по-новому (см. главу третью). Новое коммуникационное пространство могло быть использовано новой когортой архитекторов, которые обладали интернациональной универсальностью и получили подготовку в соответствии с новым кредо модернистской архитектуры, делавшим акцент на технологических и социальных аспектах дисциплины (см. главу вторую).

В этой главе невозможно полностью отразить разнообразие рассматриваемых здесь явлений: возникновение в межвоенный период огромного количества новых архитектурных журналов, новую роль фотографии, архитектурные планы как средства коммуникации. Вместо этого мы исследуем и в общих чертах наметим процесс использования и адаптации этих явлений восточноцентральноевропейскими архитекторами, чтобы продемонстрировать изменения, коснувшиеся трансграничной коммуникации архитекторов, и проанализировать, каким образом обновленная коммуникация стала предпосылкой для достижения этими архитекторами нового социального, культурного и политического влияния. Основные темы данной главы — интенсификация обмена информацией о социальных проблемах в архитектуре, возникновение новых систем отсчета и коммуникационная проекция грядущих времен, а именно многообещающего будущего, определяемого прогрессом, достигнутым благодаря архитекторам-модернистам.

## Пространственная структура нового архитектурного дискурса

В предисловии к переизданию основополагающего труда Г.-Р. Хичкока и Ф. Джонсона «Интернациональный стиль: архитектура с 1922 года», осуществленному в 1995 году, Джонсон полушутя-полусерьезно ссылается на решение заказчика, Альфреда Барра, писать «Интернациональный Стиль» с прописных букв как термин огромного значения. Будучи причастной стороной, Джонсон, возможно, пристрастен, но высказанное им (и обоими авторами труда в 1932 году) соображение о важности брендинга нового архитектурного движения вполне убедительно. Хотя сам Джонсон задним числом оценивает свою книгу как ошибочную, все же она представляет собой весьма показательный отчет о «создании» явления посредством его описания. Тем самым книга также отражает изначальную борьбу архитекторов-модернистов за историзацию собственных достижений. Джонсон, якобы добывший Гропиусу и Мис ван дер Роэ «большие преподавательские должности» в США, был убежден, что иерархия, приведенная в его книге, являла собой нечто гораздо большее, чем просто описание, и обладала реальной значимостью сама по себе [Hitchcock, Johnson 1995: 14–15].

Безусловно, маршрут трансъевропейского автомобильного путешествия 1930–1931 годов, по которому проехали трое мужчин — Барр, Джонсон и Хичкок, не только отражал, но и утверждал мысленную карту модернистской архитектуры. Кстати, в 1995 году Джонсон отметил, что посещение ими чехословацкого Брно было единственным верным дополнением, внесенным книгой в прочно устоявшийся маршрут. Таким образом, Джонсон невольно отражает асимметричность Востока и Запада в восприятии модернистского стиля, которую вышеназванная троица на деле скорее подкрепляла, чем опровергала. Вместе с тем их поездки по Европе всего за несколько месяцев до того, как государственные границы приобрели совершенно новое значение, настойчиво напоминают о вездесущности интернационализма, не только предоставившего имя бренду, но и подхваченного тремя архитектурными критиками, а также теми, о ком они писали. Этот интернационализм послужил основой для новых, ожививших его, форм коммуникации, в частности визуальных, значимым проявлением которых стала книга по архитектуре нового типа. «Интернациональный стиль: архитектура с 1922 года» — удачный пример и этого феномена.

Раннее становление модернистской архитектуры как интернационального феномена и ее утверждение в международном коммуникационном контексте, где в стратегических целях неизменно делался упор на интернационализм, было одной из составляющих успеха архитекторов-модернистов. Постоянным отображением своей принадлежности к интернациональному движению эти архитекторы подтверждали собственный экспертный статус и самопровозглашенную значимость, выходившие за пределы их профессиональной сферы в узком ее понимании [Saunier 2001]. Надо выделить два аспекта того, что можно назвать «умышленной интернационализацией»: во-первых, отображение собственной роли и в историческом плане, и по отношению к наиболее важным интеллектуальным течениям того времени, как это сделали не только Хичкок и Джонсон, но и «изобретатель» «новой традиции» З. Гидион [Гидион 1984][3]; и, во-вторых, появление и повышение значимости тех, кого можно назвать «связующими» фигурами, звеньями, соединявшими широкую общественность и архитекторов — узких специалистов. В определенных отношениях к представителям этого фенотипа можно причислить Гидиона, Сыркуса, Гропиуса и Ле Корбюзье.

Принимая во внимание актуальность «политики сравнения» для Восточно-Центральной Европы, о чем говорилось в главе первой, и модернизационный союз государства и архитекторов, описанный в главе второй, представляется весьма вероятным, что оба механизма «умышленной интернационализации» оказали на данный регион довольно сильное воздействие. В то же время и по тем же причинам можно, рассмотрев развитие этих коммуникационных механизмов в Восточно-Центральной Европе, получить особенно ценные выводы.

---

[3] См. также [Kostof 1976].

Подмеченное К. Шлегелем «чудо одновременности» (Wunder der Gleichzeitigkeit) — термин, придуманный для ар-нуво, — еще более верно в отношении распространения модернизма [Schlögel 2005: 87, 96–97]. На взгляд Э. Мендельсона, «международная согласованность современной архитектуры» (Internationale Ubereinstimmung des neuen Baugedankens) была одной из главных характеристик последней [Heinze-Greenberg, Stephan 2000: 48–53]. Учитывая политические разногласия в Европе после Первой мировой войны, практически одновременное появление плоских крыш и ленточного остекления в пригородах Парижа, хвойных лесах немецкого Дессау, на будапештской улице Напрафорго и даже намного восточнее, в Балчике (ныне Болгария), румынском Эфорие и, разумеется, Советском Союзе, требует объяснения [Machedon, Scoffham 1999: 158–159]. Зачастую эти строения зависели от новых технологий, которые необходимо было приобрести и освоить, что вызывает еще больше вопросов. Очевидно, что правильно понять это «чудо» можно, лишь если принять в расчет коммуникацию, в данном случае прежде всего визуальную. Однако столь же очевидно, что новые архитектурные идеи не просто расходились концентрическими кругами благодаря технологиям, упростившим и удешевившим распространение притягательных изображений новых проектов. Конечно, в каждом отдельно взятом месте модернистские решения до определенной степени служили особым целям. И безусловно, многие местные решения имели вполне самобытный характер. В нашем контексте, однако, важно то, что коммуникационное пространство, в котором обсуждались новые архитектурные проекты и теории, было переустроено, что позволило радикально изменить характер архитектурных дискуссий, свойственный для XIX века. Здесь уместен вопрос: как архитекторы-модернисты использовали это новое пространство, чтобы обеспечить себе новую роль?

Модернистский дискурс простирался далеко за пределы Баухауса. Однако Баухаус, находившийся в центре Европы, являлся коммуникационным центром, который не следует недооценивать. С середины 1920-х годов многие из тех архитекторов, кто сформировал пространство модернизма в Восточно-Центральной Европе, обретались в Веймаре или Дессау. Это и Ф. Форбат, и Ф. Мольнар, а также Ш. Сыркус, который не был обычным студентом исключительно из-за своего возраста, и сотрудник Баухауса К. Тайге [Svobodová 2017]. При этом темы, заданные Баухаусом, оставались священными и для многих восточно-центральноевропейских архитекторов того же ряда, которые сами не посещали Баухаус[4]. Похоже, что обещание Баухауса предоставить новое целостное ви́дение жизни, сообразующееся с требованиями современности, особенно привлекало именно восточно-центральноевропейских архитекторов-модернистов, которые выражали желание или которым было поручено строить новое общество. Среди иностранных учащихся Баухауса представители данного региона явно были в избытке [Bajkay 2010b; Anna 1997].

Гропиус, который, разумеется, служил связующим звеном между Баухаусом и CIAM, также показывал, как внедрять идеи в организацию, что, в свою очередь, привело к появлению влиятельных книг, статей и изображений, которыми пестрели страницы новых архитектурных журналов по всей Европе. Помимо Баухауса, существовала еще мастерская Ле Корбюзье, а Ле Корбюзье с его репутацией затмевал всех прочих европейских архитекторов-модернистов. У него учился венгерский архитектор Давид Карой, а также Эрнест Вайсман из Югославии — это лишь двое из верных последователей Ле Корбюзье.

В практическом отношении важным ориентиром в конце 1920-х годов стал Франкфурт Э. Мая, главным образом потому, что жилищный проект Мая — в отличие от немногих реализованных к тому времени проектов Ле Корбюзье — доказал: новая архитектура способна добиваться масштабных результатов.

Примечательно (и неудивительно), что все эти центры — Дессау, Париж и Франкфурт — находились на Западе, отражая тем самым асимметричность, являющуюся обратной стороной только что упомянутой синхроничности. Советский Союз — един-

---

[4] См. номер журнала «Центропа», посвященный «центральноевропейским студентам Баухауса» (Centropa. 2003. Vol. 3. No. 1).

ственная значимая антитеза этой картине. Однако следует иметь в виду, что знания архитекторов об СССР вряд ли основывались на личных контактах и механизмах непосредственного обмена. Сети, которые были описаны в предыдущей и будут подробно рассмотрены в связи с коммуникацией архитекторов в настоящей главе, либо не включали в себя ни одного, либо включали очень немногих русских архитекторов[5].

Эта асимметричность нашла отражение и в используемых языках. Ни один из восточно-центральноевропейских языков в западных странах, как правило, не понимали, тогда как знание французского, немецкого и в гораздо меньшей степени английского языков воспринималось как само собой разумеющееся. Большинство архитекторов региона, родившихся до 1918 года, учились в немецкоязычных университетах. Поэтому неудивительно, что CIAM-Ost использовал немецкий язык в качестве общего знаменателя при обозначении своих географических устремлений. Визуальное измерение проекта модерности приобрело еще бо́льшую значимость благодаря этому «лингва франка», который в Восточно-Центральной Европе никогда не доминировал и после 1918 года находился в упадке, в то время как важную роль стали играть языки новых государств [Reinbothe 2006]. Безусловно, кое-что говорит и в пользу аргумента о том, что визуальная коммуникация оказала особое влияние на многоязычную ситуацию, характерную для восточной части Центральной Европы в межвоенный период.

## Абстрактивистское наследие Первой мировой войны и логика средств массовой информации

Объясняя столь стремительное распространение комплексных архитектурных идей модернистского строительства, нередко подававшихся в форме инфографики, вряд ли можно преувели-

---

[5] О влиянии «Нового Франкфурта» и советского авангарда на SAP см. [Czerny 2000]. См. также [Norwerth 1925/26a].

чить воздействие Первой мировой войны. Война явилась предпосылкой для радикального пересмотра устоявшихся социально-политических порядков. Технология (то есть современное), при попутном увлечении машиной, казалась единственным способом осмыслить катастрофический опыт, неразрывно связанный с XIX столетием, во всяком случае, в глазах авангардистов и тех, кто считал себя модернистами[6]. Понятие «авангардный», как и «современный», приобрело политическую окраску[7]. Хотя точно измерить влияние Первой мировой войны на участников авангардного движения невозможно, она, несомненно, ускорила их взлет и снабдила их системой отсчета. «Новый человек» как утопическая концепция и построение визионерских усовершенствованных обществ представлялись почти логическим императивом, вытекавшим из опыта войны. В манифесте голландской группы «Де стейл», вероятно, самой влиятельной из авангардных групп, во множестве возникших около 1918 года, прямо указывалось на тот факт, что «война разрушает старый мир вместе с его содержанием — индивидуальным господством во всех сферах»[8].

В нашем исследовании внимания требуют два конкретных аспекта. Во-первых, Первая мировая война радикализировала и политизировала авангардные движения, которые существовали еще до 1914 года — и были до определенной степени связаны друг с другом. Это подразумевало, что по меньшей мере некоторые из этих авангардистов активно искали практические методы построения новых, усовершенствованных обществ и что из вызванных войной потрясений было извлечено хотя бы несколько уроков. Отныне существовали новые возможности для активного поиска практических решений для построения новых, усовершенствованных обществ и сопутствующего этому внедрения совершенно новых подходов. Это представление наличествует как в вышеупомянутом манифесте «Де стейл», так и в учреди-

---

[6] О Центральной Европе см. [Anna 1997: 36–40].

[7] Исторически обоснованное определение изменчивого термина «авангард» см. в [Beyme 2005: 31–41].

[8] Второй пункт манифеста. См.: De Stijl. 1918. Bd. 2. Nr 1. November. Z. 4.

тельном документе Баухауса, хотя Баухаус, помимо этого, пытался компенсировать поражение немецкой революции [Todorov 2010: 17]. Не случайно многие архитекторы начали обращаться к другим формам художественного творчества, чтобы добиться более целостного осмысления того, что они считали потребностями новой эпохи. В то же время художники рассматривали архитектуру как наиболее очевидный практический рычаг, с помощью которого можно построить — в самом широком смысле этого слова — новое общество.

Во-вторых, Первая мировая война стала катализатором новых, более абстрактных форм коммуникации. Война, этот глубокий социальный перелом, сделала редукционистские картины Мондриана или Малевича гораздо менее экзотичными, чем они могли бы показаться до войны. Новый, урезанный лексикон дизайна легко преодолевал границы. Новый визуальный язык, о котором возвестили эти картины, повлиял и на модернистскую архитектуру [Uzelac 2003]. Непреднамеренным, но важным побочным эффектом было, конечно, и то, что новые здания с их отсутствием деталей и зачастую драматичными жестами эффектных бетонных плит производили впечатление даже на небольших фотографиях[9]. Эта перемена повлекла за собой революционную трансформацию устоявшихся способов восприятия. В книге В. Беньямина «Улица с односторонним движением» отмечается, что концу «галактики Гутенберга» поспособствовала авангардистская одержимость рекламой и новыми визуальными формами [Беньямин 2012: 39–40]. Соответствующие примеры — «Тотальный театр» (Totaltheater) Гропиуса и Симультанный театр (Teatr Symultaniczny) Сыркуса — являются глубоким отражением этой перемены среди архитекторов-модернистов [Miłobędzki 1996b: 10].

В последние два десятилетия истории восточно-центральноевропейского авангарда уделялось значительное внимание, результатом чего стал ряд резонансных выставок и сопровождавших их каталогов [Benson 2002; Passuth 2003; Parlagreco 2005;

---

[9] О влиянии Малевича на польский авангард см. [Omilanowska 2011].

Schuler, Gawlik 2003; Nowakowska-Sito 2008a; Stanisławski, Brockhaus 1994, в частности т. 4][10]. Эти выставки все детальнее демонстрировали поразительную радикальную креативность, оригинальность и богатство (в том числе по части людских ресурсов) авангардистов Центральной и Восточной Европы, а также сплоченность их сетей. В Польше были сильны связи как с западными (Берлин, Вена), так и с восточными очагами авангарда. Однако в середине 1920-х годов, с созданием журнала «Блок» и одноименной группы, возобладало увлечение Советским Союзом. Журнал функционировал как глобальный передатчик, отчасти потому, что члены группы «Блок», например, скульптор-конструктивист Катажина Кобро, приобретали опыт непосредственно в СССР. Знаковым событием для польских авангардистов стал визит в Варшаву Малевича в марте 1927 года. «Презенс» организовал выставку его работ в отеле «Полония», Малевич же придавал большое значение посещению мастерской Сыркусов на Сенаторской улице [Wenderski 2017: 147; Chomątowska-Szałamacha 2015: 131–135].

Для членов «Блока», таких как Кобро с ее русско-латышско-немецкими корнями, Советский Союз являлся важным ориентиром. Кобро работала с Малевичем и Эль Лисицким. Большое влияние оказали поездки в Россию и советские контакты, датировавшиеся 1925 годом, на Карела Тайге. Вполне можно утверждать, что «он стал самым осведомленным специалистом по современной советской культуре и архитектуре за пределами Советского Союза» [Švácha 1999a: 118]. «Блок» был первым журналом за пределами России, опубликовавшим теоретический текст Малевича [Wenderski 2017: 149]. Журнал стремился к единению искусства, работы и общественной жизни, безоговорочно принимая конструктивизм. Последние два номера были посвящены главным образом архитектуре — возможно, не наименьшему знаменателю, а области, которая, как представлялось, позволяла осуществить большие надежды на слияние искусства, работы и общественной жизни [Głuchowska 2006].

---

[10] См. также [Bru 2009].

Эта обстановка почти закономерно создавала новые возможности для тех архитекторов, которые «были нацелены на расширение сферы художественного вмешательства, чтобы охватить ею всю общественно-политическую жизнь» [Todorov 2010: 8]. Восточно-Центральная Европа предлагала благодатную почву для радикальных решений. Не случайно один из первых музеев современного искусства в Европе был основан в 1930 году в польской Лодзи. Там экспонировались работы Кобро и других художников из группы «a. r.», а также многие образцы западноевропейские искусства. Обилие первоклассных произведений европейских авангардистов являет собой красноречивейший пример чрезвычайно тесного сетевого взаимодействия, но вместе с тем и положения, которого смогли добиться для себя во второй половине 1920-х годов члены «Презенса», а затем «a. r.» [Szczerski 2010: 13; Wenderski 2017: 148–149].

Авангардизм позволял привязываться к универсалистским системам отсчета, что больше всего привлекало страны, которые (вновь) возникли на европейской карте буквально только что, всего несколько лет назад. Как заявил Сыркус в первом номере журнала «Презенс»,

> польскую науку прославили не ловичанские домотканые материи (популярный польский народный промысел. — *М. К.*), а Коперник, который сделал польскую науку наукой международной. Место Польши в мире XX века будет определяться конкуренцией изобретений и вытекающими из нее интеллектуальными достижениями, а не фольклорными достоинствами и этнографической спецификой [Syrkus 1926: 6].

Во многих отношениях «Презенс» послужил резонатором, включив имя Сыркуса в интернациональную повестку, и сделался важной предпосылкой для международного внимания к творчеству Сыркуса [Tołwiński 1970: 326–327].

Отделение «революционных» художников «a. r.» от «Презенса» в 1929 году стало поворотным моментом в освобождении архитекторов-модернистов от авангардизма и перетекании авангардных идей в сферу гораздо более прагматичных и практических попыток изменить мир с помощью жилищного строительства и градопланирования. Хотя «Презенс» пострадал в смысле оригинальности, раскол предоставил польским архитекторам-модернистам возможности для коллективной работы. Идеологическая борьба, изматывавшая их чехословацких единомышленников в CIAM, в Польше была куда менее ожесточенной[11].

Однако еще не была упомянута важная предпосылка для воздействия, оказанного авангардистскими подходами: возникновение новых медиа. В огромной мере на архитектуру повлияли появившиеся после 1900 года инновационные офсетные технологии, способствовавшие распространению высококачественных фотографических изображений. Не будет преувеличением говорить о симбиозе модернистской архитектуры и новых визуальных средств. Безусловно, сыграл на руку символический аспект технологий, поскольку потрясающие технологические достижения модернистского строительства соответствовали логике средств массовой информации с их стремлением ко всему из ряда вон выходящему [Rieger 2005]. С легкой натяжкой можно даже утверждать, что модернистская архитектура являлась по меньшей мере медийным феноменом и в любом случае не смогла бы функционировать без взаимодействия с современными медиа.

Б. Коломина убедительно доказала, что модернистскую архитектуру как таковую следует рассматривать как средство массовой коммуникации. Следовательно, архитектурные проекты и решения надо причислять к более широкой совокупности медиа, таких как архитектурные модели, фотографии или фильмы [Colomina 2000]. Собственно говоря, эпохальные достижения модернистской архитектуры долго существовали лишь на бумаге. Многочисленность журналов и книг, посвященных модернистской архитектуре, была несоизмерима с весьма ограниченным количеством проектов, воплощенных в жизнь. Архитектурные журналы, нередко издававшиеся при участии профессиональных

---

[11] Об «a. r.» см. [Wenderski 2017: 148].

Илл. 30. Визуальная привлекательность модернизма. Собственный дом супругов Брукальских. Фото из журнала «Презенс» за 1930 год. Praesens, № (1930), 59

организаций, появились еще в XIX веке[12]. Из-за длительной экспозиции, которой требовала ранняя фотография, статичная архитектура долгое время неизбежно являлась популярным объектом съемки. Лишь прорывная офсетная технология, внедренная в самом начале XX столетия, позволила значительно упростить воспроизведение высококачественных фотографий в печати. И только новые модернистские здания обладали мотивами, подчеркивавшими абсолютное преимущество фотоснимков перед традиционными гравированными изображениями.

Превознесение новых технологий как таковых было отличительной чертой авангардизма. С этим пристрастием согласовывались любовь к новизне и открытость по отношению к промышленности и научно-техническим достижениям, направленным на

---

[12] Об архитектурных журналах Германии [Fuhlrott 1975], Австро-Венгрии [Herscher 1999].

формирование нового общества, а также к новому средству коммуникации — фотографии [Uzelac 2003]. Не случайно тогда еще относительно новый визуальный формат кино также с энтузиазмом воспринимался и авангардистами, и многими восточно-центральноевропейскими архитекторами-модернистами [Richter et al. 2001; Schwab 1930; Ziegler 2003][13]. Например, Сыркус, окончив учебу в Варшаве, отправился в Берлин, чтобы, помимо прочего, получить практический опыт работы в новой сфере, создавая декорации и плакаты для ведущей киностудии UFA [Chomątowska-Szałamacha 2015: 86].

В последние годы визуально опосредованному аспекту модернистской архитектуры уделяется гораздо больше внимания, чем раньше[14]. Были заново открыты как фотографы Ле Корбюзье и Гидион, подробно освещено стратегическое использование фотографии, считавшейся тогда передовым средством коммуникации, обоими мастерами [Oechslin, Harbuch; Herschdorfer et al. 2012]. Если Гидион и Ле Корбюзье неизбежно являлись любителями, в 1920-е годы возникла и новая профессия архитектурного фотографа. Пожалуй, больше всего выработке нового визуального стиля в Центральной Европе поспособствовал, наряду с Артуром Кёстером, немец Вернер Манц. При помощи своих часто воспроизводимых снимков с их резкими контрастами светотени, акцентированием прямых углов и систематическими совмещениями Манц сформировал жанр визуализированной модернистской архитектуры. То, что люди научились ее понимать, в немалой степени стало результатом работы Манца и его коллег-фотографов [Mißelbeck, Hagspiel 2000; Stöneberg 2009]. Эти приемы, безусловно, многим обязаны Ласло Мохой-Надю, который не только создал иконографию Баухауса, но и размышлял о совмещении нового фотографического языка с новой архитектурой[15].

---

[13] Об особой области киноархитектуры см. [Neumann, Albrecht 1999].

[14] См. [Colomina 2000: 77–140].

[15] Вероятно, наилучшее проявление этого намерения — работа, опубликованная в серии «Bauhausbücher», [Moholy-Nagy 2000]. См. также [Plank 2003: 73; Botar 2014].

Кроме того, фотография позволила архитектуре с европейской периферии легко и быстро приобщиться к доминирующему дискурсу. Технические инновации сделали фотографию гораздо более дешевым и доступным средством коммуникации. Между тем визуализация потенциала стекла и бетона оказалась особенно привлекательной там, где призраки исчезнувших городских структур и социальных бедствий разрослись до угрожающих размеров. Помимо того, применение новых технологий сулило приобщение к международному движению. Акцентирование возможностей нового строительного материала, бетона, и ссылка на самые убедительные заграничные и местные примеры придавали этой теме определенную самоочевидность[16].

В переписке Сыркусов с Гидионом и Гропиусом (так же, как в переписке между многими другими членами CIAM) регулярно обсуждалось предоставление снимков недавно построенных зданий (а иногда и архитекторов, которые их спроектировали)[17]. Гидион настолько проникся суггестивной способностью, присущей фотографии, что после заседания CIRPAC 1936 года предложил разместить на обложке протокола «интересный снимок»[18]. Воспроизведение заграничных модернистских зданий демонстрировало возможности нового архитектурного направления, тогда как дополнение их фотографиями собственных проектов, даже без прямых отсылок, доказывало, что архитектор идет в ногу

---

[16] Примеры см. в двух богато иллюстрированных статьях [Niemojewski 1931; Kodelski 1931].

[17] См., например, письмо В. Гропиуса Х. Сыркус от 8 ноября 1936 (MA. SP) и особенно запрос А. Сарториса от 19 августа 1939 года о фотографиях зданий членов польской группы CIAM для его книги «Элементы функциональной архитектуры» («Gli elementi dell'architettura funzionale», вышла лишь в 1944 году), которые должны были как можно лучше представить польские достижения. См. также письмо 1939 года (без точной даты), подписанное, среди прочих, В. Буржуа, М. Стамом и Г. Шмидтом, где Ш. Сыркуса уговаривают опубликовать в журнале свою работу о каркасном строительстве («Skelettbau»). Оба письма находятся в MA SP.

[18] З. Гидион — Х. Сыркус. 4 октября 1936 // gta Archiv. CIAM, 42-K-1936.

Илл. 31. Перспективы железобетона. Фотографии в журнале «Презенс». Слева: 1926 (№1); справа: 1930 (№2)

с передовыми тенденциями своего времени. Совершенно очевидно, что последнее подтверждалось, когда архитекторам-модернистам удавалось опубликовать фотографии своих работ в зарубежных журналах.

Все это свидетельствует о том, что к 1925 году возникло визуально четко очерченное международное, или по меньшей мере европейское, коммуникационное пространство, которое позволяло архитекторам, придерживавшимся принципов модернистского движения, довольно легко присоединяться к нему. Поскольку отличительной чертой этого нового пространства стал интернационализм, возникла необходимость (гораздо бо́льшая, чем у традиционных журналов) упоминать образцы современной архитектуры из новых государств Восточно-Центральной Европы. По данной логике, включение этих стран в пространство модернизма подтверждало взлет новой модернистской идеи.

В следующих подразделах мы в общих чертах обрисуем это пространство и попытаемся лучше разобраться в его механизмах на примерах из Восточно-Центральной Европы, особенно Польши.

## Архитектурные журналы и книги как архитектурная программа

Самым влиятельным журналом, распространявшим идеи модернистской архитектуры в Центральной и Восточно-Центральной Европе, было недолго просуществовавшее швейцарское авангардное издание «А-Бе-Це. Байтреге цум бауэн» (ABC. Beiträge zum Bauen). «А-Бе-Це» редактировался светилами модернизма Г. Шмидтом и М. Стамом и находился под сильным влиянием проектов Эль Лисицкого и прозы В. В. Маяковского — то есть в значительной мере черпал вдохновение в молодом СССР. Тем самым журнал косвенным образом предлагал быстро множившимся по всей Европе авангардным группам как визуальный, так и концептуальный ориентир. Также «А-Бе-Це» раскрывает и еще один важный для коммуникации архитекторов, хотя и малоизвестный момент. Как только первые здания, соответствовавшие принципам «А-Бе-Це», были наконец-таки реализованы, они превратились в культовые образцы. Хороший пример — частный дом «Март Стам», построенный в пражском квартале Баба в 1928 году. Он был возведен архитектором по приглашению Тайге для домостроительной выставки в Чехословакии, с использованием броских контрастов стекла и бетона, в концептуальной модернистской манере [Ingberman 1994: 116].

Стам, не совсем корректно ассоциировавшийся с роттердамской фабрикой ван Нелле, стал звездой развивающейся отрасли. Фабрика не только демонстрировала новые материалы и эстетику, которые Ле Корбюзье предлагал использовать в частных виллах, но в придачу к этому предвещала революционные изменения рабочего пространства. Как объяснялось в главе второй, одной из главных задач и обещаний архитекторов-модернистов было стимулирование повсеместной эффективности. Взгляды Стама и «А-Бе-Це» на архитектуру и способы информирования об архитектуре характеризуют и актуальность, и влияние архитектурных журналов нового типа. Архитекторы-модернисты, сотрудничавшие с «А-Бе-Це», и их подражатели имели четкие эстетические убеждения, непреложные, почти как законы. Но эту эстетику, как утверждали Стам и Шмидт в своих работах, необходимо было увязывать с обещанием социальных перемен. Если классические архитектурные журналы, как правило, ограничивались воспроизведением зданий, обсуждением их технической основы и эстетических ценностей, журналы нового типа обращались к социальным аспектам, далеко выходившим за рамки собственно архитектуры. Помимо этого, в «А-Бе-Це» публиковались серьезные технические и научные статьи; одной из важных тем, поднимаемых изданием, с самого начала являлось городское планирование — например, планирование Стамом города Траутенау (ныне Трутнов) в Чехословакии [Stam 1926].

«А-Бе-Це» оказал значительное влияние на CIAM — в плане как личных связей, так и осмысления и формулирования социальной миссии архитектуры. В некоторых отношениях CIAM также являлся попыткой придать стратегии журнала определенную форму и расширить ее за счет проведения таких мероприятий, как конгрессы [Mumford 2000: 12]. Своей полной сосредоточенностью на архитектуре «А-Бе-Це» отличался от авангардных журналов более широкого профиля, таких как голландские «Де стейл» и «i10», в которых, помимо прочих, сотрудничали Ауд и Мохой-Надь, или русско-немецко-французский журнал Эль Лисицкого «Вещь/Gegenstand/Objet», влиявший на авангардистов самыми разнообразными способами. Несмотря на краткое существование «А-Бе-Це», с 1924 по 1928 год, эта особенность заметно сказалась на усилиях по поиску адекватного освещения дела модернистской архитектуры и вдохновила, к примеру, журнал «Презенс» и множество других восточно-центральноевропейских журналов [Somer 2007: 57–59; Jannière 2002: 190]. Этой преемственности в значительной мере содействовала введенная «Де стейлом» знаковая типографика, которая, как фирменный стиль, сигнализировала о «корпоративной принадлежности» к модернизму всех тех, кто его использовал. Архитекторы-модернисты подчеркивали связь между архитекторами и полиграфистами. Самым ярким примером «полиграфиста-архитектора» служит Эль Лисицкий, называвший себя «конструктором книги» [Smet 2003]. Во время пребывания в Германии в 1922 году Сыркус

Илл. 32. Обложка журнала «Блок». 1926

осознал большие возможности новых форм типографики, в частности то, что они являются мощным инструментом, ведь новый визуальный язык был понятен и на Западе.

Особенно привлекало легкое «подключение», обеспечиваемое корпоративным брендом, которым стал модернизм, архитекторов Восточно-Центральной Европы. Возникли тесные связи «Де стейла» с Польшей, группой «Блок», а позднее «Презенсом», члены всех этих объединений активно переписывались [Wenderski 2017: 149–150]. В 1925 году на обложку «Блока» поместили мировую карту распространения журнала с подписью: «Куда поступает "Блок"», где в том числе были отмечены города Китая, Японии и Бразилии [Strożek 2013: 105].

Те европейские журналы, которые освещали и пропагандировали архитектуру новыми методами, к 1930 году упрочились, тогда как журналы, определявшие тенденции, такие как «Эспри нуво» Ле Корбюзье и А. Озанфана (закрывшийся в 1925 году) и «А-Бе-Це», прекратили существование. В 1932 году авангардная группа «Де 8» из Амстердама, первоначально стоявшая на радикальных позициях, объединилась с более умеренной роттердамской «Де опбау», и обе они стали совместно издавать журнал «Де 8 эн опбау» (De 8 en opbouw) — менее хлесткий, чем допускал первоначальный манифест группы «Де 8» (1927), но все же весьма влиятельный [Rebel 2007]. Двумя годами ранее во Франции появился журнал «Аршитектюр д'ожурдюи». В отличие от «Де 8 эн опбау» и других описанных изданий, «Аршитектюр д'ожурдюи» не был детищем художественного авангарда, обратившегося к архитектуре. В 1930-е годы этим журналом, основанным Андре Блоком и Марселем Эженом Каэном, руководил Пьер Ваго, имевший венгерско-еврейское происхождение. Журнал отразил интерес Ваго к освоению архитектурой новых технологических возможностей и более тесной ее связи со злободневными социальными вопросами. Кроме того, «Аршитектюр д'ожурдюи» стремился предложить себя уже сформировавшемуся новому архитектурному сообществу в качестве дискуссионной площадки, используя для этой цели, в частности, высококачественные иллюстрации, а следовательно, запечатлевая таким образом визуальную мощь новой архитектуры.

Журнал уделял довольно много внимания Ле Корбюзье, но освещал и деятельность его менее радикальных коллег. Это, вкупе с бесспорно европейской ориентацией, сделало почти самоочевидным тот факт, что «Аршитектюр д'ожурдюи» стал главным форумом европейских контактов, определения иерархий, систем принадлежности и актуальности в более широкой модернистской сфере. В этом он добился гораздо бо́льших успехов, чем второе детище Ваго, Международное объединение архитекторов (RIA)[19]. В первом номере журнала был помещен восьмистраничный раздел «Современная архитектура Польши», снабженный ошеломляющими иллюстрациями[20]. Фотографии

---

[19] Об «Аршитектюр д'ожурдюи» и роли П. Ваго см. его автобиографию [Vago 2000: 85–114].

[20] AA. 1930. No 1. P. 36–43.

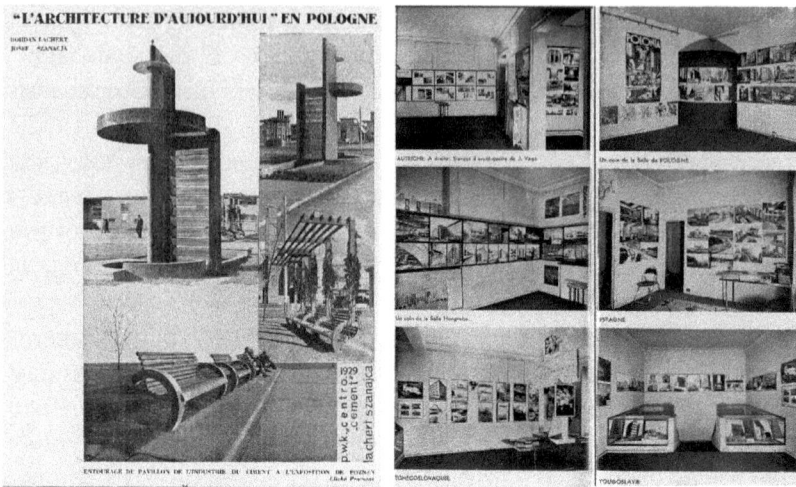

Илл. 33. Раздел «Современная архитектура Польши». Архитектурные выставки, преимущественно в странах Центральной Европы. Иллюстрации в журнале «Аршитектюр д'ожурдюи».
Слева: AA 1, № 1 (1930), 36; справа: AA 3, 1933

реализованных сооружений и проектов, в частности выставочной архитектуры, например выставки PeWuKa 1929 года, соответствовали визуальным стандартам, установленным Bildberichte (фоторепортажами) журнала «Нойе Франкфурт» [Jannière 2002: 181].

«Нойе Франкфурт» являлся ярким образчиком того, как далеко можно зайти, применяя понятие корпоративного бренда, стимулирующего социальный прогресс, новые технологии и городское благоустройство. Кроме того, журнал вполне убедительно продемонстрировал, сколь действенной оказалась визуализация новых архитектурных достижений и перспектив, которые сулил этот подход, при продвижении реформистской программы Э. Мая [Hirdina 1984][21]. С этой целью «Нойе Франкфурт» использовал новые методы фотомонтажа, подав таким образом пример другим изданиям и отнюдь не случайно возведя к концу 1920-х

---

[21] См. также [Prigge, Schwarz 1988].

годов архитектора Мая — человека, стоявшего за журналом, — в ранг знаменитости [Mumford 2000: 30].

Журналы, посвященные архитектуре, разумеется, не были новшеством межвоенного времени. Однако в этот период в существующую картину вторглись два важных изменения. Первое — подъем авангардизма с его манифестами, которые были, можно сказать, запущены в серийное производство, превратившись в высококонцептуальные журналы, такие как «Де стейл» и «А-Бе-Це» [Ciré, Ochs 1991]. Второе изменение — появление новых государств с присущей им потребностью отображать и пропагандировать свое стремление к социальному прогрессу. Кроме того, продолжающиеся пертурбации, которые привели к созданию этих журналов, увеличивали не только число подобных (все так же национально ориентированных) журналов, но и их тематический охват.

Обоюдное осмысление развития модернистской архитектуры в восточных и западных странах отражает асимметричность, упомянутую в начале данной главы. Польским, венгерским или чехословацким архитекторам-модернистам было намного сложнее попасть на страницы немецкого или французского журнала, чем наоборот[22]. Впрочем, эти архитекторы нашли пристанище в журналах «Форм» (Die Form), «Баувельт» (Bauwelt) и «Архитектюр д'ожурдюи», благодаря которым снискали у себя на родине больший авторитет, чем, скажем, снискал бы Гропиус благодаря статье в польском журнале. Более того, появлявшиеся в западных журналах публикации о достижениях восточно-центральноевропейских архитекторов-модернистов не были написаны в снисходительном тоне, а подчеркивали, что у модернизма общая почва, и раскрывали значительность заслуг региона [Bierbauer 1930; Jannière 2002: 179]. Журнал «Васмутс монатшефте фюр баукунст унд штедтебау» (Wasmuths Monatshefte für Baukunst und Städtebau) еще в 1928 году сообщал о достижениях архитекторов-

---

[22] См. статистику по Болгарии и инженерно-архитектурному журналу «Списание на Българското инженерно-архитектно дружество» в [Stanoeva 2014: 190].

модернистов в Польше [Korngold 1928][23]. В 1934 году статью Сыркуса о модернистской архитектуре Польши опубликовал «Де 8 эн опбау» [Syrkus 1934].

Интересный пример представляет собой «Аршитектюр д'ожурдюи». Журнал, по выражению Э. Жаньер, проводил «внешнюю политику» (politique étrangère), имея корреспондентов в Венгрии (Жозеф Ваго, отец Пьера) и Польше (Ш. Сыркус) [Jannière 2002: 189]. Вдобавок к этому знаменитый архитектурный критик Юлиус Познер, с самого начала игравший важную роль в журнале, выполнял функции корреспондента в Центральной Европе, а также освещал происходящее в Чехословакии[24]. «Аршитектюр д'ожурдюи» не раз обращался к произведениям архитекторов из трех вышеупомянутых стран, особенно в начале 1930-х годов. Таким образом, журнал не только ввел работы этих архитекторов в иерархию модернизма, но и включил их в ее основу [Ibid.: 340–341]. Статья о Чехословакии 1932 года посредством приема pars pro toto (часть вместо целого) показывает восточно-центральноевропейские образцы как новинки из экспериментального пространства, имеющие значение для всей остальной Европы и архитектурной профессии как таковой[25]. Особый интерес «Аршитектюр д'ожурдюи» проявлял к польским и чехословацким достижениям в сферах здравоохранения, образования и спорта[26].

Причастность к этому интересу позволяла войти в коммуникационное пространство, привлекательное для обеих сторон — и журнала, и его авторов из «новых государств». Виртуозно пользовался этим новым пространством Сыркус. Он был постоянным автором «Аршитектюр д'ожурдюи», в течение первых

---

[23] Интерес к польским достижениям вообще заметен также в [Lauterbach 1927: 201–203].

[24] О сети корреспондентов см. [Jannière 2002: 189]. О роли Познера в «Аршитектюр д'ожурдюи» см. в его воспоминаниях [Posener 2004: 332–333].

[25] L'architecture contemporaine // AA. 1932. No. 1. P. 69–72.

[26] См., например, статью: Piscine d'eau chaude a Ciechocinek (Pologne) // AA. 1934. No. 3. P. 74–75.

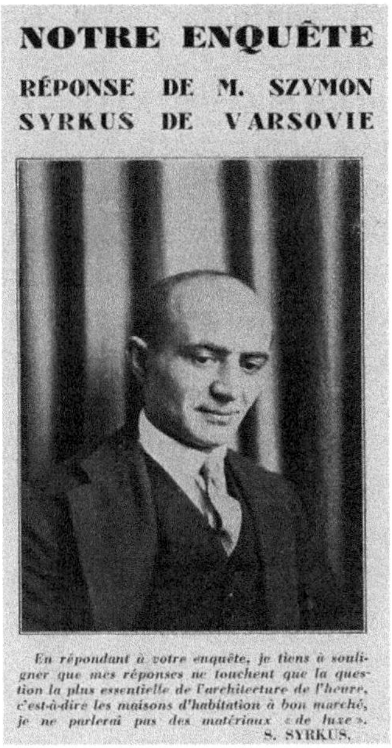
NOTRE ENQUÊTE

RÉPONSE DE M. SZYMON SYRKUS DE VARSOVIE

*En répondant à votre enquête, je tiens à souligner que mes réponses ne touchent que la question la plus essentielle de l'architecture de l'heure, c'est-à-dire les maisons d'habitation à bon marché, je ne parlerai pas des matériaux « de luxe ».*

S. SYRKUS.

Илл. 34. Ш. Сыркус в рубрике «Наша анкета» журнала «Аршитектюр д'ожурдюи». AA 1, № 1 (1930), 24

четырех лет существования журнала работал как его корреспондент, дал ответ на вопрос анкеты, опубликованный вместе с его фотопортретом в первом номере журнала. Также Сыркус печатался в голландских и немецких журналах. Он использовал группу «Презенс», чтобы на законных основаниях действовать как глава влиятельного польского движения, а не как частное лицо. Через «Презенс» Сыркус не только контактировал с другими авангардными движениями и более умеренными направлениями, представляемыми «Аршитектюр д'ожурдюи», но и привлекал в архитектурные журналы нового типа немалое количество завершенных проектов в соответствующих областях. Кроме того, «Презенс» подавал пример коллективной работы и выхода за узкие рамки архитектуры как таковой. Сыркус приводил радикальные аргументы даже в материалах, затрагивавших, на первый взгляд, чисто технические вопросы. Его статья в «Аршитектюр д'ожурдюи» под названием «Низкие, средние или высокие дома?», посвященная главной теме Брюссельского конгресса CIAM, заканчивалась утверждением: «Строительство новых городов, ФУНКЦИОНАЛИЗИРОВАННЫХ ГОРОДОВ С ВЫСОКИМИ ДОМАМИ СРЕДИ ЗЕЛЕНИ [выделено в оригинале]» [Syrkus 1931a: 44]. Аналогичным образом в богато иллюстрированной статье, опубликованной в первом номере «Аршитектюр д'ожурдюи» за 1932 год, супруги Сыркусы подробно рассказывали о разработанной ими программе ежегодного строительства 100 тыс. квартир с применением новых стальных конструкций [Syrkus 1932].

Эти статьи свидетельствуют о выгоде журнала, который стремился придать своей программе модернистской архитектуры как феномену, обладавшему интернациональным характером и социальной значимостью, более четкие контуры. Выгоду получали архитекторы-модернисты новых государств, нуждавшиеся в международном рупоре для распространения своих далекоидущих идей. Одновременное возникновение в Восточно-Центральной Европе в конце 1920-х годов большого количества новых журналов, посвященных модернистской архитектуре, свидетельствует о проявлении новых форм коммуникации и о привлекательности перспектив модернистской архитектуры в регионе[27].

Журналы были тесно связаны друг с другом через архитекторов-модернистов, которые знакомились между собой в других обстоятельствах: в авангардных группах, на выставках или в организациях вроде CIAM. Крупные журналы, такие как «Аршитектюр д'ожурдюи», помещали журнальные обзоры (revue des revues), сообщая о содержании других периодических изданий, часто иностранных, но, как правило, сходных направлений, тем самым укрепляя понятие о широком движении, частью которого они являлись. Например, в «Аршитектюр д'ожурдюи» регулярно публиковались оглавления польского журнала «Дом. Оседле. Мешканье» и чехословацкого «Ставитель» (Stavitel). Точно так же в польском журнале «Архитектура и будовництво»

---

[27] См. примеры из стран Прибалтики, приведенные С. Мансбахом, [Mansbach 2014].

(Architektura i Budownictwo) печатались оглавления «Аршитектюр д'ожурдюи» и ведущих немецких архитектурных периодических изданий. «Архитектура и будовництво» (Архитектура и строительство), как и ее чехословацкие и венгерские аналоги, была прекрасно осведомлена о последних международных тенденциях и проектах[28].

Новые журналы, специализировавшиеся на модернистской архитектуре, возникли по всему рассматриваемому региону. Даже в такой маленькой стране, как Чехословакия, выходили более традиционный «Ставитель» («Архитектор») и тяготевшая к радикальному модернизму «Ставба» («Строительство»), редактируемая Тайге и перепечатывавшая многочисленные статьи из «Эспри нуво», но также опубликовавшая работу Гропиуса[29]. Кроме того, авангардная группа «Деветсил», возглавляемая Тайге, выпускала более специфичные, однако недолго просуществовавшие журналы «Ревю Деветсилу» (Revue Devětsilu), «Диск» (Disk) и «Пасмо» (Pásmo), посвященные искусству вообще, но уделявшие внимание и модернистской архитектуре. В 1930-х годах объединение «Лева фронта» (Levá fronta), сменившее «Деветсил», учредило одноименный журнал (1930–1933), тесно связанный с Чехословацкой коммунистической партией. Это направление явилось свидетельством политизации чешских архитекторов-модернистов, а также противоречий, которые, как было сказано в предыдущей главе, несколько лет мешали этим архитекторам полноценно участвовать в работе CIAM [Spechtenhauser, Weiss 1999].

Если в Венгрии и Польше журналов вроде «Лева фронта» не существовало, общая тенденция к диверсификации журналов, посвященных архитектуре, и к более пристальному вниманию этих изданий к модернизму, проявилась и здесь — а также

---

[28] См., например, [N. N. 1926; Saski 1928].

[29] «Ставба» в 1929 году опубликовала знаковую статью Ле Корбюзье «В защиту архитектуры» (перепечатанную в пятом номере «Аршитектюр д'ожурдюи» за 1935 год). Переводы статей Гропиуса появились в журналах «Бытова культура» (Bytová Kultura. 1924. Č. 4–5. S. 61–65) и «Ставба» (Stavba. 1924. Č. 3. S. 85–88).

в остальном регионе. В Венгрии самым заметным изданием модернистского направления был журнал «Тер эс форма» (Tér és forma) — «Пространство и форма» (1928–1948) под редакцией В. Бирбауэра, в число постоянных авторов которого входил Ф. Мольнар [Bajkay 2010a: 138, 141][30]. За пределами узких географических рамок этого исследования находится югославский журнал «Зенит», который, однако, пользовался в рассматриваемом регионе исключительным влиянием. Журнал и течение «зенитизма» представляют собой яркий пример того, как изначально широкое авангардное движение все больше сосредоточивалось на архитектуре и ее модернистском потенциале, при этом продолжая придерживаться ключевых авангардных принципов в сфере визуального языка и поисков «нового человека» [Marjanović 2014; Šimičić 2003; Perović 2014].

Эта общая схема хорошо прослеживается на польском примере: если первая половина 1920-х годов характеризовалась ростом авангардных журналов, как правило, посвященных искусству в широком смысле, то прогресс более официальных объединений способствовал появлению более специализированных и зачастую более стабильных периодических изданий. За авангардными польскими журналами, такими как «Звротница» (Zwrotnica) Т. Пейпера и менее радикальный «Ритм» (Rytm), последовал дольше просуществовавший «Блок», который приветствовал технологии и благодаря этому разработал более конкретную программу и более четкий подход в отношении модернистской архитектуры. По многим параметрам «Звротница» служила соединительным звеном между ранним авангардом и вторым потоком журналов, делавшим упор на архитектуру. Пейпер (как говорилось в главе второй) определял массы и новый технический мир машины как наиболее важные отправные точки и, как следствие, сосредоточился на городе. Также он познакомил польскую общественность с работами Ле Корбюзье. Пейпер описывал задачу журнала как «привитие нашим людям ощущения современ-

---

[30] О «Тер ес форма» см. [Plank 2003: 35–36], а также статью, включающую обзор работы Ляхерта в «Тер эс форма» в 1930 году, [Ritoók, Sebestyén 2018: 20].

ной эпохи»[31]. Этим он содействовал утверждению конструктивизма, который выполнял столь важную для Восточно-Центральной Европы функцию моста между радикальными авангардными течениями и более практическими задачами архитектуры.

Вдобавок к этому Пайпер превратил «Звротницу» в первый польский авангардный журнал, «замеченный в Европе» [Strożek 2013: 1199–1201]. Впоследствии такой же известностью пользовался «Блок», а затем недолгое время «Презенс». «Презенс» делал упор на архитектуру и отражал разделение авангардистов на тех, кто придерживался радикальных взглядов на искусство, и тех, кто видел в архитектуре инструмент для достижения реального социального прогресса[32]. «Презенс» был основан в 1926 году, не в последнюю очередь потому, что Сыркуса и его единомышленников категорически не устраивала конформистская позиция «Архитектуры и будовництва». В том, что «Архитектура и будовництво» обошла вниманием павильон «Эспри нуво» в Париже, Сыркус усматривал почти скандал. Кроме того, «Архитектура и будовництво» практически проигнорировала Международную выставку новой архитектуры (Międzynarodowa Wystawa Prac Architektonicznych) 1925 года в Варшаве, пропагандировавшую модернизм.

Журнал «Архитектура и будовництво», возникший в 1925 году в польской столице, был связан с архитектурным факультетом ВПИ и «Кружком архитекторов». Хотя издание, разумеется, не принадлежало к числу авангардных, оно проводило явное различие между собой и традиционным журналом «Архитект» (Architekt), основанным в 1900 году в Кракове Краковским техническим обществом (Krakowskie Towarzystwo Techniczne)[33]. «Архитектура и будовництво», будучи предшественницей «Аршитектюр д'ожурдюи», также освещала общие темы — планирование, технологии, социальные изменения в городском пространстве, пропагандируя модернистскую, но не радикальную

---

[31] Цит. по: [Nowakowska-Sito 2003: 162].

[32] Наиболее содержательный обзор деятельности журналов «Блок» и «Презенс» представлен в [Chionne 2005: 157–183].

[33] См. передовую в: AiB. 1925. № 1.

Илл. 35. Проекты
чехословацких
модернистов в журнале
«Презенс». 1930.
Praesens, № 1 (1930), 105

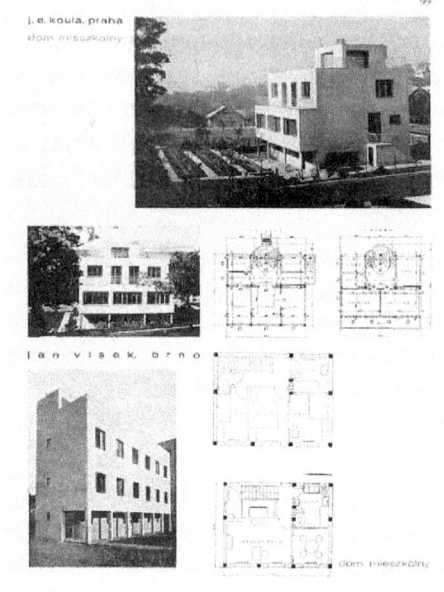

архитектуру. Издание по праву гордилось своими интернациональными воззрениями и систематичным отслеживанием событий в других европейских странах. С самого возникновения журнала его статьи богато иллюстрировались высококачественными фотоснимками. Среди постоянных авторов «Архитектуры и будовництва» числились архитекторы из модернистского лагеря, а также мастера, открытые новым возможностям, но делавшие вполне классическую профессиональную карьеру. В этом смысле «Архитектура и будовництво» служила коммуникационным мостом, связывавшим не только Польшу и остальную Европу, но и различные лагеря внутри страны.

Интересное представление о распределении значимости дает письмо немецкого архитектора Генриха Лаутербаха, которого «Архитектура и будовництво» назвала «нашим немецким другом», Бирбауэру, опубликованное в журнале «Тер эс форма» и перепечатанное в «Архитектуре и будовництве» в августе

1930 года. Знаток польской архитектуры Лаутербах описывает особые проблемы, с которыми столкнулись архитекторы в новом польском государстве. Он утверждает, что именно по Шимону Сыркусу и группе «Презенс» можно оценивать самые крупные достижения польской архитектуры. И представляет Сыркуса как Польского архитектора, пользующегося наибольшей известностью в Германии благодаря своей роли в Ла-сарраском и Франкфуртском конгрессах CIAM, публикациям на жилищные темы и реализованным архитектурным проектам, в частности Павильону минеральных удобрений на Всеобщей национальной выставке в Познани в 1929 году[34].

По сравнению с аналогичными журналами, например немецкими, в «Архитектуре и будовництве» доля упоминаний о зарубежном опыте была гораздо выше, не ограничиваясь обширными разделами, посвященными иностранным журналам[35]. Также проявилось заметное предпочтение техническим и социальным аспектам архитектуры, включая жилищное строительство, тогда как вопросы стиля имели пропорционально менее важное значение[36]. В передовой первого номера говорилось о тесной связи журнала с динамичным развитием новой столицы, во втором номере были представлены подробное сравнение градостроительства и урбанизации в разных европейских столицах, а также возможности и потребности городского планирования, проиллюстрированные футуристическими проектами развития Варшавы, созданными архитектором Лехом Немоевским [Lauterbach 1925/26].

---

[34] Там же упоминались и другие члены группы «Презенс», а именно супруги Брукальские, Ляхерт и Шанайца, [Prasa 1930].

[35] Это не означает, что упоминался только Запад. В 1931–1933 годах в «Архитектуре и будовництве» было опубликовано множество обстоятельных и хорошо иллюстрированных статей об СССР. В последующие годы были охвачены и другие европейские страны.

[36] См., например, серии статей о современной голландской и швейцарской архитектуре (1930), о немецкой архитектуре спортивных сооружений (1928. № 4). «Градостроительство» Ле Корбюзье в «Архитектуре и будовництве» рецензировалось даже дважды (1925/26. № 10, 11). Точно так же дважды в журнале подробно освещалась выставка в Вайсенхофе (1927).

Илл. 36. Л. Немоевский. Проекты застройки будущей Варшавы: торговый район и планировка улицы. 1925. AiB 2 (1925), 18

Эскизы Немоевского и фотографии модернистских зданий, зарубежных и особенно польских, демонстрировали достижения современных технологий. Можно предположить, что читателя «Архитектуры и будовництва» особенно привлекало сочетание новых форм визуальной репрезентации и изображаемых с их помощью современных технологий. Тесным взаимодействием статей, иллюстрирующими инновации и разъясняющими потенциал, скажем, благоустроенных санаториев или современных жилищ, «Архитектура и будовництво» добилась перевода в двояком смысле, в Польше потенциально более убедительного, чем, например, во Франции. Другими словами, «Архитектура и будовництво», помимо буквального перевода зарубежных трудов по архитектуре, сумела осуществить перевод абстрактных обещаний модернизма на язык конкретных примеров, которым было дано визуальное и текстовое объяснение, и предоставила архитекторам форум для раскрытия своих воззрений во всей их полноте. В «Архитектуре и будовництве» часто появлялись статьи архитектора и архитектурного критика Эдгара Норверта, в которых он рассуждал именно об этой связи[37]. Таким образом, «Архитек-

---

[37] См. например, [Norwerth 1925/26a; Norwerth 1925/26c].

тура и будовництво» выполняла важную роль в отображении общих целей профессиональных архитекторов. Ежегодник SAP «Рочник» (Rocznik), напротив, ограничивался организационными вопросами [Chionne 2005: 173–175].

Типичный выпуск «Архитектуры и будовництва» насчитывал 40 страниц и подробно освещал три-четыре темы, в основном образцовые крупномасштабные строительные проекты, зачастую осуществленные на практике зарубежные. За первые 10 лет своего существования журнал упомянул 27 голландских проектов, а более крупным странам, Германии и Франции, как и следовало ожидать, уделялось еще больше внимания[38]. Эти упоминания свидетельствуют об огромной интенсивности взаимообмена, сопровождавшегося определенной асимметричностью. Разумеется, отчетливого представления, что лидерами являются Нидерланды и некоторые другие страны, а Польша лишь заимствует иностранные идеи, не существовало, о чем свидетельствуют многочисленные репродукции польских работ в зарубежных журналах [Wenderski 2017: 150–152].

Важно уяснить, в какой степени этот международный обмен направлялся в русло дискуссий внутри страны. Несомненно, наиболее значительным польским примером подобного рода был журнал «Дом. Оседле. Мешканье» — печатный орган польского движения за жилищную реформу, о котором говорилось в предыдущей главе. Богато иллюстрированный ежемесячник служил как приводным ремнем жилищной полемики, так и средством конкретизации абстрактных обсуждений. Его деятельность также следует рассматривать как часть активной информационной кампании, целью которой было ознакомление общественности с задачами и достижениями международной функционалистской архитектуры [Leśnikowski 1996b: 231]. Еще полнее это стремление проявлялось в газете «Жиче WSM» (Życie WSM) — «Жизнь WSM», которую издавала ассоциация жильцов «Стеклянные дома» для информирования о событиях, происходивших в жилых районах Варшавского жилищного кооператива.

---

[38] О голландской тематике см. [Wenderski 2017: 155].

Rys. 19—20. Inż.: Aleksander Kodelski i Romuald Raksimowicz (Warszawa). Skocznia na stadjonie pływackim.

### TERENY SPORTOWE W WARSZAWIE

W sąsiedztwie parku Łazienkowskiego znajdują się prawie w śródmieściu Warszawy tereny sportowe między ulicą Czerniakowską, Myśliwiecką i Łazienkowską, a mianowicie: Stadjon D. O. K. I., dzierżawiony przez Wojskowy Klub Sportowy „Legja" i boisko sportowe w parku im. Sobieskiego przy ul. Myśliwieckiej.

Grunty państwowe, na których powstał Stadjon D. O.

K. I., były jeszcze w roku 1926 nieużytkami i miejscem zwalania śmieci, dzięki jednak inicjatywie i energji W. K. S. „Legja", która objęła teren ten o pow. około 16 ha w długoletnią dzierżawę, teren został wyrównany i ogrodzony i zamieniony w krótkim czasie w ważny ośrodek wychowania fizycznego.

W planie rozbudowy Stadjonu widzimy dwa bo-

Илл. 37. Пример соотношения журнальных иллюстраций и текста. Материал о спортивных сооружениях Варшавы в «Архитектуре и будовництве». AiB 5, № 8 (1929), сверху: С. 312; снизу: С. 307

На сопричастность журнала «Дом. Оседле. Мешканье» к городским преобразованиям в Варшаве и новым жилищным проектам столицы явно повлиял «Нойе Франкфурт» Мая. «Дом. Оседле. Мешканье» аналогичным образом переводил масштабные темы модернизма на язык конкретных разработок, и прежде всего это касалось новых решений в жилищном строительстве. Одновременно журнал демонстрировал значение WSM, претворяя абстрактную дискуссию «Презенса» в решения, которые можно реализовать и тем самым апробировать, а затем снова транслировать.

Как с точки зрения избранной ими формы, так и по содержанию «Дом. Оседле. Мешканье» и «Архитектура и будовництво», постоянно информировавшие о зарубежном опыте, принадлежали к возникшему в середине 1920-х годов международному журнальному сообществу, занимавшемуся модернистской тематикой. «Дом. Оседле. Мешканье» искал международные примеры, имевшие практическое значение для Польши, и потому часто обращался к соседним странам, находившимся в аналогичной ситуации[39]. Как «Дом. Оседле. Мешканье», так и «Архитектура и будовництво» регулярно сообщали о мероприятиях и инициативах CIAM. Польская группа CIAM, опять же в первую очередь Сыркус, использовала эти печатные органы для распространения в Польше новостей о программе CIAM. Уже в 1938 году, в чрезвычайно напряженной политической ситуации как в стране, так и в мире, «Дом. Оседле. Мешканье» выпустил большой двойной номер, посвященный Парижскому конгрессу CIAM 1937 года[40].

«Дом. Оседле. Мешканье» и «Архитектура и будовництво» демонстрируют новые возможности, полученные архитекторами в результате международного обмена мнениями по определив-

---

[39] См. многочисленные статьи о Чехословакии: DOM. 1932. № 11–12, например, [Syrkus, Żakowski 1932: 43–47].

[40] DOM. 1938. № 6–7. См. соответствующую переписку Х. Сыркус с ван Эстереном от 14 февраля 1938 года и Гропиусом от 9 сентября 1938 года, а также ее письма от 18 февраля 1938 года Вайсману, Серту и другим руководителям национальных групп CIAM с просьбой предоставить информацию об их группах для журнала «Дом. Оседле. Мешканье» (MA. SP).

шим модернизм вопросам — как социальным, так и эстетическим. Однако нигде кардинальная трансформация методов коммуникации после Первой мировой войны не проявилась так отчетливо, как в сфере книг по архитектуре. Этот жанр был практически создан заново благодаря двум коренным изменениям [Jaeger 1998]. Во-первых, техническая предпосылка в виде дешевых высококачественных репродукций создала возможность и быстро способствовала распространению визуализации архитектуры в книжной форме. Модернистская архитектура, как говорилось выше, особенно хорошо подходит для фотографического воспроизведения, тогда как в традиционном рисованном виде выглядит далеко не столь эффектно. Во-вторых, и это связано с первым изменением, идеи модернизма активизировали существующий издательский формат. Если ранее было принято освещать в печати образцовые здания прошлого или оценивать современное положение дел по недавно возведенным сооружениям, которым из-за их функции значимость зачастую была присуща изначально, то книги нового типа обращались к перспективам и концепциям развития. Немногие из ранних образцов реализованных строительных проектов представляли pars pro toto возможности и потенциал новых технологий и нового функционалистского подхода. Конкретные примеры нередко брали из сферы промышленности: это были здания, которые до войны появлялись лишь в специализированных изданиях[41].

Некоторые наглядные примеры показывают, чтó стояло на кону. Лишь недавно привлекла к себе должное внимание ключевая роль архитектурного критика Вальтера Мюллера-Вулкова в прорыве, совершенном модернистской архитектурой. Мюллер-Вулков был инициатором цикла из четырех книг, посвященных модернистской архитектуре в популярной немецкой серии «Синие книги» (Blauen Bücher), которая и утверждала, и распространяла каноны модернистской архитектуры. Мюллер-Вулков еще в Первую мировую рисовал в воображении новое общество,

---

[41] См. один из многочисленных примеров — статью о новом крытом рынке в функционалистском дизайне [Lauterbach 1928].

которое положит начало новому типу искусства, и был участником недолго просуществовавшего авангардного движения. В то время Мюллер-Вулков тоже контактировал с архитекторами, запрашивая у них фотографии зданий, которые, по его мнению, отражали свою эпоху. В планируемую книгу должны были войти «трудовые и транспортные сооружения» [Stamm 2013: 11]. «Синие книги» Мюллера-Вулкова распродавались пятизначными тиражами, что, при их довольно специализированной тематике, было значительным достижением.

Тем самым Мюллер-Вулков содействовал процессу, происходившему во Франции и других европейских странах (а частично и инициировал его)[42]. В первой половине 1920-х годов был опубликован целый ряд книг, характеризовавшихся обращением к перспективам, или нетривиальным использованием иллюстраций, или и тем, и другим. В 1923 году Ле Корбюзье опубликовал все свои статьи из журнала «Эспри нуво» в виде книги под названием «К архитектуре» (Vers une Architecture), снабдив таким образом будущее дисциплины точкой отсчета [Le Corbusier 2008][43]. В Советском Союзе М. Я. Гинзбург, один из основателей организации архитекторов-модернистов Объединение современных архитекторов (ОСА) и редактор модернистского журнала «Современная архитектура», в 1924 году опубликовал книгу «Стиль и эпоха» [Гинзбург 1924]. По прозорливости ее часто сравнивают с книгой Ле Корбюзье «К архитектуре». Еще один замечательный пример миссионерской книги нового типа, которая притязает на судьбоносность, — «Освобожденное жилье (Befreites Wohnen) Зигфрида Гидиона (1929). Она была намеренно рассчитана на широкую аудиторию. Эти книги, описывавшие не только новую архитектуру, но и светлое будущее, а следовательно, обращавшиеся к самой широкой аудитории, опередили свое время [Koehler 1993].

Подобные попытки систематически предпринимались в серии «Книги Баухауса» (Bauhausbücher). Эти издания, инициирован-

---

[42] О французских книгах по архитектуре в целом см. [Leniaud, Bouvier 2002].
[43] О книгоиздательской политике Ле Корбюзье в целом см. [Smet 2005].

ные Гропиусом, выполняли различные функции: создавали канон, предоставляли витрину для демонстрации достижений Баухауса, распространяли воззрения, которые Гропиус изложил в своей книге «Новая архитектура и Баухаус», впервые опубликованной на английском языке в 1936 году [Gropius 1936][44]. Во Франции той же степени слаженности усилий пытались достичь книги, издаваемые при участии журнала «Аршитектюр д'ожурдюи»[45].

Книга одного из историографов модернистской архитектуры А. Бене «Один час архитектуры» — пример того, как всего на 50 страницах передача информации и распространение идеи стремительно сплавляются с самой темой модернистской архитектуры. Бене свел воедино самые важные утверждения относительно перспектив жилищного строительства, идею, лежащую в основе Sachlichkeit (вещественности), и несколько конкретных примеров в виде лозунгов, вдалбливая свое послание в сознание читателя [Behne 1984].

В отличие от Бене, другие «пропагандисты» (тогдашний термин) новой архитектуры, в большинстве своем полагались на визуальную силу фотографий [Noell 2002]. Отчасти для того, чтобы заручиться примерами, которых в их стране до сих пор не существовало, отчасти добиваясь признания значимости своего дела при помощи ссылок на повсеместность современного движения, основополагающие книги по модернистской архитектуре особо подчеркивали интернациональный характер затрагиваемой ими темы[46]. Хороший образчик — изданная Людвигом Хильберзаймером при поддержке Немецкого Веркбунда в 1927 году книга «Интернациональная архитектура», в которой были визуально представлены современные достижения [Hilberseimer 2002]. Аналогичным образом Гропиус позиционировал свою книгу 1927 года с тем же названием как «иллюстрированную книгу о современной архитектуре» (Bilderbuch moderner Baukunst). В предисловии Гропиус объяснял: тот факт, что все

---

[44] Об истории издания см. [Gropius 1936: 7–8].
[45] См. [Vago 2000: 99–101].
[46] Хороший пример — [Гидион 1937].

представленные образцы архитектуры обладают общими характеристиками, является «признаком их актуальности, обращенной в будущее и указывающей на всеобщее желание проектировать совершенно новыми методами» [Gropius 1981: 5].

Почти столь же суггестивным, как и означающее «интернациональный», было упоминание о двух землях обетованных, на Западе и на Востоке. «Америка. Иллюстрированная книга архитектора» Э. Мендельсона (1926) благодаря своему визуальному воздействию произвела глубокое впечатление даже за пределами Германии [Mendelsohn 1991]. «Новая архитектура Европы и Америки» Б. Таута (1929) укрепляла трансатлантические связи [Taut 1929]. «Когда соборы были белыми. Путешествие в край нерешительных людей» Ле Корбюзье можно рассматривать как антитезу, в каком-то смысле ответ на преувеличенные ожидания [Bacon 2003]. Признание или неприятие примеров из Нового и Старого Света отражало ситуацию трансатлантического урбанистического взаимообмена сразу после Первой мировой войны[47]. Разочарование Ле Корбюзье в США последовало за разочарованием в Советском Союзе, который поначалу поразил воображение европейских архитекторов-модернистов, что наиболее ярко сказалось в успехе книги Эль Лисицкого «Россия. Реконструкция архитектуры в Советском Союзе» [Эль Лисицкий 2019].

Как справедливо заметила Э. Брешиани, эти книги служили для модернистской программы демонстрационным экраном и одновременно обеспечивали образцами сам модернизм. Книги по архитектуре распространяли идею «единой современной архитектуры и современности» эффективнее, чем аналогичные журналы, которые, несмотря на свои международные контакты и ссылки на международный опыт, все же в значительной мере зависели от ситуации внутри страны [Bresciani 2003: 6]. Рецензии на большинство этих книг появились в «Архитектуре и будовництве» и других журналах, которые, в свою очередь, задавали общий тон и синхронизировали итоговый дискурс.

---

[47] См. [Bohl 2009].

## Путешествия, встречи, общность взглядов: архитекторы как современные люди

Архитекторам, определявшим облик движения, пришлось стать архитекторами-писателями. Эти архитекторы-писатели, такие как Ле Корбюзье, Гропиус и Таут, сразу же продемонстрировали, что как авторы на изображение полагаются больше, чем на текст, и учли, что культовые модернистские сооружения в основном получали известность благодаря иллюстрациям, а не непосредственному осмотру. Их книги, безусловно, внесли существенный вклад и в то, что можно назвать персональным брендингом кумиров модернистской архитектуры. В 1920 году Ш.-Э. Жаннере-Гри сменил имя на Ле Корбюзье. Он хотел гарантировать, что его архитектурные творения и теоретические сочинения об архитектуре будут отличать от его работ как художника.

Ле Корбюзье вылепил из себя архитектора нового типа, таковым его и считали. Посвященный ему специальный выпуск журнала «Аршитектюр д'ожурдюи» подвел итог этой эволюции: «Ле Корбюзье — не архитектор, а социальный реформатор»[48]. Ле Корбюзье превратился в ярчайшую звезду модернистского движения уже к концу 1920-х годов. В Польше его высоко ценила группа «Презенс» [Chomątowska-Szałamacha 2015: 108]. На протяжении многих лет о работах Ле Корбюзье регулярно писала «Архитектура и будовництво». Особенно примечательна статья Л. Немоевского «Корбюзье как писатель» [Niemojewski 1934].

Как Гропиус, так и Ле Корбюзье превратили свой образ в товарный знак. В их случае нередко важнее было знать, кто́ сказал, а не что именно он сказал. Стремительный взлет их популярности навряд ли объясняется одними только личными качествами и харизмой. Вероятно, объяснение кроется в сочетании нескольких качеств: они воплощали собой технический прогресс и обладали талантом смело и громко указывать на новые возможности, а также способностью и умением вести современную во всех

---

[48] AA. 1935. No 10. P. 14.

отношениях жизнь. Представление об этом сочетании можно почерпнуть в фильме Мохой-Надя «Конгресс архитекторов», снятого на IV Конгрессе CIAM и свидетельствующего о самовосприятии этих архитекторов как провозвестников современности.

Ле Корбюзье и Гропиус выполняли функции определителей повестки и опорных пунктов коммуникации. Архитектурные критики находились на другом, более утонченном и рефлексирующем, уровне, где быстро превратили себя в ключевых фигур нового движения. Бене, Гидион, ван Дусбург и Мамфорд уже не ограничивались отчетами об эволюции стиля или критикой отдельных зданий, но переосмысливали задачу архитекторов как таковую, а также место архитектора в обществе [Behne, Ochs 1994; Sigfried Giedion 1987; Miller 1989; Wojtowicz 1996; Fabre et al. 2009]. Еще один пример — Адольф Лоос, уроженец Брюнна (Брно), который рано оценил достижения Америки в области современных строительных технологий и сделался крупной посреднической фигурой на территориях бывшей империи Габсбургов, особенно благодаря своим многочисленным личным связям [Kudělka, Chatrný 2000: 54][49].

Вышеупомянутые деятели видели в себе движущую силу перемен, в отличие, скажем, от Ю. Познера, который рассматривал себя всего лишь как посредника между Францией и Германией и летописца современного движения. Мамфорд считал себя разработчиком тем (theme-builder). Самопровозглашенный «ученик» П. Геддеса Мамфорд стал пропагандистом общественного строительства, применяющего при возведении жилья новые технологии [Wojtowicz 1996]. В этом Мамфорд являет пример плодотворного недопонимания, которое привело к тому, что американцы начали восхищаться социальными стандартами жилищного строительства в Центральной Европе, тогда как нидерландские или немецкие архитекторы гордились своим фордистским подходом к жилью, своими «жилищами-машинами», или «жилищами-фордами», как называл их творения голландский архитектор-модернист Я. Й. П. Ауд [Rodgers 1998: 389].

---

[49] О Лоосе как пропагандисте архитектуры см. [Colomina 2000: 37–71].

Гидион особенно активно использовал для распространения своих взглядов все доступные форматы, включая высоко- и низкопробные медиа [Sigfried Giedion 1987: 11]. С середины 1920-х годов он был одним из самых заметных «переводчиков», посредничавших между широкой общественностью и техническими сферами, а также агентом новых групп специалистов, образчиком техноинтеллектуала нового типа, который помогал расширять рамки того, что воспринималось как территория деятельности специалиистов [Гидион 1984; Giedion 1948]. М. Каллон подчеркивал важность «перевода» (traduction), то есть требования, чтобы специалисты формулировали проблему, приводя доводы в пользу ее решения [Каллон 2017]. По терминологии Б. Латура, тех, кто способствовал этому переводу, можно назвать «говорящими от лица группы», вербовщиками [Латур 2014: 48–51].

Однако люди вроде Ле Корбюзье или Гропиуса, отчасти обязанные своим развитием людям вроде Гидиона и Бене, или, если уж на то пошло, Хичкока и Джонсона, появлялись на первых страницах газет благодаря не только эффектности своих проектов, но и идее, которую они проповедовали: лечить болезни как прошлого, так и современности при помощи современных средств. Ле Корбюзье и Гропиуса, у себя на родине вызывавших много споров, превозносили как специалистов по решению проблем теоретически планетарного масштаба. Визионерский потенциал, присущий урбанизму, проецировался на экспертов, которые этот потенциал олицетворяли. Их широкую известность можно было понимать как движение к многообещающему будущему, где благодаря технологическим достижениям и новым взглядам на планирование социально-политические противоречия будут ослаблены или даже устранены. Такие фигуры, как Ле Корбюзье, свидетельствуют также о заметной персонализации технического прогресса и связанных с ним ожиданий.

В 1935 году это положение дел отразил Станислав Брукальский. Задача, стоящая сейчас перед специалистами, заявил он, заключается в том, чтобы расположить общественность к своим воззрениям и разработкам. Состоявшийся специалист — это эксперт по пропаганде [Brukalski 2000b]. В плане модернистского содержания своей работы Брукальский черпал вдохновение у Ле Корбюзье, Гропиуса и других. Аналогичным образом и архитектор Роман Фелинский, представитель более умеренного модернизма и при этом пионер польского урбанизма, в значительной степени опирался на свою обширную публицистическую деятельность. Он пропагандировал возможности новой дисциплины, градостроительства, в популярной прессе, радиопередачах и через другие СМИ, используя в качестве передаточного звена при взаимодействии с широкой аудиторией Общество жилищной реформы (TRM) [Lewicki 2007: 141]. Благодаря социальной важности миссии Фелинского это отлично работало.

Укрепление своей архитекторской репутации посредством успешного распространения своих идей было очень типично и для Сыркуса. Сыркус, так же как Ле Корбюзье во Франции и Гропиус в Германии, был архитектором-писателем, уделявшим своему интеллектуальному позиционированию немалое количество времени и профессиональной энергии. Он играл ключевую роль в корреспондентской сети журнала «Аршитектюр д'ожурдюи» [Jannière 2002: 189]. В этой роли Сыркус вступил в пространство, характеризовавшееся асимметричностью, но вместе с тем предлагавшее огромные возможности. Новые журналы и типы книг предоставляли коммуникационное поле, а общее дело модернизма предлагало коммуникационную структуру, в которой те, кто способствовал этому делу, становились причастными к его репутации.

Роль, которую в европейском масштабе играли Бене или ван Дусбург, в Польше была исполнена Э. Норвертом и А. Лаутербахом. Оба использовали полосы «Архитектуры и будовництва» для того, чтобы систематически освещать развитие модернистской архитектуры в странах, расположенных к западу от Польши, и одновременно отражать прогресс модернистской архитектуры у себя в стране[50]. Изданию соответствующих книг на восточноевропейских языках, по-видимому, препятствовало отсутствие развитого рынка (и тот факт, что большинство профессионально интересовавшихся архитектурой в Восточно-Центральной Ев-

---

[50] О Норверте см. [Rotkiewicz 2000]; о Лаутербахе см. [Krzyżanowska 2006].

ропе свободно читали по-немецки или по-французски). В этом смысле пример Восточно-Центральной Европы подтверждает иерархию, частично установленную книгами по архитектуре нового типа, а также статус, который авторы этих книг приобрели как интеллектуалы и как архитекторы[51].

Чтобы попасть в вышеописанное коммуникационное пространство, Сыркус и архитекторы группы «Презенс» использовали свое положение и контакты в CIAM. CIAM старался задействовать все медиаканалы [Somer 2007: 176–184]. Гидион стратегически планировал выпуск журналов для распространения программы CIAM[52]. Довоенные конгрессы CIAM сопровождались изданием книг и другими пиар-мероприятиями, а популяризация составляла постоянную и структурную категорию переписки CIAM. С того самого момента, как Сыркус вступил в CIAM, он обменивался с Гидионом соображениями о том, как способствовать повышению популярности конгрессов в Польше[53]. Еще в 1929 году Сыркус с прицелом на издательскую стратегию CIAM подчеркивал, что идеи организации получают «в Центральной Европе все большее распространение»[54]. Популяризаторская деятельность Сыркуса включала в себя конкретные проекты, такие как выставки, материал для книг, опубликованных в Цюрихе и в Варшаве[55]. В 1935 году CIAM предлагал, в частности

---

[51] См., например: отправка книг Бирбауэром Гидиону в мае 1938 года (gta Archiv. CIAM, 13 F: L/U-2-1-1); письмо Ф. ван Эстерен супругам Сыркусам от 30 декабря 1937 года о публикации текста К. ван Эстерена в Польше (MA. SP).

[52] См., например, письмо Гидиона Сыркусам о планируемом новом журнале и выставке в Варшаве (gta Archiv. CIAM, 42-K-1935).

[53] Ш. Сыркус — З. Гидиону относительно пиар-информирования о IV Конгрессе CIAM // gta Archiv. CIAM, 42-K-1933.

[54] Сыркус недвусмысленно ссылался на цель «пропагандировать конгрессы» (der Propaganda des Kongresses wegen): Ш. Сыркус — З. Гидиону. 13 сентября 1929, 7 февраля 1930 // gta Archiv. CIAM, 42-K-1929-1939.

[55] См., например, переписку Гидиона с супругами Сыркусами о пропагандистском материале для США (gta Archiv. CIAM, 42-K-1936) и об оценке, также пропагандистской, V, Парижского, конгресса CIAM 1937 года от 3 сентября 1937 // Ibid.

через Гидиона, создать собственный «Международный журнал» (International Journal), хотя из-за обострения политической ситуации это намерение так и не осуществилось[56].

CIAM-Ost являет собой наглядный пример того, как работали эти механизмы. Сразу после своего учреждения новая суборганизация сформировала секретариат под руководством Ф. Мольнара. Секретариат обязал национальные группы, входившие в CIAM-Ost: 1) регулярно отчитываться о работе в преддверии Парижского конгресса CIAM 1937 года; 2) информировать о «прогрессе в реализации модернистской архитектуры в соответствующих странах»; 3) создать архив, «в котором будут собраны значимые с точки зрения интересов CIAM публикации, вырезки из газет и фотографии»[57].

Однако было бы крайне неправильно интерпретировать подобные усилия как чисто стратегические. Насколько можно судить по переписке и заседаниям CIAM, ради которых членам CIAM приходилось идти на огромные затраты, и финансовые, и временны́е, и интеллектуальные, дело модернизма было глубоко укоренившимся убеждением, которое практически формировало определяющие личные качества. Этот аспект во имя ясности, хотя и в несколько преувеличенном виде, выдвинут на первый план в высказывании французского художника-авангардиста Франсиса Пикабиа, который заявил: «Моя личность всегда будет более современной, чем мое творчество»[58].

И Ле Корбюзье, и Гропиус называли себя современными людьми; это понятие включало в себя и личную жизнь, и в случае Гропиуса не соответствовало общепринятым брачным условностям[59]. Переписка Гропиуса с Фредом Форбатом изобилует доказательствами чувства принадлежности к новой формации.

---

[56] См. соответствующую переписку Сыркуса и Гидиона (gta Archiv. CIAM, 42-K-1935).

[57] Венгерская группа CIAM, итоги будапештского заседания, 3 февраля 1937 (gta Archiv. CIAM, 5-1-92 D).

[58] Frankfurter Allgemeine Zeitung. 2016. No. 13. 12 August.

[59] См. [Isaacs 1983: 237–241].

Присущее им обоим ощущение собственной современности перевешивает национальные и возрастные различия, неравенство социального положения: венгр Форбат был 14 годами моложе немца Гропиуса, трудился в его частной мастерской и никогда не достигал той же известности, что Гропиус[60]. Однако существенное несходство не помешало обоим архитекторам придерживаться в переписке неофициального тона, в котором сквозит их обоюдный интерес к семейным делам и личным чувствам корреспондента. Эта откровенность и взаимное участие подпитывались очень четким ощущением деления на «нас» и на «них», то есть на тех, кто принадлежит к прогрессивному лагерю и разделяет новое представление о том, как надо жить, и на остальных.

Э. Сэйнт сделал примечательное наблюдение, намекнув на значение пуловера на молнии на фотопортрете Ханнеса Майера, снятом в 1928 году, всего три года спустя после изобретения молнии [Saint 1983: 124]. С равным правом можно упомянуть и портрет Б. Брукальской, на котором архитектор предстает в образе очень стильной современной женщины со всеми чертами, присущими этому понятию[61]. Как профессионалы художественной сферы, оба архитектора имели ясное представление о коммуникационном аспекте своей работы, о посыле, который они передавали. То же самое можно сказать и об намеренно неформальном стиле одежды участников, которым конгрессы CIAM (и их визуальная репрезентация) отличались от гораздо более официальных съездов, скажем, IFHTP. Архитекторы-модернисты придавали большое значение освобождению от условностей минувшего и отказу от традиций, которыми определялся специфический сплав профессиональной деятельности и личного образа жизни. Решение — или потребность — быть современным в восточно-центральноевропейских обществах, где до сих пор

---

[60] Хотя в «Интернациональной архитектуре» Гропиуса (1927) приведен пример здания, спроектированного Форбатом; см. [Gropius 1981: 82].

[61] Этот снимок предваряет статью о Брукальской на сайте «Culture.pl»: Barbara Brukalska // Culture.pl: Электронный ресурс. URL: https://culture.pl/en/artist/barbara-brukalska (дата обращения: 31.03.2022).

Илл. 38. Воплощенный модернизм. Ф. Мольнар. «Две фигуры»

сохранялись традиционные социальные структуры, а среда больших городов еще только развивалась, часто имело более серьезные последствия и обусловливалось более сильными побуждениями, чем на Западе. Даже в исключительной ситуации интернирования Ш. Сыркуса в концентрационном лагере Аушвиц супруги Сыркусы вспоминали о стеклянном блюде на столе в своем доме как о символе идеалов модернизма, которые они оба разделяли[62]. В Восточно-Центральной Европе модернистское переопределение vita activa (деятельной жизни) в период, последовавший за 1918 годом, слилось с ощущением пребывания на пороге новой эры. П. Пиотровский охарактеризовал «желание быть современным, намерение создать новые обстоятельства, приобрести деятельное ви́дение, ориентированное на реальную жизнь», как самое распространенное, противопоставляя его

---

[62] См. [Kohlrausch 2010: 417].

Илл. 39. Банкет для французских архитекторов в Варшаве в 1932 году. Фотография в журнале «Аршитектюр д'ожурдюи». AA 8, № 8 (1932), 96

«меланхолическим раздумьям» о смерти, которые доминировали в десятилетия, предшествовавшие 1918 году [Piotrowski 2003: 52].

Наблюдения, сделанные в отношении переписки Гропиуса и Форбата, легко дополнить многочисленными примерами из корреспонденции CIAM. Там преобладали приятельский тон, постоянные заверения в дружбе, регулярные расспросы о самочувствии родных, зачастую также принимавших участие в переписке[63]. В мемуарах, посвященных CIAM, Форбат особо подчеркивал свою дружбу с четой Сыркусов и вспоминал, что «скоро все [участники CIAM] влюбились в Хелену»[64]. Хотя в центре общего внимания по прежнему находились мужчины, такие как Гидион, Гропиус, ван Эстерен, Ле Корбюзье и Сыркус,

---

[63] См., например, переписку супругов Сыркусов с Гропиусом и ван Эстереном, в частности письмо Гропиуса Х. Сыркус от 8 ноября 1936 года (MA. SP).

[64] Forbát F. Erinnerungen // AM. FP. S. 129.

они никогда не оспаривали роль женщин как своих активных соратниц в стремлении к современному миру. То была сплоченность, порожденная общим делом, борьбой с неприятием, надеждой на светлое будущее, которое докажет правильность этого дела, чему особенно способствовала близость, преодолевавшая языковые, государственные и поколенческие границы. Эта общность выражалась не столько в обычных приглашениях на общие встречи, сколько в нарочитом стремлении занимать современную позицию по всем аспектам жизни; например, Х. Сыркус в письме Гропиусу сообщала, как всегда гордилась тем, что «не привержена условностям»[65]. Этот неформальный, практичный взгляд выходит на первый план даже в письмах Форбата, написанных в крайне стесненных условиях, в вагончике, где он жил, надзирая за строительством советского Магнитогорска. Для сторонника модернистских решений неудобная обстановка, в которой он оказался, стала вызовом, с которым необходимо было справиться путем рационального планирования и высококачественного дизайна[66].

Эта культура сплоченности под эгидой общего дела также распространялась на путешествия и международный взаимообмен[67]. Они уже не были преимущественно или исключительно целенаправленными (то есть служившими обмену знаниями профессиональным задачам), но стали отличительной особенностью архитектора-модерниста. Журнал «Аршитектюр д'ожурдюи» организовал поездки в СССР и Польшу (через Сыркуса) в сентябре 1932 года и в Чехословакию, Венгрию и Австрию в 1935 году, целью которой, помимо прочего, было продемонстрировать узы, связывающие соратников-модернистов всех этих стран, а затем представить визуальные свидетельства совместного путешествия, опубликовав в журнале репродукции новейших модернистских сооружений [Jannière 2002].

---

[65] Х. Сыркус — В. Гропиусу. 24 января 1938 // BA. WGA. GS 19: folder 637.
[66] См. переписку Форбата, помимо прочих, с Гропиусом 1932 года (AM. FP. 1970-18-103).
[67] О структуре и значимости подобных путешествий см. [Wagner 2016: 52–55].

Илл. 40. IV Конгресс CIAM. На борту судна «Патрис II». Х. Сыркус с Ле Корбюзье и З. Гидионом. 1933. gta Archiv / ETH Zürich, Karl Hubacher

В контексте CIAM встречи и путешествия вышли на новый уровень значимости. Разумеется, постоянным поводом для беспокойства служи финансовый аспект поездок. Однако финансовые обязательства, которые были готовы взять на себя, например, супруги Сыркусы, кажется, подтверждают только что высказанную идею: посещение собраний членов CIAM и пребывание в компании единомышленников оправдывали мобилизацию последних финансовых ресурсов. Ш. Сыркус кратко излагал свои прежние обязательства в письме, написанном за несколько дней до начала войны:

> Сможет ли она [Хелена] приехать, зависит не от нас. И не от финансов, которые, как вам известно, никогда не были для нас решающим фактором, поскольку мы легки на подъем и сотрудничество с CIAM ставим превыше материальных благ. Мы никогда особенно не тревожились о том, что поездка нам не по средствам[68].

---

[68] Ш. Сыркус — К. ван Эстерену. 26 августа 1939 // MA. SP.

Очевидно, что для того чтобы преуспевать в данных условиях, были нужны определенные личные качества, а не только архитектурные способности или приверженность принципам модернизма. Интернациональный багаж Х. Сыркус, в том числе знание немецкого, французского и русского языков (в придачу к родному польскому), был одной из тех ее черт, которые помогли ей быстро достичь ключевого положения в организации. В своих размышлениях о значимости CIAM вообще и для нее в частности Хелена постоянно подчеркивала общность взглядов и тесные персональные контакты со своими попутчиками из CIAM, в основе которых, даже спустя много десятилетий после последних конгрессов, лежал широкий спектр общих интересов, далеко не только профессиональных [Syrkus 1984: 235].

### Распространение информации о проблемах и решениях посредством языка и выставок

Разумеется, общий фундамент — вера в модернистские разработки и приверженность «современному» образу жизни — не предотвратил серьезных разногласий из-за конкретных методов решения задач. Конфликт Ле Корбюзье и Тайге из-за Мунданеума в 1929 году, рассмотренный в главе третьей, — хорошая иллюстрация потенциальных линий размежевания. Помимо того, он наглядно демонстрирует, что специфическое взаимодействие архитекторов-модернистов в рамках CIAM и за его пределами в гораздо большей степени было обусловлено лейтмотивами преобразований, чем обычным широким сотрудничеством или передачей знаний.

Было отмечено, что функционализм следует понимать не столько как стиль, сколько как «специфический исторический способ, с помощью которого архитектура нашла себе место в науке, политике и общественной дискуссии» [Schwarz 1979: 68]. «Язык модернизма», который анализировал Э. Форти, по-новому осмыслял отношения между архитектурой и обществом и был понятен везде, невзирая на барьеры местных наречий [Forty 2004: 19–28].

В частности, два новых общих термина структурировали коммуникацию, касающуюся модернистской архитектуры, и исправили ее недоработки: это Sachlichkeit (вещественность) и конструктивизм, которые обеспечили технологический взлет и связали модернистскую архитектуру со многими другими областями искусства и техники, а также с обществом как таковым. Данные понятия предполагали революцию быта. «Вещественность» (Sachlichkeit), или «новая вещественность» (Neue Sachlichkeit), вслед за послевоенным экспрессионизмом сохраняла дух разочарованной Веймарской республики. Термин был введен в употребление во время одноименной выставки 1925 года; вскоре его стали использовать и за пределами Германии [Schnell 2005; Peukert 1987: 166–177]. Когда Ле Корбюзье в своей работе «В защиту архитектуры», метившей в Тайге, каялся, что повинен в «lèse-Sachlichkeit» (оскорблении вещественности), тем самым он косвенно подтверждал повсеместное установление ее господства [Le Corbusier 1974: 102]. Sachlichkeit в прочтении Ле Корбюзье означала архитектуру, которая руководствовалась строго функционалистскими принципами и имела отчетливый социальный уклон и практическую подоплеку, а следовательно, не сообразовывалась с большей гибкостью и упором на эстетические принципы, свойственные «романской» фракции CIAM — и самому Ле Корбюзье. Оставаясь каждый при своем мнении, Ле Корбюзье и Тайге, однако, доказали, что «вещественность» отразила важнейшую и основную категорию того, какой должна быть модернистская архитектура. Их спор продемонстрировал, как, несмотря на различные предпосылки, может работать коммуникация, одновременно давая понятие о движущих силах этой дискуссии. На взгляд Тайге, но также и Сыркуса, и многих других, кто (во всяком случае, поначалу) восхищался Ле Корбюзье, «вещественность» обладала огромным потенциалом. Трезвый подход к облику архитектуры, понимаемой прежде всего как технология оздоровления общества, как им казалось, предлагал колоссальные возможности для решения жилищных проблем в их странах, тогда как эстетика представлялась скорее вопросом роскоши. Кроме того, левые убеждения Тайге и, в меньшей степени, Сыркуса легко сочетались с сутью «вещественности».

Однако еще более актуальным для восточно-центральноевропейских архитекторов термином был конструктивизм. Термин выполнял двоякую функцию. Конструктивизм являлся лозунгом, объединявшим интернациональный авангард [Berg 2006]. Несмотря на всю неоднородность этого движения конструктивизм выказал способность к его интеграции. Кроме того, конструктивизм был понятием более динамичным, чем «вещественность», обладал потенциалом на будущее и оперировал конкретными примерами из Советского Союза. Конструктивизм и Объединение современных архитекторов (ОСА) однозначно были связаны с русской революцией (и ассоциировались с ней за рубежом). Знаменитая «Башня» В. Е. Татлина заключала в себе динамику прогресса на грани утопии. Венгр Мохой-Надь, вступая в 1925 году в Баухаус, находился под сильнейшим влиянием конструктивизма. Художники-архитекторы, утверждал он, имеют возможность сформовать человечество, организуя главные жизненные процессы [Todorov 2010: 19]. Как справедливо заметил Ц. Тодоров, «архитектура была логическим апофеозом конструктивистских экспериментов: вдохновившийся художественными принципами архитектор придавал миру форму, создавая настоящие дома, города в натуральную величину и ландшафты» [Ibid.: 27]. Здесь конструктивизм — показательный пример того, как новая динамичная сфера расчистила коммуникационное пространство вокруг темы, которая в данном случае являлась по большому счету утопической. Эта динамика, а также практическая основа конструктивизма — интерес к новым материалам — сделали его чрезвычайно привлекательным для художников и особенно для архитекторов в Польше, Венгрии и Чехословакии [Čeliš 1992; Passuth 1992; Stanisławski 1992]. Во многих отношениях стимулом для журналов и конструктивистских авангардных движений, возникших в упомянутых государствах, служила перспектива радикального изменения глубоко депрессивной обстановки, возникшей после Первой мировой войны. Во всех трех странах художники и архитекторы опирались на сети, созданные во время и после прошедшего в 1922 году Дюссельдорфского конгресса Международного союза прогрессивных художников (Union Internationaler Fortschrittlicher Künstler), позднее «Конструктивистского интернационала» (Konstruktivistische Internationale), избравшего конструктивизм своим лозунгом. На этом съезде утопические воззрения сочетались с акцентом на перспективах уже достигнутого практического прогресса, особое внимание уделялось необходимости и возможностям международного общения. Эль Лисицкий и ван Дусбург использовали «Конструктивистский интернационал» для создания сетей и журналов, важную роль среди которых играл «Блок». Статья «Что такое конструктивизм» — совместное творение членов польской группы «Блок» — оказала заметное влияние на ван Дусбурга [Passuth 2009].

Процессы, запущенные концепциями «новой вещественности» и конструктивизма, можно обнаружить и в коммуникационной структуре, которую, помимо всего прочего, представлял собой CIAM. Лучше всего это прослеживается по тематическим конгрессам, которые являлись одной из фирменных особенностей CIAM. После учреждения организации в швейцарском Ла-Сарра следующие съезды — во Франкфурте (II Конгресс CIAM, 1929) и Брюсселе (III Конгресс CIAM, 1930) — были посвящены важнейшим темам, связанным со всеобщей проблемой жилищного строительства.

С созданием CIRPAC и его рабочих групп, функционировавших как комитеты по решению проблем, CIAM попытался перейти от формулирования проблем к их решению. Хотя это стремление так и не было осуществлено в том виде, на который рассчитывали архитекторы CIAM, Франкфуртский конгресс отчетливо демонстрирует новизну и перспективность этого подхода. Он, по сути, придумал термин для обозначения комплексной проблемы, использовав броское выражение «минимальное жилье», и ввел его в политическую повестку, тем самым выступив как объединяющий посредник в соответствующем дискурсе. Во многом благодаря международным сравнениям конгресс устанавливал, что проблемы существуют, являются неотложными и универсальными по характеру. Это сказалось во внимании к регламентации, выразившемся в борьбе градостроителей за создание унифицированных карт [Wagner 2016: 153–156].

Имея возможность опираться на практические проявления потенциала CIAM в решении проблем, имевшие место во Франкфурте Э. Мая, конгресс хотя бы попытался функционировать в качестве застрельщика. Постоянные сравнения — еще одна фирменная особенность CIAM — придавали лейтмотивам преобразований, которые CIAM внедрил или, во всяком случае, подхватил и сформулировал на международном уровне, ощущение злободневности [Somer 2007: 131–147]. Кроме того, Франкфурт был отмечен на международной карте как лидер в разработке широкой социальной проблемы жилищного строительства. Отнюдь не случайно Май, один из самых известных в мире, наряду с Гропиусом и Ле Корбюзье, деятелей социальной архитектуры, вскоре после этого был провозглашен в Советском Союзе мастером масштабного городского планирования [Düwel 2015].

К лежащему в основе этого механизму отчасти можно применить использованное Д. Кухенбухом в отношении жилищного строительства и урбанизма в целом определение «кризификация» (crisification) — стратегия формулирования и, как следствие, драматизации социальных проблем с целью продавливания или подстегивания социальной политики [Kuchenbuch 2010: 72][69]. В Веймарской республике в конце 1920-х годов наблюдался колоссальный всплеск статистических и научных работ по Kleinwohnungsfrage (проблеме малогабаритного жилья), обусловленный кризисом политической легитимности и режимом жесткой экономии. Конгресс CIAM — прекрасный пример того, как это дискурсивное формулирование проблем было выведено на новый, практический уровень — причем по всей Европе. Сразу после Франкфуртского конгресса журнал «Архитектура и будовництво» сообщил о его результатах, опираясь на свои предыдущие репортажи с конгресса[70].

При сосредоточенности на образцовых зданиях модернизма нередко игнорировался тот факт, что здания эти нельзя рассма-

---

[69] Д. Кухенбух использует термин, впервые введенный И. Хирдман.
[70] См. материалы о Франкфуртском конгрессе в: AiB. 1929. № 7. S. 276–277, а также статью, написанную после конгресса Ш. Сыркусом, [Syrkus 1929].

Илл. 41. Кампания за доступное собственное жилье. Обложка журнала «Дом. Оседле. Мешканье». 1932

тривать в отрыве от широкой городской инфраструктуры, «городской машинерии» [Hard, Misa 2008b]. Меры, предпринимаемые для улучшения этой «машинерии», в том числе через CIAM, стали частью общеевропейской коммуникации и обмена специалистами. Также крупные города, особенно столичные, должны были позиционировать себя в картине городского прогресса. Деятельность польского движения за жилищную реформу предоставляет исчерпывающие доказательства этого двоякого процесса — заимствования из международных примеров вдохновения вкупе с практическими знаниями и использования этого нового контекста для самопозиционирования. Хорошим примером может служить кампания 1932 года «Дешевый собственный дом» (Tani Dom Własny), проведенная посредством одноименной выставки, а также специального выпуска журнала «Дом. Оседле. Мешканье»[71].

---

[71] DOM. 1932. № 7–8.

Аналогичным образом урбанисты Чехословакии использовали влияние IFHTP и специальные знания организации для создания Института урбанизма. С помощью IVW во время Конференции федерации в Праге в 1935 году была создана Чехословацкая ассоциация за жилищную реформу, и таким образом данная тема вошла в общественную повестку [Ibid.:: 233–236]. Чтобы понять, почему все проходило так гладко, мы должны принять в расчет работу, проделанную в новой области градостроительства сравнениями. Развитие в направлении урбанизма с самого начала носило все более интернациональный характер, создавая собственные международные организации и различные сети взаимообмена [Sutcliffe 1981].

Важной предпосылкой успеха CIAM, сумевшего объединить вокруг проблем архитекторов с самым разным опытом, были новые методы распространения информации об архитектуре. Архитекторы-писатели Бене и ван Эстерен уже к середине 1920-х годов предприняли примечательные попытки сжато выразить суть новой архитектуры и градостроительства. Ван Эстерен использовал диапозитивы и, судя по всему, задумывался о фильме. Кроме того, планировалось опубликовать его идеи в книге под названием «Один час градостроительства», в той же серии, что и «Один час архитектуры» Бене[72]. Подход ван Эстерена был кардинально новым в том отношении, что он воспринимал город целостно, сочетая это с представлением о градостроительстве как науке с четко определенными методами. Опираясь на свой более ранний парижский опыт, диаграммы и карты как средства визуализации, помогающие информировать о комплексных результатах, ван Эстерен применял гораздо систематичнее и нагляднее, чем его коллеги [Kostelnick 1990]. С одной стороны, ему удавалось привлекать гораздо более богатый набор данных, а с другой стороны, эти данные оставались довольно общими, а значит, доступными для передачи.

В рамках CIAM ван Эстерен стремился унифицировать категории и способы репрезентации архитектуры и градостроитель-

---

[72] Об использовании диапозитивов см. [Eesteren 1997]; о предполагаемом кинопроекте см. [Bollerey 1999: 29].

ства, чтобы облегчить систематичное сравнение городов и придать требованиям CIAM больший вес. Эта цель вывела ван Эстерена и CIAM на орбиту австрийского политэконома и социолога Отто Нейрата. Благодаря прогрессивистскому климату 1920-х годов Нейрат стал директором Социально-экономического музея (Gesellschafts- und Wirtschaftsmuseum). Широкая сфера интересов этого учреждения позволила Нейрату получить средства для разработки проекта «Изотайп» (Isotype) — визуального словаря, содержавшего около 2000 символов[73].

Хотя сам по себе подход был не нов, увлечение современными средствами хранения и передачи, безусловно, являлось новинкой. Нейрат полагал, что новое средство коммуникации позволит ему разработать новый стандартизированный язык, чтобы распространять знания невиданными ранее способами. Он усмотрел в современных условиях новую востребованность подобного начинания, но вместе с тем и новую надежду на достижение этой цели с помощью новых технологий и визуальных медиа. Нейрат напрямую связывал разработку своего пиктографического языка с техническим прогрессом. Визуализация должна была дать социальному прогрессу то, что технические науки уже дали промышленности, а гигиена — педагогике здоровья [Vossoughian 2006].

Строгая стандартизация давала возможность не только передавать, но и легко сравнивать информацию, что было особенно важно для Нейрата. Еще важнее была его активистская позиция. Усвоивший общие тенденции, вроде городской реформы с ее стремлением научить жильцов, как надо жить, Нейрат подчеркивал социальный уклон своего нового метода коммуникации.

Показательно, что, как доказал Ш. ван де Хейфел, модернистская архитектура и новые визуальные архитектуры знаний во многом пересекались. Организатор Мунданеума и универсальных способов организации знаний П. Отле, который сотрудничал с Нейратом, использовал модернистскую архитектуру для визуализации своих систем организации знаний. Кроме того, при описании революции знаний, которую он видел в действии

---

[73] См. [Hartmann 2006: 116–119].

и хотел стимулировать, Отле применял категории, аналогичные тем, которыми оперировал Ле Корбюзье в своей работе «К архитектуре». Оба употребляли такие термины, как «план», «стандартизация», «классификация», не просто имея в виду их упорядочивающую функцию, но считая их инструментами «для создания усовершенствованного общества» [Heuvel 2008: 129]. Урбанизм предоставил основу для сравнений, но вместе с тем и еще один динамичный термин, указывающий на светлое будущее. Когда Норверт в журнале «Архитектура и будовництво» в 1925 году рассуждал о преобразовательном потенциале книги Ле Корбюзье «Градостроительство», он подчеркивал динамику этой концепции [Norwerth 1925/26b; Ле Корбюзье 1977б].

Выставки также можно рассматривать как средство, которое изменило способ распространения информации архитекторами. Безусловно, в XX веке выставки не были новым явлением, но в тот момент их характер по ряду причин изменился. Опираясь на основу, созданную всемирными выставками начиная с середины XIX века, новые государства использовали выставки, чтобы обозначиться на карте в качестве современных образований [Geppert 2010]. Это касается выставок как в самих этих странах, так и за рубежом, причем наиболее эффективно использовались вышеупомянутые всемирные выставки. Вместе с тем самые заметные международные выставки давали повод для обсуждения взаимосвязи между официальным государственным представительством и ролью, которую могли здесь играть в соответствии с принципами, описанными в главе первой, архитекторы-модернисты. Это можно сказать и о Всемирной выставке 1937 года в Париже, где Польский павильон был построен Ляхертом, Шанайцей и Брукальским, и о выставке 1939 года в Нью-Йорке [Dybczyńska-Bułyszko 2005; Zimnica 1999][74].

С тех пор как протоурбанист Вернер Хегеманн в 1910 году организовал первую выставку, посвященную урбанизму, эти события служили двоякой цели: чтобы определить границы яв-

---

[74] Об архитектуре выставок как средстве информирования о национализированной современности см. [Störtkuhl 2006].

Илл. 42. Польский павильон на Всемирной выставке в Париже. 1937.
Сверху: NAC, 1-M-652-38; снизу: AiB 13, № 6 (1937), 225

ления и обеспечить основу для политики сравнения[75]. Если градостроительство оставалось уделом специалистов, архитектурные выставки по самóй своей природе привлекали гораздо более широкую публику [Feireiss, Cohen 2001]. Хотя притязания архитекторов-модернистов на то, чтобы представлять свои страны, разумеется, оспаривались, модернистская архитектура хорошо подходила для данного жанра. Это касается временных построек, которые, тем не менее, были способны запечатлеть революционную эстетику стекла и бетона, как знаменитый павильон Мис ван дер Роэ в Барселоне 1929 года, а также выставок, передававших визуальное воздействие новой архитектуры в фотографическом формате. Наиболее ярким и известным примером является поселок Вайсенхоф, построенный для выставки Веркбунда в Штутгарте в 1927 году[76].

Выставки были городскими мероприятиями не только потому, что их организовывали в пространственной сфере города, но и потому, что их главная тема, техническая модернизация, во многом была созвучна городскому пространству. Они весьма поспособствовали более научному дискурсу о городах и сопряжению градостроительстваи архитектуры с более широкими общественными процессами — и даже с нацией как таковой. Один из особенно репрезентативных и удачных примеров — Стокгольмская выставка 1930 года, культовые фотографии которой получили широкое распространение [Maurer][77]. Более или менее непосредственно реагируя на Всемирную выставку 1925 года в Париже, Стокгольмская выставка попыталась сплавить то явление, которое воспринималось как европейский или даже всемирный модернизм, с сутью «шведскости» [Marklund, Stadius 2010].

В 1928 году национальную выставку устроила Чехословакия. Сообразуясь с желанием новой нации смотреть в будущее, вместо

---

[75] См. также о показательном примере В. Хегеманна как пропагандиста урбанизма [Crasemann Collins 2005].

[76] См. богато иллюстрированную статью «Выставка в Штутгарте» (Wystawa w Stuttgarcie // AiB. 1927. № 3. S 14–20).

[77] О значимости этой выставки в целом см. [Kuchenbuch 2010: 51–55].

Илл. 43. Всеобщая национальная выставка в Познани (PeWuKa) 1929 года. Главный павильон Выставочного центра в Брно, возведенный для чехословацкой Выставки современной культуры, приуроченной к 10-летию нового государства (современный вид). Слева: AiB 5, № 11-12 (1929), 10; справа: ©Mark Baker (www.markbakerprague.com)

Праги намеренно выбрали Брно. Организаторы предпочли динамично развивающийся второй город страны из-за того, что у него «не было ни традиций, ни прошлого»; по их мнению, это позволяло Брно соответствовать новому государству в плане отсутствия весомых традиций. Здесь в качестве новой модели государства должны были фигурировать мастерская и лаборатория [Janatková 2008: 60–61].

Всеобщую национальную выставку в Познани (PeWuKa) 1929 года посетило более 4 млн человек. Она стала наглядным примером слияния национальных устремлений с устремлениями технических специалистов, в частности архитекторов-модернистов. Поскольку вскоре после нее начался глобальный экономический кризис, PeWuKa ознаменовала собой смещение акцента с вопроса национальной независимости на общественное значение современного искусства — и архитектуры [Bombicki 1992][78]. «Архитектура и будовництво» целиком посвятила выставке двойной номер. Журнал подчеркивал ее всеохватную социальную значимость с помощью многочисленных эмблематических иллюстраций в стиле Нейрата[79].

---

[78] См. также [Szczerski 2003; Schuler, Gawlik 2003].
[79] См.: AiB. 1929. № 11–12; 1928. Т. 11. № 4. S. 43–65.

Илл. 44. А. Гриневицкая-Пиотровская. Павильон женского труда на Всеобщей национальной выставке в Познани (PeWuKa) 1929 года

Выставку называли «удостоверением об экзамене, сданном на "отлично", экзамене, на котором проверялась способность вести самостоятельную жизнь в семье наций»[80]. На территории площадью свыше 60 гектаров было возведено более 100 павильонов, представлявших самые важные экономические, политические и культурные достижения нового государства, Польши, среди которых фигурировали эффектные образцы модернистской архитектуры, созданные преимущественно архитекторами «Презенса»[81]. В числе последних был павильон поразительного дизайна, посвященный месту женщин в современной экономике, спроектированный Анатолией Гриневицкой-Пиотровской[82]. Факт приглашения группы «Презенс» свидетельствует об официальном принятии модернизма. Это был решающий момент для «Презенса» и последний раз, когда эта группа действовала как единое

---

[80] Ibid.
[81] См. общие размышления Норверта об архитектуре выставки [Norwerth 1929a].
[82] О Павильоне женского труда (Pawilon pracy kobiet) см. [Chomątowska-Szałamacha 2015: 164].

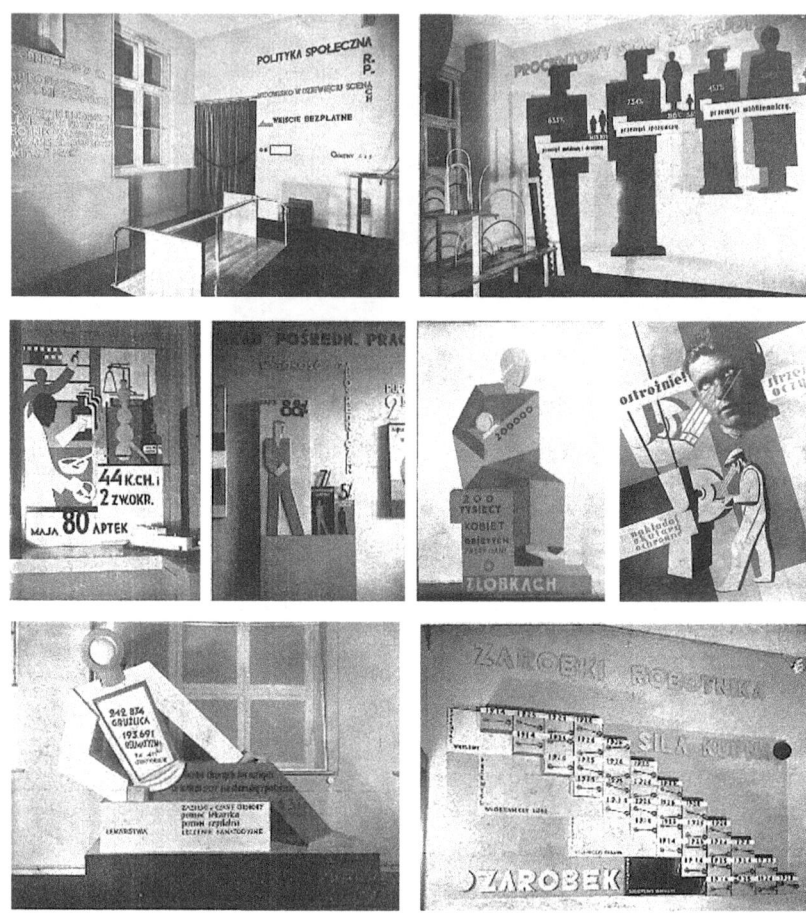

Илл. 45. Всеобщая национальная выставка в Познани (PeWuKa) 1929 года. «Графический язык» и социальные проблемы. AiB 5, № 11-12 (1929), 25

целое. После выставки она раскололась: на тех, кто следовал авангардной традиции, и тех, кто стремился к практическим решениям в социальной архитектуре.

Упомянутые выше выставки послужили важным элементом становления группы «Блок». Но выставка международной архитектуры была проведена и по инициативе самого «Блока» во французском Нанси в марте 1926 года. В первом номере журнала «Презенс» широко освещалась Выставка современной архитектуры в Варшаве 1926 года, где были представлены проекты из Чехословакии, Франции, Нидерландов, Германии и СССР [Chmara, Stiller 2008: 36][83]. Так же, как и в последнем номере журнала «Блок», который выполнил функцию каталога варшавской выставки 1926 года [Strożek 2013: 1199–1201, 1205]. Именно благодаря широкой известности «Презенса» Сыркус и другие члены группы смогли принять участие в нью-йоркской выставке «Век машины» 1927 года [Syrkus 1927].

Выставки оказывали серьезное воздействие лишь в том случае, если являлись частью более широкой медиа-стратегии и обладали четко определенным посылом, выходившим за узкие рамки художественных проблем. Интернациональная выставка Баухауса 1923 года активно рекламировалась Гропиусом и имела решающее воздействие на привлечение в новое учебное заведение студентов из других частей Европы. В свою очередь, наработки Баухауса и лекции его членов повлияли на многие восточно-центральноевропейские выставки, пытавшиеся на местах объединить модернистскую архитектуру и социальные проблемы. В частности, это касается трех венгерских выставок, «Коллективный дом» (1931), «За новую архитектуру» (1932) и «Строим для наших детей» (1932), которые опирались на лекции и публикации членов венгерской группы CIAM и имели сильный реформистский уклон [Ferkai 2003].

Во второй половине 1920-х годов все больше выставок посвящалось вопросам социальных преобразований. Прекрасный пример — польская выставка 1925 года «Жилище и город» (Mieszkanie i Miasto) [Wóycicki 1925/26]. З. Войцицкий, в духе вышеописанной «крисификации» [Kuchenbuch 2010: 75–77] и при традиционном взаимовлиянии выставки и журнала, отстаивавшего цели модернистской архитектуры, ссылался на

---

[83] О реакции на выставку см. [Norwerth 1925/26c; Faryna-Paszkiewicz 2003: 65–72].

Илл. 46. Павильоны Всеобщей национальной выставки в Познани (PeWuKa) 1929 года. AiB 5, № 11-12 (1929), 34, 15

«катастрофический жилищный кризис», призывая государство к действиям. По его словам, жилищный вопрос являлся первоочередной политической проблемой. Используя выразительную аэрофотосъемку, Войцицкий обращал внимание на безнадежно неработоспособное городское настоящее и противопоставлял ему далекоидущие планы самых дерзких польских городских проектов середины 1920-х годов. Он утверждал, что заниматься развитием территорий в важнейших регионах, особенно Варшаве и новой «морской столице» Гдыне, должно государство [Wóycicki 1925/26][84]. Действительно, сама выставка получила существенное государственное финансирование и находилась в сильной зависимости от государственных органов, в частности Министерства общественных работ. Таким образом, она являет собой хороший пример союза модернизирующего государства и инициативных архитекторов-модернистов, которые, как подчеркивал Войцицкий, предлагали решение кризиса — рацио-

---

[84] См. также [Raniecki 1925/26].

нально построенные, современные дома [Wóycicki 1925/26]. Другие выставки следовали этой же модели, чтобы расторможить общественность, и пытались оказать давление на государство, чтобы оно принимало меры. В 1930 году «Презенс» организовал выставку под названием «Минимальное жилище» (Mieszkanie Najmniejsze). Она демонстрировала технические и социальные возможности для модернистов, как объяснялось в сопроводительной статье Сыркуса в первом номере «Презенса», где, в частности, были представлены недавно возведенные кооперативные жилые дома по проектам супругов Брукальских[85]. Учитывая, что выставку посетило более 25 тыс. человек, успех был огромный [Caumanns 2006a: 218].

Выставки были тесно взаимосвязаны с распространением архитектурных журналов нового типа. Выставочная архитектура, создававшаяся ради визуального воздействия, особенно хорошо смотрелась на новых высококачественных фотоиллюстрациях. Внимание специализированных зарубежных журналов привлекали даже небольшие экспозиции[86]. Знаменательно, что на двух первых выставках «Аршитектюр д'ожурдюи» во Франции были представлены Польша, Чехословакия и Венгрия, и особенно подчеркивались непростое положение новых государств и их потребность в развитии новых столиц (особенно Варшавы) [Colombier 1933: 102–103]. Демонстрируемая динамика архитектуры, нередко находившейся еще на уровне проектирования, внимание средств массовой информации и сочетание с наиболее насущными потребностями государства — жильем, градостроительством, социальным прогрессом — все эти факторы, помещенные в международный контекст, делали выставки ярким примером того, как обеспечивалось уполномочие архитекторов и как архитекторы-модернисты хватались за эти новые возможности.

---

[85] См. [Wystawa 1929; Wystawa 1930]. Многие участники выставки также приняли участие во II Конгрессе CIAM во Франкфурте. См. [Syrkus 1929].

[86] См., например, [Liebermann 1932: 38].

### Заключение

Данная глава показала, что значимость новых способов самоорганизации архитекторов, о которой говорилось в главе третьей, можно полностью осмыслить только после анализа новых способов распространения информации об архитектуре. CIAM, как видно из поведения его восточно-центральноевропейских групп, вел энергичную пропагандистскую деятельность, а издательский комитет CIAM координировал популяризацию модернистской архитектуры и ее потенциальных социальных последствий. Организация имела возможность осуществлять это потому, что за 10 лет, прошедших с окончания Первой мировой войны до основания CIAM, возникло новое коммуникационное пространство с тематическими журналами, максимально использовавшими визуальную выразительность нового архитектурного подхода, что сделало реальным «чудо одновременности».

Архитекторы-модернисты Восточно-Центральной Европы, ярким представителем которых является Ш. Сыркус, инициативно использовали возможности коммуникации и медиа для укрепления собственных позиций. Так же, как национальные и международные организации, рассмотренные в предыдущей главе, эти архитекторы могли выдвигать свои притязания и на исключительные познания, и на прозорливость, ссылаясь на передовой международный опыт. То же касалось их притязаний на умение добиваться практических улучшений, которые они подкрепляли ссылкой на реализованные проекты на местах.

Архитекторы-модернисты вроде Сыркуса придали журналам и выставкам новый облик, применяя типографику, новый графический язык, активно задействуя для осуществления своей задачи новые медиа и систематически используя в качестве аргумента в поддержку своего дела международный обмен. То, что возникло в результате, представляло собой нечто гораздо большее, чем просто новое пространство для трансляции чьих-либо идей на международном уровне. Эти новые формы коммуникации фактически запустили различные механизмы: сравнение в новых стандартизированных, частично графических форматах, процессы, запущенные визуализированными представлениями об улучшенных городах, процессы, запущенные описанием (и опять-таки визуализацией) городских проблем, ссылки на будто бы всесильные технологии, явленные в «техноузданиях» из стекла и бетона, фигурировавших в новых журналах, — и на этом список не заканчивается. Все эти механизмы были, или, во всяком случае, могли быть, превращены в новые возможности влияния для архитекторов-модернистов — и по причинам, раскрытым в первой и второй главах, особенно проявились эти возможности в Восточно-Центральной Европе, а здесь прежде всего в новых столицах.

Эти механизмы будут продемонстрированы в следующей главе путем анализа отдельно взятого примера — плана «Варшава функциональная». Кроме того, общая динамика, описанная в этой главе, будет увязана с конкретной местной проблематикой: городским развитием польской столицы Варшавы.

# Глава 5
# Материализация международной повестки: «Варшава функциональная»

Передовая самого первого выпуска журнала «Архитектура и будовництво», вышедшего в 1925 году, заострила внимание на трех важнейших изменениях, коснувшихся архитекторов: технологиях, которые создали возможности для нового вида архитектуры, появлении новой общественности, разбиравшейся в архитектурных и городских проблемах, перешагнувших государственные границы, и наконец, архитектурных задач совершенно нового масштаба. В статье утверждалось, что по этой причине архитектор больше не может позволить себе быть «поэтом и мечтателем», а должен стать интеллектуалом и конструктором. Разумеется, совсем не случайно, что, в отличие от польского архитектурного журнала, базировавшегося в Кракове, новое издание обосновалось в новой столице — Варшаве. Варшава придала польским дискуссиям об архитектуре структуру, ориентацию и актуальность. В столице проявил себя непростой, но значимый союз архитекторов-модернистов с государством. И последний, но не менее важный момент: столица как никакое другое место могла служить связующим звеном между национальным и интернациональным контекстами, в которых обсуждалась и осмыслялась архитектура [Bartetzky, Fichtner 2005]. Это звено практически по определению затрагивало политику.

Подчеркивая значимость новых способов и форм коммуникации, обеспечивших самоуполномочие архитекторов, не следует упускать из виду материальный аспект нового коммуникационного пространства, описанного в предыдущей главе. Динамичные изменения, которым подверглись после Первой мировой войны восточно-центральноевропейские столицы, нашли отражение, как визуальное, так и текстовое, на страницах многих созданных в то время журналов. В этой главе мы на примере Варшавы, а точнее, плана, известного под названием «Варшава функциональная» (Warszawa Funkcjonalna), разберемся в процессах городских изменений, протекавших в польской столице, и обусловленных ими новых возможностях, открывшихся перед архитекторами-модернистами. В этой главе мы обратимся к архитекторам, действовавшим и в национальной, и в интернациональной сфере, и рассмотрим политическое давление и ожидания, с которыми они столкнулись. Тем самым в главе будут объединены темы четырех предыдущих глав: во-первых, структурные условия Восточно-Центральной Европы и то, что они подразумевали для архитекторов; во-вторых, новые формы архитектурной подготовки, делавшие архитекторов специалистами по градостроительству нового типа; в-третьих, влияние новых форм организации архитекторов, в частности CIAM; в-четвертых, новое коммуникационное пространство для архитекторов-модернистов, описанное в главе четвертой.

### IV Конгресс CIAM: в дело вступает политика

IV Конгресс CIAM, состоявшийся в 1933 году, после Второй мировой войны обрел почти легендарную славу. При несколько упрощенном истолковании сложного хода конгресса последний рассматривался как эпицентр новой разновидности радикального градопланирования, вышедшего за пределы человеческого масштаба и получившего название «функциональный город». Кроме того, место проведения конгресса — он проходил в Афинах, на борту реконструированного лайнера «Патрис II» — и царившая на нем непринужденная атмосфера в 1930-е годы казались поразительными и были весьма ярко отображены в фильме Мохой-Надя «Конгресс архитекторов»[1].

Однако IV Конгресс приобрел культовый статус еще и потому, что явился переломным моментом для CIAM. Он во всех отношениях был самым политизированным съездом CIAM, и это ощущалось по меньшей мере на трех уровнях. В начале 1933 года нацисты захватили власть в Германии и тем самым практически положили конец модернистскому движению в той стране, где оно проявилось наиболее ярко. Баухаус уступил нажиму нацистов и 20 июля, всего за несколько дней до того, как члены CIAM 29 июля 1933 года поднялись на борт «Патриса II», самораспустился. Ни одного из немецких членов CIAM на конгрессе не было. Даже такая величина, как Гропиус, позаботился о том, чтобы не подвергать опасности свое положение на родине. Венгерская группа CIAM также не смогла присутствовать, поскольку венгерские власти отказали ей в паспортах, наказав за участие в критической выставке, посвященной городским проблемам[2].

Еще более непосредственно была связана с судьбой CIAM меняющаяся политическая обстановка в Советском Союзе. В контексте укрепления своей власти Сталин, ставший теперь единоличным вождем, разорвал связь между социализмом и архитектурным авангардом, которая столь многим архитекторам-модернистам казалась непреложной. Это имело прямые последствия для CIAM. Когда в конкурсе 1932 года на проектирование Дворца Советов в Москве победила не работа Ле Корбюзье или какого-нибудь другого модерниста, а довольно традиционный неоклассический проект, Ле Корбюзье заговорил об предательстве современности [Somer 2007: 114–115]. Он и другие лидеры CIAM резко раскритиковали этот выбор и пригрозили отказаться от намерения провести конгресс CIAM в Москве, что

---

[1] Фильм похвалили за пропагандистское воздействие на заседании CIAM-Ost в Будапеште в 1937 году; см.: З. Гидион — Ф. Мольнару. 28 января 1938 // BA. WGA. Papers II, 129.

[2] Forbát F. Erinnerungen // AM. FP. S. 192–193.

в итоге и было сделано. Они отправили Сталину две телеграммы, в которых безбоязненно сообщили о своих опасениях. Пытаясь смягчить текст телеграммы, Гидион, по крайней мере, сумел изъять оттуда замечание Ле Корбюзье насчет того, что после конкурса СССР обречен «на жалкий, бездарный, ретроградный и упаднический конец». Невзирая на его усилия, в результате этого письменного демарша позиции западных экспертов в Советском Союзе еще больше ослабели [Боденшатц, Пост 2015; Mumford 2000: 71–73][3].

В то время как Сталин желал найти «политически зафиксированные модели» городской трансформации всей сельской местности, CIAM стремился исследовать новые области работы, отчасти для того, чтобы продемонстрировать универсальную состоятельность своего урбанистического подхода [Там же]. Однако срыв разработанных планов сотрудничества, базировавшихся на общих целях, также проясняет тот факт, что архитекторы СССР играли скромную роль в межвоенной международной коммуникации специалистов — и, в частности, в CIAM. Советский Союз уже отказывался посылать архитекторов на предварительный конгресс 1931 года, просто заявив, что моделью для CIAM должна служить концепция «социалистического города» Н. А. Милютина [Mumford 2000: 63–64, 87–88].

Острую реакцию Ле Корбюзье (и других) можно понять лишь с учетом надежд, которые возлагались на Советский Союз как на «лабораторию истории», по выражению чешских интеллектуалов левого толка [Švácha 1999a: 129]. Также московский инцидент показал, что влияние экспертов CIAM куда меньше, чем им представлялось. Кроме того, многие архитекторы — члены CIAM, приехавшие в СССР, чтобы поучаствовать в строительстве новых городов, стали переживать серьезные затруднения в карьере и частной жизни — или же оказывались в крайне уязвимом положении, если продолжали пребывание в СССР. Эрнст Май, Фред Форбат, Ганс Шмидт — все они на конгрессе 1933 года не присутствовали. «Во времена, подобные нынешним, важно оставаться

---

[3] Forbát F. Erinnerungen // AM. FP. S. 150–152.

на связи», — заканчивал Май письмо Форбату в августе 1933 года, подводя итоги тех месяцев, в течение которых прерогативы, служившие опорой их архитектурной работе и воззрениям, устарели[4].

Помимо этого, CIAM-IV стал самым политизированным из всех конгрессов, поскольку его главная тема, «функциональный город», имела чреватую серьезными последствиями политическую подоплеку — во всяком случае, так считали многие члены CIAM. Заметно было и отсутствие Тайге, который был ключевым участником предыдущих дискуссий, но считал подход Ле Корбюзье безнадежно буржуазным [Somer 2007: 36, 107, 110]. Противоречия внутри CIAM, основанного всего пятью годами ранее, в 1928 году, теперь сделались совершенно очевидными [Steinmann 1972]. Полемика (которая не ограничилась Тайге и Ле Корбюзье) касалась определения места архитекторов как специалистов в обществе и по отношению к политике, в том числе авторитарной. Главный спорный момент Гидион сформулировал так: «Принципиальный вопрос = технические специалисты или политики?» По его мнению, предполагалось два варианта. Либо члены CIAM считают себя (как было до сих пор) техническими специалистами, а значит, решают проблемы с технической точки зрения, либо, взяв пример с Тайге и чехословацкой группы, будут рассматривать себя как политиков с четкой антикапиталистической позицией [Mumford 2000: 87–88]. В глазах Гидиона первый вариант включал возможность оказывать влияние, но вместе с тем и риск оттеснения на обочину сразу после (ожидаемого) изменения политического строя. Вариант переквалифицироваться в политиков был единственным способом сохранить влияние в «социалистической ситуации». На заднем плане маячил большой вопрос о том, станут ли в будущем ожидать, что, по выражению Гидиона, «каждый специалист займет [определенную] политическую позицию». Гидион полагал, что станут. С другой стороны, считал он, учитывая царящий политический хаос, мнение членов CIAM как технических специалистов, непричастных к политике, чрезвычайно

---

[4] Э. Май — Ф. Форбату. 29 августа 1933 // AM. FP. 1970-18-193-03.

важно «для установления порядка»⁵. Именно эта взаимосвязь отдалила Нейрата, принимавшего участие в конгрессе в качестве «специалиста», от Ле Корбюзье, который «был настроен защищать самостоятельность "главного планировщика"», тогда как Нейрат настаивал на сохранении контакта с обычным человеком [Vossoughian 2008: 126–128; Gresleri 2003].

Помимо этого, у Ле Корбюзье и Гидиона имелись большие разногласия по поводу фраз и формулировок резолюции, поскольку надо было распространить ее как в прессе, так и среди властей, что, как предполагалось, должно было оказать значительное воздействие. Ле Корбюзье настаивал на «энергичной резолюции», в которой также следовало затронуть вопрос об экономических изменениях. Комментируя доклад Ле Корбюзье для конгресса CIAM 1937 года, Гропиус в записке Гидиону замечал:

> Мне он кажется почти опасным из-за этой своей надменной, предвзятой поверхностности. <…> Я все больше понимаю, почему специалисты, которые разрабатывают специальные вопросы, опираясь на многолетний опыт, отворачиваются, завидев эту манеру⁶.

Сетования Гропиуса являются отражением конфликта, проявившегося во время и после IV Конгресса CIAM, в котором городское развитие на основе фрагментарной аналитической подготовки противопоставлялось развитию, базирующемуся на масштабных планах, где местные условия рассматривались лишь как второстепенный вопрос. В качестве второго спорного пункта, частично связанного с предыдущим, на IV Конгрессе фигурировал вопрос о том, как политически поддержать широкие городские преобразования, которых хотели добиться архитекторы. Эта дискуссия затронула и самоощущение архитекторов как аполитичных — или же, как утверждали их противники, связанных с политикой — сцециалистов, и само представление о CIAM

---

⁵ З. Гидион — Ле Корбюзье. 4 сентября 1933; опубл. в [Hilpert 1988: 179–182].
⁶ В. Гропиус — З. Гидиону. 5 января 1937 // BA. WGA. Papers II, 129.

как организации, опирающейся исключительно на научные критерии[7].

Показательно, что, хотя для выработки резолюции по результатам напряженных дискуссий был создан специальный комитет, единодушное заявление по обсуждениям на «Патрисе II» и в Афинах так и не было принято. Лишь Ле Корбюзье в 1943 году опубликовал текст, который он, несколько ошибочно предполагая никогда не существовавшее единство, назвал Афинской хартией [Ле Корбюзье 1977а]. В августе 1933 года Ле Корбюзье обратился к тем, кто занимал ответственные должности, и, по его словам, ждал заявления CIAM и призыва к практическим действиям:

> Самое время, Гидион, мир в огне. Необходима консолидация. Мы — специалисты по современной архитектуре. Во имя надлежащей процедуры и священного дела я требую, чтобы резолюция была опубликована[8].

Концепция «функционального города», отчасти плод мысли Ле Корбюзье, также была средством уполномочия CIAM. В конце концов, эта масштабная урбанистическая идея претендовала на регулирование областей общественной жизни, которые до сих пор располагались далеко за пределами задач архитекторов или не считалась элементом общей картины. Это с логической точки зрения одновременно означало, что ключевым фактором успеха «функционального города» становилась политическая поддержка. Без поддержки на самом высоком уровне преобразование целых городов, скорее всего, осталось бы замыслом, а не реальностью. Кроме того, градопланирование, само по себе являвшееся технической дисциплиной, требовавшей научного нейтралитета, все больше сближалось с развивающимися политическими системами. Яркий пример — две модели, воспринимаемые как противоположные позиции дискуссии: «капиталистический»

---

[7] О более ранней дискуссии, посвященной отношению CIAM к политике, см. [Mumford 2000: 15, 40].

[8] Ле Корбюзье — З. Гидиону. 29 августа 1933; опубл. в [Hilpert 1988: 171].

Генеральный план расширения Амстердама (1935) и «социалистический» Генеральный план реконструкции Москвы того же года. Как уже отмечалось, оба плана необходимо рассматривать в политическом контексте как проявления кардинального изменения парадигмы, произошедшего в «уникальной интернациональной конфигурации» [Боденшатц, Пост 2015].

Завораживавшее модернистов советское обещание раз и навсегда повергнуть город XIX века посредством всестороннего планирования, предоставления бесконечных, на первый взгляд, материально-трудовых ресурсов и устранения помех, препятствующих переменам, в частности прав собственности, было почти идеальным, чтобы его отвергнуть. «Одна из самых важных задач, когда-либо поручавшихся градостроителю, была возложена на меня», — объяснял Май газете «Франкфуртер цайтунг» перед отъездом в Советский Союз [Flierl 2011: 158]. Многие архитекторы, которые присоединились к Маю напрямую или стали участниками масштабной программы по привлечению в СССР иностранных архитекторов, на собственном горьком опыте убедились, что за это им придется заплатить огромную политическую цену. И хотя большинство из них, возможно, разделяли политические цели этого режима, смириться с тем, что в стране, куда они прибыли, репутация специалистов, на которую они притязали, понималась совершенно иначе, им было намного тяжелее. Даже такой опытный, покладистый и готовый к неудачам архитектор, как Форбат, к 1933 году совершенно лишился иллюзий. К середине 1930-х годов большинство западных архитекторов покинули СССР или утратили положение, которое изначально привело их туда, и были низведены «до уровня сотрудников». Стам, Майер и Шмидт уехали из СССР «сломленными» [Ingberman 1994: 141]. К тому же в Европе, с учетом политической трансформации Германии и превращения таких стран, как Венгрия, во все более авторитарные государства, для них оставалось мало вариантов. Глубоко встревоженный последними событиями Гропиус писал Форбату в октябре 1933 года: «Все обращаются к крови и почве»[9].

---

[9] В. Гропиус — Ф. Форбату. 30 октября 1933 // AM. FP. 1970–18–187–01.

Однако нам следует избегать схематичного противопоставления растущего политического давления на архитекторов и их профессиональной свободы. Во многих случаях меняющийся политический климат открывал для архитекторов новые возможности. Именно так обстояло дело с проектом CIAM «Варшава функциональная», который будет рассмотрен в настоящей главе. Прежде чем сосредоточиться на этом примере, мы кратко обрисуем другие попытки воспользоваться, несмотря на сгущающиеся над Европой политические тучи, возможностями нового функционального градостроительства, затем обратимся к появлению идеи «функционального города», после чего перейдем к градостроительству в «запоздавшей» столичной Варшаве.

### Воплощение новаций в жизнь: функционалистская лаборатория в Злине

Смена политического курса в начале 1930-х годов привела к широкомасштабной эмиграции архитекторов. В то время лишь немногие архитекторы, не считая тех, кто жил в Германии, были вынуждены покидать родину. Однако мест, где можно было бы реализовывать модернистские идеи, стало мало. Одним из самых творческих противовесов этому процессу стал Э. Мендельсон. Она начала приобретать четкие очертания в 1933 году, с покупкой строительного участка на французском Лазурном берегу, близ Сен-Тропе. Мендельсон, одна из звезд модернистского движения, задумал это учреждение вместе с архитекторами Х. Т. Вейдевельдом и А. Озанфаном, отчасти в ответ на закрытие границ и наступление нацистского режима на культуру и науку — то есть на все, за что ратовали авангардисты 1920-х годов. Академия находилась под сильным влиянием Баухауса, в ней предполагалось обучать новое поколение в европейском духе, предоставляя на выбор широкий диапазон искусств. Мендельсон собрал впечатляющую команду единомышленников — интеллектуалов, художников и ученых. В Почетный комитет Академии вошли А. Эйнштейн, А. ван де Вельде, И. Ф. Стравинский, Ф. Ллойд Райт и П. Валери.

Проектировать здания для академии поручили Форбату[10]. В мае 1933 года он окончательно решил не возвращаться в Советский Союз, который покинул несколькими месяцами ранее. Это его решение стало реакцией на изменение политической обстановки, в которой архитекторам приходилось работать в СССР. В предваряющем заявлении Форбат свидетельствовал о новой, все более опасной для него и его спутников ситуации:

> Также я считаю, что вследствие массовой эмиграции из Германии положение немецких специалистов, которые не состоят в Коммунистической партии, сделается невыносимым. Слежка и доносительство своих же собственных товарищей-коммунистов достигнут такого уровня, который нельзя выдержать.

Форбат полагал, что свободы действий, необходимой специалистам для того, чтобы проявлять себя в технических вопросах, станет еще меньше, чем ныне[11].

К маю 1933 года Форбат лишился не только своего места в СССР, но и немецкого гражданства. Поскольку в родной Венгрии ясных перспектив у него не было, изменение политического климата в Европе вынудило его ухватиться за соломинку ненадежного предприятия Мендельсона. Десятки архитекторов-модернистов, которые ранее работали в СССР или не могли оставаться в Германии, сделались, подобно Форбату, «свободными радикалами» и пытались обосноваться там, где смогли бы заниматься своим делом. Такие люди, как Мартин Вагнер, Эрнст Май и Ханнес Майер (и это лишь самые известные имена), стремясь избежать нарастающего в Европе вала, подались в самые разные страны, от Турции до Кении и Мексики [Kohlrausch, Trischler 2014: 187–194]. Голландский архитектор Хенк Нигеман, который до 1933 года тоже находился в СССР, вместе с Форбатом принял участие в смелом начинании Мендельсона.

Мендельсоновская Академия подтверждает, что с модернистской архитектурой связывались большие ожидания. Кроме того, Акаде-

---

[10] Forbát F. Erinnerungen // AM. FP. S. 195–198.
[11] Ibid. S. 186.

мия явилась примечательной попыткой вновь утвердить модернистскую архитектуру в качестве ведущей дисциплины, хоть и запоздалой, если учесть новую политическую ситуацию [Wijdeveld et al. 1933]. В июне 1934 года случилось событие, которое можно считать почти символическим: пожар уничтожил участок, на котором собирались строить Академию, да и неблагоприятный политический климат все больше препятствовал амбициозной затее.

Когда с модернистской карты исчезли Германия и Советский Союз, в фокусе всеобщего интереса очутились регионы, ранее находившиеся на периферии внимания. В отличие от своих соседей, Чехословакия осталась экономически и политически стабильной и сохранила демократическую систему. Это же обеспечило процветание предприятия, явившегося, пожалуй, самым ярким практическим воплощением модернистского представления об архитектуре со всеми его социальными и культурными отголосками в Европе. В отличие от мендельсоновского проекта Европейской средиземноморской академии, который из-за ухудшения политической ситуации и отсутствия политической поддержки остался в зачаточном состоянии, промышленный город Злин в юго-восточной Моравии сумел полностью реализовать свой строительный потенциал, воспользовавшись динамичным развитием Чехословацкого государства, экономики и общества. Объединив идеи модернистской архитектуры с идеями экономической рационализации и стандартизации (о которых говорилось в главе второй), фабричный город обувной компании «Батя», точно вогнутое зеркало, отразил сферу охвата модернистского проекта — и вместе с тем его проблемные аспекты.

В последние годы Злин привлекал к себе немалое внимание [Klingan 2009; Nerdinger 2009]. Выставочные проекты и новые исследования подтвердили, что он являет собой уникальный пример архитектурного модернизма в городском масштабе с точки зрения его размеров и радикального характера. Злин был спроектирован не на пустом месте. Абсолютное изменение внешнего вида города обусловили стремительный рост и международный экономический успех местной фабрики «Батя». По инициативе династии Батя было проведено функционалистское

Илл. 47. Масштабная функционалистская застройка в Злине.
Bata Brands

городское планирование и с применением инновационного метода стандартизированного строительства возведены новые кварталы и здания [Zarecor 2011: 224–244].

Тысячи новых жителей не просто переехали в современные квартиры, но и приобщились к современному быту, продиктованному фабрикой наряду с комплексной программой досуга и образовательной деятельности. Намерения семьи Батя выходили далеко за рамки обычной эффективности производства. Объединив модернизм с устремлениями нового Чехословацкого государства, компания использовала город для создания «нового чехословака» и «нового индустриального человека» [Feindt 2017: 109]. Батя рассматривали свои начинания, в том числе обширное региональное планирование, как важный этап, призванный обеспечить Чехословакии место на международной карте и представить страну как средоточие социальной деятельности и экономику будущего. То есть новый город должен был стать образчиком современного рационального общества. В немалой степени он обрел этот статус уже к середине 1930-х годов — не в последнюю очередь благодаря многочисленным городам — репликам Злина, разбросанным по всему земному шару [Horňáková 2009].

Чтобы выйти за пределы моравской глубинки, Батя использовали все виды коммуникационных технологий, а модернистская архитектура города, в частности первый чехословацкий небоскреб, заняли видное место в визуальной коммуникации. Функ-

Илл. 48. Ле Корбюзье в Злине. 1935. © Moravský zemský archiv v Brně Státní okresní archiv Zlín, Česká republika, (3284, por.c.1; 3336, por.c.2) Государственный окружной архив Злина, 3284, por.c.1 (сверху); 3336, por.c.2 (снизу)

ционалистская архитектура являлась маркетинговым инструментом, элементом корпоративного бренда, но вместе с тем и составляющей всеохватной маркетинговой стратегии, применявшей самые современные инструменты, в том числе собственные киностудии. Эти отдельные направления были сведены воедино в ошеломляющем бетонно-стеклянном Мемориале Томаша Батя

[Szczepanik 2009: 203–206]. Флагманский магазин компании «Батя» в Праге (1929) был представлен на выставке интернационального стиля в нью-йоркском Музее современного искусства (MoMA) в 1932 году [Hitchcock, Johnson 1995: 173].

Таким образом, Злин являет собой и яркий образец входившей в состав модернизма коммуникационной структуры, сформированной архитекторами-модернистами и формировавшей их карьеры и личности. В 1935 году в этом городе несколько недель прожил Ле Корбюзье, участвовавший в работе жюри, и новый, по мнению архитектора, этап социальных отношений, достигнутый с помощью градостроительства, архитектуры и масштабной экономической организации, которой он много лет восхищался, произвел на него глубокое впечатление [Cohen 2009]. Хотя отношения Ле Корбюзье с компанией не оправдали его ожиданий, несмотря на ряд подготовленных им проектов, его пребывание в Злине — наглядный пример экономики внимания, к которой он был причастен и которая отразилась и на самом Злине. В отчете бельгийской группы CIAM по итогам визита в Злин содержались восторженные похвалы идеальному сочетанию света, воздуха и скорости в этом городе нового типа [Ibid.: 121].

П. Ваго, организовавший в Злине в 1935 году III Съезд RIA, воспринял это исключительно удачное новое понимание городского общества с не меньшим энтузиазмом. Для него и его коллег — членов RIA Злин был «откровением» (révélation), «ультрасовременным» (ultramoderne) городом и «гимном стандартизации» (hymne à la standardisation). Другие известные члены RIA, в частности Огюст Перре, соглашались с этим. Однако Ваго использовал свои высказывания о Злине для критики Ле Корбюзье, чье суждение о Злине он, в соответствии с идеологическими установками CIAM, считал слишком поспешным и не учитывающим потенциальные негативные аспекты города и которого высмеивал за то, что тот призывал дух Людовика XIV содействовать дальнейшему развитию [Vago 2000: 135–136][12].

---

[12] См. также обширные материалы о Злине в нескольких выпусках «Аршитектюр д'ожурдюи» за 1935 год, в частности [Vago 1935].

Знаменательно, что в 1937 году Злин (вместе с Брно) стал местом проведения второго совещания CIAM-Ost. Члены CIAM-Ost восприняли его как город будущего и материализацию новой эпохи. В письме к Гропиусу Мольнар сообщал, какое глубокое впечатление произвели на него бесчисленные «обнаженные люди, занимающиеся спортом», а также функционалистские квартиры[13].

### Идея «функционального города»

Злин оказался весьма значимым примером воплощения «функционального города» и средоточием больших надежд, которые ему сопутствовали. У последних тоже были пределы, о чем свидетельствуют воспоминания Ваго. Благодаря динамичному экономическому развитию компании «Батя» Злин явно оказался успешным проектом. Его строительство определялось экономическими интересами и началось не с планирования как такового. М. Платцер справедливо подчеркнула, что модернистская архитектура Злина была средством достижения целей компании [Platzer 2009: 99]. Предприятие «Батя» едва ли было заинтересовано в «брендировании» своей штаб-квартиры как «функционального города». Скорее семья Батя стремилась подавать свое понимание модернистского градостроительства как составляющую духа компании. Кроме того, даже в период расцвета Злин оставался провинциальным чешским городком с населением около 30 тыс. человек. Наконец, несмотря на визит Ле Корбюзье и совещание CIAM-Ost в 1937 году, Злин имел лишь весьма отдаленное отношение к дискуссии CIAM — отчасти вследствие длительной неработоспособности чехословацкой группы CIAM.

Тем не менее пример Злина подчеркивает, как привлекательны были в 1930-х годах и идея строительства новых модернистских городов с нуля, и представление о том, что подобный город может способствовать глубоким преобразованиям и усовершенствованию общества. Хотя функционалистский урбанизм, разумеется,

---

[13] Отчет Ф. Мольнара З. Гидиону. 21 мая 1937 // BA. WGA. Papers II, 129.

был изобретен не CIAM, этой организации удалось занять в последовавшей дискуссии лидирующие позиции и придать ей единообразие. Идея «функционального города» объединила в себе многие характеристики новой науки, градостроительства, о чем говорилось в главах второй и четвертой. Принцип деления города в соответствии с четырьмя предполагаемыми основными функциями — жилой, трудовой, транспортной и рекреационной — лег в основу общих представлений о зонировании, появившихся около 1900 года в Германии. Концепция «функционального города», принятая CIAM после Брюссельского конгресса 1930 года, явилась дальнейшей разработкой уже существовавших идей, а также свела воедино различные направления мысли. В «городе солнца» лучшие места, в продолжение дискуссий о доступном и безопасном для здоровья жилье, проходивших на Франкфуртском и Брюссельском конгрессах CIAM, отводили бы под жилую застройку. Планируемые транспортные артерии и промышленные зоны, частично обязанные линейному городу Милютина, в свою очередь восходящему к Артуро Сориа-и-Мата, также отражали технократические представления о рационализации и эффективности, занимавшие столь большое место во всех дискуссиях CIAM. Май задумывал свое детище, Магнитогорск, как линейный город [Конышева, Меерович 2011].

Набрать силу концепции «функционального города» позволили два обстоятельства, приобретшие значимость около 1930 года.

Во-первых, как говорилось в предыдущей главе, в 1920-х годах получили быстрое развитие системы графических условных обозначений, такие как «Изотайп». Для градостроителей особый интерес представляла инфографика Нейрата. Условные обозначения такого рода позволяли эффективно сообщать сложную информацию в городе, поделенном на функциональные зоны. Во всяком случае, визуальный язык допускал быстрое и простое решение подобных сложных проблем. Кроме того, система Нейрата облегчала сравнение городов [Chapel 2001; Vossoughian 2006][14]. IV Конгресс CIAM, несмотря на борьбу за прерогативу

---

[14] См. также [Schneider 2014].

определения обозначений, был наиболее успешным мероприятием в плане распространения программы CIAM. При активном участии Нейрата CIAM должен был сравнить 34 города, в основном европейских, по заранее определенным критериям и унифицированным форматам презентации. Эти города были разбиты на семь категорий, в том числе порты и административные центры. Концепция позволяла сравнивать очень разные города, теоретически в масштабе всего мира, но фактически преимущественно в пределах Европы [Mumford 2000: 73]. Варшава вместе с Парижем, Лондоном, Берлином и Будапештом попала в категорию столиц [Ibid.: 84].

Во-вторых, примерно в то же время достижения в области научного урбанизма и статистики позволили градостроителям гораздо увереннее внедрять свои идеи на местах. Ван Эстерен еще с 1929 года занимал высокий пост в Отделе городского развития Амстердама. А следовательно, в его распоряжении имелась рабочая сила, необходимая для сбора обширных и точных данных о городских преобразованиях. Кроме того, ван Эстерен вместе со своими сотрудниками разработал единую систему графического отображения градопланирования — отчасти руководствуясь принципами Нейрата и опираясь на ряд лекций, прочитанных им в 1928 году, а позднее опубликованных под общим названием «Идея функционального города» [Eesteren 1997: 23–53; Somer 2007: 147; в целом Vossoughian 2008]. Таким образом, в начале 1930-х годов Амстердам сыграл ключевую роль в превращении концепции «функционального города» в «последний писк». Разработанные здесь категории задали направление IV Конгрессу CIAM 1933 года. В придачу к этому именно в Амстердаме в 1935 году CIAM впервые представил сравнение 34 городов по функциональным категориям, начало которому было положено на IV Конгрессе CIAM [Somer 2007: 177–183]. В декабре 1931-го и еще раз в сентябре 1932 года делегаты CIAM получили методические указания, разработанные ван Эстереном и голландской группой CIAM. Также им раздали в качестве образца карту с изображением анализа, проведенного на примере Амстердама. Ван Эстерен попросил каждую группу подготовить карту в масштабе 1:10 000, на которой надо было оставить пустые места для общественных зданий, тогда как жилую застройку следовало воспроизвести во всех подробностях [Weiss et al. 2014: 15–16].

Хотя урбанисты того времени оспаривали революционный характер дискуссии CIAM о «функциональном городе», одним из элементов ее успеха или даже его главной составляющей можно считать «историческую самодраматизацию» [Ibid.: 22]. Действительно, в самых передовых аналитических материалах эту историю успеха не найти. К тому же сравнение городов в формате анкетирования практиковалось и раньше (впрочем, возникло не так давно). Попытке, предпринятой CIAM, были присущи три новых аспекта. Во-первых, проведенный в 1931–1932 годах брендинг термина «функциональный город», который теперь подразумевал под собой всестороннее планирование с сильным социальным уклоном и динамичным, почти утопическим характером, смотревшее на город как на образование, поддающееся формированию. Это было достигнуто и за счет резкого сокращения отображаемой информации и фокусирования лишь на четырех вышеупомянутых функциях, хотя ван Эстерен особо отмечал: вовсе не значит, что многосложность современной городской жизни в расчет не принимается. Это имел в виду Ле Корбюзье, когда требовал: «Анализируйте и классифицируйте, глядя сквозь фильтр, сквозь призму современной эпохи. Эта призма прольет особый свет, свет Международного конгресса современной архитектуры» [Ibid.]. Во-вторых, этот редукционистский подход, все еще рассматривая город как целое, почти непременно должен был сосредоточиться на дальнейшем развитии, на предполагаемом светлом будущем каждого города в результате этого превращения в поистине «функциональный город». Этот аспект был весьма метко схвачен в проекте «Варшавы функциональной». В-третьих (данный аспект частично связан с двумя предыдущими), IV Конгресс стал первым подлинным проявлением принципа коллективной работы, который CIAM исповедовал с самого начала. Коллективная работа, заставлявшая архитекторов подчеркивать, что важным шагом вперед является само их объединение в группу и интенсивный

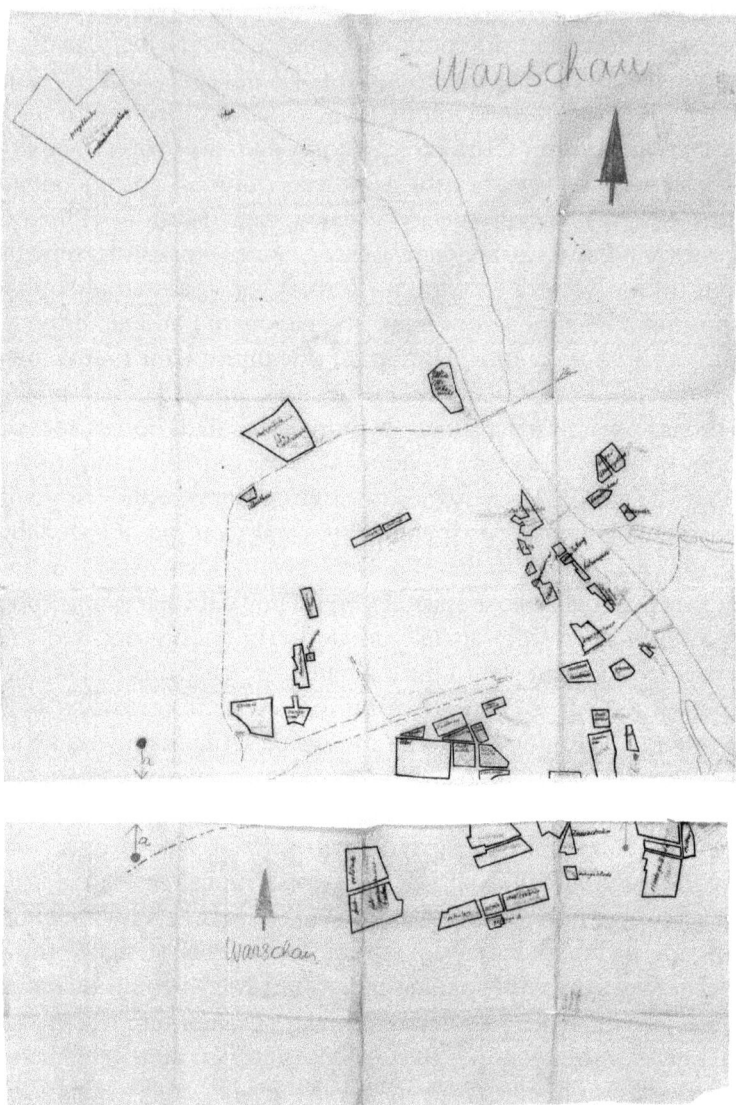

Илл. 49. К. ван Эстерен. Кроки Варшавы с изображением государственных участков под жилую застройку (Staatsgelande für Wohnzwecke), расположенных к северу от городской черты. © Collection Het Nieuwe Instituut/EEST, inv.nr

взаимообмен, превратила коллектив CIAM в структуру, занимавшуюся скорее разработкой решений на будущее, чем анализом текущей ситуации[15].

Цели и «функционального города», и IV Конгресса CIAM, а также практическая методика сравнения были согласованы на двух подготовительных съездах, в Цюрихе и Берлине в 1931 году [Gtr 1932: 18]. На берлинском съезде, проходившем 4–7 июля 1931 года, собрался примечательный круг архитектурных светил, включавший многих немецких архитекторов, которые с 1933 года по политическим причинам были вынуждены устраниться от работы. Наряду с Гропиусом присутствовали Мис ван дер Роэ, Май и Мендельсон, а также Лондон, Орен и Ш. Сыркус. Методические указания, разработанные в Амстердаме, в Берлине приобрели официальный статус, что обеспечило проведение сравнений, ознаменовавшее IV Конгресс CIAM. Помимо того, в Берлине впервые на передний план выдвинулись две основные линии размежевания в дискуссии о «функциональном городе» (и CIAM как таковом). Архитекторы-модернисты, приехавшие в Берлин, обсуждали пределы и достоинства аналитического и синтетического подходов к градостроительству. Отчасти с этой полемикой был связан вопрос о том, насколько политизированным (или, называя вещи своими словами, насколько откровенно левым, то есть марксистским) должно было быть публичное поведение CIAM [Georgiadis 2014: 49].

Противоречия, стоявшие за этой полемикой, до определенной степени были растворены в формуле противопоставления существующего и нового городов. Если к существующему городу применяли аналитический метод, новый город следовало рассматривать в синтетическом и конструктивном ключе [Ibid.]. Кроме того, понятие «новый город» употреблялось в самом широком смысле и охватывало как реконструированные существующие, так и совершенно новые города, например, построенные в СССР членами CIAM. Во время подготовительного съезда в Берлине еще полагали, что IV Конгресс CIAM пройдет в Москве и потому

---

[15] О принципе коллективной работы в CIAM см. [Somer 2007: 68–79].

центральное место в дискуссии о «функциональном городе» надо будет отвести новым советским городам.

Различие между двумя типами городов, существующими и новыми, не могло погасить разногласий относительно искомой цели: является ли первоочередной потребностью вдумчивое осмысление статус-кво городов, в том числе их исторической эволюции, или, скорее, главная задача — будущий город, теоретически весьма слабо связанный с существующим? Неудивительно, что архитекторы с откровенным левым уклоном, как правило, выступали за последнее. Молодые участники дискуссии, такие как Артур Корн, которого Гропиус несколько неожиданно назначил докладчиком от немецкой группы, вообще сомневались в необходимости сравнительного подхода и предлагали поместить в центр внимания город будущего [Ibid.; Georgiadis 2014: 55]. В Берлине представителем этого лагеря стал Сыркус, утверждавший, что «архитекторы, занимающиеся практической работой, не должны тратить время» на аналитическое изучение существующих городов. Он гораздо решительнее, чем члены других национальных групп, выявлял социально-политический аспект «функционального города». Поэтому закономерно, что Сыркус несколько раз ссылался на пример СССР и тамошние урбанистские дебаты. Сыркус не желал просто подражать Советам и признавал, что архитекторам ни разу в истории не удалось произвести социальную революцию. Но на его взгляд, радикальность советских достижений служила мерилом, на которое нужно ориентироваться. Сыркус (в соответствии с главной мыслью авангардистов) настаивал на том, что архитектура должна и может выражать самые радикальные идеи и оказывать непосредственное влияние на изменение образа жизни, подавая пример. Для этого архитекторы должны проявлять свою «способность к принуждению» (zwingungsfähigkeit — немецкий неологизм, изобретенный Сыркусом), мощную, как «орудийный огонь», но гораздо более эффективную[16].

---

[16] Документ польской группы CIAM «Stellungnahme betreffend Richtlinien zur Diskussion der Funktionellen Stadt innerhalb der CIAM» от 6 июня 1931 года; опубл. в [Steinmann 1979: 117].

Конечно, разность позиций, занимаемых участниками берлинского съезда, была обусловлена не только личными вкусами, но в значительной мере разностью их опыта и местных условий, в которых они действовали. «Романские» члены CIAM из Франции, Испании и Италии в Берлине не присутствовали. Поэтому былой конфликт эстетического «романского» и аналитического «германского» подходов на сей раз не вспыхнул, его затмил раскол между Востоком и Западом: большинство голландских и многие немецкие архитекторы, например Мендельсон, занимали в целом более умеренные позиции, тогда как архитекторы из Польши и Чехословакии придерживались радикальных взглядов, то есть выступали за радикальные градостроительные решения [Somer 2007: 108–110]. Обнажая растущую политическую напряженность, о которой говорилось в начале данной главы, Май заявил в Берлине, что «расхождения между двумя социально-политическими системами, социализмом и капитализмом, непосредственно отражаются в градостроительном проектировании» [Georgiadis 2014: 51].

Это направление представлял немецкий архитектор Пер Бёкинг, верный последователь Х. Майера, из-за своих левых взглядов переехавший в Чехословакию и ставший членом архитектурного отделения «Лева фронта». Подобно Корну, основавшему в Германии «Коллектив социалистического строительства» (Kollektiv für sozialistisches Bauen), эти люди считали себя в первую очередь коммунистами и лишь потом архитекторами. Бёкинг и другие члены чехословацкой группы утверждали, что фокусировка внимания на анализе автоматически приведет к перекосу в сторону статического характера городов [Somer 2007: 107]. Поэтому чехословацкая группа оспаривала всю концепцию в целом: «Функционального города не существует. У города нет функций»[17]. Вместо этого предстоящему конгрессу следует сосредоточиться на новых городах в новых социальных (то есть социалистических) условиях.

На этом фоне Гропиус действовал как «посредник», поскольку был «хорошо информирован об острых социальных противоре-

---

[17] Цит. по: [Somer 2007].

чиях в Восточной Европе» [Somer 2007: 108]. Ван Эстерен, тесно взаимодействовавший с Гропиусом, попытался снять напряженность, возникшую из-за политического позерства и педалирования значимости доминирующего социального вопроса, напомнив о будущем издании и выставке, посвященных «функциональному городу», а также о подготовительной работе, необходимость в которой по-прежнему не отпала. Однако его руководство по подготовке того и другого содержало также ссылку на значимость синтетической работы, за которую ратовал прежде всего Сыркус. Итоговая резолюция берлинского съезда, в которой были учтены предложения Сыркуса, провозглашала, что будущие планы должны включать «новые, например коллективные, формы общества и технические возможности». Чтобы опасения ван Эстерена были развеяны, они должны стать предметом предварительного изучения. Поэтому синтетическую часть невозможно завершить окончательно, но нужно «довести до того, чтобы зафиксировать наши соображения относительно нового города и предложить направление, которое может привести к дальнейшей разработке»[18].

Из берлинского съезда необходимо извлечь два урока: концептуальные рамки «функционального города», несмотря на все его неразрешенные противоречия, помогли объединить различные течения в CIAM и продолжали направлять их сотрудничество. Кроме того, концепция поспособствовала брендингу подхода CIAM, а следовательно, демонстрации значимости этой организации внешнему миру. Поскольку CIAM стремился к достижению большего политического влияния, это второй урок, который надо извлечь из внеочередного съезда в Берлине, — урок, указывающий на IV Конгресс CIAM.

Требование реализации «функционального города» стало идеологией CIAM. Эта идеология позволяла CIAM позиционировать себя как организацию аполитичную, а значит, привлекательную для разных политических режимов, как левых, так и правых. В концепции «функционального города» можно было связывать воедино политические, социальные и градостроительные пробле-

---

[18] Цит. по: [Somer 2007: 112].

мы и тем самым выделять функцию архитекторов как стимуляторов социального прогресса. Хотя выступление Сыркуса не принесло победы в Берлине, выдвинутые им вопросы и требования все равно оставались важными — далеко за пределами Варшавы и Польши. В отличие от всех остальных архитекторов в Берлине, Сыркус выявил динамичный и прорывной характер концепции «функционального города». В официальном заявлении польской группы в Берлине Сыркус, помимо прочего, декларировал:

> Я должен подчеркнуть, что для многих городов она (дискуссия о «функциональном городе». — *М. К.*) — отнюдь не утопические проекты. Нам, например, она крайне необходима, и вскоре может появиться функциональный город, который, таким образом, перестанет быть просто утопической идеей[19].

Действительно, многие явления, которые в более развитых крупных городах Западной Европы уже зафиксировались, а значит, больше не могли быть объектом функционального планирования, в Варшаве по-прежнему оставались подвижными. На этом фоне вполне логично, что Сыркус не проявил особого интереса к аналитической подготовке темы «функционального города». Для него приоритет имели общие идеи, поскольку лишь так можно было справиться с колоссальными проблемами Варшавы. В этой связи Сыркус объявил, что польская группа подготовит проект «нового города Варшавы», в котором вряд ли будет учитываться существующий город, который, по его мнению, устарел[20]. Таким образом, польский архитектор попутно определил и потенциальную сферу деятельности для CIAM. Варшава была гораздо более поддающимся формированию и динамичным городом, чем, скажем, Амстердам. Это предложение автоматически выдвинуло Сыркуса на значимые позиции. Кроме того, его аргументация являла собой вполне успешную попытку как

---

[19] Документ польской группы CIAM «Stellungnahme betreffend Richtlinien zur Diskussion der Funktionellen Stadt innerhalb der CIAM» от 6 июня 1931 года; опубл. в [Steinmann 1979: 117].

[20] Там же.

можно полнее сохранить потенциальную политическую направленность концепции «функционального города», чтобы сберечь его преобразовательный потенциал, не доходя при этом, в отличие от чехословацкой группы, до того, чтобы по политическим причинам подвергать сомнению всю концепцию в целом.

То, что Сыркус произвел сильное впечатление, стало ясно, когда руководство CIAM осознало, что IV Конгресс CIAM нельзя проводить в Москве, как планировалось ранее. На краткий миг в фокусе внимания очутилась Варшава. Польская столица находилась на пути в Москву и в любом случае была бы промежуточной остановкой по дороге к Московскому конгрессу[21]. А главное, Варшава казалась многообещающей экспериментальной площадкой для градостроительных и архитектурных концепций CIAM, хотя и не столь эффектной, как СССР. Польские члены CIAM уже успели энергично подчеркнуть именно эту линию на совещании в Варшаве в декабре 1932 года. И SAP, и TUP, и «Презенс» будут привержены CIAM[22]. Сыркус пообещал создать хорошие условия работы для CIRPAC и заострил внимание на том, что «наша позиция в связи с нынешней экономической ситуацией может представлять довольно большой интерес для коллег, работающих в аналогичных условиях»[23]. Здесь он возвращается к тому направлению мыслей, которое отстаивал годом ранее на внеочередном съезде в Берлине. Тогда, однако, архитекторы CIAM, находясь под огромным впечатлением от ошеломляющего доклада Мая о ситуации в Советском Союзе, полагали, что на Востоке получат контроль над экспериментальной площадкой, на которой «функциональные города» будут строиться с нуля. Несмотря на разницу в политических воззрениях, это, как заметил Форбат в Берлине, позволяет «функциональному градопланированию быть более

---

[21] См. «Приглашение», воспр. в [Steinmann 1979: 127]. См. также, например: К. ван Эстерен — З. Гидиону. 23 ноября 1932 // gta Archiv. GP. 42-K-1932.

[22] Ш. Сыркус — З. Гидиону. 22 ноября 1932 // Ibid.

[23] Ш. Сыркус — З. Гидиону. 10 апреля 1933 // gta Archiv. CIAM, 42-K-1933. См. также: З. Гидион — Ш. Сыркусу. 26 ноября 1932 и 29 марта 1933; З. Гидион — К. ван Эстерену. 25 октября 1932 // gta Archiv. CIAM, 42-K-1932-33.

четким и однозначным, поскольку ему не приходится сражаться с анархией границ частной собственности и, как следствие, оно может беспрепятственно устанавливать предписания строгих принципов дизайна»[24].

Большие надежды, возлагавшиеся на СССР, в свою очередь, подразумевали, что, когда в 1932 году эти надежды рухнули, компромисс, достигнутый в Берлине, также был поставлен под вопрос. Понятие о том, что западный город вроде Амстердама и новые городские проекты к востоку от Урала в общем и целом могут развиваться в одном и том же направлении, теперь едва ли кого-то убеждало. При этом явно оставались открытыми и еще более актуальными, чем казалось после берлинского съезда, два вопроса: во-первых, неразрешенные политические противоречия и, во-вторых, потребность в поле деятельности, испытательном полигоне, где можно было бы материализовать перспективные функционалистские представления и преодолеть отягощенную конфликтами реальность предетерминированного существующего города. Таков был широкий контекст, в котором польская столица Варшава попала в поле зрения CIAM.

### Перспективы градостроительства и отстающая столица Варшава как город завтрашнего дня

Пятый номер журнала «Архитектура и будовництво» за 1934 год открывался программной статьей Станислава Возницкого «Варшава как столица». Автор начинал с наблюдения, что ныне эту тему можно найти повсюду: столичный город занимал мысли не только архитекторов, но также правительства и общества как таковых, не сходил со страниц популярной прессы [Woźnicki 1934: 137]. Если в первые годы после Первой мировой войны архитекторы пытались преодолеть хаос, с которым они столкнулись в новой столице, то сейчас, спустя 16 лет после обретения Польшей независимости, в иных политических обстоя-

---

[24] Цит. по: [Somer 2007: 120], подчеркнуто в оригинале.

тельствах, утверждал Возницкий, Варшаву как предмет интереса всей 30-миллионной нации можно рассматривать более системно и как истинную столицу.

Возницкий четко заявил: возникли проблемы таких масштабов, что решить их может только «градостроительно-архитектурная диктатура» на территории Варшавы. Столицу следует считать проблемой всего государства, а значит, проблемой политической. Поскольку многие возможности были «радикально» упущены, то и «меры по спасению» должны быть «радикальными» [Somer 2007: 138]. Поэтому «Архитектура и будовництво» посвятила данный номер теме Варшавы, и в ряде материалов рассматривались конкретные проблемы Варшавы, и как столицы, и как города, находящегося в международном окружении; среди них была и статья о превращении Парижа в столицу мира[25].

В следующих выпусках журнала за 1934 год тема Варшавы также доминировала, что подтверждает ее актуальность и тот факт, что столица сделалась для архитекторов ключевой проблемой. Впрочем, этот интерес свидетельствует и о новой, тесной связи урбанистических вопросов с политикой. Эта связь оговаривалась при анализе прошлых ошибок, но особенно при прогнозировании будущего. Здесь и вышел на сцену потенциал урбанизма. Согласно ван Эстерену, урбанизм должен мыслиться как «предваряющая дисциплина», которая должна добиться «синтеза организованной жизни и технологии» и тем самым выйти далеко за пределы конкретного места [Ibid.: 72]. Это наблюдение важно для нашего контекста, поскольку оно указывает на тот факт, что взаимообмен по градостроительным вопросам был не «только» обменом передовым опытом и ноу-хау. Учитывая, что урбанизм также имел дело со взаимосвязанностью городов, он являлся транснациональной и международной деятельностью особого рода. Это одна из причин, по которой выступлению

---

[25] См. статьи А. Дыгата о Париже, Ч. Пшибыльского об архитектурно-градостроительных проблемах Варшавы, Б. Рогачевского о градостроительном регулировании в Варшаве, Б. Пневского об условиях дискуссии о Варшаве, Т. Толвинского о Варшаве как столице государства, а также ряд аналогичных материалов в: AiB. 1934. № 5.

Сыркуса в Берлине в 1931 году и его последующему отношению к Варшаве как к «функциональному городу» был присущ столь заметный европейский подтекст.

Хотя в целом Польша принципиально не отличалась развитием градостроительства от других европейских государств, необходимо подчеркнуть некоторые особенности. Из-за слабых традиций городского самоуправления на восточных польских территориях (и в Варшаве) вначале польские градостроители занялись сбором данных. В случае Варшавы отсутствовали даже базовые кадастровые сведения [Wynot 1983: 147]. Это привело к тому, что государственное строительство, подготовка новых функциональных элит в ВПИ и рост градостроительства шагали в Польше рука об руку. Центральное место в этой области благодаря своему прочному положению в ВПИ и Министерстве общественных работ занял Роман Фелинский, пионер урбанизма и автор первых систематических публикаций по этой дисциплине в Польше. Одной из его главных заслуг стало создание первого польского архива градостроительных проектов и документации. Также Фелинский был первопроходцем в применении аэрофотосъемки в градостроительных целях [Feliński 1919: 159]. Он продемонстрировал потенциал новых градостроительных решений при расширении двух районов Варшавы, Охоты и Жолибожа [Ibid.]. Особую известность Фелинский получил благодаря своей роли в планировании нового города Гдыни [Czyżewski 1996: 42].

Если карьера Фелинского служит наглядной иллюстрацией обусловленных динамичной обстановкой во Второй Польской Республике в 1920-х — начале 1930-х годов возможностей, открывшихся для первых, заведомо самопровозглашенных урбанистов, то особый след в этой дисциплине оставил Тадеуш Толвинский. Уроженец Одессы Толвинский еще во время учебы в Карлсруэ перед Первой мировой войной специализировался на градопланировании и изучал самые передовые его образцы по всей Европе. Кроме того, ранее Толвинский уже выполнял проекты города-сада близ Варшавы. В войну он использовал свой опыт для разработки «Плана Большой Варшавы» (Plan Wielkiej

Warszawy) — первого генерального плана Варшавы, а также «Предварительного эскиза регулировочного плана» (Szkic wstępny planu regulacyjnego) — плана зонирования [Kotaszewicz 2016: 118–130]. Главной задачей Толвинского и его сотрудников была всесторонняя статистическая оценка отдельно взятого государства. Кроме того, он был одним из основателей архитектурного факультета ВПИ и начиная с 1918 года оказывал глубокое и долгосрочное влияние как преподаватель градопланирования [Ibid.: 47–65].

Толвинский и как преподаватель, и как градостроитель воспользовался окном возможностей, открывшимся после ухода русских, и стратегически мотивированной готовностью новых, немецких, оккупантов во время Первой мировой войны предоставить польским градостроителям определенную свободу действий. В существовавших на протяжении войны и непосредственно после нее условиях крайней потребности в решении городских проблем и одновременно нехватки авторитетных специалистов и знаний огромное значение неизбежно приобрела новая дисциплина, градопланирование. В 1919 году из чиновников государственного и местного уровня была сформирована комиссия по приведению генеральных планов городов в соответствие с гораздо более сложной реальностью [Koło 1916]. Толвинский заложил основы для дальнейшего градостроительного развития Варшавы в обеих сферах — как в подготовке специалистов, так и в практическом градопланировании.

Как только в 1926 году в Польше установился режим «санации», усугубляющийся кризис преимущественно неконтролируемого роста городов превратился в острую политическую проблему. В 1927 году правительство поручило молодому градостроителю Станиславу Ружанскому, родившемуся в 1899 году и обучавшемуся в США, разработать типовую схему городского развития для всей страны. В 1928 году Ружанский возглавил Отдел городского планирования в администрации Варшавы, и на последний была возложена задача подготовить новый, актуализированный генеральный план столицы, который должен был соответствовать нормативам, разработанным Ружанским для всей страны

[Rożański 1928]. Ружанский завершил его в 1930 году [Wynot 1983: 162–163]. В следующем году план был принят Министерством общественных работ после консультаций с экспертами, в частности с известным швейцарским градостроителем Хансом Бернулли.

Наблюдения Бернулли заслуживают внимания, поскольку они точно определяют не только основные направления городского развития польской столицы после Первой мировой войны, но и аспекты, которые сделали Варшаву примером международной значимости. Бернулли, еще до Первой мировой войны готовивший планы для Новой Варшавы (Nova Warszawa) — города-сада под Варшавой, подчеркнул пагубное наследие русского периода Варшавы. В то же время он указал на отличительные особенности этого города — его динамичный рост, население свыше 1 млн человек и возможности, которые предоставляло строительство столицы нового государства. Экстремальную динамику прироста населения Варшавы, которое в перспективе должно было увеличиться до 3 млн человек, Бернулли рассматривал как ключевую проблему [Bernoulli 1931: 138–140].

В качестве награды за достижения в градопланировании в 1930 году Ружанский получил пост главы Бюро регионального планирования Большой Варшавы и подготовил первую в Польше схему регионального планирования, прежде всего занявшись строительством путей сообщения, чтобы превратить Варшаву в транспортный узел для всей страны. Польша была первым, не считая СССР, европейским государством, которое приняло государственную политику городского, регионального и общенационального планирования [Ibid.: 162]. Специалисты, на которых была возложена задача по созданию первого генерального плана, имели в своем распоряжении новые инструменты градопланирования, разработанные в предыдущие два десятилетия в Западной Европе и США[26].

Кроме того, важно отметить, что новые схемы Ружанского напрямую обращались к недочетам довоенной эпохи: например,

---

[26] О международных примерах см. [Wagner 2016: 137].

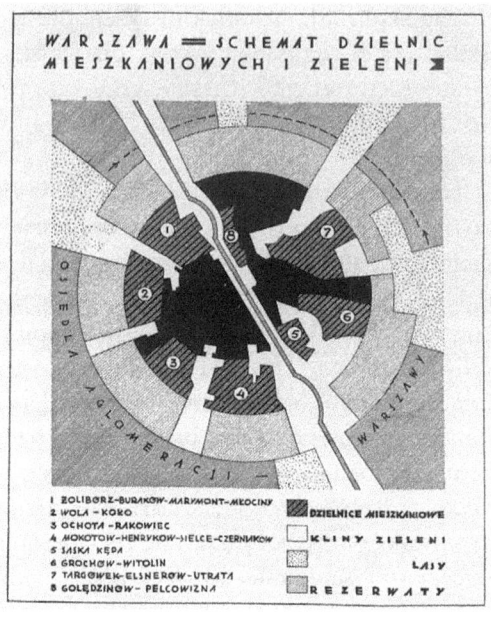

Илл. 50. С. Ружанский. План Варшавы с обозначением жилых районов и зеленых зон. 1928. AiB 4, № 11 (1928), 410

в них было задействовано огромное, принадлежащее в основном государству пустое пространство за фортификационными сооружениями на севере Варшавы, которое до 1914 года по военным причинам использовать было нельзя. Какое-то время 3/5 всех новопостроенных квартир в Варшаве находились в северном районе Жолибож. Подчеркивая масштабы городских проблем, Ружанский спешил выявить потенциал современных методов градопланирования. Уделяя большое внимание пропаганде своих убеждений, он с самого начала позиционировал Варшаву как одну из главных европейских столиц наряду с Лондоном, Веной, Парижем и Берлином, чтобы осветить имеющиеся недочеты, но вместе с тем заручиться поддержкой своей планировочной деятельности [Rożański 1928; Norwerth 1929b].

Ружанский указывал на два фактора, которые, на его взгляд, определяли развитие и огромные возможности Варшавы: во-первых, географическое положение, которое превратило город

Илл. 51. Стенд Бюро регионального планирования Варшавы на Выставке жилищного строительства в Варшаве. 1935. AiB 11, № 3-4 (1935), 157

в международный центр торговли, поддерживаемой ощутимым присутствием промышленных компаний, и, во-вторых, статус города как столицы Польши. Оба эти фактора обусловили высокую плотность населения, которая, в свою очередь, породила еще три проблемы: нехватку жилья, санитарно-гигиенические проблемы города и транспортные затруднения. Второй и третий пункты, по мнению Ружанского, особого внимания не заслуживали, а вот географическое положение имело решающее значение. Варшава являлась центром материального и духовного обмена между Западом и Востоком посредством железнодорожных, воздушных и водных путей. Однако современная Варшава, утверждал Ружанский, не справляется с задачами и возможностями, предоставляемыми данной ситуацией.

Масштабность городских проблем и важность новой столицы для молодого государства способствовали повышению участия центральной власти. В 1925 году основатель TUP и заведующий кафедрой польской архитектуры ВПИ Оскар Сосновский заявил, что если первыми инициативу в использовании городских возможностей Варшавы проявили варшавский «Кружок архитекторов» (Koło Architektów) и Толвинский, теперь создавать условия для «политики оздоровления»[27] и рационального развития должно правительство [Ibid.]. Здесь на первый план выдвигаются возможность и необходимость достижения политической легитимности путем решения серьезных городских проблем столицы[28].

В 1916–1939 годах городская застройка Варшавы увеличилась в четыре раза, что превышает достижения любого другого центральноевропейского города схожих размеров [Jankiewicz, Porębska-Srebrna 2005]. В то время как население Праги, Берлина или Будапешта выросло незначительно, число жителей Варшавы почти удвоилось: с примерно 700 тыс. после ухода русских в 1915 году до примерно 1,3 млн в городе и 1,9 млн в так называемом столичном комплексе в 1939 году [Wynot 1983: 159, 175].

Это способствовало активнейшей планировочной деятельности и закрепило заметную и своеобразную роль градопланирования в Варшаве, где оно имело тенденцию к широкомасштабным мерам и выходу за границы города. До определенной степени на эту склонность к грандиозным проектам могла влиять, по крайней мере до середины 1930-х годов, острая нехватка детальной информации. Кроме того, вследствие двоякой необходимости (планирования и оценки) варшавские органы городского планирования, создаваемые примерно с 1930 года, отличались такими размерами и вместе с тем таким профессионализмом, что сравниться в этом с Варшавой могли лишь очень немногие европейские столицы. К 1939 году Варшавский отдел городского планирования, сформированный в таком виде в 1936 году, насчитывал более 400 сотрудников, преимущественно инженеров.

Все эти процессы надо рассматривать на фоне международной дискуссии о градопланировании (и в тесной связи с ней). Результатом стало применение самых передовых инструментов плани-

---

[27] *Польск.* polityka uzdrowienia. О Сосновском см. [Miłobędzki 1990].
[28] О том, что архитекторам необходимо занять определенную позицию по отношению к более активному правительству, см. [Krupa 1932: 254–257].

рования, например зонирования и зеленых поясов, при решении самых первичных задач, таких как практически неконтролируемое расползание Варшавы. Использовались и инновации, например «супердзельницы» (superdzielnice), то есть суперрайоны — автономные жилые районы, призванные помочь децентрализации управления, коммерческой деятельности и дорожного движения. Примечателен и своевременный акцент на региональном планировании, согласовывавшийся с этими мерами [Biuro 1938].

То, что можно назвать методом градопланирования Ружанского, хотя и включало в себя новые и инновационные элементы и отличалось уникально широким спектром и весомой заявкой на решение проблем, по-прежнему оставалось в русле международной дискуссии и развития. Главные его цели состояли в том, чтобы, с одной стороны, «санировать» городскую структуру, а с другой, «догнать» Западную Европу, в том числе в смысле политической репрезентации [Saski 1925/26]. В конце концов, Ружанский был гражданским служащим, которому постоянно приходилось работать бок о бок с местными и государственными властями, нивелируя все слишком радикальные предложения. Созданные Ружанским и Сосновским детально проработанные планы будущей Варшавы акцентировали географические преимущества польской столицы, ее расположение прямо на пересечении международных путей сообщения и динамичное развитие. В знаковом утверждении Сосновский заключал, что Варшава — столичный город в «потенциальном состоянии»[29] [Sosnowski 1930: 53]. Он подчеркивал, что все планирование должно основываться на четком видении того, как будет выглядеть улучшенная будущая версия города. От этого зависит, какую роль Польша станет играть в будущем: решающую или подчиненную[30].

Диагноз Сосновского, который разделяли очень многие, имел политические последствия в двух направлениях. Во-первых, необходимость радикального градостроительства была мотиви-

---

[29] *Польск.* w stanie potencjonalnym.
[30] Слова Сосновского цит. в [Chmielewski et al. 2013: 31–32].

рована политически, поскольку, согласно несколько натянутому доводу, градостроительные недостатки обусловливались политическими причинами, а именно российским прошлым города. В 1925 году Жеромский пришел к выводу, что «Варшава принадлежит к тому типу городов, которые были обездолены, оттеснены с нормального пути развития. В росте, процветании города, в его монументальности и красоте можно было распознать историю его рабства». Неконтролируемый рост Варшавы напоминал Жеромскому ногу китаянки — «насильственно и неестественно перебинтованную». Поэтому, делал вывод писатель, «освобожденная столица» до сих пор выглядит как провинциальная пограничная крепость «царской сатрапии»[31].

Жеромский был не просто писателем. Благодаря своим многочисленным знакомствам среди польской политической элиты и связи его романов с новым государством он приобрел статус национальной иконы и получил от президента республики служебную квартиру в Королевском замке в Варшаве. Его политические воззрения отчетливо выражены в романе «Канун весны». На его страницах Жеромский изобразил стеклянные дома, упоминаемые в начале этой книги, — стеклянные дома, послужившие метафорой преодоления того самого недостатка, который он осуждал. Взгляды Жеромского были радикальными, хотя степень коммунизма, которую он считал необходимой для достижения желанных целей, осталась спорной.

Совершенно очевидно, что между его изображением мрачного прошлого Варшавы и утопическим представлением о Польше и ее новой столице существовала связь. Эта связь подводит ко второму политическому аспекту — вопросу о том, что означает диагноз, поставленный прошлому Варшавы, для ее будущего. Как предположили, но не уточнили Сосновский и Жеромский, следствием может быть то, что городской реформы окажется недостаточно. С пагубным наследием способно покончить только кардинально новое решение. Сыркус доказывал это еще в 1925 году:

---

[31] Цит. по: [Drozdowski 1973: 12].

> Варшава внезапно превратилась в центр огромного государства, вынужденно переориентировавшегося на сотрудничество с Западом, она стала неотделимой частью Европы. Возникли новые потребности и новые возможности. Варшава — столица Польши — должна не просто перенимать то, что было сделано в османовском Париже в правление Наполеона III, она может сделать больше и сделать это лучше [Syrkus 1925].

Несмотря на все препятствия, заявлял Сыркус, новое поколение молодых архитекторов успешно справится с «увлекательной задачей» и построит город, который будет отвечать ожиданиям и стандартам третьего десятилетия XX века. В завершение статьи Сыркус утверждал, что Польша — это страна, где архитекторы объединили достижения Франции (где Сыркус писал этот текст) с возможностями Канады и Бразилии [Ibid.].

Устремления Сыркуса нашли твердую опору в городском развитии конца XIX века. В Восточно-Центральной Европе рост городов в целом начался позже, чем на Западе, но зато был гораздо более динамичным. Эта сравнительная динамика становится особенно очевидной, если сопоставить положение городов региона в двух списках 20 крупнейших городов Европы, относящихся ко времени около 1850–1900-х годов. К числу «самых впечатляющих лидеров» за эти 50 лет принадлежат Варшава и Будапешт[32]. Колоссальные темпы роста обоих городов бросали вызов политической легитимности в городской сфере, а также обусловливали привлечение в качестве потенциальных специалистов, способных решать проблемы, планировщиков и архитекторов. Вместе с тем эти темпы задавали рамки, в которых могло развиваться планирование на перспективу. В конце XIX века руководитель строительства Суэцкого канала Фердинанд де Лессепс даже предсказывал, что в XX столетии крупнейшим европейским городом станет Варшава, «благодаря тому факту, что это место, где Восток встречается с Западом и где будет происхо-

---

[32] Статистические данные взяты из [Gunszburger Makaš, Damljanović Conley 2010: 27; Lenger 2013: 54–55].

дить самый колоссальный обмен, который можно себе представить, обмен между континентами» [Majewski 2003: 5]. Каким бы преувеличением это ни казалось сегодня, в те времена точка зрения Лессепса вовсе не была мнением эксцентричной личности. В 1912 году польские статистики подсчитали, что за ближайшие 50 лет население Варшавы возрастет с примерно 850 тыс. до 4,6 млн человек, то есть в пять раз [Martyn 2000: 140–142]. Как реальность грядущего роста, так и ожидание прогресса были обусловлены, как указывал Лессепс, географическим положением Варшавы в Российской империи и ее огромным рынком сбыта.

Однако положение Варшавы как самого западного из крупных городов царской империи, находящегося в печально известной своей нестабильностью губернии, дорого ей обошлось. Поскольку она была укрепленным городом и самоуправление в ней почти полностью отсутствовало, городские установления запрещали серьезное и запланированное расширение, что привело к значительной перенаселенности [Turowski 1996]. Перед Первой мировой войной в центральных районах Варшавы насчитывалось более 100 тыс. жителей на 1 км$^2$ — самая высокая плотность населения в Европе [Malisz 1987].

Меры по противодействию кризису сочеталась с размышлениями о новой столице будущего. В августе 1934 года, при Стефане Стажинском, которого режим «санации» назначил президентом Варшавы, эти направления объединились. Для борьбы с городским кризисом Стажинский был наделен особыми полномочиями. Он приступил к реализации всесторонней программы, включавшей финансовую реформу, многочисленные инфраструктурные меры и систематичное развитие частично новых окраинных районов Варшавы. Когда Стажинский занял пост президента Варшавы, он был опытным технократом, но едва ли специалистом в сфере архитектуры или градостроительства. Режим «санации» поручил ему задачу реорганизации польской столицы, которая сталкивалась с серьезными финансовыми проблемами и была не в состоянии выполнять свои базовые функции в области жилищного строительства и городского

Материализация международной повестки: «Варшава функциональная» | 293

развития [Piątek 2016b: 150]. Чтобы склонить на свою сторону большинство столичного населения, которое не поддерживало режим, Стажинский начал методично разъяснять и пропагандировать мероприятия городской реформы. Одной из составляющих этой программы являлась стратегия «кризификации», упомянутая в предыдущей главе[33]. Так, городская администрация намеренно демонстрировала ужасающие фотоснимки бедняцких кварталов и трущобных окраин Варшавы, чтобы заручиться как общественной, так и политической поддержкой новой радикальной городской политики [Lewandowska 2008: 16][34].

Стажинский хорошо понимал, что действия, затрагивающие жизнь стольких городских жителей, требуют широкого разъяснения, и должен был убедить как варшавян, так и политиков государственного уровня, которые принимали решения, касавшиеся финансирования и регулирования. После 1934 года он методично применял подобные меры. Чтобы заручиться поддержкой своих далеко идущих планов, президент Варшавы старался делать акцент на тяжелой реальности и вместе с тем на будущих перспективах. Как объяснялось в предыдущей главе, с самого начала столетия эффективным способом распространения информации и привлечения поддержки стали выставки, демонстрировавшие архитектурные замыслы, а также градопланирование. Они все чаще освещали и техническую сторону планирования. Первый план Ружанского был представлен уже на выставке PeWuKa в 1929 году.

Когда в марте 1936 года в военном отделе Национального музея в Варшаве (Muzeum Narodowe w Warszawie) открылась выставка «Варшава будущего» (Warszawa przyszłości), слияние архитектурных устремлений и усилий по обретению политической легитимности было выведено на новый уровень. Выставка эта во многих отношениях стала кульминацией тенденций, описанных Возницким в статье для «варшавского» выпуска «Архитектуры и будовництва», процитированной в начале этого

---

[33] О городской политике Стажинского см. [Piątek 2016a].
[34] В целом о данной стратегии см. [Wagner 2016: 73].

раздела главы, и уроков, усвоенных Стажинским. Учитывая масштабы городских проблем, «пропаганда была жизненно необходима», как заявил в 1935 году Э. Норверт, сам являвшийся разносторонним архитектором-писателем[35].

Хотя Норверт и критиковал «Варшаву будущего» за то, что она не стала последовательно руководствоваться стратегией формирования бренда и утонула в переизбытке деталей, в нашем контексте важнее всего то, как появилась эта выставка. Стажинский стратегически реализовывал потенциал систематического информирования о реформировании и перспективах столицы. Идея выставки, однако, была выдвинута архитекторами Станиславом Брукальским, Станиславом Рутковским и Шимоном Сыркусом, а также Теодором Тёплицем[36]. Их заинтересованность в проекте была двоякой: эти мастера, среди которых были два самых известных в Европе архитектора-модерниста, Брукальский и Сыркус, опасались, что кооперирующий импульс жилищной реформы иссяк. Кроме того, они с болью осознали, что даже серьезные усилия по решению жилищного вопроса без привлечения градопланирования бесполезны. Хотя между этими левыми архитекторами и авторитарным режимом «санации» существовал значительный в политическом смысле разрыв, они могли общаться в технократической плоскости, типичной для научного градостроения. В этом отношении выставка «Варшава будущего» весьма точно отражает модернизационный союз, описанный в главе первой.

В предисловии к каталогу выставки Стажинский утверждал, что при рассмотрении проекта новой Варшавы важно понимать, что Варшава — это центр Польши и средоточие Европы. Чтобы двигаться вперед, необходимо найти те области, где конфликт из-за облика города наименее выражен. Только тогда можно будет «уберечься от духа города XIX столетия — полей экономических и социальных битв»[37].

---

[35] Цит. по: [Piątek 2016b: 151].

[36] О роли Тёплица как «реализатора» см. главу четвертую.

[37] Цит. по: [Chmielewski et al. 2013: 45].

Илл. 52. С. Стажинский и другие политические деятели на выставке «Варшава будущего». Слева на заднем плане — карта «Варшава в Европе и в Польше». 1936. Слева: NAC, 1-U-8484-1; справа: NAC 1-U-8484-3

Как следовало из названия выставки, главным средством предотвращения конфликтов, сдерживавших развитие Варшавы, была устремленность в будущее. Городское «будущее», образ которого был навеян красноречивыми изображениями водных такси и улиц, застроенных единообразными современными домами, обращалось к ценностям урбанизма. Переложив ответственность за очевидные городские недочеты на его обитателей, живших до Первой мировой войны, политики и архитекторы-модернисты получили возможность действовать сообща под лозунгом урбанизма. Они смогли, прибегнув к якобы самоочевидным урбанистическим мерам, объединить усилия для установления «градостроительной диктатуры», которая мыслилась как внешне аполитичная [Piątek 2016b: 152]. В результате, обличая прошлое и призывая к светлому будущему, хотя и не демократическому в точном смысле слова, и архитекторы-градостроители, и политики обеспечили себе беспроигрышное положение. Более того, «Варшава будущего» помогла мобилизовать политических и общественных деятелей. Наряду со Стажинским в состав подготовительного комитета вошли руководители государственного Банка национального хозяйства и Общества рабочих поселков[38]. Ружанский выполнял функции координатора комитета [Ibid.: 150–151].

---

[38] Об Обществе рабочих поселков см. в главе третьей.

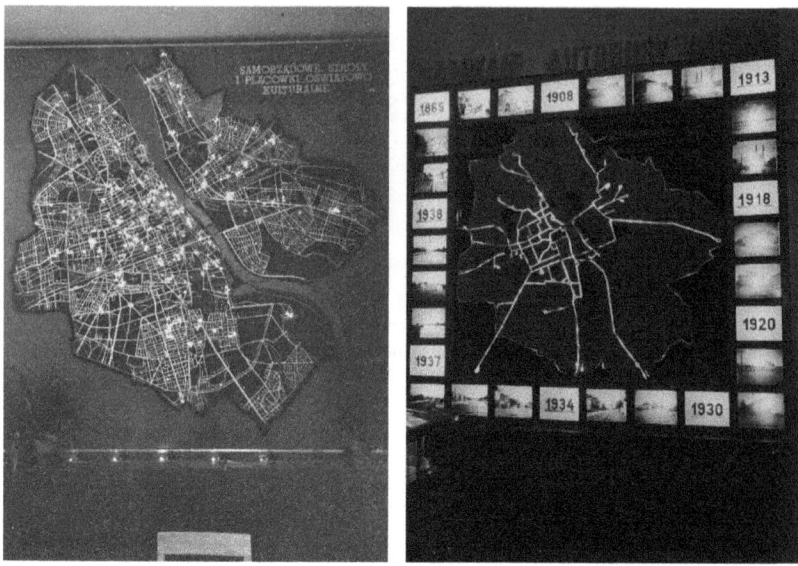

Илл. 53. Выставка «Варшава вчера, сегодня, завтра». 1938. Слева: карта школ и культурных учреждений Варшавы. Слева: NAC, 1-U-8487-17. Справа: схема существующего и перспективного развития сети общественного транспорта в Варшаве. NAC, 1-U-8487-18

Благодаря красноречивому, но вместе с тем несколько менторскому изобразительному материалу, демонстрировавшему городские проблемы и светлое будущее в стиле «до и после», выставка привлекла огромные толпы посетителей и широко освещалась в прессе — как в обычных газетах, так и в «Архитектуре и будовництве» и других журналах, адресованных просвещенному читателю. По сути, «Варшава будущего» поспособствовала активизации города как места перемен. Она послужила точкой отсчета для цикла из двух последующих выставок, а главное, выступила зачинателем и катализатором визионерской политики, которая отводила под будущее применение огромные территории развивающегося города. Воспользовавшись положительным влиянием выставки на власти и общественность, Ружанский предложил создать новый Отдел городского плани-

Материализация международной повестки: «Варшава функциональная» | 297

Илл. 54. Выставка «Варшава вчера, сегодня, завтра». 1938.
С. Стажинский (слева) и С. Ружанский. NAC, 1-U-8487-4

рования, с бо́льшим количеством сотрудников, обширными полномочиями и непосредственно подчиненный президенту Варшавы (отдел этот, как упоминалось выше, появился в 1936 году) [Wynot 1983: 166]. Возрастающие ожидания относительно будущего Варшавы нашли яркое отражение в проектировании огромных выставочных помещений, которые в 1943 или 1944 году должны были служить местом проведения Всемирной выставки, посвященной 25-летию независимости нового государства, где предполагалось принять 6 млн посетителей. Еще более масштабными были планы проведения в 1956 году в Варшаве, на недавно построенных спортивных площадках, Олимпийских игр [Trybuś 2012: 43, 55–65, 257].

Тем временем, а именно после берлинского внеочередного съезда и IV Конгресса CIAM, продвинулось, во многом в соответствии с вышеописанным ви́дением будущего и направлениями, изложенными Стажинским в каталоге выставки «Варшава будущего», а также представленными на второй выставке, проведенной в 1938 году и называвшейся «Варшава, вчера, сегодня, завтра» (Warszawa wczoraj, dziś, jutro), планирование «Варшавы функциональной». Планы «Варшавы функциональной» сформировали ядро выставки «Варшава будущего» 1936 года. Такой выбор, безусловно, был уместен, поскольку планы эти соответствовали триаде, лежавшей в основе как экспозиции, так и городской реформы, частью которой являлась выставка: в них городское прошлое рассматривалось как ошибочное, а тенденции будущего развития высвечивались и помещались в международный, то есть, по сути, европейский контекст. В планах «Варшавы функциональной» конкретный город и все еще довольно отвлеченная международная дискуссия CIAM о функциональном городе были объединены.

### «Варшава функциональная»

За выступлением Сыркуса в Берлине в 1931 году уже стояло понятие «потенциального состояния», на которое Сосновский ссылался словесно, а выставка демонстрировала визуально. Поляки внесли важный вклад в IV Конгресс CIAM, но он должен был сообразовываться с официальными методическими указаниями, предложенными голландской группой, поэтому касался преимущественно фактического положения дел в Варшаве, но будущее города едва затрагивал. На IV Конгрессе CIAM были показаны четыре схемы, иллюстрирующие ситуацию в Варшаве. Три схемы были посвящены жилой, трудовой и рекреационной функциям, транспортной сети польской столицы и Варшаве и ее окрестностям. Необычно, что четвертая схема наглядно демонстрировала загрязнение окружающей среды, основываясь на данных, предоставленных варшавским Государственным институтом гигиены. По утверждению Х. Сыркус, это были первые зарегистрированные замеры подобного рода в Европе [Syrkus 1976: 134].

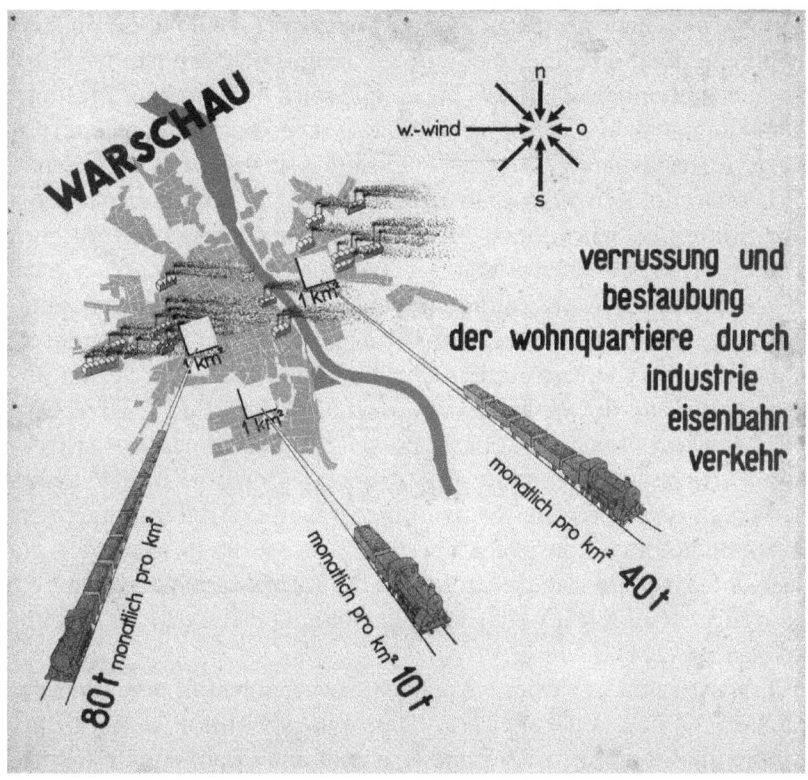

Илл. 55. Карта-схема для IV Конгресса CIAM, демонстрирующая загрязнение окружающей среды в Варшаве. ©GTA Archiv

Пояснения, сделанные Сыркусом на «Патрисе II» 31 июля 1933 года и опубликованные в «Анналь текник» (Annales Techniques), были довольно краткими и общими. Он подчеркнул, что определяющим элементом для развития города является река Висла. Кроме того, Сыркус отметил, что органичному развитию Варшавы вплоть до окончания Первой мировой войны препятствовала крепость, возведенная в городе во время русского периода его истории. Теперь к северу от крепости предстояло построить рабочие районы [Syrkus 1933c: 1171]. Использованные данные в большинстве своем были предоставлены президентом Варшавы, Бюро землеустройства и геодезических работ (Biuro Regulacji i Pomiarów), Бюро регионального планирования (Biuro Planu Regionalnego)[39], SAP и TUP[40]. Позднее эти схемы демонстрировались в разных местах, в том числе в Амстердаме в 1935 году[41].

Очевидно, что польская группа CIAM и «сочувствующие» объединения, такие как TUP, приложили серьезные усилия к тому, чтобы поставить конгресс себе на службу и использовать его в качестве дискуссионной площадки для обсуждения Варшавы. В дальнейшем архитекторы проявляли к Польше значительный интерес. Сыркус опубликовал в «Архитектуре и будовництве» длинный, богато иллюстрированный отчет о IV Конгрессе CIAM, в котором также обсуждались схемы Варшавы. Архитектор воспользовался этой возможностью, чтобы представить собственную деятельность, опираясь на влияние и поддержку международного конгресса и ссылаясь на светил (в частности, на Ле Корбюзье), но вместе с тем позиционируя свои работы в русле прогрессивной и почти определившейся тенденции [Syrkus 1933a: 246–251].

В результате этих подготовительных действий, в частности, радикальной идеи Сыркуса, сформулированной в 1931 году в Берлине, и с учетом городского развития Варшавы в начале 1930-х годов, описанного выше, возник один из самых замечательных планировочных документов межвоенного периода, получивший запоминающееся и понятное без перевода название — «Warszawa Funkcjonalna» («Варшава функциональная»)[42]. Этот план — результат сотрудничества Сыркуса со специалистом по

---

[39] См. соответствующую записку Ружанского о региональном плане Варшавы в Фонде К. ван Эстерена (NAI. EEST. 4.77, 8–1933, 1933).

[40] Ш. Сыркус — З. Гидиону. 25 мая 1932 // gta Archiv. CIAM, 42-К-1932. Показать аэрофотоснимки Варшавы и ее воеводства было невозможно, поскольку власти классифицировали их как совершенно секретные [Syrkus 1976: 134].

[41] См. переписку К. ван Эстерена и Ш. Сыркуса от 5 марта 1935 года (NAI. EEST. 4 77).

[42] Русский перевод (рукопись) [Хмелевский, Сыркус 2004]; новое, снабженное комментариями издание на польском языке, [Chmielewski et al. 2013].

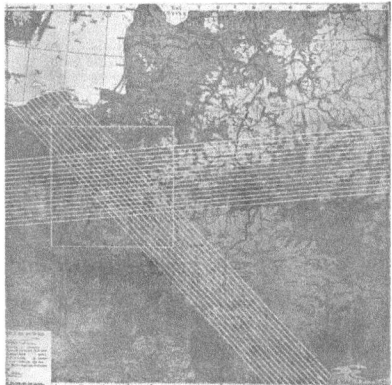 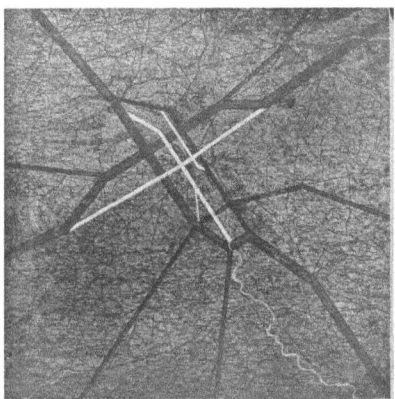

Илл. 56. Карты из «Варшавы функциональной». Варшава на пересечении европейских путей сообщения. Warszawa Funkcjonalna, II, VII

градопланированию Я. О. Хмелевским — представлял собой показательное сочетание профессиональной компетентности и самоуполномочия[43]. Сыркусу было ясно: чтобы получить желаемую поддержку и внимание, простого смелого жеста — перспективного плана будущей Варшавы, разработанного в соответствии с функционалистскими принципами, — будет недостаточно. Благодаря привлечению авторитетного и чрезвычайно изобретательного специалиста по планированию Хмелевского проект был подкреплен экспертными знаниями. Оба, и Сыркус, и Хмелевский, работали в рамках «Группы "U"», о которой говорилось в главе третьей. И при этом опирались на обширный материал, собиравшийся Ружанским и руководимыми им органами с конца 1920-х годов. План основывался на данных, предоставленных Бюро регионального планирования, и создавался в сотрудничестве со Стефаном Збигневом Ружицким (геоморфологические данные), Тадеушем Тиллингом (водные артерии), Ежи Гриневецким (графическое оформление схем) и Хеленой Сыркус (редактирование текста) [Ibid.: 149]. Учитывая короткий срок

---

[43] О Хмелевском см. [Kotarbiński 1999].

 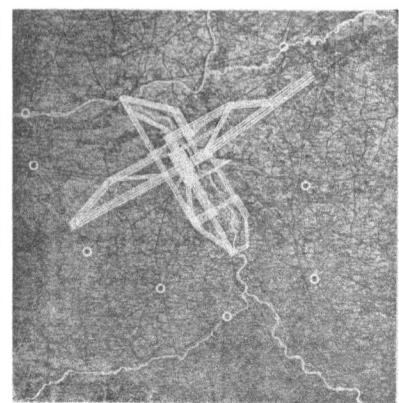

Илл. 57. Карты из «Варшавы функциональной». Передача урбанистической информации с помощью инфографики. Warszawa Funkcjonalna, IX, X

разработки плана, сохраняющуюся неполноту статистических сведений по Варшаве и при этом чрезвычайно широкоохватный состав плана, важнейшей проблемой оставался разрыв между анализом и синтезом.

Планирование функциональной Варшавы завершилось в начале 1934 года, и в том же году план было опубликован в Польше: сначала TUP, затем SARP, включая французский перевод[44]. С одной стороны, эта работа являлась плодом планировочного опыта Хмелевского. С другой стороны, демонстрировала талант Сыркуса к умелому внедрению тем в общественный дискурс и настойчивому продвижению своей концепции, находящейся на стыке политики, архитектуры и общества. В этом смысле «Варшава функциональная» — прекрасный пример связи между ситуацией в Польше с ее конкретными проблемами и международной дискуссией об архитектуре и градопланировании. В частности, эта работа была реакцией на концепцию «функционального города» [Ле Корбюзье 1977г].

---

[44] См. статью [Kohlrausch 2014c], на которой основаны некоторые из представленных здесь рассуждений.

Характерно, что сначала в тексте говорится об архитекторах, а не о зданиях или градопланировании: «В основе работы архитекторов лежит проектирование, то есть планирование концепции будущего». Авторы плана полагали, что для восстановления этой функции необходимо избавиться от «профессиональной деформации», обусловленной экономическими потребностями того времени. Они на протяжении всего текста выдвигали доводы в пользу плановой экономики, логическим следствием которой является функционалистское градостроение, а лидирующие позиции занимают архитекторы.

Далее Хмелевский и Сыркус в характерной для них манере объявляли, что в этом проекте исходили не из местных условий Варшавы, а скорее из своего сотрудничества с CIAM. Авторы выделили различные группы городов и обратили внимание на те, которые являлись постоянными объектами изменений, обусловленных разными факторами. В Варшаве они искали факторы и условия роста, а также возможности для преодоления кризисной ситуации. Сыркус и Хмелевский считали, что функционалистское планирование осуществимо только после разграничения неизменных и динамических, или непостоянных, факторов. Это было сделано ими и для того, чтобы справиться с разрывом между по-прежнему скудными данными, имевшимися в их распоряжении, и смелыми заявлениями относительно будущего развития, которые они делали. Делая упор на движение, то есть дифференцируя статичные и подвижные параметры, будущая Варшава оказывалась в состоянии постоянного изменения. В качестве неизменных факторов авторы рассматривали главным образом положение Варшавы на пересечении межконтинентальных транспортных артерий, сочетание развитой промышленной структуры и легкого доступа к товарным ресурсам и, наконец, функцию Варшавы как политического центра и центра потребления.

Самой важной новой чертой плана был взгляд на город в региональной, общенациональной и даже европейской плоскости. С помощью многочисленных иллюстраций подчеркивалось, что концепция столичного организма руководствуется направлениями движения и устраняет беспорядочность естественных транспортных потоков, характерную для старого города. Здесь Сыркус и Хмелевский, как и Жеромский в приведенных выше наблюдениях, выступали против того, что считали «ущербом, нанесенным царизмом городскому стержню» [Chmielewski et al. 2013: 87]. Но вместе с тем это утверждение опровергало и по-прежнему доминировавшие в градопланировании тенденции, которые, на их взгляд, застряли в тисках негодной городской модели прошлого.

Взявшие за основу логику дорожного движения и оснащенные инструментарием функционального градопланирования, Хмелевский и Сыркус предусмотрели нивелирование различий между городом и сельской местностью с помощью широкой зоны под названием «Варшава максимальная» (Warszawa Maksymalna, или Wmax), простиравшейся с севера на юг и с востока на запад примерно на 100 км. Они разработали новую, понятную систему отображения статистической информации, особенно в динамике. В соответствии с ней Варшава представала как город на пересечении трансконтинентальных транспортных направлений:

> В нашей концепции пригородный масштаб увязан с масштабом центральной Польши, Европы и даже всего мира таким образом, что при нажатии кнопки «Жерань» (один из пунктов разработанной концепции. — *М. К.*) мы слышим эхо Тлуща и Жирардува — Москвы и Парижа, и одновременно Модлина, Черска, Стокгольма и Суэца [Ibid.: 102].

Как антидот от негативного воздействия мегаполиса должны были функционировать так называемые неактивные зоны — противовес намеченным местам активного развития. На пересечениях главных транспортных артерий авторы «Варшавы функциональной» запланировали городскую инфраструктуру, которая должна была структурировать беспорядочные поселения за пределами города. Особый упор делался на учреждения для местного сообщества [Malisz 1987]. Это считалось необходимым для радикальной переоценки города.

Сыркус и Хмелевский признавали, что до тех пор, пока недвижимость по большей части остается в частных руках, концепция функционально организованной Варшавы утопична. И соглашались, что нужно уделять достаточное внимание превалирующим социально-бытовым условиям:

> Мы не хотим, подобно технократам, чересчур увлекаться техническим энтузиазмом, забывая о кризисе, безработице и бездомности масс. Нам слишком хорошо известно, что в этот самый момент, когда производство и потребление находятся в таком расстройстве, а передовые общественные силы развивают такую динамику, мы можем лишь теоретически готовить Варшаву к будущему — функциональному городу [Chmielewski et al. 2013: 108–109].

Впрочем, интересно, что намек на конкретную политическую систему здесь, вероятно для обеспечения адаптивности концепции, отсутствовал, хотя Сыркус и Хмелевский выражали положительное отношение к «плановой экономике» [Ibid.: 101].

Чтобы проиллюстрировать свои намерения, авторы ссылались на «лучезарный город» (La Ville Radieuse) Ле Корбюзье и «соцгород» Милютина. Однако подход Сыркуса и Хмелевского, даже принимая во внимание его очевидную связь с «линейным городом» (ciudad lineal) Сориа-и-Маты (1882) и «поточным городом» Милютина (1930), а также с планами Stadtlandschaft, разработанными одновременно для Гамбурга, Бремена и Штеттина, представлял собой нечто новое. В 1930-е годы Хмелевский использовал термин «Варшавский городской комплекс» (Warszawski Zespół Miejski)[45]. Еще ранее, в 1931 году, в «Архитектуре и будовництве» подробно обсуждались идеи Милютина [Tomaszewski 1931: 321–337, особ. 322–323]. Это не слишком оптимистичная оценка развития города, балансирующая между концепцией и поразительным самомнением. Вернее, поражает то, что стремление быть современным запросто соседствовало с интернацио-

---

[45] См. [Gutschow, Klain 1994: 64].

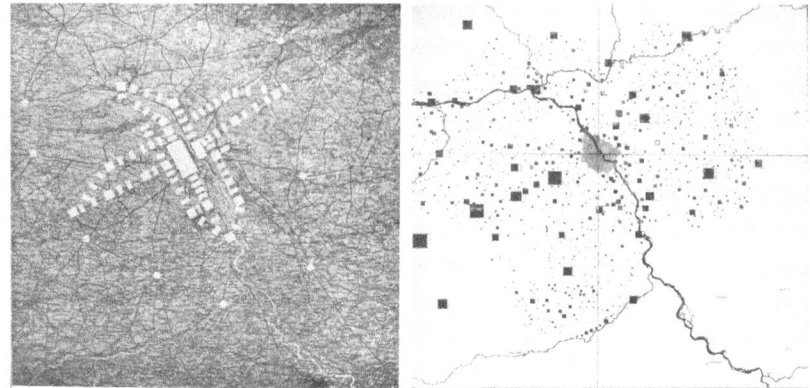

Илл. 58. Карты из «Варшавы функциональной». Кластеры будущей городской застройки. Warszawa Funkcjonalna, XII, XIV

налистскими претензиями. Радикальный характер этой работы и ее привлекательность за пределами Польши были обусловлены той ошеломляющей пропастью, которая разделяла критическую городскую ситуацию и намерение создать новый европейский гибридный город. Город этот понимался как непосредственный результат усиленных, новых форм путей сообщения, нарушающих границы и глубоко затрагивающих функционально организованную городскую структуру.

Н. Певзнер утверждал, что «архитекторы-модернисты увлеклись покорением пространства, победой над огромными расстояниями, рациональной координацией разнородных функций»[46]. Очевидно, польская группа оказалась больше, чем другие, готова к применению главных идей, выдвинутых в Афинах, а именно — что в основе своей архитектура должна быть функциональной по характеру и что хаотичное использование земли должно уступить место схеме коллективного землепользования.

Х. Сыркус перевела «Варшаву функциональную» на немецкий и французский языки, и супруги Сыркусы предоставили ее эк-

---

[46] Цит. по: [Guillén 2006: 36].

земпляры многим своим соратникам[47]. Кроме того, Х. Сыркус презентовала концепцию группе CIAM в Цюрихе на одном из ее регулярных совещаний[48]. Бернулли и Николаус Келен, специалист по гидроэнергетике, провели дискуссию о плане. Вследствие положительных отзывов цюрихской группы, в частности Карла Мозера, и при поддержке Бернулли и Келена, «Варшава функциональная» была включена в повестку заседания CIRPAC в мае 1934 года в Лондоне, на которое в полном составе явилась британская группа архитекторов-модернистов MARS. Наряду с членами правления CIRPAC среди присутствующих были также Рэймонд Анвин, Фредерик Осборн и Патрик Аберкромби [Syrkus 1976: 157][49]. Очевидно, что план вызвал длительные и интенсивные дебаты. Так, спорили о том, следует ли объявлять польский пример образцово-показательным для следующего конгресса, носившего в то время предполагаемое название «Функциональный город — синтез». Серт и Вайссман поддержали инициировавшего эту тему Ле Корбюзье, тогда как голландская, немецкая и швейцарская группы, настаивавшие на всестороннем анализе, были настроены более скептично. Полемика о «Варшаве функциональной» также являлась свидетельством разногласий внутри CIAM и должна рассматриваться в контексте общей дискуссии внутри этой организации — и политических противоречий, с которыми та столкнулась[50]. На лондонском заседании в мае 1934 года было принято решение о том, что CIAM — организация «специалистов» и намерена воздерживаться от политических заявлений [Weiss et al. 2014: 13].

Польская группа была единственной (за частичным исключением испанской группы и заявки Барселоны), кто на основе

---

[47] См., например, сопроводительное письмо Х. Сыркус К. Тейге от 18 марта 1935, приложенное к экземпляру (BA. WGA. Переписка с Х. Сыркус).

[48] Среди прочих в нем принимали участие Гидион, К. и В. Мозеры, А. и Э. Роты, М. Э. Хефели и Р. Штайгер [Syrkus 1976: 155–157, 159].

[49] См. также [Mumford 2000: 92].

[50] См. соответствующий протокол от 20 мая 1935 (NAI. EEST. 4 101, 7). См. также [Malisz 1987: 257–258].

материалов, представленных в Афинах, разработал практическую концепцию функционального городского региона в рамках CIAM. Ле Корбюзье рассматривал «Варшаву функциональную» как новый шаг в планировании огромных территорий, особенно из-за так называемого фокусирующего метода, применяемого при увеличении масштабов (район — город — страна). В связи с тем, что эта работа обеспечила градостроителей гораздо более широким инструментарием, чем предполагавшийся Афинской хартией, CIRPAC — руководящий орган CIAM — рекомендовал «Варшаву функциональную» в качестве эталона крупномасштабного городского и регионального планирования. CIRPAC постановил перевести данный документ на английский язык. В 1935 году вышло испанское издание [Malisz 1987: 257–258]. В резолюции, подписанной Гропиусом, Сертом, Ле Корбюзье и Уэллсом Коутсом, CIAM попытался подтолкнуть президента Варшавы к осуществлению этого плана[51]. Хотя по очевидным причинам, учитывая радикальный характер плана, «Варшава функциональная» не была немедленно принята к политической реализации, она, без всякого сомнения, повлияла на долгосрочное планирование Варшавы — и на формулирование Стажинским городских изменений[52]. План обсуждался в SARP, и его прокомментировали архитекторы Богдан Ляхерт, Ромуальд Миллер и Роман Пиотровский, а также специалисты Збигнев Стефан Ружицкий, Ян Стжелецкий и Тадеуш Толвинский [Chmielewski et al. 2013: 43].

Пока польские архитекторы завоевывали международное внимание и авторитет, CIAM, по меньшей мере потенциально, приближался к реализации своих преимущественно теоретических построений. Когда в Варшаве планировалось провести выставку по теме «Функциональный город», Гидион при содействии «соответствующих органов власти» заставил ван Эстерена оказать этому делу серьезную поддержку. Поощряемая секретариатом CIAM в Цюрихе (который жаждал получить возможность

---

[51] Письмо М. Зындрам-Косцялковскому опубл. в [Syrkus 1976: 159].
[52] См. [Chmielewski et al. 2013: 37].

ссылаться на реализованные проекты), Х. Сыркус приложила значительные усилия к переводу, публикации и распространению «Варшавы функциональной»[53].

План также повлиял на положение польских членов CIAM. Сыркус и Пиотровский стали членами комиссии по резолюции о «функциональном городе»; Ш. Сыркус также вошел в пресс-комитет и вместе с женой принял участие в работе группы, продумывавшей дальнейшее развитие CIAM, а Х. Сыркус стала членом комитета, занимавшегося протоколами конгресса [Steinmann 1979: 140; Somer 2007: 169, 172–173; Mumford 2000: 78, 81, 85]. С 1937 года Сыркус возглавлял комитет CIAM по региональному планированию и был выдвинут Гидионом в члены предполагаемой ключевой группы CIAM, которая должна была состоять из 3–5 участников и помогать организации оставаться на плаву в неспокойных водах конца 1930-х годов[54]. Хмелевский до нападения Германии на Польшу в сентябре 1939 года оставался крупной фигурой в сфере городского планирования Варшавы [Kotarbiński 1999]. В 1936 году он сменил Ружанского на посту главы варшавского Бюро регионального планирования [Wynot 1983: 174–176]. Здесь мы снова можем наблюдать, как отдельная внутригосударственная задача, предлагаемое для нее решение и международные рамки, в которых оно было разработано, влияли друг на друга и создавали выгодную ситуацию для тех, кто, подобно Сыркусу, был способен действовать в обеих сферах. Хмелевскому и Сыркусу удалось превратить тяжелое положение Варшавы в преимущество. Тому, кто желает дать оценку плану «Варшава функциональная», необходимо понимать градоплани-

---

[53] З. Гидион — К. ван Эстерену. 30 сентября 1935 // BA. WGA. Papers II, 129. См. также: З. Гидион — супругам Сыркусам. 10 июля 1935 // Ibid. В переписку Сыркусов с Гидионом входит множество писем, посвященных пропаганде «Варшавы функциональной», а также список всех членов CIAM, получивших ее текст (gta Archiv. CIAM, 42-K-1935).

[54] Переписка Х. и Ш. Сыркус относительно заседания CIRPAC в Амстердаме и «Функционального города»; З. Гидион — Ш. Сыркусу. 17 мая 1935 // gta Archiv. CIAM, 42-K-1935. См. также: З. Гидион — В. Гропиусу. 20 октября 1937 // BA. WGA. Papers II, 129.

рование как коммуникативный акт, рассчитанный на различные аудитории.

Решение конкретных городских проблем Варшавы представляло для Хмелевского и особенно Сыркуса не главный интерес. Включившись в существующую дискуссию о «функциональном городе» с ее кодами и разработав графический словарь, они в первую очередь стремились нанести Варшаву на международную карту как пример серьезных городских проблем и радикальных возможностей планирования. Дорожное движение не только определяло динамичность будущего роста Варшавы — транспортные направления, доминировавшие на схемах плана, напрямую связывали Варшаву с Парижем и другими европейскими городами. «Функциональный город», как коммуникационная система отсчета, обеспечивал проекту международное внимание, причем гораздо более интенсивное, чем традиционные инструменты планирования, которые подразумевали скорее процесс наверстывания, ориентирующийся на определенные показатели.

План Сыркуса и Хмелевского был обязан CIAM многим: своей структурой, терминологией, ориентирами — и в придачу рупором, который CIAM предложил после его публикации. Однако при этом «Варшава функциональная» отражала те самые политические и социальные характеристики, о которых говорилось в этой главе ранее и которые можно было найти только в Восточно-Центральной Европе, в частности в Варшаве. Помимо этого, группа «Презенс» с ее философией коллективного труда из-за отсутствия строительных заказов на практике функционировала не так, как надеялась. Это открыло возможности для радикального планирования, весьма слабо связанного с практическими задачами.

Благодаря «Варшаве функциональной» становится очевидным, что CIAM — организация, которая способствовала не только обмену знаниями, но также известности и признанию. Местные проблемы могли обретать статус конкретных примеров, признанных на международном уровне. Международное признание, в свою очередь, можно было направить на местную борьбу за шанс реализовать свои концепции и идеи. То, что предлагал CIAM, было особенно привлекательно, учитывая ситуацию в Польше. CIAM предоставлял более весомые, чем кто-либо еще, шансы использовать неотразимые чары интернациональности у себя на родине. Это стало очевидным уже при рассмотрении вопроса об организации конгресса CIAM в Варшаве, о чем говорилось выше. Сыркус обращал внимание на финансовые проблемы, однако пояснял: «Это вопрос престижа для нашей страны — но и для конгресса тоже». Недвусмысленно намекая на экономику престижа, описываемую в предыдущей главе, Сыркус заявил: «Наши власти провозлашают непременным условием приезд Ле Корбюзье». Наконец, он объяснил, что польские члены CIAM слишком хорошо понимают, «что Варшава будет не столь привлекательной площадкой, как место проведения предыдущего конгресса [Брюссель]». Однако это «был бы пример конструктивного содействия предстоящей работе». Кроме того, Сыркус подчеркнул, что «наша позиция относительно текущей экономической ситуации (экономического кризиса. — *М. К.*) может представлять довольно большой интерес для коллег, работающих в аналогичных условиях»[55].

План все еще сохранял актуальность на собрании CIAM 1936 года в Ла-Сарра и служил в CIAM образцом регионального планирования[56]. Он, безусловно, сыграл бы важную роль в 1937 году в Париже, если бы «Функциональный город» не заменили другой темой. Тем не менее план занял важное место в докладе Сыркуса о применении разработок CIAM в сельских районах и был упомянут в итоговой публикации, обобщающей результаты конгрессов[57]. Кроме того, потенциалу регионального планирования предстояло стать главной темой в организации CIAM-Ost, основанной в 1937 году [Platzer 1999].

---

[55] Ш. Сыркус — З. Гидиону. 10 апреля 1933 // gta Archiv. CIAM, 42-K-1933.

[56] См. отчет Комиссии по представлению реализованных проектов. 17 сентября 1936 // gta Archiv. CIAM, CA 5-1-57 D. См. также: gta Archiv. CIAM CA 5-1-55 V; BA. WGA. Papers II, 129.

[57] Важные аспекты «Варшавы функциональной» рассматриваются в докладе Сыркуса «rapport no 3 Cas d'application — régions de campagnes» для V Конгресса CIAM (1938) [Steinmann 1979: 196–197]. См. также [Domhardt 2012: 186].

Разумеется, несмотря на весь свой радикализм и далеко идущие устремления, «Варшава функциональная» возникла не на пустом месте. В действительности она была менее революционной, чем утверждалось в тексте. Пионеры урбанизма, вдохновленные в значительной мере англосаксонской традицией градопланирования, уже занимались взаимоотношениями сельской местности и города и делимитацией городских границ. Однако «Варшава функциональная» предоставила им модель, помещенную в конкретную географическую обстановку, но при этом достаточно отвлеченную, так что ее можно было использовать в различных контекстах и наполнять разным содержанием. Модель Хмелевского — Сыркуса особенно привлекала тем, что могла учитывать будущий рост (или даже уменьшение) города, не подвергая сомнению его «организационный принцип» [Chmielewski et al. 2013: 43].

Таким образом, «Варшава функциональная» значима во многих отношениях. Как будет продемонстрировано в главе шестой, она оказала долгосрочное влияние на градопланирование Варшавы, и, как было упомянуто выше, широко исследовалась на международной градостроительной арене. Но вместе с тем план имел показательное значение, выявив взаимосвязь политиков и специалистов по градопланированию — как и выставка «Варшава будущего», проводившаяся в то же время. В нашем же контексте самое главное то, что план Сыркуса и Хмелевского засвидетельствовал: архитекторам удалось занять лидирующие позиции. «Варшава функциональная» — наглядный пример объединения и взаимного влияния тем, обсуждавшихся в четырех предыдущих главах: противоречий постимперского городского пространства, возникновления нового типа архитекторов, новых способов самоорганизации архитекторов в рамках CIAM и SARP и воздействия коммуникации.

Эта многослойная значимость выходит на первый план и при критике концепции. Совершенно очевидно, что при всех своих красноречивых визуальных дополнениях и броских фразах труд Сыркуса и Хмелевского был уязвим для критики вследствие поверхностности. Эта критика имела отношение к трещине, образовавшейся в CIAM в начале 1930-х годов [Weiss et al. 2014: 11]. Немецкие архитекторы левого толка, например, считали, что концепция «функционального города» не уделяет достаточного внимания экономическим вопросам и особенно классовой борьбе, а потому страдает недостатком аналитической строгости [Mumford 2000: 63–64]. «Варшава функциональная» — концептуальная работа, породившая множество тех же общих критических замечаний, с которыми столкнулась и концепция «функционального города», — снова вызвала эту полемику. Кроме того, план выявил раскол на сторонников анализа и поборников синтеза. Когда Гропиус приветствовал решительный характер «Варшавы функциональной», это был несколько сомнительный комплимент, указывавший на потенциальный недостаток аналитической обоснованности [Isaacs 1984: 728; Somer 2007: 196]. Нейрат раскритиковал инфографику «Варшавы функциональной», в частности схему IX и чрезвычайно некорректное и не соответствующее установленным им стандартам использование сельскохозяйственных символов, тем самым подлив масла в огонь критики чрезмерно самоуверенного труда [Hochhäusl 2010: 181–182][58]. Эта критика была лишь одной из составляющих серьезного отчуждения, возникшего между Нейратом и CIAM после заседания CIRPAC 1934 года — но критическое отношение Нейрата разделял и Форбат[59].

Проблему конфликта масштабных градостроительных идей с всесторонним анализом подчеркивал и влиятельный Мартин Вагнер, до 1933 года занимавший пост главного планировщика Берлина. В обширной записке супругам Сыркусам от марта 1935 года Вагнер, в то время работавший советником по городскому планированию в Турции, воспользовался «Варшавой функциональной» как возможностью углубиться в проблему функционалистского градостроительства, тем самым признавая значимость труда Сыркуса.

---

[58] Раскритикованная схема воспр. в [Chmielewski et al. 2013: 90].
[59] См. замечания Форбата об актуальности «визуального языка» в дискуссии, имевшей место после VIII Конгресса CIAM (AM. FP. 1970-18-162).

Вагнер указал на общие закономерности городского развития, которое он рассматривал как деятельность людей как потребителей энергии. Вместо того чтобы планировать желаемое, чем, на его взгляд, занимались Хмелевский и Сыркус, следовало исходить из хорошо изученных процессов развития города. По мнению Вагнера, планировщики Варшавы не сумели раскрыть «фундаментальную экономическую движущую силу [Triebkräfte] будущего развития Варшавы». Таким образом, они упустили из виду множество других возможных путей развития, в частности вероятность того, что города трансформируются в нечто совершенно новое. Поэтому городские планировщики, утверждал Вагнер, должны быть реформаторами экономики, что, на его взгляд, не было надлежащим образом отражено в плане функциональной Варшавы[60].

Тот факт, что «Варшава функциональная» дала толчок общей полемике, был подчеркнут аналогичной критикой, высказанной президентом CIAM ван Эстереном. С одной стороны, ван Эстерен приветствовал смелое высказывание Сыркуса и признал «Варшаву функциональную» «первой синтетической работой группы конгресса». Однако, с другой стороны, он опасался, что все-таки слишком поверхностное (по его и Вагнера мнению) обращение с весьма сложными проблемами окажется не лучшим примером. Сыркус принял эту критику и оправдывался тем, что его труд — всего лишь первый этап поступательного процесса. Он утверждал, что в дальнейшем строгое следование принципам коллективной работы, которых придерживается CIAM, позволит устранить недостатки[61]. Комментируя критические замечания Вагнера, Гропиус согласился с его основными доводами, но просил X. Сыркус реагировать правильно:

> Учитывая политические обстоятельства, с которыми мы сегодня сталкиваемся во всех странах, я полагаю, что судьба модернистской архитектуры — выдвигать теоретические

---

[60] Wagner M. Die funktionelle Stadt. Eine kritische Betrachtung zur Klarung des Begriffs der funktionellen Stadt im Anschluss an die Arbeit der polnischen Gruppe 'Praesens' und 'U' uber das stadtebauliche Problem von Warschau. 8. März 1935 // BA. WGA. Papers II, 129.

[61] Переписка Сыркуса и К. ван Эстерена от 1935 года, цит. по: [Somer 2007: 196].

наработки. Осуществление в более широком смысле станет возможным только с приходом второй волны, которая, вероятно, поднимется намного позднее.

Общественность, считал Гропиус, слишком занята политическими вопросами, и большой поддержки дела CIAM у нее не найти[62].

Если Ружанский оставался в рамках классического градопланирования, и его лейтмотивами были нормативы, гигиена и репрезентативная застройка столицы, «Варшаву функциональную» можно рассматривать почти как попытку преодолеть стремление догнать западные образцы и изменить ситуацию с помощью радикальной концепции, немыслимой в уже «выкристаллизовавшихся», по выражению Хмелевского и Сыркуса, западных городах. В этом смысле «Варшава функциональная» также являет собой и яркий пример подъема модернистской плеяды архитекторов в широком контексте городского кризиса, даже если это означало определенную надуманность проблем, вполне имевших решение. Можно утверждать, что Хмелевский и Сыркус предложили решать городские проблемы XIX века (упорядочение, гигиена, жилищные условия) с использованием инструментов градопланирования XX века, подчеркивая огромные возможности, доступные Варшаве благодаря ее выгодному географическому положению.

Таким образом план «Варшава функциональная» поднялся над политикой и следовал научно-технической логике. В то же время, учитывая неизбежно тесную связь с городской администрацией, он, хотя и лишь на определенный период, вошел в состав политической программы президента Варшавы Стажинского[63]. Радикальное улучшение городов, пусть лишь предстоявшее в будущем, являлось источником политической легитимности, а градостроители благодаря тесному сотрудничеству с городской администра-

---

[62] В. Гропиус — Х. Сыркус. 6 апреля 1935 // BA. WGA. Papers II, 129.

[63] Скорее всего, «Варшава функциональная» повлияла и на масштабные проекты для Центрального промышленного региона (Centralny Okręg Przemysłowy). См. [Furtak 2014: 59].

цией получали доступ к ресурсам. Так были сформированы рамки, в которых стала возможной рассчитанная на далекую перспективу, радикальная концепция городского развития, прочно связанная с принятием политических решений. Однако эта беспроигрышная ситуация не просуществовала долго.

### Заключение

В 1947 году Г.-Р. Хичкок заметил, что государство стало играть в жизни архитекторов решающую роль, заменив самостоятельные взаимоотношения с частными клиентами скорее «архитектурой бюрократии», чем «архитектурой гения» [Cohen 2011: 418]. Эта новая реальность возникла в Восточно-Центральной Европе уже к концу 1920-х годов и очевидна на примере Варшавы. Мировой экономический кризис начала 1930-х годов привел к почти полному исчезновению и без того немногочисленной группы частных заказчиков архитекторов, в особенности архитекторов-модернистов.

Из-за доминирования постимперского опыта в восточноцентральноевропейских столицах по сравнению с Западной Европой присутствие централизованного государства было чрезмерным. Это явление усугубляли городские проблемы, описанные в данной главе, а также инициированное государством строительство новых столиц как символа легитимности. Кроме того, вмешательство централизованного государства облегчало и в определенной мере делало необходимым еще одно наследие имперского прошлого — отсутствие прочных традиций самоуправления (разумеется, в Варшаве). Назначение Стажинского было прямым следствием этой взаимосвязи.

Однако менее ясно, имело ли это негативные последствия для архитекторов, на что намекал Хичкок. Градостроительная диктатура, предложенная в контексте выставки «Варшава будущего», подразумевала двойное самоуполномочие — архитекторов и политиков. Как продемонстрировала эта глава, окрашенное в мрачные тона имперское прошлое обеспечило общую почву амбициозным планировщикам и политикам, нуждавшимся в будущих проектах для обретения крайне необходимой им легитимности. С первого взгляда казалось, что смелое проектирование будущего развития новыми методами будет выгодно обеим сторонам [Graf, Herzog 2016]. Варшава стала средоточием национальных и общественных преобразований и как таковая — «символом модернизации»[64]. Она сделалась пространством, в котором могли проявить себя и политики, и архитекторы. Сыркус разрабатывал план функциональной Варшавы как градостроитель нового типа, который необычайно расширил сферу своей деятельности.

Однако почти сразу после публикации «Варшавы функциональной» стали очевидны проблемы этого самоуполномочия — раскол, наметившийся как внутри группы архитекторов CIAM, так и в отношениях между архитекторами-модернистами и политиками. В апреле 1977 года, через 40 лет после последнего довоенного, V Конгресса CIAM в Париже, Х. Сыркус написала длинное письмо Мартину Штайнманну. Штайнманн, швейцарский историк архитектуры, во второй половине 1970-х приступил к созданию архива CIAM в недавно образованном Институте истории и теории архитектуры (gta) Швейцарской высшей технической школы в Цюрихе (ETH). Он связался с Сыркус, чтобы лучше осмыслить формирование CIAM — организации, которая к 1970-м годам была почти забыта. В своем письме Сыркус не жалеет усилий, чтобы представить достижения польской группы в правильном, по ее мнению, свете. Это эмоциональное послание полно воспоминаний о событиях, которые явно повлияли на жизнь Сыркус, как мало что другое, а кульминацией этих воспоминаний является «Варшава функциональная» и оказанное ею воздействие. В частности, Сыркус вспоминает подготовительное заседание перед Парижским конгрессом 1937 года, проведенное в Амстердаме в июле 1935 года. Оно, помимо прочего, было посвящено региональному планированию. Когда Ш. Сыркус, следуя

---

[64] Эту цитату см. в [Trybuś 2012: 347]; также в этой книге упомянуто множество нереализованных проектов. См. также [Brzostek 2015].

направлениям, заданным берлинским внеочередным съездом 1931 года, и основным принципам «Варшавы функциональной», воодушевленный положительными отзывами, полученными в Лондоне годом ранее, выступил за широкомасштабное международное планирование, выходящее за пределы национальных границ, Гропиус утратил свое, по выражению Х. Сыркус, «олимпийское спокойствие». Указав на Сыркуса и поддержавших его членов CIAM Боттони, Поллини, Вайссмана и Серта, он воскликнул: «Вы все дилетанты»[65].

Эта сцена спровоцировала «основание» «Клуба дилетантов», символом которого стали сердце и стрела, нарисованные помадой Х. Сыркус, и спустя многие десятилетия после этого события члены клуба по-прежнему испытывали к нему теплые чувства. Сыркус тут же сочинила гимн про дилетантов, а также их оппонентов, аналитическую фракцию, где были примечательные строки:

> Analyse über alles, über alles im Ko-o-o-ongres,
> vom dem Steiger bis zum Haefeli über Moser und den Hess
> Analyse, Analyse, über alles im Kongress.
> [Анализ превыше всего, превыше всего в Ко-о-о-онгрессе,
> от Штайгера до Хефели, от Мозера до Гесса.
> Анализ, анализ превыше всего в Конгрессе.]

В тексте гимна, положенного на мелодию «Песни немцев» («Deutschland, Deutschland über alles...»), перечислялись имена самых заметных, в основном швейцарских, сторонников всестороннего анализа, противопоставлявшегося широкому синтезу, который имела в виду Сыркус.

Гимн, очевидно, и заставил Гропиуса немедленно присоединиться к лагерю «дилетантов», по крайней мере неофициально. Помимо того что этот анекдот в очередной раз подчеркивает значимость «Варшавы функциональной», он заостряет внимание на ожесточенных спорах о том, как именно должно осуществ-

---

[65] Об амстердамском заседании см. [Mumford 2000: 103].

ляться планирование — а следовательно, и о том, какова роль архитектора. Тот факт, что Сыркус вспоминала об этих событиях (и то, как она о них вспоминала), также свидетельствует о личной вовлеченности в полемику и слиянии личных, а также политических убеждений и образа жизни с профессиональными принципами и предпочтениями, что столь типично для CIAM[66].

Это слияние личной сопричастности, политических убеждений и профессионального мировоззрения стало крайне проблематичным после Парижского конгресса CIAM — конгресса, уже отмеченного попыткой деполитизировать организацию и переместить ее в менее конфликтную плоскость. Неформальный союз архитекторов-модернистов и модернизирующего государства был поставлен под угрозу ростом авторитаризма и политической радикализации в Венгрии и Польше, а также нападением Германии на Чехословакию в 1938 году. Давление, которому подверглись тесные, зачастую эмоциональные взаимоотношения в CIAM, и испытание архитекторов-модернистов огнем Второй мировой войны — две основные темы следующей, последней главы.

---

[66] Х. Сыркус — М. Штайнманну. 12 апреля 1977 // gta Archiv. CIAM.

# Глава 6
# Под давлением: архитекторы-модернисты и рост политических крайностей

Выставка «Варшава будущего», состоявшаяся в марте 1936 года, стала наиболее ярким проявлением модернизационного союза польских архитекторов с государством. Однако всего через несколько месяцев союз этот начал распадаться. Политическое внимание переключилось на монументальные здания. План «Варшава функциональная», которому предназначалось центральное место на выставке 1936 года, был отложен и в последующие годы так и не реализован на практике. После смерти Пилсудского, фактического руководителя Польши после переворота 1926 года, наступившей 12 мая 1935 года, развернулась политическая борьба за власть, усилившая националистические силы — как и в большинстве государств Центральной Европы. В обстановке возрастающей международной напряженности политики все чаще рассматривали архитектуру как средство выражения политических устремлений нации. Это, помимо прочего, подразумевало трансформацию ожиданий, связанных с архитекторами, и разрушение вышеупомянутого модернизационного союза государства и архитекторов-модернистов. Теперь политики требовали от архитекторов демонстрации четкой политической принадлежности. Наиболее ярко это проявилось в планировании целого образцового центрального района вокруг площади Пилсудского в Варшаве. Соответствующий конкурс, призванный серьезно изменить внешний вид центра польской столицы, был объявлен незадолго до смерти Пилсудского, но в честь этого ярчайшего польского лидера очень скоро приобрел мемориальный характер. Планы украсить новый квартал грандиозным памятником скончавшемуся политику являются убедительным свидетельством слияния политики и градопланирования [Trybuś 2012: 190, 194][1].

Журнал «Архитектура и будовництво» отреагировал на смерть Пилсудского, поместив на обложке второго номера за 1935 год посвящение ушедшему лидеру. В некрологе от имени SARP и TUP подчеркивались не столько достижения Пилсудского как государственного деятеля, сколько его активное участие в градостроительных процессах, кульминацией которых стали крупномасштабные планы по реконструкции центра Варшавы [Dnia 1935]. Конкурс 1935 года на проект этой реконструкции, а также конкурс на проект памятника Пилсудскому, объявленный два года спустя, вызвали среди архитекторов большой интерес[2].

Представителям этой профессии явно предлагалось взять на себя главную роль в трансформации публичного образа Польши, хотя и в изменившихся политических условиях[3]. Изменение политического климата не сразу привело к уходу со сцены архитекторов-модернистов. Супруги Брукальские, Шанайца и Ляхерт представили на конкурс привлекший общее внимание проект квартала вокруг площади Пилсудского, отмеченный чертами функционализма [Trybuś 2012: 201–203]. Однако способ взаимодействия государства, общества и архитекторов в данной сфере определенно отличался от бытовавшего в конце 1920-х — начале

---

[1] См. также [Faryna-Paszkiewicz 2003: 186–188].

[2] О конкурсе на проект памятника Пилсудскому см. [Trybuś 2012: 304–318].

[3] См. двойной номер журнала «Архитектура и будовництво» (AiB. 1935. № 3–4). В № 5 от того же года были опубликованы дополнительные материалы на данную тему.

Илл. 59. Макет Форума Пилсудского в Варшаве. 1938. NAC, 1-U-8487-16

1930-х годов. Об этом свидетельствовал целый спектр общественных зданий, от Национального музея в Варшаве до ряда министерств, которые ныне преобладали на страницах «Архитектуры и будовництва»[4]. Теперь Стажинский и польские власти откровенно брали пример с авторитарных европейских лидеров, в частности Муссолини, поскольку более решительно выражали свои политические устремления через архитектуру[5].

---

[4] AiB. 1936. № 4–5 (двойной выпуск с обширной иллюстрированной статьей о том, что считается типичным для современной польской архитектуры). См. также [Faryna-Paszkiewicz 2003: 195–215] и примеры в [Olszewski, Gorczyca 2012: 60–67].

[5] № 7 журнала «Архитектура и будовництво» за 1936 год подробно писал о спортивном комплексе Рейхспортфельд в Берлине. См. также обзорную статью об архитектуре Третьего рейха [Kostanecki 1938] и несколько материалов об архитектурной программе Муссолини в «Архитектуре и будовництве» в 1937–1938 годах, в частности [Munster 1938].

Илл. 60. Национальный музей в Варшаве. NAC, 1-К-381

Все большее влияние на условия труда, а следовательно, и на жизнь восточно-центральноевропейских членов CIAM оказывал нарастающий политический прилив. Примерно с 1937 года в переписке супругов Сыркусов с коллегами по CIAM, жаловавшимися на повсеместный недостаток заказов и утрату интереса политиков к модернистским проектам, начали возникать и опасения относительно трансформации политической сцены как таковой[6].

Форбат также отмечал, что и в Венгрии ныне задают тон проекты в стиле «Reichskanzlei» и это подразумевает нечто большее, чем поражение на архитектурных конкурсах[7]. Международный обмен идеями, отличительная черта CIAM, встречал все больше препятствий. Тем временем CIAM уже не столь уверенно касался политики и занялся менее спорными, но и менее важными темами, таким как досуг. Последний стал темой V Конгресса CIAM в Париже в 1937 году. Вскоре после его завершения Ле Корбюзье приостановил сотрудничество с CIAM, заявив, что

---

[6] См. переписку Х. Сыркус за 1937–1939 годы (MA. SP).
[7] Ф. Форбат — В. Гропиусу. 23 февраля 1937 // AM. FP. 1970-18-187-01.

больше не верит в коллективную работу [Somer 2007: 204–205]. Во многих отношениях Парижский конгресс был оборонительным и разочаровал представителей радикального крыла CIAM, таких как Шмидт[8]. Гропиус, который к той поре уже уехал в США и не смог присутствовать на конгрессе в Париже, направил свои сожаления Гидиону, подчеркнув, что «значение конгрессов заключается в том, что они являются духовным островом, на котором среди окружающей нас европейской пустыни продолжают созревать все наши идеи»[9]. Ван Эстерен же несколько обреченным тоном утверждал, что «облегченный подход», предложенный для конгресса французами, — вероятно, единственный приемлемый путь, учитывая «нынешние трудности международного взаимодействия»[10].

Хотя Форбат и Сыркусы какое-то время оставались в Венгрии и Польше соответственно, исход архитекторов (особенно, но не исключительно модернистов) из Центральной Европы после 1933 года заметно ускорился. Целые сообщества изгнанных центральноевропейских архитекторов в Испании и Турции функционировали в качестве передатчиков модернизма, однако вскоре столкнулись с политическими осложнениями и в этих странах [Bozdoğan 2001; Dogramaci 2008; Nicolai 2009; Medina Warmburg 2005]. Хотя причины изгнания этих мастеров были разными, зачастую политически окрашенная причастность к модернизму превращалась в потенциальную угрозу. Эмигрантские движения являются доказательством той известности, которой добились многие архитекторы-модернисты, и способности технологической логики модернизма к переносу на другую почву. Но вместе с тем они демонстрируют, что модернизм в тот момент имел гораздо больше политических коннотаций, чем в 1920-е годы. В 1934 году, после политических событий в Германии, совершила разворот к авторитаризму Австрия, также ставшая неподходящим для архитекторов-модернистов местом. Ко второй

---

[8] Г. Шмидт — супругам Сыркусам. 19 сентября 1938 // MA. SP.

[9] В. Гропиус — З. Гидиону. 24 июня 1937 // BA. WGA. Papers II, 129.

[10] К. ван Эстерен — З. Гидиону. 8 февраля 1937 // Ibid.

половине 1930-х годов то же самое произошло в Венгрии, а вскоре, в 1937 году, и в Польше. Чехословакия, до тех пор являвшаяся островком стабильности и демократии, в 1938 году также сделалась объектом германского экспансионизма и в марте 1939 года перестала быть независимым государством. Как было показано в главе третьей, организация CIAM-Ost явилась результатом растущих потрясений в Европе и одновременно была попыткой сформулировать восточно-центральноевропейский ответ на проблемы 1930-х годов. В конечном счете организация пала жертвой этих самых противоречий.

В Польше SAP (с 1934 года носившая название SARP с отсылкой к Польскому государству) в 1937 году утратила функцию объединяющего центра архитекторов-модернистов и вместо этого в качестве главных ценностей начала внедрять этнические критерии и политические императивы. Национальные ассоциации архитекторов, созданные после Первой мировой войны, превратились в поля идеологических сражений и в других странах региона. Журналы и иные каналы коммуникации, основанные в том же ключе и внутри тех же сетей, что и CIAM и SAP, начали испытывать затруднения и приходить в упадок. Даже в тех периодических изданиях, которые сохранили открытые взгляды, выбор тем сигнализировал о том, что для архитекторов наступила новая эпоха. В 1936 году «Архитектура и будовництво» подробно описала новый профессиональный устав архитекторов, появившийся в нацистской Германии и напрямую отражавший новую идеологию [Nowa 1936: 207–208]. Последний выпуск «Архитектуры и будовництва», вышедший в июне 1939 года, оказался самым провидческим: на его обложке было помещено изображение авиабомбы, а бо́льшая часть номера посвящена воздушной войне и способам, с помощью которых на эту угрозу могли реагировать города, — а также роли, которую могли сыграть в этом архитекторы[11].

---

[11] См. аналогичную обложку и тематический номер: AA. 1938. No. 12. Об ожиданиях архитекторов относительно грядущей войны см. также [Cohen 2011].

Илл. 61. Обложка последнего номера журнала «Архитектура и будовництво». Июнь 1939

В заключительной главе мы обратимся к различным аспектам, характеризующим экспансию профессии архитектора, исследованную в предыдущих главах. Здесь будет продемонстрировано, как деятельность архитекторов-модернистов, особенно в Восточно-Центральной Европе двух предвоенных десятилетий, ранее исполненная социально-политической значимости, оказалась в герметичной среде. Архитекторам-модернистам теперь было гораздо труднее считать себя обычными техническими специалистами (и восприниматься в качестве таковых политиками и военными лидерами), что было вполне возможно еще во время Первой мировой войны. Особенно это касается тех многочисленных архитекторов-модернистов, которые решительно солидаризировались с коммунистическим проектом. Лояльность архитекторов-модернистов стала вызывать сомнения, международные контакты осложнились; после анализа этих явлений на примере Варшавы — одного из самых апокалиптических городов Второй мировой — будет описано, как отразилась на архитекторах-модернистах война. Наконец, в этой главе мы увидим, как архитекторы-модернисты попытались сосредоточиться на посткатастрофическом городе, тогда как окно возможностей, распахнувшееся в 1945–1948 годах, быстро закрылось.

### Сомнения в лояльности и осложнившийся международный обмен

Начиная с 1933 года Восточно-Центральная Европа пребывала между двумя антагонистическими державами — нацистской Германией и Советским Союзом. Независимо от ориентации — прозападной или провосточной — польские и венгерские архитекторы понимали, чтó означает для некогда «свободной» профессии появление нового вида политической идеологии, хотя и не всегда имели сведения из первых рук. После отъезда из СССР Мая в 1933 году все советские архитекторы, с которыми он поддерживал контакт, погибли. В Германии новое правительство официально преследовало еврейских архитекторов, а также модернистов, не желавших отказываться от своих убеждений. В 1939 году в одном только Тель-Авиве жило и работало свыше 100 архитекторов, посещавших немецкие университеты или высшие школы, в том числе 19 выпускников Баухауса [Flierl 2011; Rössler 2009].

В эпохальном труде писателя и поэта Александра Вата «Мой век» — возможно, самом убедительном отчете о приверженности центральноевропейских интеллектуалов обещаниям коммунизма и той невероятной цене, которую они заплатили за это, — описана весьма специфическая социально-политическая плеяда. Коммунизм в Польше и других странах региона, в гораздо большей степени, чем во Франции или даже Германии, стремился к исправлению социальной ситуации, которая считалась насквозь прогнившей [Ват 2006]. Рассказ Вата, писателя однозначно левых убеждений, о своем опыте в целом можно экстраполировать и на архитекторов-модернистов, таких как Сыркусы, Брукальские или Ляхерт, Шанайца, Пиотровский и его жена

Анатолия[12]. Рост национализма и господство политиков правого толка уже с 1937 года маргинализировали авангардное течение в польской архитектуре[13]. Вместе с тем к непосредственным санкциям это приводило лишь в отдельных случаях, например, когда Владислав Черный из-за членства в Коммунистической партии лишился своей должности в государственных органах [Stefanowicz 2000].

Опять же показателен пример Сыркуса. Те черты, которые способствовали его успеху на международной архитектурной сцене, — безоговорочное принятие модернистских форм, международные связи и приверженность интернационализму, не в последнюю очередь левые симпатии, выходившие за рамки жилищной реформы и улучшения положения рабочих, — теперь стали вызывать подозрение. Эти качества шли вразрез с подъемом «нравственных наций» в Польше в конце 1930-х годов [Plach 2006: 160–162]. Силы, которые Сыркус считал реакционными, быстро набрали политические обороты. Они пометили линии социального раскола как неустранимые и, взяв за образец усиливающиеся фашистские государства, видели в осложнении международной обстановки подтверждение необходимости националистической политики у себя на родине. Рост антисемитизма и введение официальных антисемитских мер подразумевали, что еврейское происхождение Сыркуса начинало приобретать значение, каким, насколько нам известно, до 1937 года никогда не обладало.

Переписка Сыркусов с другими членами CIAM наглядно демонстрирует, насколько глубоко меняющаяся социально-политическая ситуация влияла на профессиональную и личную жизнь архитекторов. В письме Гидиону от июня 1937 года Ш. Сыркус обстоятельно рассуждает о положении CIAM, его восточных групп и польских архитекторов — членов CIAM. Его впечатления неоднозначны. Сыркус описывает благополучную историю расширения совмест-

---

[12] Об этих кругах см. [Shore 2006; Chomątowska-Szałamacha 2015].

[13] См. соответствующую переписку Х. Сыркус и З. Гидиона начиная с 1938 года (gta Archiv. CIAM, 42-K-1938-39).

ной работы, взаимосвязей передового регионального планирования Венгрии, Чехословакии и Польши в исходных рамках сотрудничества на базе CIAM-Ost, высоко оценивает качества CIAM как такового. Вместе с тем польский архитектор упоминает о Чехословакии и политической радикализации Тайге, который теперь представляется ему непреодолимо навязчивым. А главное, в мрачных тонах рисует обстановку у себя на родине. Сыркус и Пиотровский, вице-президенты головной организации SARP и ее варшавского отделения соответственно, лишились своих постов. Ра́вно как и многие их единомышленники, игравшие ключевую роль в SAP/SARP до 1937 года. Выборы в мае 1937 года привели к полной победе «хорошо организованных правых», объясняет Сыркус. Таким образом, главенству идей CIAM в SARP пришел конец. Как сообщает Гидиону Сыркус, с этого момента можно рассчитывать только на четырех членов прежней польской группы CIAM: супругов Сыркусов, Пиотровского и его жену Анатолию. Высказав все это, Сыркус подчеркивает свое единство с CIAM и напоминает Гидиону, что никогда не притязал на то, чтобы представлять всех польских архитекторов[14].

Действительно, в течение 1937–1938 годов противоречия внутри SARP, как и опасался Сыркус, значительно возросли. Они отражали не столько стилистические разногласия, сколько противоположные взгляды на роль архитекторов в обществе. После войны Пиотровский вспоминал, как стремительно утратили влияние принадлежавшие к лагерю CIAM архитекторы «Презенса», которые являлись поборниками радикальных социальных реформ. Во время экономического кризиса начала 1930-х годов они выступали за широкую государственную инициативу, даже за подконтрольные государству бюро планирования. Эти повсеместные споры о том, что такое архитектор — социальный актор или классический представитель отдельной «свободной» профессии, теперь приобрели откровенно политический оттенок. Во время Гражданской войны в Испании возникли связанные с ними конфликты из-за мер солидарности с республиканской

---

[14] Ш. Сыркус — З. Гидиону. 22 июня 1937 // gta Archiv. CIAM, 42-K-1937.

стороной конфликта. Но особенно ярко разногласия проявились в протесте против растущего и уже неприкрытого антисемитизма на архитектурном факультете ВПИ. Радикальная левая политика стала ассоциироваться с «чужеродным еврейским коммунизмом» и внутри SARP [Czerny 2000]. В 1938 году варшавское отделение SARP приняло новый устав, по которому из него исключались почти все члены-евреи[15]. Из организации вынуждены были выйти по меньшей мере 59 архитекторов. В 1939 году все евреи были официально вычеркнуты из списков членов SARP [Piotrowski 2000: 70].

SARP заняла и четкую политическую позицию. Она приветствовала экспансионистский военный курс польского правительства во время распада Чехословакии в 1938 году. Для архитекторов левого толка и еврейского происхождения (две характеристики, зачастую рассматривавшиеся политическими правыми как две стороны одной медали) борьба за «истинное лицо польских архитекторов» представляла собой нечто куда более серьезное, чем препятствие в карьере. Исключение левых и евреев шло рука об руку с попытками архитекторов добиться привилегированного положения — для этого им и нужны были власти [Ibid.: 70; Pietrowski 2000].

После войны Х. Сыркус дала яркий отчет о том, как с ухудшением политического климата менялась и ситуация в SARP [Syrkus 1976: 201–205]. Вообще поразительно, что новые опасности ясно проступают в ее корреспонденции еще на ранних этапах. По мере того как их устоявшиеся убеждения становились проблемой, супруги Сыркусы еще крепче ухватывались за тот стержень, который видели в ценностях CIAM. Шмидт написал пространное рассуждение в поддержку Сыркусов и их социальной активности, утверждая, что теоретически условия в Польше благоприятны для продвижения новой архитектуры, за которую ратовал и он сам[16].

---

[15] Об исключении еврейских архитекторов из SARP см. [Kunz 2016: 27–29].

[16] См. переписку Шмидта и Сыркусов по поводу функциональной архитектуры и рассуждения Шмидта о задачах архитекторов с учетом экономико-политической ситуации от 12 февраля 1937 (MA. SP).

Однако в сентябре 1938 года Сыркус сообщила Шмидту, что, хотя работа у них еще есть, заказчики уже не те — то есть в их распоряжении имеется только частное, а не государственное финансирование[17].

Тон переписки Сыркусов с ван Эстереном, Гропиусом, Гидионом, Форбатом, Шмидтом и многими другими светилами модернистской архитектуры начиная с 1937 года заметно изменился. Во все более гнетущей политической обстановке ключевые члены CIAM, которые не раз встречались лично и были уже хорошо знакомы друг с другом, в письмах все чаще затрагивали личные темы[18]. В чрезвычайных обстоятельствах единение с коллегами-модернистами приобретало новую значимость и нередко даже решало судьбу этих архитекторов. К октябрю 1938 года строить долгосрочные планы стало невозможно: как писала Сыркус Шмидту, «мы переживаем трудный период, и нам приходится серьезно задумываться о нашем будущем»[19]. Франтишек Каливода, который теперь возглавлял возрожденную чешскую группу CIAM и наряду с Мольнаром был движущей силой CIAM-Ost, получил от Сыркус теплое письмо, в котором она подчеркивала их дружеские связи, но в то же время выражала скептицизм. По ее мнению, CIAM-Ost страдал от неблагоприятных политических процессов в странах, являвшихся его членами, за исключением Чехословакии. План Каливоды по созданию журнала CIAM-Ost представлялся ей нереалистичным, хотя и целесообразным. В Польше климат для подобного издания был «недостаточно теплым». А предложение Каливоды проводить профессиональные конференции казалось трудноосуществимым[20].

Так что в январе 1939 года Сыркусы решили, что должны покинуть родину. Х. Сыркус сообщила ван Эстерену, что она и ее

---

[17] Х. Сыркус — Г. Шмидту. 9 сентября 1938 // MA. SP.

[18] См. свидетельство гораздо более тесных теперь отношений с Гропиусом, включая обращение на «ты» (Du), в недатированном письме Х. Сыркус Гропиусу от октября 1936 (BA. WGA. Papers II, 129).

[19] Х. Сыркус — Г. Шмидту. 19 октября 1938 // MA. SP.

[20] Х. Сыркус — Ф. Каливоде. 8 февраля 1938 // gta Archiv. CIAM, 42-K-1938.

муж уже давно понимали, что им придется уехать из Польши, но оставались, поскольку хотели продолжать поддерживать там дело CIAM. Теперь им стало ясно, что это уже невозможно. Решение властей отстранить Ш. Сыркуса от реализации плана «Варшава функциональная» было воспринято как прозрачный намек[21].

Прежние сети CIAM сыграли роль потенциального парашюта. Рассчитывая продолжить путь в США, Хелена Сыркус написала ван Эстерену, что Шимон почти завершил книгу о функционалистской архитектуре, которая могла бы послужить рычагом для проникновения в академические круги США: «Разумеется, это CIAM-книга [sic!] — ибо все мы — лишь рупоры наших коллективно вырабатываемых идей». Сыркус задавалась вопросом, не явилась ли внешняя угроза потенциальной возможностью, поскольку вынудила их наконец-то приняться за важный теоретический труд[22]. Помимо «CIAM-книги», Сыркус с некоторым отчаянием расхваливала собственные заслуги и качества: организацию многочисленных мероприятий CIAM, свободное владение немецким, английским, французским и русским языками.

С аналогичными письмами Сыркус обратилась к Гропиусу и Гидиону, последний из которых также находился в США: «Теперь мы тоже начинаем проявлять практический интерес к географическим вопросам», — признавалась она своим коллегам по CIAM, которые, по ее мнению, могли использовать свое положение в архитектурной иерархии для реальной поддержки обоих супругов. В нескольких письмах Сыркус уговаривала Гропиуса найти способ помочь ей с мужем попасть в США и устроиться на какую-нибудь работу[23]. Сыркусы подготовили резюме, подучили английский язык, рассматривали различные

---

[21] Х. Сыркус — К. ван Эстерену. 10 января 1939 // BA. WGA. Papers II, 129.

[22] Х. Сыркус — К. ван Эстерену. 10 января 1939 // Ibid. Книга, упомянутая Х. Сыркус, — это текст «Родословная функциональной архитектуры» (La généalogie de l'architecture fonctionelle) (MA. SP).

[23] Х. Сыркус — В. Гропиусу. 24 января 1939 // BA. WGA. Papers II, 129.

варианты занятости в США — и все напрасно[24]. Гропиус перевез в США своих старых, проверенных коллег по Баухаусу М. Брейера и М. Вагнера (или, во всяком случае, содействовал их переезду)[25]. Однако устрожение иммиграционных квот означало, что доля успешных попыток попасть в США у восточноевропейцев была намного ниже, чем у выходцев из Западной Европы, — в чем на собственном печальном опыте убедился в 1938 году Форбат[26]. Гропиус и Мохой-Надь ответили на письма Х. Сыркус на английском, а не на немецком языке, которым обычно пользовались в переписке с ней, заверив ее, что приложили все усилия. Однако подобные просьбы они получали почти ежедневно, а шансы на успех были ограничены[27]. Преподавательских должностей в США было мало, и доступны они были лишь тем, кто сделал себе имя и на американском побережье Атлантики, то есть в основном выдающимся ветеранам Баухауса.

Тем не менее Гропиус шел на многое, чтобы поддержать Сыркусов. В частности, обратился к Кэтрин Бауэр, известной в США пропагандистке модернистской архитектуры[28]. Ван Эстерен, пока еще чувствовавший себя в Нидерландах в относительной безопасности, также пытался обеспечить супругам практическое содействие и, объединив усилия с Гидионом и Гропиусом, поддерживал пару, остававшуюся в Варшаве; одно из писем им он

---

[24] Х. Сыркус — В. Гропиусу и З. Гидиону. 17.01.1939 // gta Archiv. CIAM, 42-K-1939. О последних попытках Гропиуса помочь Сыркусам см. также [Isaacs 1983, 1984: 892].

[25] О попытках Гропиуса помогать членам CIAM, находясь в США см. [Pearlman 2007: 145–146].

[26] См. переписку Ф. Форбата с Л. Мохой-Надем и В. Гропиусом (AM. FP. 1970–18–187–01, 193–01, 199–01).

[27] AM. FP. 1970–18–159–01. См. также письмо Л. Мохой-Надя Сыркусам от 16 марта 1938 года. 9 сентября 1938 года Х. Сыркус ответила, как раньше, на немецком языке, выразив надежду, что Мохой-Надь «его еще не забыл» (BA. WGA. GS 19: folder 637).

[28] В. Гропиус — К. Бауэр. 15 февраля 1939; В. Гропиус — Х. Сыркус. 5 марта 1939 // BA. WGA. Papers II, 129.

завершал словами: «Если понадобится помощь, вам известно, что вы наши друзья»[29].

Через переписку Сыркусов с другими ведущими архитекторами CIAM красной нитью проходило «желание, чтобы вы и мы сами смогли добиться успеха в восстановлении всего, ради чего мы переживаем нынешнюю бурю», как выразился Гидион за год до начала Второй мировой войны[30]. В середине 1939 года Сыркусы были настроены гораздо оптимистичнее, хотя «вокруг нас всё под угрозой». В Польше, писала Сыркус, события в целом развиваются позитивно, поскольку демократия набирает силу и открывает архитекторам-модернистам новые возможности для работы[31]. Совершенно иной тон этого письма, как и многих других писем того же периода, показывает, что восточно-центральноевропейским архитекторам приходилось постоянно приспосабливаться к быстро меняющейся политической ситуации.

Прослеженная задним числом переписка Х. Сыркус с многочисленными членами CIAM, ведшаяся до последних предвоенных дней, поражает. С самого начала 1939 года в этих письмах сквозит отчётливое ощущение, что положение архитекторов еврейского происхождения и левых убеждений становится невыносимым. В то же время профессиональные темы приобретают новую интенсивность. Например, в августе 1939 года Сыркус обсуждала с видным итальянским архитектором-модернистом Альберто Сарторисом вопросы модернистской архитектуры довольно общего характера[32]. Тогда же Сыркусы, возобновив контакты с Ле Корбюзье, возвратились к дебатам об анализе и синтезе, которые столь долго занимали CIAM, и в связи с этим вспомнили «гимны» двух лагерей[33].

---

[29] К. ван Эстерен — супругам Сыркусам. 20 января 1939 // MA. SP.

[30] З. Гидион — супругам Сыркусам. 21 сентября 1938 // Ibid.

[31] Х. Сыркус — К. ван Эстерену. 30 июня 1939 // Ibid.

[32] См. обмен письмами А. Сарториса и Х. Сыркус от августа 1939 // Ibid.

[33] Х. и С. Сыркусы — Ле Корбюзье. 2 августа 1939 // Ibid. См. также пространное письмо Ле Корбюзье Сыркусам, посвящённое общим вопросам современной архитектуры, от 16 мая 1938 года (gta Archiv. CIAM, 42-K-1938). О «гимнах» см. главу 5 настоящего издания, раздел «Заключение».

Вместе с тем в этой корреспонденции преобладали отчаянные попытки каким-то образом продолжить практику постоянных разъездов, характерную для CIAM до 1939 года, хотя политическая обстановка делала ее практически невозможной. Постоянно подчеркивалась значимость личных контактов. В письмах Сарторису, ван Эстерену, Гидиону и многим другим Сыркусы называли подходящим местом для встреч свой загородный дом и приглашали туда коллег разделить компанию, чтобы сохранить тесные профессиональные и личные связи, свойственные CIAM[34].

В январе 1939 года Форбат, который тогда находился в Швеции, в письме из Лунда предлагал провести заседание CIAM в Гётеборге с учетом того, что немецкие железные дороги до июля функционировать, безусловно, не будут[35]. В конце концов летом 1939 года на север отправился небольшой польский контингент. Х. Сыркус, в отличие от мужа, поехать не смогла. Когда «позорные времена» минут, она наверстает упущенное, написала Сыркус Форбату[36]. 22 августа, после этой последней поездки за границу, Ш. Сыркус поделился своим душевным состоянием с Шмидтом. Учитывая обстоятельства, обычные письма уже невозможны. Он очень хочет снова встретиться со Шмидтом лично, чтобы обсудить все происходящее. Сыркус писал, что в «резком свете» недавних событий «взаимоотношения», долго казавшиеся ему загадкой, внезапно прояснились: «Мы стараемся работать и думать так, словно вокруг всё как всегда». Далее Сыркус предоставлял подробную информацию о возобновленном в этот период проекте WSM «Раковец» (Rakowiec)[37]. Тем временем Х. Сыркус, планируя посетить заседание CIAM в Льеже, собиралась 9 сентября 1939 года выехать в Бельгию[38]. В одном из своих последних

---

[34] Загородный дом практически красной нитью проходит через всю корреспонденцию, упоминаемую в этой главе, и приглашения рассылались отнюдь не только упоминаемым архитекторам — членам CIAM.

[35] Ф. Форбат — супругам Сыркусам. 14 января 1939 // MA. SP.

[36] Х. Сыркус — Ф. Форбату. 4 августа 1939 // Ibid.

[37] Ш. Сыркус — Г. Шмидту. 22 августа 1939 // Ibid.

[38] Х. и С. Сыркусы — Ф. Форбату. 10 августа 1939 // Ibid.

писем на Запад 26 августа 1939 года (то есть за пять дней до немецкого вторжения в Польшу и, следовательно, начала Второй мировой войны в Европе) Ш. Сыркус сообщал президенту CIAM ван Эстерену, что приезд его жены в Льеж — уже не вопрос финансов: «Но мы спокойны, готовы ко всему и работаем над масштабными, по предварительным расчетам, проектами»[39].

Венгерские архитекторы — члены CIAM оказались в ничуть не лучшем положении, чем их польские коллеги. Форбат, вернувшийся в 1933 году в Венгрию из СССР, обнаружил, что его левые политические убеждения и еврейское происхождение настолько неудобны, что он сделался для усиливающихся правых двойной мишенью. Начиная с 1937 года в переписке Форбата речь идет главным образом о его попытках покинуть страну своего рождения. Незадолго до начала войны Форбату, воспользовавшемуся связями со шведскими архитекторами — членами CIAM, в частности Ореном, удалось переехать в Швецию. Но даже там он столкнулся с подозрениями, вызванными его еврейским происхождением, и его профессиональная карьера снова наладилась лишь после войны[40].

Мольнар уже сообщил о тяжелом положении, в котором очутилась в 1936 году венгерская группа CIAM. Из-за участия в выставке, критиковавшей жилищную политику в Венгрии, она попала под «надзор», который мог продолжаться много месяцев подряд[41]. Вскоре после того как нацисты в 1933 году захватили власть в Германии, Мольнар опубликовал статью, в которой пытался защищать модернистскую архитектуру от обвинений в том, что по своей сути она большевистская. Желаемая цель состояла в том, чтобы взять на вооружение социально-экономические вопросы, не обязательно вызывая политические последствия. Интерес к социальным вопросам привел к ложным ассоциациям. Тот факт, что модернистская архитектура может

---

[39] MA. SP. См. также похожее письмо Г. Шмидту, цит. в [Maasberg, Prinz 2005: 154].

[40] Forbát F. Erinnerungen // AM. FP. S. 229–232.

[41] Ф. Мольнар — В. Гропиусу. 11 сентября 1936. См. также: Ф. Форбат — В. Гропиусу. 10 сентября 1937 // BA. WGA. Papers II, 129.

успешно развиваться в различных политических условиях (как утверждал Мольнар, к ней до сих пор обращались и в Германии, и в Советском Союзе), по его словам, свидетельствовал о силе движения и его аполитичности. Кроме того, Мольнар доказывал, что модернистскую архитектуру можно совместить с национальными традициями[42].

Все более воинственный антисемитизм усугублял обстановку как в Венгрии, так и в Польше, а также делал ее опасной для многих архитекторов-модернистов. В ноябре 1937 года Форбат подал сигнал S. O. S. Мохой-Надю «и всем остальным, кто уже не здесь»[43]. Введение антиеврейского законодательства в Венгрии побудило Форбата 12 апреля 1938 года в самых отчаянных выражениях обратиться к Гропиусу, прося у него помощи в отъезде из страны. Новый закон лишал Форбата возможности работать, и он не верил, что законы удовлетворят «бурлящее общественное мнение» (kochende Volksseele)[44]. «Будет еще хуже», — предрекал он. Мольнар в 1938 году, оказавшись в ситуации, когда все посылки, до сих пор определявшие его профессиональную и личную жизнь, явно подвергались сомнению, решил распустить венгерскую группу CIAM [Ferkai 2003: 19; Bajkay 2010a: 141]. В 1939 году он смог вступить в профессиональное объединение венгерских архитекторов, что отныне сделалось необходимым для получения доступа к заказам, как и в Польше[45].

Наряду со все более ядовитым политическим климатом в большинстве государств Восточно-Центральной Европы ухудшалась и международная обстановка. После того как Германия аннексировала Австрию и Чехословакию, а следующей на

---

[42] Molnar F. Confusion of notions surrounding architecture and politics // Nygat. 1934. No. 20 (опубл. в [Bajkay 2010a: 105–112]).

[43] Ф. Форбат — Л. Мохой-Надю. 17 ноября 1937. Мохой-Надь ответил 7 января 1938 года (AM. FP. 1970–18–129–01).

[44] Ф. Форбат — В. Гропиусу. 12 апреля 1938 // AM. FP. 1970–18–187–01.

[45] Более широкий взгляд на судьбу архитекторов из Восточной Европы, учившихся в Баухаусе или связанных с этим учреждением, см. в специальном выпуске журнала «Центропа» (Centropa. 2003. No. 1).

очереди явно была Польша, начало войны было лишь вопросом времени. Таким образом, определяющими для восточно-центральноевропейских архитекторов — членов CIAM стали две тенденции, описанные в предыдущих главах. Во-первых, связи, сформированные в рамках CIAM, теперь возымели новое значение, выходившее далеко за пределы обычных профессиональных контактов, и превратились в потенциальное средство выживания. Во-вторых, взаимозависимость специалистов и государства, которая в новых государствах Восточно-Центральной Европы и без того была очень сильной, тоже приобрела новую значимость и смысл. Экономический кризис 1930-х годов подчеркнул чрезвычайную зависимость архитекторов от заказчиков[46]. Однако и государство теперь нуждалось в специалистах по городской среде, чтобы контролировать растущие столицы и удовлетворять возрастающие требования общества к государству как актору в социальной сфере. Вторая мировая война в общем и целом усилит эти противоречия.

### Преемственность и разрыв — война против Варшавы

Как только началась война, вышеупомянутая взаимозависимость архитекторов и государства многократно усилилась, но вместе с тем характер ее изменился, поскольку государственное давление и принуждение теперь применялись без ограничений. Это, разумеется, относилось к территориям, оккупированным наступающими немецкими армиями, то есть к тому, что осталось 15 марта 1939 года от Чехословакии и после 1 сентября 1939 года от Польши. После капитуляции 28 сентября 1939 года Варшава превратилась в наглядный образец войны против городов — новшества, привнесенного Второй мировой. Новый подход

---

[46] См. также литературную трактовку этого фундаментального конфликта в романе Стефана Гейма «Архитекторы», написанном в 1963–1966 годах по-английски, но опубликованном только в 2000 и 2005-м на немецком и английском языках соответственно.

предусматривал не только беспрецедентно суровый оккупационный режим, но и нацистское градопланирование, целью которого было лишить существующий город его облика и своеобразия. Это, в свою очередь, подразумевало двойную угрозу для местных архитекторов, которые подвергались физической опасности не только как евреи, левые или просто поляки, но и на профессиональном уровне. Этим архитекторам, вернее, тем, кто имел возможность продолжать планировочную деятельность, постоянно приходилось корректировать свои проекты для столицы, учитывая постоянные атаки на город[47].

В июле 1939 года, на своей последней довоенной встрече с коллегами по CIAM в Стокгольме, Ш. Сыркус узнал от эмигрировавшего немецкого архитектора Вильгельма Шютте, что Фридрих Пабст якобы уже назначен главным архитектором Варшавы и должен занять свой пост 1 октября 1939 года [Tołwiński 1970: 471]. Хотя соответствие этого эпизода действительности проверить невозможно, данная история, и в первую очередь обращение немцев с Варшавой с градостроительной точки зрения, важна в двух отношениях. Во-первых, то, что даже в военную пору немецкие оккупанты предпринимали усилия по пересмотру городской структуры, показывает, что во время войны планирование продолжалось и добилось ключевой роли. Во-вторых, немецкое градопланирование послужило негативным фоном для польского подпольного планирования, которое отчасти являло собой реакцию на этот новый вызов, а отчасти — продолжение работы над «Варшавой функциональной».

В отличие от более раннего поведения немцев в Праге, а затем недолгое время в Копенгагене, Брюсселе, Амстердаме и Париже, против польской столицы Германия развязала настоящую войну. Варшава во многих отношениях была целью, а следовательно, жертвой нацистской идеологии, и обращение с этим городом едва ли можно объяснить прагматическими оккупантскими соображениями. Нацистский план состоял в том, чтобы лишить

---

[47] В целом и в связи с некоторыми из следующих наблюдений см. [Kohlrausch 2008].

Илл. 62. Обложка книги Т. Жарновер «Оборона Варшавы». Нью-Йоркская публичная библиотека, ID: 5122420; URL:https://digitalcollections.nypl.org/items/f5fbde40-a7a3-0131-457c-58d385a7bbd0 (дата обращения: 20.06.2023)

Варшаву ее столичного характера и низвести до центра преимущественно аграрной территориальной структуры с доминированием новых немецких переселенцев, которая получила временное название Генерал-губернаторство (Generalgouvernement) [Klain 1993].

Нацистская политика в отношении Варшавы только на первый взгляд кажется последовательной. С первого дня германского нападения стало ясно, что Варшава (теперь управлявшаяся из Кракова) будет лишена роли польской столицы и центра польской культуры. Предполагалось и уничтожение жителей — намеренное истребление евреев и по меньшей мере неизбежные большие жертвы среди нееврейского населения. Безудержная война против гражданского населения была развязана уже в 1939 году, затем последовали радикальные меры против польской элиты, а также против реального и мнимого сопротивления, появились многочисленные жертвы депортаций, переселений и принудительного труда, достигнув апогея в Варшаве.

Однако на второй взгляд идеи, определявшие обращение с бывшей польской столицей, гораздо менее ясны. С самого начала оккупации более прагматичные умы в новой администрации рассматривали Варшаву как важный экономический элемент. В ходе войны их голоса звучали все громче — пока апокалипсис восстания 1944 года не привел к уничтожению людей и города в неслыханных ранее масштабах. Немецкая оккупация сразу же столкнулась с притязаниями, которые Лессепс предугадал еще в XIX веке и которые легли в основу радикального планирования польской столицы, обсуждавшегося в предыдущей главе. Как находящийся в процессе становления столичный город на пересечении основных европейских транспортных артерий, Варшава обладала огромным экономическим потенциалом. Даже нацисты вынуждены были признать, что захваченный ими город имеет мало общего с пропагандистским образом безнадежно отсталой и примитивной страны. Фридрих Голлерт, ключевая фигура в новой администрации, попытался разрешить этот когнитивный диссонанс, согласившись, что польская столица строилась с «американской скоростью», однако раскритиковав довольно хаотичное развитие, которое происходило не на единообразной основе[48]. На пути стереотипных представлений явно стояло высотное здание «Пруденциаль», и потому Голлерт забраковал его как «впечатляюще масштабное», но не вписывающееся в окружение [Gollert 1941: 20–31][49].

Оказалось, что Варшава — это провокация и вызов новым оккупантам в смысле современных архитектурных достижений и с точки зрения природы этого города как сложносоставного мегаполиса, что нашло отражение в обсуждении немецкой администрацией Warschauproblem — «проблемы Варшавы»[50]. Окку-

---

[48] Об относительно современном облике Варшавы в конце 1920-х — 1930-х годах см. [Brzostek 2015: 145–236].

[49] О высотном доме «Пруденциаль», одном из самых заметных межвоенных строительных проектов Варшавы, см.: AiB. 1931. № 11. S. 388–391; 1933. № 7. S. 210–216.

[50] Fischer L. Grundsätzliche Bemerkungen über die Gestaltung Warschaus während des Krieges und nach dem Kriege. Marz 1944 // APW. ADW, no 482, sheet 2, 13.

пационная администрация обладала значительной свободой действий для решения этой мнимой проблемы. Голлерт с энтузиазмом ссылался на «совершенно новые методы управления, разработанные без каких бы то ни было образцов и в соответствии только с потребностями администрации» [Gollert 1941: 50–51][51]. План действий немецкой администрации обнаруживает столкновение жестокой расистской логики и почти наивной модернизаторской эйфории в крайних проявлениях. Предполагаемые «цивилизаторские достижения» в области управления, строительства дорог и регулирования реки Вислы способствовали легитимизации политики в отношении населения, лишенной каких-либо нормативных и моральных ограничений[52].

Урбанизм был весьма причастен к этой связи. Градопланирование являлось важнейшей отраслью «созидательной инициативности», на которую ссылался Голлерт как на веление времени. Градостроительные планы не ограничивались разнообразными масштабными проектами, из-за войны практически полностью оставшимися на бумаге. Они включали в себя и меры по созданию в старой столице новой социальной структуры, призванный превратить ее в немецкий городской центр. Поразительно, как легко модернизация и современные инструменты планирования уживались с безжалостной политикой истребления. Siedlungszelle («ячейка поселения») — нацистское понятие, которым предстояло руководствоваться в новой Варшаве (а также в большинстве городов и поселений новой Германии), — на первый взгляд, не слишком отличалась от микрорайона, который к 1930-м годам стал общепризнанным планировочным эталоном. Siedlungszelle, однако, следовала логике расизма и рассматривалась как ядро нового, «очищенного», «фольксгемайншафта». По очевидным причинам навязывание подобных эталонов в конкретном географическом контексте, с почти исключительно нежелательным

---

[51] См. также: Правительственное совещание в Варшаве 15 октября 1941, лист 6, губернатор Л. Фишер (Bericht über die allgemeine Lage im Distrikt Warschau // APW. ADW, no. 132).

[52] Многочисленные примеры см. в [Dunin-Wąsowicz et al. 1987].

Илл. 63. Варшавское здание «Пруденциаль»: проект, вид в процессе и после завершения строительства. Сверху: AiB 9, № 7 (1933), 25-26; снизу: NAC, 2-11648

(с нацистской точки зрения) населением, должно было иметь для последнего пагубные последствия[53].

Н. Гутшов и Б. Клайн подсчитали, что из 10 запланированных «ячеек» получился бы новый немецкий город Варшава с населением 40 тыс. человек [Gutschow, Klain 1994: 28]. Написанный Голлертом в начале 1944 года меморандум под названием «Общие замечания по формированию облика Варшавы во время и после войны» (Grundsätzliche Bemerkungen über die Gestaltung Warschaus

---

[53] О связи между расистской политикой и территориальным планированием см. [Mai 2002: 289–301].

während des Kriegs und nach dem Kriege), показывает, как мало эти планы соответствовали тенденциям развития Варшавы, даже или особенно в ситуации войны[54]. Голлерт рисовал процветающий индустриальный мегаполис, тесно связанный с рейхом, расположенный на пересечении крупных транспортных артерий. В этом меморандуме речь шла не об архаичных концепциях поселения, а об узкоспециализированных отраслях промышленности, которые, как подчеркивал Голлерт, отвечали интересам Германии[55].

Вскоре после прихода немцев бывшая польская столица превратилась, пожалуй, в «самое агонизирующее место во всей терроризированной Европе», по выражению польского писателя, нобелевского лауреата Ч. Милоша [Miłosz 2001: vii]. Перед польскими архитекторами и планировщиками, пережившими немецкое вторжение, политика Германии в отношении Варшавы поставила, помимо личных затруднений, две большие задачи. Они вынуждены были переделывать свои проекты (вроде концепции «Варшавы функциональной», обсуждавшейся в предыдущей главе) в соответствии с новыми городскими реалиями, созданными тремя волнами разрушения — 1939, 1943 и 1944 годов. Кроме того, им пришлось подвергать ревизии реализованные или запланированные жилые районы с учетом военных событий и немецкого наступления на городское сообщество как социальную структуру. Создание гетто и холокост в целом, борьба с польским сопротивлением, переселения, принудительный труд и первые шаги к строительству или формированию немецких кварталов — хотя эти меры различны по характеру и масштабам, все их следует рассматривать как попытки уничтожения местного населения.

Обе задачи повлияли на работу Архитектурно-градостроительной мастерской (Pracownia Architektoniczno-Urbanistyczna, PAU), а следовательно, в определенной степени обусловили ее. PAU была основана в 1940 году как поразительное по диапазону подпольное объединение архитекторов-модернистов и градостроителей. На пике своей деятельности PAU насчитывала более

---

[54] APW. ADW, Fischer, Bemerkungen.
[55] Ibid. S. 22–23. См. также [Diefendorf 2010].

80 активных членов [Syrkus 1976: 205–206]. Позднее Х. Сыркус отмечала в качестве одной из главных отличительных черт PAU ее междисциплинарный состав. Наряду с архитекторами в эту организацию входили экономисты, социологи, психологи.

Основные направления немецкой политики послужили для PAU негативным фоном, а важнейшей отправной точкой стали главные довоенные достижения связанных с CIAM архитекторов-модернистов, в частности жилые районы, реализованные в рамках WSM, и планы Варшавы как функционального города. Трудно вообразить себе обстоятельства, в которых действовала PAU, поскольку они отражали чрезвычайно суровые условия немецкой оккупационной политики. Опыту работы в PAU посвящены большие разделы воспоминаний Х. Сыркус. Вплоть до 1970-х годов она боролась за то, чтобы представить заслуги этого объединения в правильном свете[56]. Главными для Сыркус были свойственные PAU коллективистский дух и сплоченность. В этом PAU в значительной мере отражала глубокую приверженность, которая, пожалуй, еще до войны была присуща польской группе CIAM больше, чем всем остальным группам.

На деятельность этого объединения во время войны также влияли (в пределах, диктовавшихся новой реальностью) основные установки довоенного периода: улучшение положения трудящихся путем применения научно обоснованных разработок с целью построения более совершенных сообществ, включенность в международный интеллектуальный процесс и социальная активность. По понятным причинам международное информационное взаимодействие прервалось. Однако PAU, по немаловажному замечанию Сыркус, все еще имела доступ к международной литературе. Она не могла реализовывать проекты на практике. Строительство в Варшаве во время войны почти полностью прекратилось, зачастую не осуществлялись даже самые срочные восстановительные работы. Вследствие этого центральное место в деятельности PAU заняли обсуждение вопросов современного градопланирования, продолжение работы над градостроитель-

---

[56] Х. Сыркус — М. Штайнманну. 12 апреля 1977 // gta Archiv. CIAM.

ными проектами, начатыми до войны, и разработка будущего устройства городской жизни. Х. Сыркус метко сравнила мастерскую с «Утопией» Т. Мора [Ibid.: 268][57].

Ключевым принципом PAU была коллективная работа в традициях CIAM и «Презенс». Но построение сообществ также мыслилось как стратегия выживания и прообраз будущего послевоенного общества. Районы, которые PAU проектировала во время войны, планировались так, чтобы облегчать взаимодействие между их жителями. Военный опыт привел к радикализации исходных идей [Ibid.: 240–242]. Незадолго до заключения в концлагерь Аушвиц Ш. Сыркус в докладе, прочитанном в сентябре 1942 года, заявил:

> Наша цель — строительство, но не возведение отдельных зданий, а создание в соответствии с планом новой материальной и духовной среды в новых экономических, социальных, демографических и физиократических условиях[58].

PAU имела возможность финансировать свою деятельность благодаря WSM и заказам от городского совета [Syrkus 1984: 354–355]. Сотрудничество PAU с известным социологом Станиславом Оссовским было показателем ее внимания к общественному аспекту строительства. Оссовский написал исследование об организации общественной жизни в жилых районах будущего, где также размышлял о том, как сбалансировать потребность замены пустот, обусловленных военными разрушениями, чем-то совершенно новым и необходимость сохранять некоторые устоявшиеся структуры, чтобы люди по-прежнему могли отождествлять себя с местом, в котором проживали[59].

---

[57] Об устройстве PAU см. [Syrkus 1984: 360–363].

[58] Ш. Сыркус. Доклад от 26 сентября 1942 года, прочитанный в PAU; цит. по: [Gutschow, Klain 1994: 59].

[59] Польское название: «Urbanistyka i socjologia, organizacja przestrzeni i życie społeczne w przyszłych osiedlach, ogolne zagadnienia dotyczące współżycia zbiorowego w dzielnicy pracy» (Урбанистика и социология, организация пространства и общественная жизнь в будущих районах, общие вопросы коллективного существования в рабочем районе). См. [Syrkus 1976: 241].

Идеальный жилой микрорайон получил в PAU название osiedle społeczne (социальный микрорайон), и в центре его должна была располагаться начальная школа. Каждый такой микрорайон состоял из «колоний» (kolonia) — нескольких домов, сгруппированных вокруг детского сада [Gutschow, Klain 1994: 61]. Данная схема была поразительно масштабной как в пространственном, так и во временно́м отношении. Эти проекты должны были служить лишь первыми шагами и образцами будущих многочисленных районов, каждый из которых был рассчитан примерно на 11 тыс. жителей. В долгосрочной перспективе (было предусмотрено четыре этапа развития до 1975 года) предстояло преобразовать не только северные районы Варшавы с их обширными незастроенными пространствами, но и фактически весь город, а в конечном счете — весь регион [Syrkus 1976: 263, 266, 320][60].

В центре микрорайонов находились зоны для проведения общественных мероприятий (współżycie zbiorowe). Предполагалось, что каждый микрорайон будет функционировать как организм. В 1942 году Сыркус и другие сформулировали теорию социальных микрорайонов, подпольно изданную под названием «Социальное обслуживание как средство формирования района» (Obsługa społeczna jako czynnik kształtujący osiedle), где были учтены накопленные на тот момент опыт и статистические данные[61].

Таким образом, структура сообщества не рассматривалась как некое дополнение к уже имеющемуся району; скорее, в ней видели «костяк» каждой «колонии», подчеркивая тем самым органическое в значительной мере восприятие архитектуры [Ibid.: 276, 290]. Впрочем, этой концепции была не чужда идея просвещения. На взгляд Х. Сыркус, новые микрорайоны должны были сыграть определяющую роль в «социализации» и «цивилизации» своих жителей:

---

[60] О дискуссии вокруг идеи микрорайона в PAU см. [Syrkus 1976: 293].
[61] Опубл. в [Ibid.].

> Место службы не должно являться единственным образовательным средством, наоборот, та часть повседневной жизни, которая проходит дома, должна, через сеть коммунальных учреждений, способствовать созданию новых форм общественной жизни и культуры [Ibid.: 234][62].

Социальное обслуживание (obsługa społeczna) стало ключевым понятием в работе PAU [Syrkus 1984: 362–366]. Как заметил в исследовании, выполненном в 1943–1944 годах, Станислав Толвинский из WSM, облик будущего послевоенного местного сообщества должны будут определить самоуправление и мобилизация добровольцев [Tołwiński 1946]. Это будет сообщество, связанное гораздо более прочными узами, чем довоенное [Syrkus 1976: 234, 242][63]. Создание разнообразной социальной инфраструктуры являлось непременной частью проектов военной поры, и притом более радикальной, чем в довоенных проектах. Тому, что в PAU делали упор на социальный аспект строительства, способствовали три фактора.

Во-первых, из-за почти полной невозможности строительства во время войны планировщики PAU были вынуждены обратиться к тем аспектам архитектуры, для которых требовались только перо и бумага. Единственный способ использования наличествующих ресурсов предоставляла теория. Почти все материалы цикла лекций, прочитанного в начале 1942 года, касались коммунальных аспектов жилищного строительства [Ibid.: 366]. Эти аспекты неизбежно заключали в себе утопическое измерение, поскольку имели отношение к будущим условиям и не могли быть перепроверены реальностью. Развитию представлений о местном сообществе, возможно, также содействовал тот факт, что в сплоченном кругу PAU архитекторы работали коллективно[64].

Во-вторых, в условиях, когда немецкие оккупанты стремились разрушить Варшаву как в смысле городской среды, так и в соци-

---

[62] Соответствующие документы см. там же.
[63] См. также [Syrkus 1973].
[64] Коллективный характер PAU неизменно подчеркивается в [Syrkus 1976: 280].

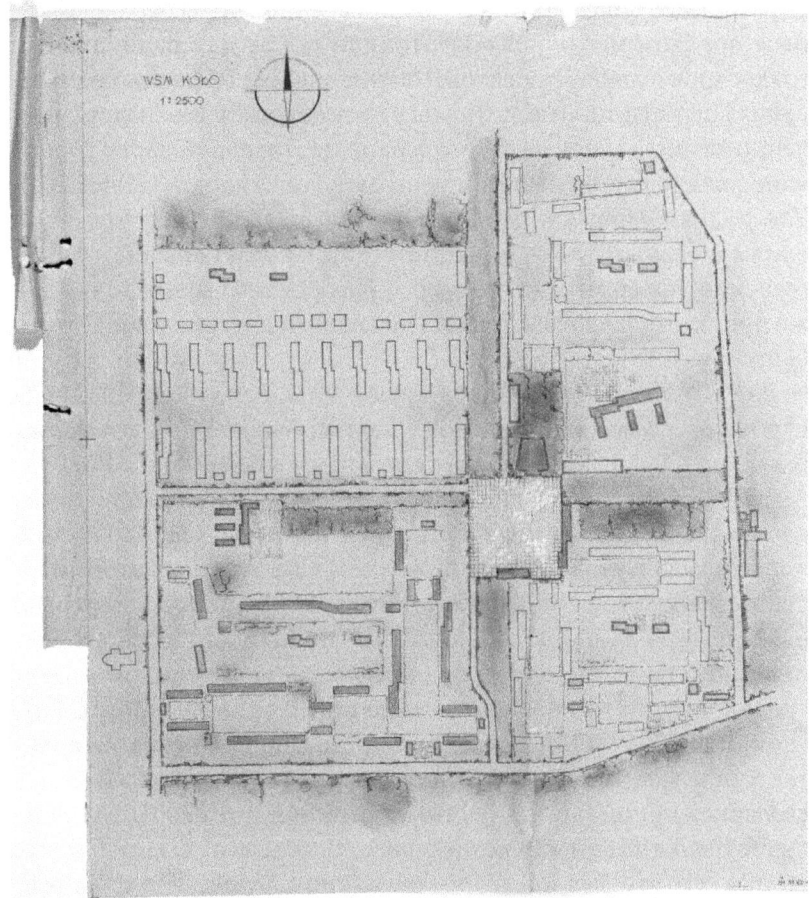

Илл. 64. Х. Сыркус. Планировка микрорайона в Коло, Варшава. 1947, начато во время войны. MA, MAt IIIb-453/4

альном отношении, любые внутренние попытки усилить сплоченность казались крайне важными. «Проектируя жилье нового типа, мы хотим воспитать более совершенный тип человека, создать более совершенную форму общественной жизни и содействовать формированию новой культуры», — вспоминала позднее Сыркус [Ibid.: 242, 274].

В-третьих, обширные разрушения военной поры парадоксальным образом идеально подготовили почву для радикальных градостроительных проектов. Планировщики PAU легко встраивали свои масштабные замыслы в этот контекст. Как недвусмысленно заявила Сыркус, уничтожение центральной части города «проложило дорогу неограниченным возможностям» [Ibid.: 242]. Так радикальная концепция функционального города стала ближе к реальности — в соответствии с представлением о разрушении как «благотворном зле», которое в то время точно так же приветствовалось и градостроителями других стран [Düwel, Gutschow 2013].

Для Сыркуса, являвшегося душой PAU, 20 октября 1942 года суровому, но все же терпимому периоду войны пришел конец. В этот день он был схвачен гестаповцами в помещении PAU, где негласно работал над планом восстановления Варшавы, тогда как официально должен был трудиться на WSM. Одновременно попал в тюрьму и Хмелевский, коллега Сыркуса и соавтор «Варшавы функциональной» [Kotarbiński 1999]. Сыркуса перевели в концлагерь Аушвиц, но, к счастью для него, не как еврея. Ему повезло и во второй раз: его определили чертежником в Центральное строительное управление Войск СС в Аушвице [Gutschow, Klain 1994: 173]. Вследствие чрезвычайной нехватки архитекторов в Германии профессиональные познания Сыркуса сделались чрезвычайно ценным активом [Durth 2001: 158]. Существующие источники не позволяют определить, был ли Сыркус обязан тем, что выжил и с ним обходились лучше, чем со многими другими, своему международному авторитету.

В жестоком мире Аушвица «привилегированное» положение Сыркуса, помимо прочего, позволяло ему обмениваться письмами с женой Хеленой, которая по-прежнему находилась в Варшаве. Эти подвергшиеся цензуре и строго ограниченные по объему письма демонстрируют, что в экстремальных обстоятельствах и несмотря на лично пережитое им в войну Сыркус остался привержен модернизму и даже углубил свои воззрения.

Бо́льшая часть этой корреспонденции посвящена архитектурно-градостроительным вопросам, что на первый взгляд может

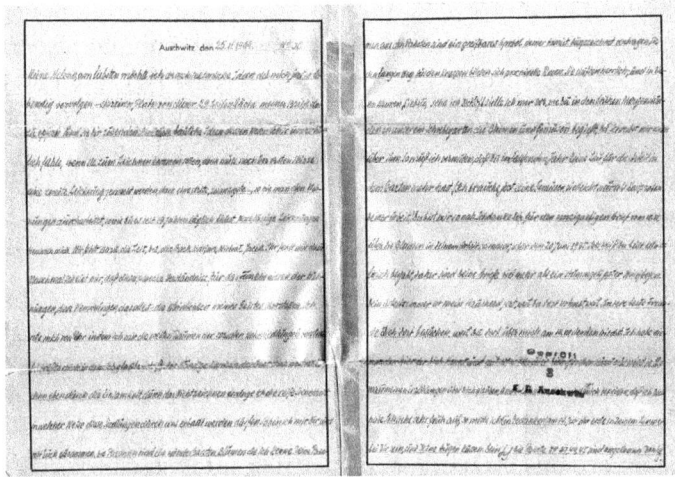

Илл. 65. Письмо Ш. Сыркуса из Аушвица. 25 июля 1944. MA, MAt IIIb-478/30

показаться весьма удивительным[65]. В первом письме, от 17 января 1943 года, Сыркус просит жену не прерывать работу, определявшую их жизнь до сей поры. Он неоднократно ссылается на их общие убеждения[66]. Последние, по его словам, определяются их верой в социальную миссию архитектуры и желанием продолжать учиться и развивать свои профессиональные качества, в особенности применительно к их работе с CIAM. Кроме этого, часто встречаются упоминания о коллективных формах их деятельности[67].

Вопреки всему Сыркус пытался извлечь из своего лагерного опыта смысл. В письме от мая 1943 года он рассуждал о послевоенном градостроительном будущем, которое ждало их впереди, об ожидавшей супругов работе: «Мы живем в великое время» (Die Zeit ist groß). В конце года Сыркус написал жене: «Я не устал от жизни, пережив этот год. Было полезно покинуть башню из

---

[65] См. также [Kohlrausch 2010].
[66] Ш. Сыркус — Х. Сыркус. 17 января 1943 (письмо 1) // MA. SP.
[67] Ш. Сыркус — Х. Сыркус. Июнь 1943 (письмо 8) // Ibid.

слоновой кости»⁶⁸. Он просил Хелену как можно больше читать на архитектурные темы. После войны возникнет нехватка жилья для бедных, и тогда именно архитекторы PAU смогут построить необходимые квартиры дешево, промышленным способом, в соответствии с новыми разработками и знаниями⁶⁹. Сыркус был убежден, что длительное ожидание возможности приступить к массовому строительству закончится, и перед ними откроются колоссальные новые перспективы⁷⁰. Когда летом 1944 года война вступила в последнюю фазу, его планы конкретизировались. В июне того же года он написал: «Все то время, пока я не работал над минимальной квартирой, я продолжал размышлять об этой проблеме». Перерыв, утверждал Сыркус, позволил ему лучше уяснить характер своей работы и тот особый способ, посредством которого он сам и его жена решали проблемы⁷¹.

### Потери и коллаборационизм

Переписка Х. и Ш. Сыркусов во время пребывания последнего в Аушвице — специфический частный случай более широкого явления. Члены CIAM на протяжении всей войны пытались выяснить, что́ осталось от их прежних сетей и какова судьба супругов Сыркусов. Это вполне согласуется с важной особенностью, о которой говорилось в предыдущих главах, а именно с чрезвычайно тесными отношениями, сложившимися внутри CIAM, сплоченность членов которого определялась не только профессиональными интересами, но в не меньшей степени — одинаковым образом жизни и верой в возможность и желательность социальных изменений посредством градостроительства.

Еще в 1940 году швейцарские архитекторы и члены CIAM Ганс Шмидт и Ханнес Майер пытались устроить Сыркусам полити-

---

[68] Ш. Сыркус — Х. Сыркус. 21 ноября 1943 (письмо 17) // MA. SP.
[69] Ш. Сыркус — Х. Сыркус. 12 декабря 1943 (письмо 18) // Ibid.
[70] Ш. Сыркус — Х. Сыркус. 20 февраля 1944 (письмо 22) // Ibid.
[71] Ш. Сыркус — Х. Сыркус. 11 июня 1944 (письмо 29) // Ibid.

ческое убежище в Мексике, где тогда работал Майер [Pohle 1986: 25]. Майер попытался списаться с Шимоном еще в 1939 году, намереваясь опубликовать его жилищные проекты в Мексике и «сделать Сыркуса известным в Америке»[72]. В апреле 1940 года Майер сообщил Шмидту, что видит возможность переправить Сыркусов в Мексику в качестве «политических эмигрантов с разрешением на работу». Это получится при условии, что они предоставят материалы, которые позволят считать их выдающимися специалистами, каковыми они и являются[73]. В итоге инициативы Шмидта и Майера успехом не увенчались. Однако важно отметить предпосылки, на которых они базировались: прочную дружбу Шмидта и Сыркусов (подкрепленную также общими левыми убеждениями) и статус четы польских архитекторов как видных мастеров. Эти предпосылки подразумевали, что у Сыркусов, во всяком случае, имелась возможность покинуть страну, а следовательно, было больше шансов уцелеть в войне.

По-видимому, Шмидт отреагировал на «сигнал S.O.S.», полученный им 4 декабря 1939 года через Форбата. Сыркусы дали адрес, по которому с ними можно было связаться, и обратились к Форбату за помощью в получении визы для выезда из Польши в Швецию. Также они попросили Форбата добиться поддержки у Гропиуса, ван Эстерена, Кауфмана и Шмидта[74]. В январе, получив новые тягостные сведения от Х. Сыркус, Форбат снова написал Гропиусу, выдвинув различные предложения по переправке супругов сначала в Швецию, а оттуда в Великобританию или Северную либо Южную Америку. Однако собственное положение Форбата также становилось шатким, и он спрашивал Гропиуса, есть ли у него возможность уехать из Швеции на Запад, «разуме-

---

[72] Письмо Х. Майера Ш. Сыркусу от 5 июля 1939 года, опубл. в [Meyer, Winkler 1980: 292–293].

[73] Письмо Х. Майера Г. Шмидту, опубл. в [Ibid.: 302–303].

[74] Ф. Форбат — В. Гропиусу. 4 декабря 1939 // AM. FP. 1970-18-187-01. Немец Ойген Кауфман (позднее Юджин Чарлз Кент) — член CIAM, работавший в СССР с Э. Маем и в 1933 году иммигрировавший в Великобританию.

ется, ставя себя на второе место после четы Сыркусов, которым требуется куда более неотложная помощь»[75].

Тем временем различные инициативы с целью переправить супругов в Аргентину или Бразилию предпринимала и британская группа MARS[76]. В июле 1941 года Форбат сообщал о бодром письме Х. Сыркус, полученном Шмидтом[77]. Учитывая, что почта Форбата цензурировалась немцами, неудивительно, что, когда Форбат летом 1944 года уведомил Гропиуса, что снова установил контакт с Х. Сыркус, сведения о положении Ш. Сыркуса оказались весьма приблизительными[78].

Собственно говоря, близкие к Сыркусам архитекторы после сентября 1939 года и сами подверглись суровым испытаниям. Член «Презенса» и CIAM Юзеф Шанайца, тесно сотрудничавший с Ляхертом, служил в польской армии и не пережил германского вторжения. Станислав Брукальский в 1939–1944 годах находился в немецком лагере для военнопленных. Максимилиан Гольдберг, один из самых одаренных польских архитекторов-модернистов младшего поколения, погиб либо в Варшавском гетто, либо в Треблинке. Оскар Сосновский, сыгравший центральную роль в преобразовании Варшавы в новую образцовую столицу, был застрелен 24 сентября 1939 года в ВПИ, спасая реестр лучших образцов польской архитектуры[79]. Знаменитый инженер-строитель Стефан Брыла, возведший первые польские небоскребы, в том числе «Пруденциаль» в Варшаве, являлся деканом Подпольного университета, за что был расстрелян во время уличной казни[80]. Вторую

---

[75] Ф. Форбат — В. Гропиусу. 14 января 1940 // AM. FP. 1970-18-187-01.

[76] Ф. Форбат — В. Гропиусу. 9 марта, 26 мая, 27 сентября 1940, 18 апреля 1941 // Ibid.

[77] Ф. Форбат — В. Гропиусу. 5 июля 1941 // Ibid.

[78] Ф. Форбат — В. Гропиусу. 28 мая 1944 // Ibid. См. также: Ф. Форбат — Г. Шмидту. 27 декабря 1944 // AM. FP. 1970-18-156-01.

[79] См. главу 5.

[80] См.: BRYŁA, Stefan Władysław // Science adventure: Электронный ресурс. URL: http://www.cesa-project.eu/at/lexicon/authors/stefan-w-adys-aw-bry-a (дата обращения: 31.03.2022).

мировую войну не пережила по меньшей мере треть из 700 архитекторов — членов варшавского отделения SARP [Mrówczyński 2001: 105][81].

Необходимо задаться вопросом, в какой степени испытания, выпавшие на долю этих людей, были обусловлены тем, что последние являлись архитекторами или даже архитекторами-модернистами[82]. Если брать вторую половину 1930-х годов, когда авторитарные правительства прямо и косвенно ограничивали сферу деятельности архитекторов-модернистов, эта зависимость довольно очевидна, однако во время войны она становится менее явной. Без сомнения, причастность к модернистской архитектуре и ассоциировавшимся с ней левым настроениям значительно усложняла положение данных специалистов[83]. При радикальном оккупационном режиме в Польше такие «тонкости», как модернизм, затмевались куда более серьезными опасностями. Многие выпускники ВПИ еврейского происхождения, которым удалось вовремя покинуть Польшу, эмигрировали в Тель-Авив [Świątkowska 2016: 33][84].

Чрезвычайно высокая структурная зависимость архитекторов от заказчиков в военную пору, когда строительные заказы на свободном рынке почти исчезли, сделалась еще заметнее. Хотя общая картина и поныне остается фрагментарной, нам известно, что некоторые из самых выдающихся деятелей модернистского движения не испытывали особых угрызений совести, идя на

---

[81] См. также список 278 архитекторов Польши, ставших жертвами войны, на сайте «In memoriam — Pamięci Architektów Polskich» (URL: http://www.inmemoriam.architektsarp.pl/straty_architektow# a15170 [Ресурс недоступен]). Дополнительная информация о судьбах польских архитекторов во время войны приведена в сообщениях С. Домбровского, З. Маерского, В. Булзацкого, Е. Вежбицкого и Е. Мокжинского в [Barucki 2001].

[82] См. общие размышления по данному вопросу в [Cohen 2011: 12–15].

[83] См. пример итальянского архитектора и публициста Джузеппе Пагано, последовательно лоббировавшего беспримесный модернизм и за это отправленного в концлагерь Маутхаузен, где он, по-видимому, также поплатился жизнью за свою активность [Toker 2004: 272].

[84] О положении еврейских архитекторов в Венгрии см. [Leśnikowski 1996c: 291]. См. также [Wahrhaftig 2005].

Илл. 66. Послевоенная открытка. Х. Сыркус К. ван Эстерену с видом здания PAU, на которой крестиком отмечено место ареста Ш. Сыркуса в 1942 году. ©Collection Het Nieuwe Instituut/EEST, inv.nr

сотрудничество с «новым порядком» [Roulet 2006]. В Нидерландах Я. Й. П. Ауд вступил в Палату культуры (Kultuurkamer), помогавшую нацистскому оккупационному режиму контролировать культурную жизнь. Соучредитель Европейской средиземноморской академии Х. Т. Вейдевельд предпочел пособничество новому режиму; менее ясна позиция ван Эстерена [Keuning 2017: 15, 69, 258–263]. Мольнар, который в 1939 году пошел на компромисс с политическими реалиями Венгрии, чтобы иметь возможность работать, в войну писал для правых газет. Он погиб во время осады Будапешта русскими в 1945 году [Leśnikowski 1996c: 292].

Хотя прошли годы, прежде чем ученые проявили пристальное внимание к тому, как вели себя в военное время Ле Корбюзье и другие, уже вскоре после окончания войны члены CIAM имели ясное представление о том, кто чью сторону занимал. В письме ван Эстерену от августа 1946 года Форбат в общих чертах обрисовал положение разных членов CIAM в Швеции и за ее пределами. Он сообщил, что в Венгрии Мольнар «с развевающимися знаменами» вступил в Партию скрещенных стрел. А также заметил, что Каливода, которого он и без того недолюбливал, во время войны в Протекторате был «активным коллаборационистом»[85].

Первое послевоенное письмо Форбата Х. Сыркус датировано концом июля 1945 года. Все еще не имея новостей от Ш. Сыркуса, Форбат скептически отнесся к высказанному Хеленой ранее предложению провести первый послевоенный конгресс CIAM в этом же году. Сначала ему хотелось получше разобраться в «семейных делах», прежде чем снова сделать CIAM настоящей семьей, как до войны. Например, «Корбю», по мнению Форбата, «выпил немало воды Виши», а А. Аалто во время войны был чересчур близок к Альберту Шпееру. Как вела себя бельгийская группа, он в точности не знал[86].

### Окна возможностей: Варшава как посткатастрофический город

Если оставить в стороне вопрос о сотрудничестве с врагами, который Форбата интересовал больше, чем супругов Сыркусов, поразительно, что в конце войны последние сразу же начали думать о том, как восстановить CIAM. Это настойчивое стремление следует осмыслять на фоне серьезности положения посткатастрофической Варшавы. Сыркусы считали, что для серьезных решений, которых требовала городская катастрофа беспреце-

---

[85] Ф. Форбат — К. ван Эстерену. 3 августа 1946 // AM. FP. 1970–18–156–01. О чешских архитекторах-коллаборационистах см. [Leśnikowski 1996c: 289–290].

[86] Ф. Форбат — Х. Сыркус. 27 июля 1945 // AM. FP. 1970–18–199–01.

дентных масштабов, необходимы участие CIAM и легитимность, которую обеспечивала поддержка этой организации.

Взгляд на Варшаву как на посткатастрофический город помогает соотнести пережитое ею опустошение с общими для Восточно-Центральной Европы социально-политическими проблемами. Из-за частого перемещения линии фронта разрушениям подверглись многие восточноевропейские города, хотя в большинстве случаев не столь драматичным, как Варшава. Вообще говоря, такие города, как Варшава, Львов или Минск, пострадали от холокоста и борьбы с отдельными социальными группами и меньшинствами гораздо сильнее, нежели города Западной Европы. Таким образом, параллельно с Варшавой, служившей особенно трагичным примером умышленного «урбицида», осуществлялось уничтожение других городов и истребление целых обществ. Как следствие, в дальнейшем потребовались масштабные восстановительные меры [Berman 1996: 171–182].

Варшава периода восстания 1944 года являлась самым значительным (не считая Сталинграда) примером города, превращенного в поле битвы [Pawłowski 2005]. Следствием жестокого подавления выступления вермахтом и СС стали не только как минимум 150 тыс. жертв среди военных и гражданских лиц с польской стороны. После восстания заметно усугубились военно-стратегические, политические и символические меры вроде безжалостного уничтожения городской структуры, в особенности мест памяти, таких как архивы и библиотеки [Majewski 2005; Davies 2004].

Недавние исследования подчеркивают традиции и преемственность восстановления в Европе в целом. Помимо этого, они указывают на связь между надеждой на совершенно заново спроектированный город и доходящим до поразительной степени восприятием разрушения как шанса воплотить довоенные мечты об «исцеленном» городе[87]. Города tabula rasa середины

---

[87] Tabula rasa как предпосылка для преобразования городов с нуля занимает видное место в большинстве концепций радикального направления урбанизма. См. [Gold 2000].

Илл. 67. Разрушения в Варшаве после подавления восстания 1944 года. На переднем плане здание «Пруденциаль». NAC, 13-33

XX века во многих отношениях позволили международному сообществу планировщиков и архитекторов модернизировать и кардинально изменить городской ландшафт — и вновь предложили этому сообществу, сформировавшемуся в 1920-е годы, общую тему [Crowley 2008].

Каким бы глубоким ни было воздействие войны, ее же последствия частично предотвратили коренную трансформацию. Нехватка специалистов, способных спланировать и осуществить изменения, а также необходимость учитывать ценный ресурс, подземную инфраструктуру, помешали радикальному старту с нуля и в Варшаве с ее колоссальными разрушениями [Niethammer 1978: 152–154]. Невзирая на многочисленные призывы подыскать другую столицу или даже отказаться от возрождения почти стертого с лица земли города, SARP, который уже в декабре 1944 года возобновил свою деятельность, потребовал, чтобы

Варшаву опять провозгласили столицей страны, ибо в противном случае ее спасение невозможно [Majewski 2005: 29–30]. Восстановление Варшавы с самого начала стало вопросом государственного значения, в экстремальном виде отразив ситуацию 1920–1930-х годов. То же относится и к политической легитимности, которую политический режим мог обрести (и потенциально утратить) в столице [Kochanowski et al. 2003].

Как и положено при государственном социализме, роль, которую центральная власть играла в столице, по сравнению с 1930-ми годами заметно усилилась. 14 февраля 1945 года, сразу же после ухода немцев из Варшавы, было учреждено Бюро восстановления столицы (Biuro Odbudowy Stolicy, BOS). Хотя в нем преобладала преемственная связь с межвоенным модернизмом, как в отношении персонала Бюро, так и в смысле общих урбанистических принципов, экстремальный разрыв неизбежно наложил отпечаток на работу BOS. Как заметил вскоре после войны Мачей Новицкий, восходящая звезда мирового модернизма, в статье «В поисках нового функционализма», продолжать использовать старые принципы в условиях радикально изменившегося контекста нельзя. Так или иначе функционализм в духе CIAM и до войны представлял лишь одно течение из многих. Мастера Польской школы архитектуры, созданной во время войны в Ливерпульском университете, придерживались гораздо более умеренных идей и, благодаря планам, разрабатывавшимся ими в военную пору, а в некоторых случаях по возвращении в Польшу, оставили свой след в восстановлении польских городов [Czarnecki 2008: 159–162; Szmidt 1945].

Особым случай являл собой варшавский Старый город. Планировщики PAU считали средневековое ядро Варшавы до некоторой степени анахронизмом. То есть разрушения, появившиеся в результате осады Варшавы в сентябре 1939 года, также рассматривались как возможность для обновления. После того как центр Варшавы после Варшавского восстания 1944 года был сознательно уничтожен, Старый город стал объектом национального и политического значения [Majewski 2009: 50–59]. Даже представители модернизма теперь настаивали на его восстановлении, чтобы население могло отождествлять Варшаву со столицей [Jankowski 1990: 84]. Этот аргумент вызвал отклик, особенно с учетом того, что легитимность нового коммунистического правительства была чрезвычайно слаба. Архитектор-модернист Ян Захватович, уловивший данный нюанс, рассуждал в соответствующем ключе, чтобы убедить коммунистические власти восстановить Варшаву [Friedrich 2009a: 99–104][88].

Однако вокруг противоречия между прагматичным восстановлением (odbudowa), и визионерской реконструкцией (przebudowa) Варшавы велась напряженная полемика [Chmielewski 2006]. Неудивительно, что большинство доводов, выдвигавшихся архитекторами в этих дискуссиях, не были бескорыстными. По размерам BOS не имело себе равных в Европе [Szwankowska 2005]. В его состав входили самые выдающиеся мастера межвоенного модернизма: Р. Пиотровский, Р. Гутт, С. Брукальский, Х. Сыркус и Б. Ляхерт [Majewski 2009: 39]. Ведущую позицию в Бюро занимал Ш. Сыркус [Syrkus 1973: 329]. Насчитывавшее почти 1500 сотрудников BOS представляло собой нечто гораздо большее, чем обычный орган планирования, и имело возможность осуществлять свои проекты на практике[89]. Главой BOS являлся Роман Пиотровский, член «Презенса» и CIAM, а также довоенный технический директор Общества рабочих поселков. Он воплощал собой ярко выраженную связь между модернизмом и предпринятым сразу после войны восстановлением, характерную также для Венгрии и Чехословакии.

Окно возможностей, которое было открыто с начала 1945-го (после освобождения Варшавы) до 1948 года (укрепление власти коммунистов), демонстрировало две отчетливые линии преемственности.

Во-первых, появились новые жилые районы с сильным социально-коммунальным акцентом, соответствовавшие принципам, сформулированным в PAU и WSM до и во время войны. Наибо-

---

[88] См. также [Crowley 1997: 206, 215; Goldman 2005: 140, 144].

[89] Подробный анализ функционирования Бюро восстановления столицы см. в отчете Ю. Сигалина, многолетнего заместителя главы BOS, [Sigalin 1986].

Илл. 68. Члены BOS. Warszawa stolica Polski, Społeczny Fundusz Odbudowy Stolicy, wyd. II, Warszawa (1949), 175

лее впечатляющим примером был проект застройки района Коло, реализованный Х. и Ш. Сыркусами в Варшаве в 1947–1950 годах[90]. Архитекторы впервые получили возможность использовать методы индустриального домостроения, разработанные ими еще до войны. Супругам Сыркусам, а также Станиславу и Барбаре Брукальским казалось, что можно провести прямую линию преемственности от межвоенного авангарда к перспективам социализма.

Во-вторых, градостроительные планы, положенные в основу восстановления, также напрямую соответствовали концепции «Варшавы функциональной» [Ministry 1946: 3–26]. В рамках структуры, которую Хмелевский называл «Варшавским городским комплексом», ряд специалистов во время войны продолжал заниматься планированием функциональной Варшавы, добавляя

---

[90] Materiały Osiedla na Kole 1947 // MA. SP. III b-454 / 1–11; Syrkus 1949. См. также [Brukalska 1948].

Илл. 69. Жилой район Коло, спроектированный Х. Сыркус во время войны и возведенный в 1947–1950 годах. Bauhaus-Archiv Berlin

нюансы, которых недоставало в первоначальной концепции, и тщательнейшим образом продумывая социальные последствия этого планирования [Jankiewicz, Porębska-Srebrna 2005; Szmelter 2005]. Данные проекты высвечивали еще более настоятельную потребность в региональном планировании, чем до войны, когда моделью являлся слабо структурированный город [Chmielewski et al. 2013].

26 октября 1945 года коммунистические власти во главе с Болеславом Берутом, председателем временного польского правительства (и с 1947 года президентом Польши), постановили национализировать всю территорию внутри границ Варшавы. В соответствующем декрете утверждалось, что это необходимое предварительное условие для «рационального восстановления» столицы в соответствии с «потребностями народа»[91]. Таким образом, территория Варшавы была национализирована как в буквальном, так и в символическом смысле. Хотя всё — и практически полное разрушение города, и юридические предпосылки (то есть национализация всей земли в черте города), и значитель-

---

[91] Dekret o własności i użytkowaniu gruntow na obszarze m.st. Warszawy. Art. 1.

ные ресурсы BOS — подталкивало к радикальным градостроительным мерам и строительству совершенно нового города в соответствии с единым планом, реальность оказалась намного более приземленной. Это было связано не только с настроениями людей и политическими соображениями, которыми руководствовались при восстановлении Старого города. Учитывая послевоенные условия, неудивительно, что препятствием оказалась постоянная нехватка сил и средств.

Однако ситуация в городе быстро менялась, и архитекторы BOS не имели возможности сохранять над ней контроль. В период с января по май 1945 года население Варшавы почти удвоилось и достигло 366 тыс. человек, несмотря на практически полное отсутствие городской инфраструктуры. В среднем в течение февраля и марта 1945 года в Варшаву ежедневно возвращались 2,5 тыс. человек [Gieysztor, Durko 1980: 525]. Таким образом, постройки, возводившиеся репатриантами, влияли на вопросы, игнорировать которые планировщики BOS не могли, и ограничивали дискреционные полномочия последних [Kohlrausch 2014a].

По меньшей мере до 1948 года архитекторы-модернисты Польши в относительном выражении укрепляли свои позиции. После войны архитекторы левого толка начали извлекать выгоду из своих политических убеждений [Lewicki 2007: 20]. То же касалось и неотложной потребности в массовом домостроении под управлением государства. Во время войны PAU, WSM и Подпольный университет разрабатывали новые виды жилищного строительства[92]. С 1945 года градостроение сделалось важной сферой архитектурной деятельности. Социальная значимость градопланирования, о которой так горячо спорили в 1930-е годы, теперь являлась непреложным фактом. Ситуация, сложившаяся в 1945 году, предоставила архитекторам, особенно тем, кто уже до 1939 года имел левый политический уклон, уникальные возможности для осуществления идей, определивших их карьеру, и для подкрепления своих убеждений и устремлений практиче-

---

[92] В дополнение к уже упомянутой литературе см. [Czarnecki 2008: 104–130], о планировании в изгнании см. [Fisher 1966].

ским планированием и реализацией [Majewski 2009: 33–34]. Кроме того, BOS служил конвейером для формирования планировочной бюрократии и превращения независимых архитекторов в сотрудников более крупных подразделений [Królikowski 2005].

Хмелевский, создавший в соавторстве с Сыркусом «Варшаву функциональную», стал руководителем градостроительного отдела BOS и Главного управления пространственного планирования при Министерстве восстановления, получив, таким образом, возможность продвигать свои идеи, которые долгое время оставались теоретическими. Других архитекторов-модернистов после 1945 года ждал еще более стремительный карьерный взлет. Владислав Черный в конце 1944 — начале 1945 года был заместителем варшавского градоначальника. Роман Пиотровский, ранее возглавлявший BOS, в 1948 году сделался заместителем министра восстановления и выполнял важные политические функции. Затем, в 1951–1955 годах, занимал пост министра строительства. Станислав Толвинский, в прошлом тесно сотрудничавший с архитекторами «Презенса» через WSM и движение за жилищную реформу, с марта 1945-го по 1950 год занимал пост президента Варшавы[93].

Еще более значительной была политическая карьера Мариана Спыхальского. Выпускник архитектурного факультета ВПИ, он еще до Второй мировой войны стал убежденным коммунистом и преуспевающим архитектором. Спыхальский выдвинулся благодаря своим проектам недорогого жилья для рабочих. В последние месяцы войны он недолго занимал пост президента Варшавы, а затем заместителя министра обороны, в 1945–1948 годах являлся членом политбюро Польской (объединенной) рабочей партии. По политическим причинам Спыхальский был смещен, но в конце 1950-х годов последовал новый взлет карьеры, приведший его на вершины польской политики.

Аналогичную связь архитекторов-модернистов межвоенного периода с новыми политическими элитами можно наблюдать на ранних этапах существования новых социалистических госу-

---

[93] См. главу 5.

Илл. 70. М. Спыхальский и Д. Эйзенхауэр осматривают руины варшавского Старого города. Warszawa 1945-1970. Warszawa: Wydawnictwo Sport i Turystyka, 1970. P. 58

дарств в Венгрии и Чехословакии. Промышленное строительство сделалось важным средством карьерного роста и в Чехословакии, отчасти благодаря высокому уровню экономического развития страны [Zarecor 2011: 69–112; Dluhosch, Švácha 1999: 135]. В Венгрии Виргил Бирбауэр (Борбиро), до 1943 года руководивший «Тер эс форма», в 1947–1949 годах был заместителем министра жилищного строительства в коммунистическом правительстве. Йожеф Фишер, послевоенный глава венгерской группы CIAM, после 1945 года и до своего вынужденного отъезда из Венгрии в 1948 году занимал пост председателя будапештского Совета по общественным работам [Leśnikowski 1996c: 291][94].

---

[94] В целом о преемственности планирования в Венгрии в 1930–1950-е годы см. [Lampland 2011].

Если с поверхностной точки зрения появление архитекторов-модернистов в органах планирования можно рассматривать как продолжение методов коллективной работы, с которыми экспериментировали «Презенс» и PAU, к 1948 году также стало ясно, что архитекторы-модернисты, поступившие в BOS и другие органы планирования, вынуждены платить за это немалую цену. Начиная самое позднее с 1948 года восстановительное планирование пришлось адаптировать к более скромным реалиям. Новый проект Большой Варшавы (Wielka Warszawa), датируемый октябрем 1948 года, так и не был официально принят [Klain 1997b: 276–278]. В этом проявился увеличивавшийся разрыв между замыслами архитекторов и градостроителей и целями коммунистической элиты. Градостроители и архитекторы быстро утратили самостоятельность, поскольку восстановление городов сделалось неотъемлемой частью плановой экономики и, несомненно, как символической, так и пропагандистской составляющей шестилетнего плана [Берут 1949]. Более того, оно было призвано продемонстрировать политическую результативность режима, в частности, посредством скоординированного планирования в рамках шестилетки, еще одной целью которого было снискать внимание международного сообщества [Behrends 2006: 254–259; Bartetzky 2009].

Укрепившийся коммунистический режим также можно рассматривать как доведение неофициального союза модернизирующего государства 1930-х годов до предела — и разрушение его путем установления отчетливой прерогативы политической стороны. Последнее сделалось совершенно очевидным, когда архитекторы вынуждены были усвоить новую догму социалистического реализма[95]. Обращение к этому новому стилю художественного выражения нельзя было осуществлять постепенно. Архитекторы обязаны были однозначно, зачастую публично, продемонстрировать, что понимают, чего ожидает от них новая эпоха. Ле Корбюзье теперь являл собой недвусмысленный образ

---

[95] О внедрении социалистического реализма см. [Cooke 2007] и в целом [Паперный 2016].

Илл. 71. Преемственность планирования? Слева: С. Стажинский на выставке «Варшава будущего» 1936 года. Справа: 22 июня 1948 года архитектор Ю. Сигалин демонстрирует Б. Беруту проекты главной транспортной артерии Варшавы — магистрали «Восток — Запад» (Trasa W–Z). Среди присутствующих на снимке Р. Пиотровский. Слева: NAC, 1-U-8484-2; справа: Polska Agencja Prasowa, pap_19480622_02H 72 NAC, 40-4-246-1

врага [Friedrich 2009b: 327]. Социалистический реализм, в Советском Союзе насильственно внедренный еще в начале 1930-х годов, должен был подчеркивать ведущую роль этого государства. Коммунистические лидеры Польши тоже полагали, что этот новый стиль строительства необходим для завоевания сердец и умов рабочих, которым сдержанное очарование модернистских зданий могло показаться чуждым. К тому же соцреализм позволял строить в «национальном стиле» — что бы это ни значило в действительности.

Внедрение соцреализма не обязательно означало конец карьер главных представителей межвоенного модернизма в период «окна возможностей», закрывшегося в 1948 году. Однако оно создало длительную паузу в развитии этих карьер. BOS был интегрирован во вновь учрежденные центральные органы планирования, WSM же как таковой прекратил существование [Klain 1997b: 280][96]. Архитекторам-модернистам пришлось пойти на значительные компромиссы — с точки зрения стиля, а в конечном

---

[96] Традиции WSM частично продолжало Предприятие рабочих поселков (Zakład Osiedli Robotniczych) Министерства восстановления. См. [Majewski 2009: 232–233].

Илл. 72. Универмаг ЦДТ (ныне Smyk) — последний выдающийся модернистский проект в центре Варшавы перед внедрением социалистического реализма. 1948–1952. NAC, 40-4-246-1

счете и в отношении международных сетей, которые были неотъемлемым элементом самой логики межвоенного модернизма. Поскольку межвоенный модернизм дискредитировался как космополитическое явление, международные контакты как таковые стали вызывать подозрение, а потому чаще всего просто сворачивались.

Хотя сам Ш. Сыркус был убежденным социалистом задолго до Второй мировой войны, из-за его международных связей и отождествления с довоенным модернизмом на него все чаще косились с недоверием. Сыркус лишился своего поста в BOS и в 1949 году получил должность профессора в ВПИ, которую снова потерял в 1951-м [Åman 1992: 173–175][97]. Б. и С. Брукальские и Ляхерт также стали преподавателями ВПИ. Однако в 1952 году Л. Немоевский, чьи футуристические проекты развития Варшавы привлекли большое внимание в середине 1920-х годов, был смещен со своего поста на архитектурном факультете, деканом

---

[97] См. отчет Х. Сыркус: Syrkus H. Klarungen zur Rolle der polnischen Gruppe in der CIAM. 12. Mai 1977 // gta Archiv. CIAM. См. также [Gutschow, Klain 1994: 171–174].

которого был в 1947–1948 годах. Причиной этого была публикация в 1948 году его книги «Ученики плотника» (Uczniowie cieśli), написанной в 1946-м [Niemojewski 1948]. В ней Немоевский описал союз архитекторов-планировщиков и плановой экономики, идеальный лишь на первый взгляд. Прибегнув к христианским приемам толкования, автор разъяснял дилеммы своей профессии в том ключе, который Коммунистическая партия считала неприемлемым. И Немоевский, и Эдгар Норверт, безусловно, никогда не являвшиеся представителями радикального варианта модернизма, отказались продолжать архитектурную деятельность в обстановке, сложившейся после 1948 года.

Траекторию отчуждения между архитекторами-модернистами и коммунистическими режимами в точности проследить трудно. Когда она различима, можно лишь в каждом индивидуальном случае установить, отмежевался ли конкретный архитектор от режима по собственной инициативе или же сам режим энергично оттеснил его на задний план. Х. и Ш. Сыркусы рассматривали социальный прогресс и модернистскую архитектуру как две стороны одной монеты, что в их глазах означало принятие социализма, даже если при этом необходимо было пожертвовать прежними личными связями. Яркий, хотя до сих пор необъяснимый пример этого — похищение американского архитектора Германа Филда после посещения им вместе с супругами Сыркусами района Раковец в 1949 году. Х. Сыркус проинформировала польскую службу безопасности о прибытии Филда, хотя неясно, что именно она знала о грозящих Филду последствиях [Field 2000][98].

В любом случае судьба Филда проливает яркий свет на воздействие, оказанное холодной войной и укреплением сталинистского режима на архитекторов и их международные контакты. Впрочем, это произошло не сразу после войны. Заключительная часть данной главы будет посвящена огромному вниманию, которое уделялось восстановлению Варшавы за пределами начав-

---

[98] Г. Филд — один из североамериканских участников Конгресса CIAM 1949 года в Бергамо. См. [Mumford 2000: 314].

шего опускаться после 1946 года железного занавеса и в последующие годы. Таким образом, под конец эта глава опять сосредоточится на сути приверженности архитекторов-модернистов делу модернизма, мечте об улучшении общества, достигнутой благодаря широкомасштабному внедрению планирования и социальной архитектуре.

### Старые связи и новый интерес: Варшава как реализованная утопия?

4 июля 1945 года, менее чем через два месяца после окончания Второй мировой войны в Европе, Форбат получил из Стокгольма телеграмму от Х. Сыркус. В этой пространной телеграмме затрагивались три вопроса. Во-первых, Сыркус, до сих пор не имевшая известий от своего мужа, Ш. Сыркуса, сообщала его аушвицский номер заключенного и просила помощи в установлении его судьбы. Во-вторых, уведомляла о планах восстановления Варшавы и своем участии в нем. В-третьих, выражала надежду на то, что быстро возродит былые связи с членами CIAM в течение своей поездки в Париж, намеченной на ближайшее время[99].

Аналогичную телеграмму получил в Гарварде Гропиус[100], а также, скорее всего, и другие «активисты» периода довоенного расцвета CIAM. Разумеется, телеграммой вряд ли можно было во всех подробностях сообщить о кардинальных переменах, которые принесло восточно-центральноевропейским архитекторам-модернистам завершение войны. Тем не менее в ней всплывают две важные темы, имеющие принципиальное значение. Во-первых, телеграммы указывают на наличие прочной сети, которая пережила войну. Как было показано в данной главе, эта сеть, в большой мере тождественная CIAM, иногда обеспечивала выживание отдельных людей до, во время и недолгий период после войны.

---

[99] Телеграмма Х. Сыркус Ф. Форбату. 4 июля 1945 // AM. FP. 1970–18–19–199–01.
[100] Телеграмма Х. Сыркус В. Гропиусу. 6 июня (получена 3 июля) 1945 // BA. WGA. Papers II, 129.

Илл. 73. Телеграмма
Х. Сыркус
Ф. Форбату
от 4 июля 1945 года.
AM, ARKM. 1970-
18-199-01

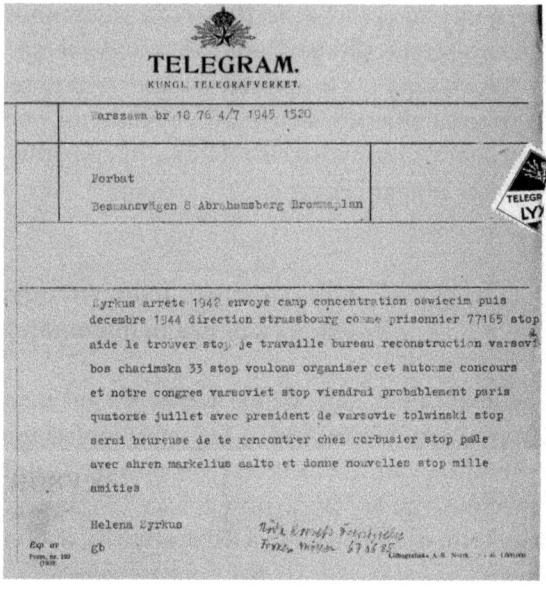

Как только Форбат и Х. Сыркус возобновили общение, приоритетными стали практические проблемы, вроде поставок продовольствия из Швеции в Варшаву[101]. И Гропиус с Форбатом действительно приложили все усилия, чтобы разыскать Ш. Сыркуса. Гропиус, например, помимо прочих, обращался к государственному секретарю США Дж. Ф. Бирнсу[102]. Во-вторых, вышеупомянутая сеть, не только создавала базу для профессионального обмена, но вдобавок к этому способствовала зарождению интереса к общей миссии. Уже в телеграмме Форбату Х. Сыркус выражала надежду на скорое возобновление довоенных дискуссий с Уво Ореном, Свеном Маркелиусом и Алваром Аалто — выдающимися североевропейскими архитекторами-модернистами. В их коммуникации общая миссия приобретала еще большее значение, чем до войны.

---

[101] См. переписку Ф. Форбата с Г. Шмидтом 1946 года // AM. FP. 1970–18–199–01.
[102] В. Гропиус — Дж. Ф. Бирнсу. 3 июля 1945 // BA. WGA. Papers II, 129.

Основу общения между польскими членами CIAM и их коллегами составляла тема Варшавы. Отчасти это было связано с тем, что столица занимала центральное место в размышлениях и практической деятельности таких архитекторов, как Х. и Ш. Сыркусы, а также с огромным интересом их старых и новых корреспондентов-интеллектуалов к разрушенной столице — городу, который, почти как никакой другой, олицетворял в глазах тогдашних людей катастрофу Второй мировой войны. В телеграмме Форбату Х. Сыркус связывала восстановление своих довоенных контактов с судьбой Варшавы. В самом деле, в течение двух последующих лет личная и профессиональная жизнь супругов Сыркусов была отмечена сочетанием этих двух компонентов, а именно восстановления довоенной структуры CIAM и их собственной работой над планированием Варшавы.

Тем временем Ш. Сыркус делал первые шаги в послевоенной жизни, сразу же вернувшись к профессиональной деятельности и к своей «миссии», социальной архитектуре. Он был освобожден американцами 3 мая 1945 года из рабочего лагеря в Баварии, куда СС перевело его из Аушвица. Уже 14 мая 1945 года Сыркус обратился к своим швейцарским коллегам и сотрудникам CIAM Гидиону, Мозеру, Роту, Шмидту и Майеру с намерением возродить старые связи и сохранить контакты с теми, кто помогал ему в лагерях[103]. 18 июля 1945 года он написал в американскую военную администрацию в Баварии, испрашивая разрешения для себя и ландшафтного архитектора Людвика Лавина (интернированного в Аушвице вместе с Сыркусом) посетить «в научных целях» Мюнхен, Нюрнберг, Вюрцбург и другие места. Сыркус хотел изучить разрушения в немецких городах, чтобы подготовиться к восстановлению польских [Gutschow, Klain 1994: 102]. Его письма свидетельствуют о том, что, как он выразился в письме своему коллеге Юлиушу Жаковскому в Лондон, в течение 35 месяцев, проведенных им в немецких лагерях, жизнь ему сберегла исключительно его профессия[104].

---

[103] Ш. Сыркус — З. Гидиону. 14 мая 1945 // MA. SP.
[104] Ш. Сыркус — Ю. Жаковскому. 24 июня 1945 // Ibid.

В августе 1945 года Сыркус в длинном письме Форбату, кратко обрисовав свое положение, быстро сменил тему и перешел к предстоящим градостроительным задачам и шансам применить для решения этих задач методы CIAM, разрабатывавшиеся до и во время войны. Многие из тех, кто в прошлом принадлежал к кругам «Презенса» и WSM, ныне занимали «высокие и очень высокие посты», отмечал Сыркус и призывал Форбата встретиться и обсудить эти вопросы. «Об Аушвице говорить не станем», — добавлял он. В приписке к письму мужа Х. Сыркус, ныне «руководитель пропаганды восстановления», добавляла, что война закончилась для нее только 1 августа 1945 года, с возвращением Шимона, и повествовала о своих испытаниях после того, как была заключена немцами в лагерь в Бреслау. Также Сыркус справлялась насчет потенциальной возможности демонстрации в Швеции выставки «Варшава обвиняет» и получения там материальной помощи для восстановления Варшавы[105].

В течение первых двух лет после войны Сыркусы были полностью поглощены задачей восстановления. В последующей переписке супруги подробно информировали Форбата о ходе восстановления, которое они неизменно связывали с восстановлением контактов CIAM. Они сообщили Форбату о посещении Варшавы Г. Шмидтом, А. Люрса и П. Нельсоном с целью участия в конкурсах. Сыркус рассказывал об их неустанной, учитывая стоявшие перед ними гигантские задачи, работе «на износ»: «А как же может быть иначе, если присутствуешь при становлении нового мира и сам участвуешь в этом процессе». Сыркус сожалел, что эта беспокойная жизнь резко противоречит потребности архитекторов и градостроителей в размышлениях[106].

Поскольку война во многих отношениях безжалостно прервала обмен, определявший профессиональный путь таких архитекторов, как Х. и Ш. Сыркусы, причиненный Варшаве колоссальный

---

[105] Ш. и Х. Сыркус — Ф. Форбату. 21 августа 1945 // AM. FP. 1970-18-199-01. 1 сентября 1945 года Форбат отправил обстоятельный и позитивный ответ на это письмо, также затронув вопрос о выставке.

[106] Ш. и Х. Сыркус — Ф. Форбату. 6 декабря 1946 // Ibid.

ущерб несколько парадоксальным образом превратился в важнейший предлог для восстановления этих связей. Можно даже утверждать, что польская столица только теперь по-настоящему привлекла к себе мировое внимание, которого добивалась, например, концепция «Варшава функциональная». С самого первого дня восстановление Варшавы не ограничивалось огромными проблемами на местах, а было помещено в контекст градостроительной преемственности и рассматривалось как задача всемирного значения. Вместе с тем наличие разрушенных городов во многих европейских и азиатских странах подразумевало, что пример Варшавы представляет интерес далеко за пределами ее собственного региона. Проблема восстановления являлась всемирной задачей, которая порой даже преступала барьеры военного времени[107].

Вышеупомянутая выставка «Варшава обвиняет» (Warszawa Oskarża) вызвала активный отклик и потому послужила наглядным выражением этого общего языка и всемирного интереса к задаче восстановления. Вследствие нравственной необходимости оказания помощи народам и городам, пострадавшим от зверской нацистской политики истребления, миссия восстановления приняла возвышенный характер. После показа в Национальном музее в Варшаве в мае — июне 1945 года выставка объехала весь мир, сопровождаемая брошюрой, проиллюстрированной художником и архитектором Терезой Жарновер [Warszawa 1945; Варшава обвиняет 1945]. Жарновер, одна из основателей группы «Блок» в середине 1920-х годов, сначала эмигрировала из Польши в Париж, а в 1937 году — в США.

Уже выполнившая в 1942 году ряд фотомонтажей для книги «Оборона Варшавы», Жарновер была хорошо знакома с традициями модернистской архитектуры межвоенной Польши [Żarnowerówna 1942]. В брошюре «Варшава обвиняет», как и на самой выставке, использовались фотоматериалы, призванные показать ужасающие масштабы разрушений и посредством этого превратить город и его восстановление в пример, достой-

---

[107] См. [Lenger 2013: 420–434].

Илл. 74. Разрушение и восстановление. Фотографии из каталога выставки «Варшава живет»

ный интереса всего мира[108]. На выставке упоминались и первоначальные планы для новой столицы. Сопоставляя старое и новое, экспозиция отсылала к довоенной выставке «Варшава будущего» [Kotańska 1999].

«Варшава обвиняет» демонстрировалась в Токио, Москве, Лондоне, Париже, Нью-Йорке, Чикаго, Будапеште, Праге, Берлине, Стокгольме и Вене, а также других городах[109]. Она была организована BOS, польскими Министерством культуры и Министерством восстановления. В ней приняли участие многие из-

---

[108] Об использовании фотоматериалов см. [Kotańska 1999].

[109] О том, как приняли выставку в Лондоне, см.: Warsaw Exhibition // The Guardian. 1947. 19 March; в Швейцарии: радиопередача «Эхо дер Цайт» (Echo der Zeit) от 5 июля 1946 на сайте «Fonoteca nazionale svizzera». URL: http://www.fonoteca.ch/cgibin/ oecgi3.exe/inet_fnbasedetail?REC_ID=578.022&LNG_ID=ENU (дата обращения: 31.03.2022).

вестные архитекторы и урбанисты, такие как Ежи Гриневицкий, Ежи Станишкис, Мачей Новицкий и Тадеуш Пшипковский. В США эту выставку под названием «Варшава живет» (Warsaw Lives), предложенным влиятельным архитектурным критиком Льюисом Мамфордом, открывал Гропиус. Он подчеркнул преемственную связь новых проектов с модернистскими традициями 1920–1930-х годов[110]. Подхватив удачное сочетание модернистской архитектуры с социальной проблематикой, разработанное выставками 1920–1930-х годов, послевоенные экспозиции «Варшава обвиняет/Варшава живет» демонстрировали борьбу за восстановление, которая велась в польской столице, и вместе с тем обращали особое внимание на огромные страдания, которые претерпел город. Проекты глобального городского обновления были выдержаны в строго модернистских традициях, продолжая основные идеи «Варшавы функциональной», а их визуализация отсылала к «Плану Вуазен» Ле Корбюзье[111].

Для нового политического режима, а также для планировщиков и архитекторов BOS и городской администрации Варшавы международное мнение о проекте будущей столицы было чрезвычайно важно [Barański 2000]. Интересно, что главнейшим источником отзывов стали США, показав тем самым, что холодная война еще не достигла пика. Выставка «Варшава обвиняет» дала Х. и Ш. Сыркусам возможность совершить в 1946 году полугодовое турне по США и краткую поездку по Великобритании. В Америке они снова повидались со своими старыми соратниками, например Гропиусом [Syrkus 1984: 327][112].

В США Сыркусы также познакомились с социологом Дэвидом Рисменом, позднее прославившимся своей книгой «Одинокая толпа». Рисмен уже в 1940-х годах серьезно интересовался функционированием сообществ — и тем, какую роль в этом могут играть градостроительство и архитектура. Он считал планы новой

---

[110] О приеме выставки в США и речи Гропиуса см. [Snyder 2015].
[111] См. [Albrecht 1946].
[112] См. переписку Сыркусов с Гропиусом, у которого супруги провели две недели, и несколько писем с рекомендациями от 1946 года (BA. WGA. Papers II, 129).

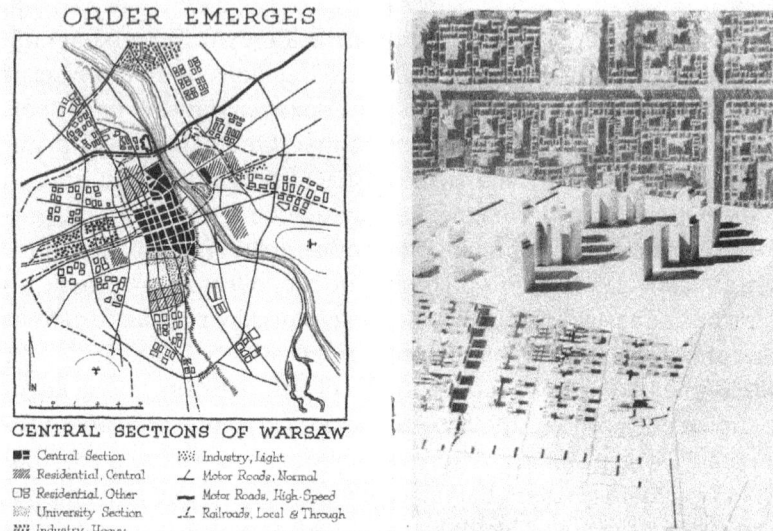

Илл. 75. Карта-план Варшавы. Проектируемые варшавские небоскребы. Иллюстрации из каталога выставки «Варшава живет»

Варшавы образцовым решением сложнейших проблем послевоенной реконструкции, «смелым современным проектом, который сейчас приводится в исполнение, новым планом для варшавского сообщества». Рисмен подчеркивал, что лишь после оккупации и разрушения Варшавы архитекторы начали сотрудничать с психологами, социальными работниками, экономистами и другими специалистами, чтобы спланировать социально продуманный город, а следовательно, новую разновидность столицы [Riesman 1947: 197–198]. Он считал архитекторов ключевыми фигурами эпохи, имея в виду Сыркусов. Архитекторы, согласно Рисмену, являлись настоящими провидцами, не в последнюю очередь потому, что во время войны были обречены на бездействие:

> Одна маленькая группа в нашем обществе, архитектурное братство, продолжала развивать и стимулировать мышление, принадлежащее к утопической традиции, — мышление,

которое в лучших своих проявлениях сочетает уважение к существенному факту с умением и даже стремлением выходить за пределы данности [Ibid.: 179–180].

Рисмен указывал на огромные возможности претворить в жизнь то, что теоретически было задумано много лет назад. Он заимствовал ряд тем, введенных Мамфордом в предисловии к буклету, сопровождавшему передвижную выставку в США. Мамфорд рисовал картину будущего:

> Планы новой Варшавы не возникли как по волшебству из пыли и руин величественного города, который первым подвергся нападению нацистов в 1939 году. Группы польских архитекторов приступили к подготовке развития Варшавы и ее окрестностей, состоявшей в проведении топографических изысканий и исследований, задолго до захвата Польши немцами. В обычных обстоятельствах эти планы были бы отсрочены или заблокированы многими заинтересованными сторонами. Но кошмар разрушения, пережитый Варшавой, предоставил возмещение: он расчистил почву для смелой творческой деятельности. На настоящей выставке представлены первые шаги по превращению Варшавы в столицу нового типа, подлинный метрополис — «город-мать», которые взращивает и направляет приникающие к нему небольшие сообщества и микрорайоны. Варшава снова оживет, но не благодаря благоговейной реставрации прошлого и поклонению своему мертвому «я», а приняв на себя ведущую роль в построении городского сообщества нового типа [Albrecht 1946: 2].

Здесь на первый план выходят темы градостроительства, социального домостроения и микрорайона как межотраслевой темы, еще не затронутой расколом холодной войны. Сообщество — актуальная, но едва ли центральная тема в дискурсе CIAM — теперь заняло центральное место. Хмелевский считал построение жизни сообщества настолько важным, что в своей работе о Варшаве добавил его в качестве отдельной функции к тем, что упоминаются в Афинской хартии. Во время Второй мировой войны он заявил:

...Сознательная трансформация структуры, от механической концентрации населения к организованным сообществам более высокого порядка, возможна только в том случае, если общественные отношения будут признаны одной из главных функций человека, живущего в сообществе[113].

Безусловно, и Мамфорд, и Рисмен рассуждали с прогрессивной точки зрения, используя Варшаву как пример для собственной родины, символ более совершенного градостроительства, которое сильнее ориентировано на социальные факторы и сообщество. Куда меньше Мамфорда и Рисмена, ведущих интеллектуалов эпохи, интересовал специфический контекст послевоенного опыта Варшавы. В частности, политические ограничения, вскоре оказавшие сильное влияние на восстановление Варшавы, практически не являлись для Рисмена или Мамфорда предметом обсуждения.

В этом они были не одиноки. Незадолго до закрытия варшавского послевоенного окна возможностей город посетил выдающийся швейцарский писатель Макс Фриш, в ту пору в первую очередь еще архитектор. Фриш, хорошо знакомый с разрушенными немецкими городами, подчеркивал специфику варшавского случая. Варшава, первый город, пострадавший от бомбардировок, отметил он в 1948 году, демонстрирует «силуэт взбесившегося разрушения» [Frisch 1985: 265 (29 August 1948)]. На этом фоне Фриш указывал на своеобразие восстановления Варшавы. Он обращал внимание на решающий характер закона, предусматривавшего национализацию всей земли в черте города:

Tabula rasa. Тем самым реализована первая предпосылка правильного городского развития. Отмена частной собственности на землю. Впервые градостроительство, которое преподавали десятилетиями, получило реальный шанс.

В Варшаве у градостроителя были «развязаны руки». Фриш считал весьма вероятным, что «исключительный шанс построить город нашего века был полностью осмыслен и будет реализован». Хотя Фриш, у которого имелось больше информации, чем у Мам-

---

[113] Цит. по: [Malisz 1987: 262].

форда и Рисмена, замечал тревожные сигналы, указывавшие на иной вариант развития, все же он верил, что в будущем архитекторы сумеют сохранить контроль за собой [Frisch 1985: 273f. (3 September 1948)].

Действительно, мнение международного градостроительно-архитектурного сообщества было чрезвычайно важно для режима и на протяжении трех лет обеспечивало варшавским архитекторам-модернистам и планировщикам значительное влияние. Первые проекты восстановления Варшавы были завершены в сентябре 1946 года и представлены коллегии международных градостроителей, посетивших Варшаву с этой целью; многие из них были хорошо знакомы польским архитекторам — членам CIAM, ныне работавшим в BOS. В приглашенную группу входили советские архитекторы С. Е. Чернышев и В. В. Бабуров, а также А. Люрса, П. Нельсон (американский эксперт французского Министерства восстановления) ван Эстерен и Бернулли, который в прошлом уже комментировал Генеральный план Варшавы 1931 года [Jankowski 1990: 83–84]. Наконец, в состав коллегии был включен Толвинский, разрабатывавший первый генплан столицы во время Первой мировой войны. Наличие именитой комиссии является подтверждением не только того, что международные консультации считались необходимыми для обеспечения политической легитимности, но и того, что на данном этапе международный обмен еще не представлял собой проблему.

В октябре 1946 года планы восстановления Варшавы были в подробностях представлены на конгрессе IFHTP в Гастингсе [Ministry 1946: 3–36]. Эти опубликованные планы, позаимствовавшие аргументацию у Сыркуса и Хмелевского, подчеркивали, насколько характерно для Варшавы наверстывание. Вместе с тем, также в соответствии с довоенными аргументами Сыркуса и Хмелевского, в тексте отмечалось, что развитие Варшавы тесно переплетено с общеевропейскими тенденциями. Наконец, ссылаясь на экономические и юридические изменения в послевоенной Польше, планы высвечивали диапазон возможностей, который мог превратить восстановление Варшавы в пример для всего континента [Ibid.: 24, 27].

Положительные отзывы, которые эти проекты получили в Гастингсе, равно как причастность и интерес многих экспертов к восстановлению Варшавы, также свидетельствуют об огромном внимании, которое вызывала на Западе польская столица. Известный французский географ Пьер Жорж в 1949 году, после того как он возглавил комиссию экспертов по Варшаве, опубликовал исследование о восстановлении столицы Польши. Жорж подчеркнул позитивное развитие достижений межвоенного модернизма, в частности кооперативных жилых районов. Варшава должна была стать примером функционального города в человеческом масштабе [George 1949: 713–714, 723–724, 726]. Новицкий и Ле Корбюзье собирались организовать международный конкурс на восстановление Варшавы с участием Сааринена, Аалто и Нимейера. Из-за ухудшения политической ситуации он так и не был проведен [Tyrmand 2009].

Реноме «самого пострадавшего города Европы» в сочетании с грандиозными планами по его восстановлению привлекали внимание всего мира[114]. В сентябре 1947 года в статье «Восстановление Польши поражает американских экспертов», опубликованной в газете «Нью-Йорк таймс», было рассказано о том, как ведущие американские планировщики восхваляли увиденное ими в Варшаве. Как количественно, так и качественно это превосходило все сопоставимые проекты США. Архитектор Герман Филд, позднее арестованный в Польше, заявил: «По мне, то, что

---

[114] См.: Lawrence W. H. Ravaged Warsaw Ultimate in Ruin. No Building Found Undamaged in City Sacked as Symbol of Defied Foe's Vengeance // The New York Times. 1945. 7 February. См. также: U.N. Subgroup in Warsaw: Subcomm studying reconstruction of devastated area // The New York Times. 1946. 19 August; Mr. Bevin Sees Warsaw. Tour of the Ruins. Poles Make Much of His Visit // The Guardian. 1947. 7 March; Misery and Luxury in Warsaw. Strange Contrasts in Europe's Most Battered City // The Guardian. 1945. 21 September; Life in Warsaw. Throwing Off Effects of the Occupation // The Guardian. 1945. 24 April; Rebuilding Poland // The Times. 1945. 21 November; Reconstruction of Warsaw // The Times. 1948. 1 October. Первые репортажи: Hersey J. Home to Warsaw. A Polish colonel goes back to his ruined house // LIFE. 1945. 9 April. P. 16–20; Poland. The Peasant & the Tommy Gun // Time. 1946. 11 February.

Илл. 76. Х. Сыркус с президентом Варшавы С. Толвинским и его женой Иоанной во время посещения Стокгольма. 1948. Photo from Svenska Dagbladet, 1946-08-17, page 8

они делают, куда современнее, чем то, что мы называли современным перед войной»[115].

Показательно, что восстановление Варшавы пробудило любопытство отнюдь не только у специалистов. До 1949 года Варшава, ставшая символом как войны против городов, так и потрясающего возрождения, регулярно фигурировала на страницах газетах всего мира. Хотя больше всего внимания польской столице, разумеется, уделяли коммунистические и левые издания, интерес к ней выходил за партийные рамки и проявлялся всеми западными странами, за частичным исключением Западной Германии[116]. Последнее являлось отражением политически мотивированного, в высшей степени позитивного восприятия новой

---

[115] Poland's Rebuilding Amazes U.S. Experts // The New York Times. 1947. 13 September. См. также: Proud Poles create a new Warsaw // LIFE. 1949. 30 May. P. 17–23; Warsaw Revisited. Town Planning a Socialist City // The Guardian. 1947. 20 August. P. 4: Gruson S. Rebuilt Warsaw Amazes Visitor; City That Has Risen on Ruins Is a Wonder to Traveler Returning After 7 Years // The New York Times. 1956. 6 May.

[116] Об интересе к Варшаве в Бельгии см. [Stoop 2016: 44–55], в Германии [Kohlrausch 2016].

Варшавы как «самого современного города» Европы, усвоенного в Восточной Германии[117].

К 1948 году эта разница в восприятии усилилась и стала указывать на более глубокие расхождения, в дальнейшем только нараставшие. Совершенно очевидно, что эти расхождения можно объяснять обострявшейся холодной войной, но нельзя полностью относить на счет политической конъюнктуры. В предыдущей главе было показано, что вопрос о том, как архитекторам следует позиционировать себя по отношению к обществу, вызывал разногласия уже в довоенном CIAM, наиболее явно — на берлинском съезде 1931 года.

К марту 1949 года Форбат, осмысливший опыт общения с восточными коллегами, такими как Х. Сыркус, лишился иллюзий. Он сомневался в возможности продолжения сотрудничества[118]. Гропиус соглашался, что общение с «теми, кто за железным занавесом», становится все более затруднительным. Форбат и шведская группа уже выразили протест против так называемого «Заявления CIAM» от 16 октября 1946 года, составленного Сыркусами и подписанного Шмидтом и Стамом, с требованием расширить сферу деятельности CIAM и отразить это в новом названии организации: «Международные конгрессы социальной архитектуры и городского планирования»[119]. В равной степени на повестке стояло ограничение частной собственности на землю — «плановая экономика, управляемая демократическими организациями этого общества».

Теперь, после войны, было гораздо труднее упрочить те качества, которые, преодолевая все разногласия, характеризовали довоенный CIAM, а именно общие язык, формулировку проблем и единодушие относительно целесообразных решений[120].

---

[117] Neues Deutschland. 1949. 22 Juli. «Берлинер цайтунг» и «Нойес дойчланд» почти каждый год 22 июля, в День возрождения Польши, публиковали пространные статьи на эту тему.

[118] Ф. Форбат — В. Гропиусу. 22 марта 1949 // AM. FP. 1970–18–156.

[119] gta Archiv. CIAM, 42-JLS-211-25/26.

[120] В. Гропиус — Ф. Форбату. 14 июня 1949 // AM. FP. 1970–18–156.

Илл. 77. Х. Сыркус с Ле Корбюзье и Х. Л. Сертом на VII Конгрессе CIAM в Бергамо. 1949. ©GTA Archiv

На VII Конгрессе CIAM 1949 года в Бергамо размежевания было уже не избежать[121]. В широко известном заявлении Х. Сыркус, тогдашний вице-президент CIAM, провозгласила, что требования Афинской хартии в Варшаве полностью выполнены. Теперь надо сделать следующий логический шаг, который, в глазах Сыркус, подразумевал под собой переход к социалистическому реализму. Защитить и сохранить международную культуру получится только путем защиты и сохранения национальной культуры под советским руководством[122].

Укрепление государственного социализма и утверждение соцреализма в качестве официального стиля привели к почти полному прекращению международных контактов, столь значимых для успеха модернизма в межвоенный период. Это касалось как личных связей, так и обмена идеями и сравнения разных городских ситуаций. Впоследствии публицист и архитектор Леопольд Тырманд оплакивал наступление на «истинную интернационализацию» при восстановлении Варшавы [Ibid.: 203]. Он признавал заслуги плановой экономики в реконструкции поль-

---

[121] О закрывающемся окне возможностей см. [Snyder 2015: 173].
[122] Опубл. в [Ockman 2000: 121] См. также [Giedion 1958: 86–87; Mumford 2009; Snyder 2015].

ской столицы, однако считал, что посредственные, на его взгляд, результаты последней следует объяснять отсутствием международного обмена [Tyrmand 2009: 202–204]. В практическом смысле это было проявление, по выражению Дариуша Столи, «великого закупоривания»[123], начавшегося в 1948 году.

В аналогичном виде данная тенденция проявилась в Венгрии и Чехословакии. В Венгрии на протяжении всей войны, с 1943 года, — под руководством Фишера, продолжал выходить знаменитый модернистский журнал «Тер эс форма». Поскольку Фишер, будучи социал-демократом, не мог согласиться с принудительным слиянием Социал-демократической и Коммунистической партий, в 1948 году он был смещен со своего поста, и вскоре после этого журнал закрылся [Plank 2003: 36][124].

Прекращение долголетнего общения имело серьезные последствия, что ясно видно из наблюдений Тырманда. На страницах архитектурных журналов, которые до и сразу после войны гордились своим широким географическим охватом, ныне преобладали (во всяком случае, до смерти Сталина в 1953 году) советские образцы [Crowley 2008: 778]. «Варшава функциональная» — кульминация усилий польских архитекторов CIAM по объединению международного дискурса и местных проблем — была отвергнута Эдмундом Гольдзамтом как поверхностная попытка разрешить структурный кризис капиталистического города, а следовательно, «пропаганда реакционных социально-экономических тенденций» [Гольдзамт 1973]. Интерес к восстановлению Варшавы, — который, безусловно, никогда не исчезал, — вновь дал о себе знать в публикациях лишь с середины 1950-х годов[125]. Тем временем многие представители самой младшей плеяды архитекторов

---

[123] Цит. по: [Bracewell 2008: 329].

[124] См. также сообщение Форбата о том, что Фишер не может выехать из Венгрии на Съезд CIAM (чтобы уже не возвращаться, как он хотел), поскольку ему не выдали паспорт. Ф. Форбат — З. Гидиону. 20 марта 1949 // AM. FP. 1970-18-059.

[125] В 1956 году материалы о восстановлении Варшавы запрашивал ван Эстерен; см. [Bollerey 1999: 35–36; Stephan 1958]. О взаимообмене между архитекторами послевоенной Восточной и Западной Европы в целом [Moravánszky et al. 2017], о показательном примере Литвы [Drėmaitė 2017].

отреагировали тем, что эмигрировали и воспользовались возможностями, представившимися им в Басре, Багдаде или Аккре. Таким образом архитекторы интернационализировали свою деятельность, что в Польше было уже невозможно [Stanek 2012].

### Заключение

Высказывания Тырманда вкратце отражают ту мысль, что преемственная связь послевоенного планирования с межвоенным модернизмом подразумевала преемственность международных сетей. Поразительно, сколь настойчиво Варшаву — как до, так и после войны — рассматривали как город возможностей, потенциальную столицу европейского масштаба, характеризующуюся исключительно динамичным развитием, и не только в самой Польше, но и за рубежом [Friedrich 2009a: 103–105]. Относящееся к послевоенной Варшаве замечание Мамфорда о том, что «любой ущерб — это потенциальная возможность», справедливо уже для довоенной Варшавы. Этот город привлек такое внимание за пределами Польши потому, что казалось, будто он предоставил шанс наконец осуществить давние мечты о радикальных городских изменениях в масштабах мегаполиса. Трагедия истории Варшавы, помимо прочего, в том, что центральное положение (как выразил его своим «Я хотел, чтобы Варшава была великой» президент Варшавы Стажинский перед тем, как его арестовали немцы) в плане международного резонанса в определенном смысле было реализовано только после войны.

То, что выходит на первый план во всеобщем интересе к Варшаве, также можно рассматривать как проявление серьезного сдвига. Этот сдвиг отражен в сделанном Международной организацией труда в 1941 году заключении о том, что «самый разительный контраст между обсуждением послевоенного восстановления, которое происходит сегодня, и дискуссией на ту же тему, имевшей место четверть века назад, состоит в смещении акцента с преимущественно политической концепции проблемы мирового порядка на социально-экономическую по своей сути концепцию»[126]. Большие ожидания Рисмена и Мамфорда в отношении Варшавы можно считать выражением этого сдвига.

Что же это означало для причастных архитекторов? С. Неккер ввела понятие «архикраты», чтобы подчеркнуть сращивание архитекторов с технократами, произошедшее при национал-социализме [Necker 2012: 13]. Помимо этого, данный термин отражает готовность архитекторов идти даже на сделки с дьяволом, чтобы иметь возможность продвигать свои проекты. А также, хотя и с меньшим идеологическим подтекстом, важные аспекты опыта и реалий восточно-центральноевропейских архитекторов-модернистов 1930–1940-х годов. Центральной темой этой главы было усиление взаимозависимости архитектуры и государства, возникшее в рассматриваемом регионе к концу 1930-х годов. В экстремальной форме дилеммы, ассоциируемые с подобными сделками с дьяволом, выдвинула Вторая мировая война.

Полностью осмыслить глубокое влияние приверженности восточно-центральноевропейских архитекторов-модернистов делу модернизма мы можем, лишь проанализировав военные годы. Модернизм обещал не только более совершенные жилищные решения, но и решение проблем неработоспособных структур, оставшихся от феодальных времен, агрессивного национализма и антисемитизма, зачастую связанных с экономической депрессией и городским кризисом. По причинам, изложенным в этой и предыдущих главах, в Восточно-Центральной Европе связь между наблюдаемым кризисом и верой в лучшее будущее (как и верой в интернационализм) была особенно заметна. Эта связь влияла не только на профессиональный выбор, но и на сам образ жизни рассматриваемых архитекторов. Модернизм, помимо прочего, сулил освобождение личности от пут религии и этнического происхождения.

И все же совместить войну с биографиями архитекторов-модернистов и установить, какое влияние оказала Вторая мировая на переосмысление архитекторами своей профессиональной роли, по-прежнему непросто. Война поставила под сомнение

---

[126] Цит. по: [Clavin 2008: 352].

многие довоенные приверженности, однако явление это частично возникло еще до того, как она разразилась. Война угрожала не только карьере, но и самой жизни исследуемых здесь архитекторов, особенно потому, что они идентифицировали себя с модернизмом. В письмах Сыркуса из Аушвица за настойчивым требованием перестать разделять архитектуру и градостроительство стоит всеохватный запрос на изменение социальных условий. Сыркус считал осознание этого прямым следствием своего концлагерного опыта. Он полагал, что война даст шанс построить новый город, который будет лучше прежнего, а также интегрировать в него те группы, которые были исключены из довоенного города. В одном из последних аушвицких писем Сыркус делал акцент на возможностях, которые предоставит архитекторам предвкушаемая новая эпоха[127]. Посткатастрофический город Варшава с его новыми возможностями и возросшей зависимостью от политического режима был отражением последствий войны. Предвидение Сыркуса, которое давало ему надежду в Аушвице, в лучшем случае воплотилось лишь отчасти.

Не только большие надежды Сыркуса, но и все проблемы, проанализированные в этой главе, указывают на более масштабный вопрос, выходящий за рамки этой книги: что соединяло модернизм межвоенный и модернизм социалистический — преемственность или разрыв? Поразительные преемственные связи можно обнаружить в любимой теме Сыркусов — промышленном жилищном домостроении, которое бурно развивалось в социалистическом мире начиная с 1960-х годов. При более внимательном рассмотрении также необходимо учитывать более общие вопросы планирования, затронутые в «Варшаве функциональной» [Wagenaar 2004: 75–80; Gold 1997].

---

[127] Ш. Сыркус — Х. Сыркус. 12 декабря 1943 (Письмо 18) // MA. SP.

# Эпилог

Первая глава этой книги открывается сценой из фильма «Черный кот», где представлен гениальный инженер-архитектор в восточноевропейских декорациях. В заключение мы обратим внимание читателя на другую киноленту, на сей раз совершенно иного характера. В сентябре 1989 года, всего за несколько недель до падения Берлинской стены, был выпущен фильм «Архитекторы» (Die Architekten) — одна из последних картин, снятых в ГДР. В нем рассказана история блестящего выпускника архитектурного факультета, который был обречен годами работать над малозначительными проектами. Вследствие череды благоприятных обстоятельств герою фильма наконец выпадает возможность построить крупный социально-культурный центр для огромного района многоквартирных домов. Недостаток подобных центров являлся постоянным пунктом критики социалистического жилищного строительства[1].

Хотя главный персонаж картины — квалифицированный специалист и идеалист, к тому же ему разрешено самостоятельно подобрать себе команду, проект в конечном итоге проваливается, во всяком случае, не дотягивает до высоких требований, что приводит к срыву героя в момент торжественного открытия здания, оказавшегося ущербным компромиссом, на который вынужден был пойти архитектор. Центральная роль в фильме, где почти в режиме реального времени был представлен крах государства (ГДР) и политической системы (социализма), снова отводится профессии архитектора. Таким образом, лента обращается к ряду тем, сформировавших ключевые аспекты этой

---

[1] Об архитекторах ГДР см. [Zervosen 2016].

книги. Архитектор здесь изображается не только как влиятельный проводник социальных преобразований, но и как объект политического давления — вследствие самой природы его профессии, ее зависимости от крупных капиталовложений и бюрократической поддержки. Еще одна важная тема картины — противоречивость профессии, в основу которой одновременно положены и индивидуальная деятельность, и коллективные методы работы, предписываемые социализмом. С этим же связан и вопрос о том, в какой мере архитекторы способны проектировать и реализовывать идеальную среду для успешного сообщества, оставляя при этом достаточно места для отдельного человека.

Также фильм «Архитекторы» отчетливо поднимает проблему культурной репрезентации архитекторов и одновременно обращается к основной теме данной книги: архитектор как символ современности и даже ее несостоятельности. Премьера ленты состоялась в 1990 году, когда изображенная в ней страна находилась в процессе исчезновения, а период, которому посвящена эта книга, уже 40 лет как завершился. Можно задаться вопросом, свидетельствуют ли вышеупомянутые отсылки об актуальности тем этой книги вне рассматриваемого региона и в конечном итоге за пределами первой половины XX века. Тем самым данный эпилог поместит основные выводы книги в более широкий контекст европейской истории XX века. Ведь этот фильм, подтверждающий живучесть больших ожиданий, возлагаемых на архитектора, безусловно, являет собой нечто большее, чем художественное изображение отторжения и неудачи профессии и ее социального воздействия.

Целью этой книги было представить историю архитекторов-модернистов как группы, их динамичное развитие и взаимодействие с обществом и политикой, а также то, что происходило с ними как с объектами и агентами социально-политических разрывов. Исследование сосредоточилось на Восточно-Центральной Европе по двум причинам. Во-первых, в новых государствах, основанных в 1918 году, динамика — и настоятельная необходимость — модернизации являлись практически смыслом их существования. Эти государства стали частью воображаемого европейского сравнительного контекста, в котором они должны были доказывать свою способность соответствовать требованиям современности. Сделавшаяся следствием этого политика сравнения создала огромные возможности для архитекторов и способствовала их попыткам пробиться в новые сферы — социальную и политическую. Во-вторых, Восточно-Центральная Европа пережила глубокие политические потрясения, в том числе 1918 год, укрепление авторитарных режимов в 1930-е годы, Вторую мировую войну и оккупацию, установление начиная с 1944 года коммунистических режимов. Архитекторы-модернисты испытали особое воздействие этой цезуры вследствие своей причастности к проекту нисходящей модернизации. В их биографиях исторические разрывы сыграли гораздо более заметную (и не только в отрицательном плане) роль, чем в биографиях подавляющего большинства их западных коллег. В этом смысле можно даже утверждать, что в Восточно-Центральной Европе биографии архитекторов-модернистов несут на себе более выраженный отпечаток коллективности, чем в других регионах.

В главе первой было рассмотрено возникновение неофициального и конфликтного модернизационного союза архитекторов и государств; во второй обсуждалось, как этот союз проявил себя новыми способами подготовки архитекторов как государственных экспертов и какими аспектами определялось социально-культурное формирование архитектора-модерниста. Далее, в третьей и четвертой главах, посвященных проблемам организации и коммуникации, исследуется взаимодействие меняющихся общественных ожиданий и самоуполномочия архитекторов на фоне интернационализма и модернизма как двух сторон одной медали в «европейской ситуации» конца 1920-х — начала 1930-х годов [Horne 2004]. Анализ значимого, но малоизвестного CIAM-Ost позволил определить особое место Восточно-Центральной Европы в этой картине. Глава пятая свела воедино различные тематические направления в конкретном примере, в качестве которого использован план функциональной Варшавы. «Варшава функциональная» — яркий образец интернационального коммуникационного пространства, образовавшегося в CIAM и активизировавшего проблемно ориентированную международную коммуникацию. В главе шестой было продемонстрировано, насколько непрочным оказался союз государства и архитекторов (одним из проявлений которого являлась и «Варшава функциональная»), когда вследствие радикализации политики стала подвергаться сомнению лояльность архитекторов и раскрылся разрушительный потенциал антисемитизма. Вышеупомянутый союз обошелся немалой ценой, тем более что цели архитекторов и государства во многом расходились. В этой главе анализировалось, почему абсолютная приверженность модернизму, особенно в условиях, доминировавших в Европе 1930-х годов, стала для рассматриваемых архитекторов решающим фактором. Ключевое наблюдение, изложенное в этом исследовании, — тесная связь модернистских убеждений в профессиональной жизни и попыток жить в соответствии с ними. Хотя приверженность этим убеждениям подвергала архитекторов риску, международные связи CIAM обеспечивали защиту от этих опасностей. Наконец, в шестой главе было показано, как испытания времен войны способствовали беспрецедентным профессиональным и интеллектуальным вложениям в восстановление. Однако связанные с последним грандиозные планы натолкнулись на реалии крайне негибких в идеологическом отношении новых социалистических режимов, в определенном смысле предвосхитив структуру фильма «Архитектор».

Хотя в первых пяти главах книги Восточно-Центральная Европа после 1918 года описана как пространство возможностей, открывшихся для архитекторов-модернистов, не следует недооценивать присущие этому пространству ограничения, а также его неоднородность. Профессиональная биография Сыркуса, который являет собой главный пример архитектора-модерниста, упоминаемый в этой книге, отнюдь не была прямолинейной историей успеха одаренной личности, воспользовавшейся особыми возможностями, которые представились ей в конкретной политической и географической ситуации. Несмотря на блестящую карьеру Сыркуса в CIAM, нельзя упускать из виду препятствия, которые ему приходилось преодолевать.

В некотором смысле они были типичны для Восточно-Центральной Европы межвоенного периода. У себя на родине архитекторы вроде Сыркуса довольствовались лишь ограниченным успехом. Несмотря на очевидные социально-экономические достоинства его проектов, к середине 1930-х годов он, как и многие другие архитекторы-модернисты, все чаще подвергался нападкам. Кроме того, несмотря на все свои достижения, Сыркус и другие восточно-центральноевропейские члены CIAM, за редким исключением, не привлекали к себе такого внимания, как, например, Гропиус или Мис ван дер Роэ, и не могли, подобно им, преобразовать свою славу в новые возможности по другую сторону Атлантики.

Взгляд на Восток не вынуждает нас полностью переосмысливать историю архитекторов XX века и модернизма. Однако он предполагает необходимость акцентирования и переоценки существенных аспектов. Прежде всего, восточный ракурс привлекает наше внимание к тому факту, что модернизм — нечто гораздо большее, чем просто стиль. Архитекторы пользовались модернизмом для продвижения своих всеобъемлющих амбиций, в том числе личной эмансипации. Участие таких архитекторов, как Форбат и Сыркус, в распространении информации и организации модернистской архитектуры как сути своей профессии, а также их готовность оставаться верными своему делу в период, когда это было сопряжено с немалым личным риском, подчеркивают роль модернизма как мировоззренческой системы и средства личной эмансипации. Для Сыркуса, Форбата и им подобных принадлежность к архитекторам-модернистам означала нечто гораздо большее, чем определенную интерпретацию вопроса о том, какой должна быть архитектура. Скорее — глубоко укорененную убежденность, пронизывавшую все аспекты жизни и особенно перспективную в регионе, где долго господствовали религиозная дискриминация и феодальные пережитки.

В этом отношении исследуемых здесь архитекторов следует также считать предвестниками современности. Они использовали обещания современности для превращения модернизма в общественное движение и создания мощных сетей. И с помощью этого движения и его международных сетей внесли вклад в создание новых обществ и городских структур. Коллективные и личные стратегии шагали рука об руку. Эта книга показывает, что модернизм не столько являл собой особый взгляд на город или здание, сколько материализовался в сетях взаимной поддержки. Представление об архитекторах-модернистах как о предвестниках современности также ставит под сомнение причисление их к технократам. Рассматриваемые архитекторы-модернисты часто были людьми, обязанными своими достижениями только себе, и умело лавировали между разнонаправленными профессиональными и государственными требованиями. Они представляются талантливыми посредниками социального, которые для продвижения своих общественно-политических взглядов на будущее в чрезвычайно неспокойном политическом контексте принимали облик экспертов и технократов. Статус предвестников современности применим и к архитекторам, перемещавшимся между местным и европейским или даже мировым уровнями и осуществлявшим взаимообмен в сфере универсальных принципов и конкретных проблем. Кроме того, высветив через посредство CIAM связь между гипотетически универсалистским дискурсом и местными проблемами, это исследование измерило степень глобального воздействия на местную ситуацию и наоборот и показало, насколько сильно были взаимосвязаны оба полюса в проекте модернизма.

Участие в CIAM мастеров из Венгрии, Чехословакии и Польши свидетельствует не только о стремительной скорости распространения идей модернизма. CIAM, обеспечивший архитекторов сетевой организацией, в придачу к этому служил и рычагом для приобретения влияния у себя на родине. Эта книга продемонстрировала, что способ обмена идеями, задействованный архитекторами, следует рассматривать более комплексно, чем обычно, включая в анализ не только планирование как средство коммуникации, но и личные связи, стратегические публикации, использование броских лозунгов и предопределенной повестки, умелое сочетание визуального влияния и красноречивой статистики.

Понимание того, что возникновение социально ориентированного государства (welfare state) и модернистская архитектура — явления взаимосвязанные, не ново. Однако яркий свет на эту взаимосвязь проливает сильная роль государства в новообразованных странах Восточно-Центральной Европы. Безусловно, между этими странами существовали заметные политические, социально-экономические и культурные различия, поэтому выводы относительно одной страны не всегда можно с легкостью применять к двум другим. И все же следует констатировать, что связь между модернизацией и легитимностью новых политических образований здесь была сильнее, чем в давно существовавших государствах Запада. Кроме того, государство вынуждено было замещать собой слабые или частично отсутствовавшие элементы гражданского общества и частных субъектов — в том числе и в жилищной сфере. Значительная роль государства открывала огромные возможности для архитектуры, что было в полной мере продемонстрировано на примере польской столицы Варшавы.

Как было показано в этой книге, в начале 1930-х годов польские архитекторы уже целенаправленно искали институциональных клиентов, одновременно обратившись к коллективным формам работы. Это поднимает вопрос о преемственной связи межвоенного и социалистического периодов, а также о преемственности планирования. Но при этом также указывает на нечасто проявлявшийся конфликт, с которым архитекторы XX века сталкивались по всей Европе. Продвигая модернизацию через органы планирования, которые приобрели впечатляющие масштабы, архитекторы сделались гораздо более зависимыми от государства: эта зависимость стала очевидной in extremis во время Второй мировой войны, но проявлялась, как было проанализировано в главе шестой, уже раньше.

Подчеркнув связь между государством и архитекторами, а также активную роль последних в формировании новых структур и коммуникационных пространств, которые позволили им направить транснациональные процессы в русло местных преобразований, это исследование показало, что необходим — и перспективен — более широкий взгляд на архитекторов-модернистов как на экспертов. Архитекторы-модернисты как эксперты по социальным отношениям действовали в рамках сети зависимостей, которая простиралась далеко за пределы «обычного» строительства. При этом их экспертный статус определялся данными зависимостями и подтверждался участием в общественных дебатах на родине и успешной деятельностью в зарубежных организациях нового типа, таких как CIAM. С учетом этих зависимостей неудивительно, что политические разрывы, характерные для Восточно-Центральной Европы периода после Первой мировой войны (где образование новых государств обусловило глубокую цезуру, которой не было на Западе), столь глубоко повлияли на биографии обсуждаемых здесь мастеров. Это воздействие оказалось реальным как в позитивном, благоприятном отношении, так и в плане опасности, которая потенциально могла привести к летальным последствиям.

Один вопрос красной нитью проходит через всю книгу, но вследствие своей сложности и масштабности выходит за ее рамки: какой след оставили эти разрывы на профессиональном мышлении исследуемых архитекторов? В главе шестой было проанализировано влияние испытаний и материальных последствий войны на планирование восстановления Варшавы. Кроме того, в данной главе указывалось, что соответствующее планирование должно рассматриваться в двойном международном контексте, обусловленном более ранними концепциями планирования, разработанными в рамках CIAM и признанными международными выставками и зарубежными экспертами после 1945 года. Однако в главе также продемонстрировано, что эта связь сделалась подозрительной; что отныне стало невозможно совмещать работу в интернациональном CIAM с ожиданиями существовавшего на родине политического режима, казалось бы, сулившего перспективы, к которым архитекторы-модернисты так долго стремились; что всему этому в 1948 году положил конец последний глубокий разрыв.

Автор сознательно решил не фокусироваться на эстетических вопросах стиля и связанных с ними моментах. Хотя термины и категории модернизма и современности играют важную роль, они трактовались не нормативно. Также задача книги заключалась в том, чтобы не вступать в продолжающиеся дебаты о месте модернизма по отношению к традиционализму[2]. Излишне говорить, что члены анализируемой здесь группы составляют лишь небольшую долю работавших в то время архитекторов, а созданные ими произведения — малую часть всех построенных тогда сооружений. Кроме того, в супругах Сыркусах или Брукальских, безусловно, следует видеть не только прогрессивных деятелей, боровшихся (как они сами считали) с реакционными силами за то, чтобы посредством усовершенствования жилищного строительства и городского планирования создать справедливое, разумно устроенное и равноправное общество. Хотя эти архитекторы гордились тем, какие усилия они прилагали, чтобы учитывать в своих планах интересы будущих жителей, все же они твердо и безоговорочно верили в верховенство архитекторов. Также совершенно очевидно, что, например, X. Сыркус почти без колебаний встала на сторону нового коммунистического режима, даже когда сам режим в 1948 году усвоил архитектурные взгляды, во многих отношениях губительные для прежних убеждений Сыркусов, а другие мастера, не питавшие иллюзий касательно истинной природы режима, покинули Польшу[3].

По причинам, описанным в главе шестой, автор заканчивает повествование на цезуре 1948 года, предполагая при этом, однако, преемственность в планировании и других областях, заслуживающую дальнейшего изучения. На вопрос о самостоятельности архитекторов при государственном социализме после 1948 года, безусловно, не следует отвечать с помощью простых дихотомий. Это правильно еще и потому, что, как показала эта книга, на ранних этапах архитекторы сотрудничали с государством не в последнюю очередь для того, чтобы продвигать собственные программы. В этом отношении цезура 1948 года также

---

[2] См. [Welter 2010].

[3] О политическом позиционировании супругов Сыркусов после 1945 года см. [Piłatowicz 2009: 138–152].

отмечена кульминацией определенного успеха, который не обязательно закончился с началом нового периода.

Сосредоточившись на архитекторах как группе и их политической и общественной деятельности, необходимо было обратиться к вопросу о том, как и когда пошли на спад парабола, описывающая подъем рассматриваемых мастеров, и факторы, способствовавшие этому подъему. Давно устоялось представление о том, что на Западе утрата иллюзий в отношении модернизма и планирования случилась в 1960-е годы[4]. К 1960-м годам архитекторов-модернистов уже не считали специалистами по решению проблем, а зачастую осуждали как технократов. Повальное разочарование в перспективах индустриального домостроения, широкомасштабном использовании бетона и стандартизации распространилось и на идею «функционального города» как таковую. Рациональные проекты едва ли могли передать богатство опыта тех, кто проживал в этих городах, особенно после глубокого разрыва Второй мировой войны. Когда в начале 1954 года писатель Л. Тырманд проезжал по частично восстановленной Варшаве, он боролся с собственными воспоминаниями и критериями. Глядя на некоторые кварталы многоквартирных домов, возведенные еще до Первой мировой войны и пережившие Вторую мировую, он признавался, что теперь распознает в этих зданиях нечто, чего не заметили архитекторы, мечтавшие в межвоенный период о szklane domy — стеклянных домах [Tyrmand 2009: 26].

Разочарование в обещаниях модернизма неизбежно сказалось на положении тех, кто их раздавал. Около 1900 года, когда на архитектуру начали влиять современные технологии, австрийский мастер Отто Вагнер назвал архитектора, «счастливо сочетающего идеализм и реализм, высшим проявлением современного человека» [Wagner 1898: 14]; в 1960-х годах это утверждение показалось бы сомнительным. «Архитектор-суперспециалист в настоящее время отжил свое», — заявил в 1959 году польский архитектор Оскар Хансен[5]. Фенотип архитектора-

---

[4] См. [Raphael 2012].
[5] Цит. по: [Crowley 2008: 797].

эксперта, описанный в этой книге, сменили сегодняшние архитекторы-«звезды», создающие так называемую авторскую архитектуру (signature architecture). Архитектор, решающий особые задачи и считающий, что социальная данность поддается формированию, гораздо менее правдоподобен, хотя, разумеется, все может измениться или уже находится в процессе изменения [Heynen 2002].

В определенном смысле заметно активизировавшаяся после 1960-х годов критика модернистской архитектуры и ее устремлений, связанных с планированием, свидетельствует об огромном успехе, которым и то и другое пользовалось на протяжении предыдущих пяти десятилетий. Это приводит к вопросу, выходящему за рамки данной книги: куда делся переизбыток планирования и самоуполномочия, характерный для описанной здесь группы архитекторов [Eisinger 2005]? В 1961 году Гропиус сетовал, что главная проблема архитектуры и архитекторов — утрата «истинного направления»[6]. В конце концов, предназначением архитекторов было формирование общества как единого целого. Однако из-за отсутствия властных полномочий они не сумели этого сделать. Для Гропиуса это даже влекло за собой сомнения в достоинствах демократии, раз она не в состоянии «воплотить в действительность» «интуицию и возможности архитекторов» [Гропиус].

Неслучайно коренной перелом 1960-х годов совпал с роспуском CIAM. После Второй мировой войны эта организация так и не смогла вновь обрести тот импульс, который получила в 1930-е годы, несмотря на огромные возможности, которые открыло для всей Европы восстановление городов. В главе шестой отмечалось, что съезды CIAM, проводившиеся непосредственно после окончания Второй мировой, омрачила начавшаяся холодная война. В 1950-е годы новые подходы к осмыслению и обсуждению взаимосвязи архитектуры и общества подвели черту под большой групповой сплоченностью и esprit du corps, характерными для довоенного «CIAMOIS» — костяка CIAM. Общие проблемы, до

---

[6] Речь по случаю присуждения Премии имени Гёте в 1961 году.

войны, несмотря на все разногласия, объединявшие такие разные фигуры, как Гропиус и Ле Корбюзье, Сыркус и Серт, теперь сменились целой россыпью разнородных тем. По политическим причинам архитекторы Восточно-Центральной Европы, за исключением Югославии, перестали играть в CIAM решающую роль. Центр деятельности организации стал смещаться на Запад, в Великобританию и обе Америки. С основанием в 1948 году Международного союза архитекторов, признанного ЮНЕСКО, а потому политически привлекательного для социалистических государств, фирменный интернационализм CIAM также стал утрачивать свою притягательность[7].

Происшедший в 1956–1959 годах распад CIAM впоследствии обусловил рост интереса к истории этой организации в 1970-е годы. В 1970 году с Хеленой Сыркус связался Мартин Штайнманн, основатель архива CIAM в Институте истории и теории архитектуры (gta) Швейцарской высшей технической школы в Цюрихе (ETH). После записанного на пленку пространного интервью между ними завязалась переписка. Штайнманн был полон решимости установить подлинные факты, Сыркус же хотела представить свой взгляд на то, что, как она надеялась, должно было стать официальным изложением всего, во что она верила[8]. По очевидным причинам Сыркус сначала отказалась давать интервью на немецком языке и отвечала на вопросы по-французски, однако в дальнейшем часто переходила на язык, которым преимущественно пользовалась во время работы в CIAM и на котором сохранились ее воспоминания[9].

В 1974 году Х. Сыркус возобновила активную переписку с проживавшим в Цюрихе ветераном CIAM А. Ротом[10]. Сыркус по-прежнему, как в 1930-е годы, ностальгически подписывала свои письма нарисованным помадой сердечком, символом «ди-

---

[7] См. [Bjažić Klarin 2016].

[8] Результатом изысканий Штайнманна стал первый обобщающий отчет по истории CIAM — сборник аннотированных источников [Steinmann 1979].

[9] Аудиозаписи Х. Сыркус (gta Archiv. CIAM, 42-ST-1-6-4-B).

[10] Переписка Х. Сыркус и А. Рота. 1974–1981 // gta Archiv. CIAM, 131-K-11.

летантов», и, занимаясь подготовкой своих мемуаров, старалась представить жизненный путь группы в более широком контексте [Syrkus 1976]. Вспоминая о последнем десятилетии послевоенной деятельности CIAM, она рассуждала о британской «Команде 10», которая, по ее мнению, вместо того чтобы заниматься реальными проблемами, лишь сотрясала воздух и потому резко контрастировала с ее идеализированным представлением о сущности CIAM[11]. Последняя заключалась главным образом в чрезвычайно интенсивных личных связях членов этой организации. CIAM следовало расшифровывать как Congrès Internationaux d'Admiration Mutuelle — «Международный конгресс взаимного преклонения»[12]. Это глубинное ощущение сплоченности окрашивало и другие особенности, подчеркиваемые Сыркус в переписке со Штайнманом и Ротом, в частности ярковыраженную приверженность модернизму и интернационализму.

Впоследствии эти темы вновь всплыли в 1960 году в переписке Сыркус с Хансом Марией Винглером, основателем Архива Баухауса, который после переезда Архива в 1970-е годы в Западный Берлин получил возможность систематично расширять его фонды. Сыркус приняла участие в церемонии закладки нового здания Архива в Западном Берлине в мае 1976 года и в последующие годы передавала в дар этому учреждению различные предметы[13]. Она по-прежнему выступала в качестве предвестника современности и в этом оставалась типичным представителем когорты архитекторов-модернистов, для которых модернизм стал пожизненным проектом. Историзация CIAM в Цюрихе и Западном Берлине в конечном итоге свидетельствует о том, что он оставил заметный след и что дело модернизма — тема, охватывающая весь XX век и гораздо более широкий географический регион, чем рассматриваемый в этой книге.

---

[11] Х. Сыркус — М. Штайнманну. 13 августа 1971 // gta Archiv. SP.

[12] Х. Сыркус — А. Роту. 8 сентября 1981 // gta Archiv. CIAM, 131-k-11.

[13] Переписка с сотрудниками Архива Баухауса Х.-В. Клюннером, П. Ханом, М. Дросте и его директором Х. М. Винглером (BA. WGA. Переписка Х. Сыркус).

Приглашение Сыркус в Западный Берлин в 1976 году и прочие события, а также выставки, посвященные Гропиусу, Георгу Мухе и другим адептам дела, которому она была столь сильно привержена, стали для нее определенным утешением в обстановке подъема постмодернизма в 1970-х — начале 1980-х годов, переварить который ей было тяжело[14]. Несмотря на то что с возрастом категоричный тон Сыркус смягчился, она по-прежнему твердо придерживалась главного убеждения относительно исканий своего поколения. За год до смерти Сыркус, одного из последних членов ядра CIAM, наступившей в ноябре 1982 года, эта женщина написала А. Роту: «Народ даст силы своим архитекторам» (Le peuple donnera les forces a ses architects)[15].

---

[14] В этом контексте следует также упомянуть о планировавшемся специальном выпуске итальянского журнала «Параметро» 1978 года с обсуждением радикальных идей CIAM и причастности к ним Х. Сыркус. Дж. Греслери — Х. Сыркус. 16 ноября 1978 // MA. SP.

[15] Х. Сыркус — А. Роту. 8 сентября 1981 // gta Archiv. CIAM, 131-k-11.

# Библиография

## Архивные и исторические источники

### Архивные фонды

**Arkitekturmuseets (AM)** — Музей архитектуры, Стокгольм
Samling Forbats, Forbát papers (FP) — Фонд Ф. Форбата
Forbát F. Erinnerungen — «Воспоминания» Ф. Форбата, неопубликованная рукопись

**Archiwum Państwowe m. st. Warszawy (APW)** — Государственный архив Варшавы
Amt des Gouverneurs des Distrikts Warschau (Urząd Szefa Okręgu Warszawskiego), 1939–1945 (482) — Управление губернатора Варшавского округа, 1939–1945

**Bauhaus-Archiv (BA)** — Архив Баухауса, Берлин
Walter-Gropius-Archiv (WGA) (Papers II, 129; GS 19: Mappe 637) — Фонд В. Гропиуса
Andere Personen: Syrkus, Helena — Другие персоналии: Сыркус Хелена

**gta Archiv, ETH Zurich** — Архив Института истории и теории архитектуры Швейцарской высшей технической школы в Цюрихе
CIAM archive (42) — Фонд CIAM
Alfred Roth papers (131) — Фонд А. Рота
Sigfried Giedion papers (43) — Фонд З. Гидиона

**League of Nations Archives (LNA)** — Архив Лиги Наций, Женева
Organisation de Cooperation Intellectuelle (Организация интеллектуального сотрудничества). Comité d'Experts Architectes (Комитет экспертов по архитектуре).

**Muzeum Architektury (MA)** — Музей архитектуры, Вроцлав
Helena Syrkus papers (SP) — Фонд Х. Сыркус

**Nederlands Architectuurinstituut (NAi)** — Нидерландский институт архитектуры, Роттердам
Van Eesteren papers (EEST) — Фонд К. ван Эстерена

### Периодические издания
*Газеты в список не включены*

ABC
Annales Techniques
Architect's Year Book
L'Architecture d'Aujourd'hui
Architektura i Budownictwo
Bauwelt
BLOK
Bytová Kultura
The Central European Observer
De 8 en opbouw
DOM
Droga
Die Form
Kronika Warszawy
Life
Das Neue Frankfurt
Das Neue Rußland
Die Neue Stadt
Nygat
Odbudowa Gospodarcza
Ost-Europa Markt
Population
Praesens
Rocznik SAP
Stavba
Time
Wasmuths Monatshefte für Baukunst und Städtebau
The Yale Law Journal

# Литература

## I. Иностранные работы, переведенные на русский язык

Бауман 2010 — Бауман З. Актуальность холокоста / пер. С. Кастальского и М. Рудакова. М.: Европа, 2010.

Беньямин 2012 — Беньямин В. Улица с односторонним движением / пер., под ред. И. Болдырева. М.: Ад Маргинем Пресс, 2012.

Берман 2020 — Берман М. Все твердое растворяется в воздухе. Опыт модерности / пер. с англ. В. Федюшина, Т. Беляковой. М.: Горизонталь, 2020.

Берут 1949 — Берут Б. Шестилетний план восстановления Варшавы: Доклад на Варшавской конференции Польской объединенной рабочей партии 3 июля 1949 г. Варшава: Polskie wyd-wa gospodarcze, 1949.

Боденшатц, Пост 2015 — Боденшатц Х., Пост К. (сост.). Градостроительство в тени Сталина: мир в поисках социалистического города в СССР. 1929–1935. СПб.: SCIO Media, cop. 2015.

Варшава обвиняет 1945 — Варшава обвиняет: Путеводитель по Выставке, организованной Бюро восстановления столицы совместно с Национальным музеем в Варшаве / М-во культуры и искусства и М-во восстановления страны. Варшава: [б. и.], 1945.

Ват 2006 — Ват А. Мой век: Устные мемуары. Фрагменты книги / предисл. Ч. Милоша; пер. с польск. Н. Ф. Каменевой // Иностранная литература. 2006. № 5. С. 173–245.

Вульф 2003 — Вульф Л. Изобретая Восточную Европу: Карта цивилизации в сознании эпохи Просвещения / пер. с англ. И. Федюкина. М.: Новое литературное обозрение, 2003.

Гидион 1937 — Гидион З. Архитектура железа и железобетона во Франции / сокр. пер. А. А. Сапожниковой. М.: Изд-во Всес. акад. архитектуры, 1937.

Гидион 1984 — Гидион З. Пространство, время, архитектура / сокращ. пер. М. В. Леонене, И. Л. Черня. 3-е изд. М.: Стройиздат, 1984.

Гинзбург 1924 — Гинзбург М. Я. Стиль и эпоха. Проблемы современной архитектуры. М.: Государственное изд-во, 1924.

Гольдзамт 1973 — Гольдзамт Э. А. Уильям Моррис и социальные истоки современной архитектуры / пер. с польск. Г. А. Гурьяновой. М.: Стройиздат, 1973.

Гропиус — Гропиус В. Роль архитектора в современном обществе // Гропиус В. Статьи и выступления. 1910–1965 // Теория архитектуры |

Totalarch [Электронный ресурс]. URL: https://theory.totalarch.com/node/450 (дата обращения: 20.02.2023).

Гэй 2019 — Гэй П. Модернизм: соблазн ереси от Бодлера до Беккета и далее / пер. И. Заславской, А. Дунаева. М.: Ад Маргинем Пресс, 2019.

Жеромский 1925 — Жеромский С. Канун весны / пер. с польск. Е. Троповского. Л.: Прибой, 1925.

Ибсен 1909 — Ибсен Г. Строитель Сольнес / пер. А. и П. Ганзен // Ибсен Г. Полное собрание сочинений: в 4 т. Т. 3: Драмы / сост. А. и П. Ганзен. СПб.: А. Ф. Маркс, 1909.

Каллон 2017 — Каллон М. Некоторые элементы социологии перевода: приручение морских гребешков и рыболовов бухты Сен-Бриё / пер. К. Майоровой // Логос. 2017. Т. 27. № 2. С. 49–94.

Конышева, Меерович 2011 — Конышева Е. В., Меерович М. Г. Эрнст Май и проектирование соцгородов в годы первых пятилеток (на примере Магнитогорска). М.: НИИТИАГ РААСН, 2011.

Латур 2014 — Латур Б. Пересборка социального: введение в акторно-сетевую теорию / пер. с англ. И. Полонской; под ред. С. Гавриленко; Нац. исслед. ун-т «Высшая школа экономики». М.: Изд. дом Высшей школы экономики, 2014.

Ле Корбюзье 1977а — Ле Корбюзье. Афинская хартия / пер. В. В. Фрязинова // Ле Корбюзье. Архитектура XX века / пер. В. Н. Зайцева, В. В. Фрязинова; сост. М. В. Толмачев. 2-е изд. М.: Прогресс, 1977. С. 155–190.

Ле Корбюзье 1977б — Ле Корбюзье. Градостроительство / пер. В. Н. Зайцева // Ле Корбюзье. Архитектура XX века / пер. В. Н. Зайцева, В. В. Фрязинова; сост. М. В. Толмачев. 2-е изд. М.: Прогресс, 1977. С. 25–52.

Ле Корбюзье 1977в — Ле Корбюзье. К архитектуре / пер. В. Н. Зайцева // Ле Корбюзье. Архитектура XX века / пер. В. Н. Зайцева, В. В. Фрязинова; сост. М. В. Толмачев. 2-е изд. М.: Прогресс, 1977. С. 9–24.

Ле Корбюзье 1977г — Ле Корбюзье. Лучезарный город / пер. В. Н. Зайцева // Ле Корбюзье. Архитектура XX века / пер. В. Н. Зайцева, В. В. Фрязинова; сост. М. В. Толмачев. 2-е изд. М.: Прогресс, 1977. С. 121–142.

Ле Корбюзье 1991 — Ле Корбюзье. Путешествие на Восток / пер. М. В. Предтеченского. М.: Стройиздат, 1991.

Милош 2014 — Милош Ч. Азбука. СПб.: Изд-во Ивана Лимбаха, 2014.

Мюллер 2014 — Мюллер Я. В. Споры о демократии. Политические идеи в Европе XX века / пер. с англ. А. Яковлева. М.: Изд-во Института Гайдара, 2014.

Ортега-и-Гассет 1997 — Ортега-и-Гассет Х. Восстание масс / пер. А. М. Гелескула // Ортега-и-Гассет Х. Избранные труды / сост., предисл. и общ. ред. А. М. Руткевича. — М.: Весь мир, 1997. С. 43–163.

Паперный 2016 — Паперный В. Культура два. М.: Новое литературное обозрение, 2016.

Рескин 2007 — Рескин Дж. Семь светочей архитектуры / пер. М. Куренной, Н. Лебедевой, С. Сухарева. СПб.: Азбука-Классика, 2007.

Рэнд 2019 — Рэнд А. Источник / пер. Д. В. Костыгина. М.: Альпина паблишер, 2019.

Скотт 2005 — Скотт Дж. Благими намерениями государства. Почему и как проваливались проекты улучшения условий человеческой жизни / пер. Э. Н. Гусинского, Ю. И. Турчаниновой. М.: Университетская книга, 2005.

Уортман 2004 — Уортман Р. Сценарии власти: мифы и церемонии русской монархии: в 2 т. М.: ОГИ, 2004.

Хейвуд 2013 — Хейвуд Э. Инженер революционной России. Юрий Владимирович Ломоносов (1876–1952) и железные дороги / пер. с англ. Д. А. Косачевой. М.: Учебно-методический центр по образованию на железнодорожном транспорте, 2013.

Хмелевский, Сыркус 2004 — Хмелевский Я., Сыркус Ш. Варшава функциональная: рукопись библ. МАрхИ / пер. с польского Г. А. Гурьянова, 2004.

Эль Лисицкий 2019 — Эль Лисицкий. Россия. Реконструкция архитектуры в Советском Союзе / пер. с нем. О. Б. Мичковского; сост., послесл. и коммент. Д. В. Козлова; вступ. ст. и науч. ред. С. А. Ушакина. СПб.: Изд-во Европейского ун-та, 2019.

## II. Иностранные работы на языке оригинала

Abbott 1988 — Abbott A. D. The System of Professions: An Essay on the Division of Expert Labor. Chicago: University of Chicago Press, 1988.

Adams 2009 — Adams M. L. Herbert Hoover and the Organization of the American Relief Effort in Poland (1919–1923) // European Journal of American Studies. 2009. Vol. 4. No. 2. P. 1–19.

A. K. 1938 — A. K. Housing Conditions in Poland // The Central European Observer. 1938. Vol. 16. No. 12.

Albers 1997 — Albers G. Zur Entwicklung der Stadtplanung in Europa: Begegnungen, Einflüsse, Verflechtungen. Braunschweig: Vieweg, 1997.

Albrecht 1946 — Albrecht S. Warsaw Lives Again! Warsaw: Committee on the Exhibition, 1946.

Aldcroft 2006 — Aldcroft D. H. Europe's Third World: The European Periphery in the Interwar Years. Aldershot: Ashgate, 2006.

Alofsin 2006 — Alofsin A. When Buildings speak: Architecture as language in the Habsburg Empire and its Aftermath, 1867–1933. Chicago: University of Chicago Press, 2006.

Åman 1992 — Åman A. Architecture and Ideology in Eastern Europe during the Stalin Era. Cambridge, MA: Architectural History Foundation, 1992.

Anděl 2005 — Anděl J. The New Vision for the New Architecture: Czechoslovakia, 1918–1938. Prague: Slovart, 2005.

Anderson 2000 — Anderson S. Peter Behrens and a new Architecture for the Twentieth Century. Cambridge, MA: MIT Press, 2000.

Anna 1997 — Anna S. Das Bauhaus im Osten: Slowakische und tschechische Avantgarde, 1928–1939. Ostfildern: Hatje Cantz, 1997.

Ardis, Lewis 2003 — Ardis A. L., Lewis L. W., eds. Women's Experience of Modernity: 1875–1945. Baltimore, London, 2003.

Baberowski, Sapper 2014 — Baberowski J., Sapper M. Totentanz: Der Erste Weltkrieg im Osten Europas. Berlin: Berliner Wissenschafts-Verlag, 2014.

Bacon 2003 — Bacon M. Le Corbusier in America: Travels in the Land of the Timid. Cambridge, MA, London: MIT Press, 2003.

Baird 1974 — Baird G. Karel Teige's Mundaneum, 1929 and Le Corbusier's In Defense of Architecture, 1933 // Oppositions. 1974. Vol. 4. P. 79–82.

Bajkay 2010a — Bajkay É., ed. Molnár Farkas. 1897–1945. Pécs: Pannónia, 2010.

Bajkay 2010b — Bajkay É., ed. 'Von Kunst zu Leben'. Die Ungarn am Bauhaus. Pécs: Hungarofest, 2010.

Banham 1960 — Banham R. Theory and Design in the first Machine Age. London: Architectural Press, 1960.

Banham 1986 — Banham R. A Concrete Atlantis: U.S. Industrial Building and European Modern Architecture, 1900–1925. Cambridge, MA: MIT Press, 1986.

Barański 2000 — Barański M. Opinie o odbudowie Starego Miasta w środowiskach zagranicznych // Kronika Warszawy. 2000. № 115. S. 71–81.

Barański, Sołtan 2004 — Barański M., Sołtan A., eds. Warszawa — ostatnie spojrzenie: Niemieckie fotografie lotnicze sprzed sierpnia 1944. Warschau — der letzte Blickdeutsche Luftaufnahmen enstanden vor August 1944. Warsaw: Muzeum Historyczne M. St. Warszawy, 2004.

Barr 2010 — Barr H. Neues Wohnen 1929/2009. Frankfurt und der 2. Congres International D'Architecture Moderne. Berlin: Jovis Verlag, 2010.

Bartetzky 2009 — Bartetzky A. Stadtplanung als Glücksverheißung. Die Propaganda für den Wiederaufbau Warschaus und Ost-Berlins nach dem Zweiten Weltkrieg // Bartetzky et al. 2009: 51–80.

Bartetzky et al. 2009 — Bartetzky A., Dmitrieva M., Kliems A., eds. Imaginationen des Urbanen: Konzeption, Reflexion und Fiktion von Stadt in Mittel- und Osteuropa. Berlin: Lukas Verlag, 2009.

Bartetzky, Fichtner 2005 — Bartetzky A., Fichtner Th., eds. Neue Staaten — neue Bilder? Visuelle Kultur im Dienst staatlicher Selbstdarstellung in Zentral- und Osteuropa seit 1918. Cologne: Böhlau, 2005.

Barucki 2000 — Barucki T., ed. Fragmenty Stuletniej Historii. 1899–1999: Relacje, Wspomnienia, Refleksje w Stulecie Organizacji Warszawskich Architektów. Warsaw: Drukoba, 2000.

Barucki 2001 — Barucki T., ed. Fragmenty Stuletniej Historii. 1899–1999: Ludzie, Fakty, Wydarzenia w Stulecie Organizacji Warszawskich Architektów. Warsaw: Drukoba, 2001.

Baumhoff 2001 — Baumhoff A. The Gendered World of the Bauhaus: The Politics of Power at the Weimar Republic's Primer Art Institute. 1919–1932. Frankfurt am Main: Peter Lang, 2001.

Bayly 2004 — Bayly Ch. A. The Birth of the Modern World, 1780–1914: Global Connections and Comparisons. Malden, MA: Blackwell, 2004.

Beck et al. 1997 — Beck U., Giddens A., Lash S. Reflexive Modernization: Politics, Tradition and Aesthetics in the Modern Social Order. Cambridge: Polity Press, 1997.

Behne 1930 — Behne A. Dammerstock // Die Form. Zeitschrift für gestaltende Arbeit. 1930. H. 5. Nr. 6.

Behne 1984 — Behne A. Eine Stunde Architektur. Berlin: Archibook, 1984.

Behne, Ochs 1994 — Behne A., Ochs H. Architekturkritik in der Zeit und über die Zeit hinaus: Texte 1913–1946. Basel: Birkhäuser, 1994.

Behrends 2006 — Behrends J. C. Die erfundene Freundschaft: Propaganda für die Sowjetunion in Polen und in der DDR. Cologne: Böhlau, 2006.

Behrends, Kohlrausch 2014a — Behrends J. C., Kohlrausch M., eds. Races to Modernity: Metropolitan Aspirations in Eastern Europe, 1890–1940. Budapest: Central European University Press, 2014.

Behrends, Kohlrausch 2014b — Behrends J. C., Kohlrausch M. Races to Modernity: Metropolitan Aspirations in Eastern Europe, 1890–1940: An Introduction // Behrends, Kohlrausch 2014a: 1–20.

Benson 2002 — Benson T. O., ed. Central European Avant-gardes: Exchange and transformation. 1910–1930. Cambridge, MA: MIT Press, 2002.

Benson, Forgács 2002 — Benson T. O., Forgács É., eds. Between Worlds: A Sourcebook of Central Eurpean Avant-gardes. 1910–1930. Cambridge, MA: MIT Press, 2002.

Berend 2001 — Berend I. T. Decades of Crisis: Central and Eastern Europe before World War II. Berkeley: University of California Press, 2001.

Berg 2006 — Berg H. van den. 'A worldwide network of periodicals has appeared...': Some Notes on the Inter- and Supranationality of European Constructivism between the Two World Wars // Purchla, Tegethoff 2006: 143–155.

Bergdoll, Dickerman 2009 — Bergdoll B., Dickerman L., eds. Bauhaus, 1919–1933: Workshops for Modernity. New York: Museum of Modern Art, 2009.

Berger, Miller 2014 — Berger S., Miller A. Introduction: Building Nations In and With Empires—A Reassessment // Nationalizing empires / ed. by A. I. Miller, S. Berger. Budapest: Central European University Press, 2014. P. 1–30.

Berman 1996 — Berman M. Falling Towers: City Life after Urbicide // Geography and Identity: Living and Exploring Geopolitics of Identity / ed. by D. Crow. Washington, DC: Maisonneuve Press, 1996. P. 172–192.

Bernoulli 1931 — Bernoulli H. Rozwoj Urbanistyczny Warszawy // AiB. 1931. № 4.

Beyme 2005 — Beyme K. von. Das Zeitalter der Avantgarden: Kunst und Gesellschaft, 1905–1955. Munich: Beck, 2005.

Bierbauer 1930 — Bierbauer V. Die neue Architektur in Ungarn // Die Form. Zeitschrift für gestaltende Arbeit. 1930. H. 5. Nr. 18. S. 487–494.

Biuro 1938 — Biuro Planowania Regionalnego Okręgu Warszawskiego. Planowanie regionalne w okręgu warszawskim. Warsaw, 1938.

Bjažić Klarin 2016 — Bjažić Klarin T. CIAM networking – International Congress of Modern Architecture and Croatian Architects in the 1950s // Život umjetnosti. 2016. Vol. 99. No. 2. P. 39–57.

Blackbourn 2006 — Blackbourn D. The Conquest of Nature: Water, Landscape, and the making of Modern Germany. New York: Norton, 2006.

Blagojevic, Vlaskalic 2003 — Blagojevic L. Vlaskalic D. Modernism in Serbia: The Elusive Margins of Belgrade Architecture, 1919–1941. Cambridge, MA: MIT Press, 2003.

Blau 1999 — Blau E. The Architecture of Red Vienna, 1919–1934. Cambridge, MA: MIT Press, 1999.

Blau, Platzer 1999 — Blau E., Platzer M., eds. Mythos Großstadt: Architektur und Stadtbaukunst in Zentraleuropa. 1890–1937. Munich: Prestel, 1999.

Boberski 1998 — Boberski J. SARP 1925–1995: 70 lat działalności organizacji architektonicznych na Górnym Śląsku. Katowice: Muzeum Śląskie, 1998.

Bogdanović et al. 2014 — Bogdanović J., Filipovitch Robinson L., Marjanović I., eds. On the very Edge: Modernism and Modernity in the Arts and Architecture of Interwar Serbia (1918–1941). Leuven: Leuven University Press, 2014.

Bohl 2009 — Bohl Ch. Sitte, Hegemann and the Metropolis: Modern Civic Art and International Exchanges: Modern Civic Art and International Exchanges. London: Routledge, 2009.

Böhm 2012 — Böhm H. Architekt und Film — Dokumentation, Repräsentation, Set Design // Nerdinger 2012a: 694–709.

Böhme 1996 — Böhme H. 'Stadtutopien' und 'Stadtwirklichkeit': Über die Ambivalenz von idealem Stadtentwurf und totalitärer Gesellschaftssteuerung // Die alte Stadt. 1996. Vol. 23. Nr. 1. S. 68–91.

Bolenz 1991 — Bolenz E. Vom Baubeamten zum freiberuflichen Architekten: Technische Berufe im Bauwesen (Preussen/Deutschland, 1799–1931). Frankfurt am Main, New York: Peter Lang, 1991.

Bolenz 1994 — Bolenz E. Baubeamte in Preußen, 1799–1931: Aufstieg und Niedergang einer technischen Elite // Ingenieure in Deutschland: 1770–1990 / hg. von P. Lundgreen. Frankfurt am Main: Campus Verlag, 1994. S. 117–140.

Bollerey 1999 — Bollerey F. Cornelius van Eesteren: Urbanismus zwischen 'de Stijl' und C.I.A.M. Braunschweig, Wiesbaden: Vieweg, 1999.

Bombicki 1992 — Bombicki M. R. PWK: Powszechna wystawa krajowa w Poznaniu, 1929. Poznań: Ławica, 1992.

Borawski 1929 — Borawski W. Budownictwo szpitalne w Warszawie // AiB. 1929. № 4.

Bosma, Hellings 1997 — Bosma K., Hellings H., eds. Mastering the City: North European City Planning. 1900–2000. Rotterdam: NAI Publishers, 1997.

Botar 2014 — Botar O. Sensing the future: Moholy-Nagy, die Medien und die Künste. Zurich: Müller, 2014.

Bourgeois et al. 1930 — Bourgeois V. et al. Die Wohnung für das Existenzminimum: Auf Grund der Ergebnisse des 2.Internationalen Kongresses für Neues Bauen, sowie der vom Städtischen Hochbauamt in Frankfurt a. M. veranstalteten Wander-Ausstellung; 100 Grundrisse mit erklärenden Referaten / hg. von International Congress for Modern Architecture. Frankfurt am Main: Englert & Schlosser, 1930.

Bozdoğan 2001 — Bozdoğan S. Modernism and Nationbuilding: Turkish Architectural Culture in the Early Republic. Seattle: University of Washington Press, 2001.

Bracewell 2008 — Bracewell W., ed. Under Eastern Eyes: A Comparative Introduction To East European Travel Writing on Europe. Budapest: Central European University Press, 2008.

Bresciani 2003 — Bresciani E., ed. Modern: Architekturbücher aus der Sammlung Marzona. Vienna: Schlebrügge, 2003.

Breuer 1975 — Breuer M. 'Where do we stand?' (1934) // Form and function. A source book for the history of architecture and design. 1890–1939 / ed. by T. Benton. London: Crosby Lockwood Staples, 1975. P. 178–183.

Bru 2009 — Bru S. Europa! Europa? The Avant-Garde, Modernism and the Fate of a Continent. Berlin: De Gruyter, 2009.

Brukalska 1948 — Brukalska B. Zasady społeczne projektowania osiedli mieszkaniowych. Warsaw, 1948.

Brukalski 2000a — Brukalski B. Barbara i Stanisław Brucalscy. Architekci społeczni // Barucki 2000: 55–56.

Brukalski 2000b — Brukalski S. Popularność i publiczność architektury // Barucki 2000: 81–83.

Bruyn 1996 — Bruyn G. de. Die Diktatur der Philanthropen: Entwicklung der Stadtplanung aus dem utopischen Denken;. Braunschweig: Vieweg, 1996.

Brzeziński 2001 — Brzeziński A. M. Polska Komisja Międzynarodowej Współpracy Intelektualnej: 1924–1939. Łódź: Wydawnictwo Uniwersytetu Łódzkiego, 2001.

Brzostek 2015 — Brzostek B. Paryże innej Europy: Warszawa i Bukareszt, XIX i XX wiek. Warszawa: Wydawnictwo WAB, 2015.

Buchen, Rolf 2015 — Buchen T., Rolf M. Elites and their Imperial Biographies // Eliten im Vielvölkerreich: Imperiale Biographien in Russland und Österreich-Ungarn (1850–1918) / hg. von T. Buchen, M. Rolf. Berlin: De Gruyter, 2015. S. 32–35.

Buchli 2000 — Buchli V. An Archaeology of Socialism. Oxford: Berg, 2000.

Bucur 2002 — Bucur M. Eugenics and Modernization in Interwar Romania. Pittsburgh: University of Pittsburgh Press, 2002.

Bürger 2015 — Bürger, Jan. ed. Joseph Roth. Reisen in die Ukraine und nach Russland. Munich: Beck, 2015.

Callon 1986 — Callon M. Some Elements of a Sociology of Translation: Domestication of the Scallops and the Fishermen of St Brieuc Bay // Power,

Action, and Belief: A new Sociology of Knowledge? Edited by John Law. London, Boston: Routledge & Kegan Paul, 1986. P. 196–233.

Caumanns 2006a — Caumanns U. Mietskasernen und 'Gläserne Häuser': Soziales Wohnen in Warschau zwischen Philanthropie und Genossenschaft. 1900–1939 // Janatková, Kozińska-Witt 2006: 205–224.

Caumanns 2006b — Caumanns U. Modernisierung unter den Bedingungen der Teilung. Überlegungen zur Frage strukturellen und kulturellen Wandels in Warschau am Beispiel öffentlicher Gesundheit // Städte im östlichen Europa: Zur Problematik von Modernisierung und Raum vom Spätmittelalter bis zum 20. Jahrhundert / hg. von C. Goehrke, B. Pietrow-Ennker. Zurich: Chronos, 2006.

Cegielski 1968 — Cegielski J. Stosunki mieszkaniowe w Warszawie w latach 1864–1964. Warsaw: Arkady, 1968.

Čeliš 1992 — Čeliš J. K. Die tschechische Avantgarde und die 'Konstruktivistische Internationale' // Konstruktivistische 1992: 242–247.

Chapel 2001 — Chapel E. Représenter la 'ville fonctionelle': Chiffres, figurations et stratégies d'exposition dans la CIAM IV // Le Cahiers de la recherche architecturale et urbaine. 2001. No 8. P. 41–50.

Chapel 2014 — Chapel E. Thematic Mapping as an Analytical Tool. CIAM 4 and the Problems of Visualization in Modern Town Planning // Es et al. 2014: 27–37.

Cherry 1996 — Cherry G. E. Town planning in Britain since 1900: The Rise and Fall of the Planning Ideal. Oxford: Blackwell, 1996.

Chionne 2005 — Chionne R. Blok e Praesens. Dagli ideali del costruttivismo alla sperimentazione funzionle // Costruttivismo in Polonia / ed. S. Parlagreco. Turin: Bollati Boringhieri, 2005. P. 157–198.

Chmara, Stiller 2008 — Chmara M., Stiller A. Blok und Praesens — Zeitschriften der Avantgarde // Polen / hg. von A. Stiller. Salzburg: Pustet, 2008. S. 30–50.

Chmielewski 2006 — Chmielewski J. M., ed. Warszawa odbudowana czy przebudowana? Planowanie przestrzenne w Polsce Ludowej 1945–1989. Warsaw: Urbanista, 2006.

Chmielewski et al. 2013 — Chmielewski J., Syrkus S., Hryniewiecki J. Warszawa funkcjonalna: Przyczynek do urbanizacji regionu warszawskiego. Warsaw: Fundacja Centrum Architektury, 2013.

Chmielewski, Syrkus 1934 — Chmielewski J., Syrkus S. Warszawa funkcjonalna. Warsaw: Towarzystwo Urbanistów Polskich, 1934.

Chomątowska-Szałamacha 2015 — Chomątowska-Szałamacha B. Lachert i Szanajca: Architekci awangardy. Wołowiec: Wydawnictwo Czarne, 2015.

Chyra-Rolicz 1987 — Chyra-Rolicz Z. Stanisław Tołwiński. Warsaw: Państwowe Wydawnictwo Naukowe, 1987.

Ciré, Ochs 1991 — Ciré A., Ochs H., eds. Die Zeitschrift als Manifest: Aufsätze zu architektonischen Strömungen im 20. Jahrhundert. Basel: Birkhäuser, 1991.

Clark 1990 — Clark V. A Struggle for Existence: The Professionalization of German Architects // German Professions, 1800–1950 / ed. by G. Cocks, K. H. Jarausch. New York: Oxford University Press, 1990. P. 143–160.

Clavin 2008 — Clavin P. Europe and the League of Nations // Twisted paths: Europe 1914–1945 / ed. by R. Gerwarth. Oxford: Oxford University Press, 2008. P. 325–354.

Clavin, Wessels 2005 — Clavin P., Wessels J.-W. Transnationalism and the League of Nations: Understanding the Work of Its Economic and Financial Organisation // Contemporary European History. 2005. Vol. 14. P. 465–492.

Cohen 1992 — Cohen J.-L. Le Corbusier and the Mystique of the USSR: Theories and Projects for Moscow, 1928–1936. Princeton: Princeton University Press, 1992.

Cohen 2004 — Cohen J.-L. Le Corbusier, 1887–1965: The Lyricism of Architecture in the Machine Age. Cologne, Los Angeles: Taschen, 2004.

Cohen 2009 — Cohen J.-L. 'Unser Kunde ist unser Herr': Le Corbusier trifft Baťa // Nerdinger 2009: 112–147.

Cohen 2011 — Cohen J.-L. Architecture in Uniform: Designing and Building for the Second World War. Montréal, Paris, New Haven, CT: Canadian Centre for Architecture, 2011.

Cohen 2017 — Cohen J.-L. The Future of Architecture since 1889: A Worldwide History. London: Phaidon, 2017.

Coleman 2005 — Coleman N. Utopias and architecture. Abingdon England, New York: Routledge, 2005.

Collins, Evans 2009 — Collins, H. M., Evans R. Rethinking Expertise. Chicago: University of Chicago Press, 2009.

Colombier 1933 — Colombier P. du. La Deuxieme Exposition de L'architecture aujourd'hui // AA. 1933. No. 3.

Colomina 2000 — Colomina B. Privacy and Publicity: Modern Architecture as Mass Media. Cambridge, MA: MIT Press, 2000.

Connah 2005 — Connah R. Finland: Modern Architectures in History. London: Reaktion, 2005.

Cooke 2007 — Cooke C. Modernity and Realism. Architectural Realtions in the Cold War // Russian Art and the West / ed. by R. P. Blakesley, S. E. Reid. DeKalb: Northern Illinois University Press, 2007. P. 172–194.

Coudroy de Lille 2015 — Coudroy de Lille L. Housing Cooperatives in Poland. The Origins of a Deadlock // Urban Research & Practice 8. 2015. No. 1. P. 17–31.

Crasemann Collins 2005 — Crasemann Collins Ch. Werner Hegemann and the Search for Universal Urbanism. New York: Norton, 2005.

Crowley 1997 — Crowley D. People's Warsaw / Popular Warsaw // Journal of Design History. 1997. Vol. 10. No. 2. P. 203–22.

Crowley 2008 — Crowley D. Paris or Moscow? Warsaw Architects and the Image of the Modern City in the 1950s // Kritika. 2008. Vol. 9. No. 4. P. 769–797.

Czapelski 2008 — Czapelski M. Bohdan Pniewski: warszawski architekt XX wieku. Warsaw: Wydawnictwa Uniwersytetu Warszawskiego, 2008.

Czaplinska-Archer 1981 — Czaplinska-Archer T. Polish Architecture: The Contribution of Helena and Szymon Syrkus // Architectural Association Quarterly. 1981. Vol. 13. P. 37–44.

Czarnecki 2008 — Czarnecki W. Wspomnienia architekta. Poznań: Wydawnictwo Miejskie Poznania, 2008. T. 3: 1939–1983.

Czerner et al. 1981 — Czerner O., Listowski H., Wehrlin F. Avant-garde polonaise: Urbanisme, architecture 1918–1939 / éd. École Spéciale d'Architecture and Muzeum Architektury. Paris: Éditions du Moniteur, 1981.

Czerny 2000 — Czerny W. Stowarzyszenie Architektów Polskich // Barucki 2000: 35–36.

Czyżewski 1996 — Czyżewski A. Town and Regional Planning // Miłobędzki 1996a: 38–47.

Damus 2010 — Damus M. Architekturform und Gesellschaftsform: Architektur und Städtebau unter dem Einfluss von Industrialisierung, Grossvergesellschaftung und Globalisierung. Berlin: Gebr. Mann Verlag, 2010.

Davies 2004 — Davies N. Rising '44: The Battle for Warsaw. London: Pan Books, 2004.

DeHaan 2013 — DeHaan H. D. Stalinist City Planning: Professionals, Performance, and Power. Toronto, Buffalo, London: University of Toronto Press, 2013.

Diefendorf 1990 — Diefendorf J. M., ed. Rebuilding Europe's Bombed Cities. London: Macmillan, 1990.

Diefendorf 2010 — Diefendorf J. M. Warsaw as a City for Light Industry: A Solution to the 'Problem' of Poland's Jews // Holocaust and Genocide Studies. 2010. Vol. 24. No. 3. P. 449–465.

Djurić, Šuvaković 2003 — Djurić D., Šuvaković M., eds. Impossible Histories: Historical Avant-Gardes, Neo-Avant-Gardes, and Post-Avant-Gardes in Yugoslavia, 1918–1991. Cambridge, MA: MIT Press, 2003.

Dluhosch 1999 — Dluhosch E. Teige's Minimum Dwelling as a Critique of Modern Architecture // Dluhosch, Švácha 1999: 140–193.

Dluhosch, Švácha 1999 — Dluhosch E., Švácha R., eds. Karel Teige. 1900–1951: L'Enfant Terrible of the Czech Modernist Avant-garde. Cambridge, MA: MIT Press, 1999.

Dnia 1935 — Dnia 12 maja zmarł Marszałek Jozef Piłsudski // AiB. 1935. № 2.

Döblin 2000 — Döblin A. Reise in Polen. Munich: Deutscher Taschenbuch Verlag, 2000.

Dobrzyński 1929 — Dobrzyński W. Opieka mieszkanowia jako zadanie państwa i samorządów. Warsaw, 1929.

Doesburg 1990a — Doesburg Th. van. On European Architecture: Complete Essays from het Bouwbedrijf 1924–1931. Basel: Birkhäuser, 1990.

Doesburg 1990b — Doesburg Th. van. A Forum for Polish Architects. The Stowarzyszenia Architektów Polskich // Doesburg 1990a: 303–309.

Dogramaci 2008 — Dogramaci B. Kulturtransfer und nationale Identität. Deutschsprachige Architekten, Stadtplaner und Bildhauer in der Türkei nach 1927. Berlin: Gebr. Mann Verlag, 2008.

Domhardt 2012 — Domhardt K. S. The Garden City Idea in the CIAM Discourse on Urbanism: A Path to Comprehensive Planning // Planning Perspectives. 2012. Vol. 27. No. 2. P. 173–197.

Dörhöfer 2004 — Dörhöfer K. Pionierinnen in der Architektur: Eine Baugeschichte der Moderne. Tübingen, Berlin, 2004.

Drėmaitė 2017 — Drėmaitė M. Baltic modernism: Architecture and Housing in Soviet Lithuania. Berlin: DOM Publishers, 2017.

Drozdowski 1973 — Drozdowski M. M. Warszawiacy i ich miasto w latach drugiej Rzeczypospolitej. Warsaw: Wiedza Powszechna, 1973.

Drozdowski 2002a — Drozdowski M. M. Archiwum polityczne Eugeniusza Kwiatkowskiego. Warsaw: Wydawnictwo Sejmowe, 2002.

Drozdowski 2002b — Drozdowski M. M. Warszawa i stolice regionalne II RP we wrześniu 1939 roku i w początkach Polskiego Państwa Podziemnego. Warsaw: DIG, 2002.

Drozdowski 2005 — Drozdowski M. M. Eugeniusz Kwiatkowski. Rzeszów: Wyższa Szkoła Informatyki i Zarządzania, 2005.

Dudryk 1930 — Dudryk M. Centralny Instytut Wychowania Fizycznego na Bielanach // AiB. 1930. № 11.

Dunin-Wąsowicz et al. 1987 — Dunin-Wąsowicz K. et al., eds., Raporty Ludwiga Fischera, Gubernatora Dystryktu Warszawskiego 1939–1944. Warsaw: Książka i Wiedza 1987.

Durth 2001 — Durth W. Deutsche Architekten: Biographische Verflechtungen. 1900–1970. Stuttgart, Zurich: Kramer, 2001.

Düwel 2015 — Düwel J. Neue Städte für Stalin: Ein deutscher Architekt in der Sowjetunion 1932–1933. Berlin: DOM Publishers, 2015.

Düwel, Gutschow 2013 — Düwel J., Gutschow N., eds. A blessing in disguise: War and town planning in Europe, 1940–1945. Berlin: DOM Publishers, 2013.

Dybczyńska-Bułyszko 2005 — Dybczyńska-Bułyszko. Pawilon Polski na Wystawie Światowej w Paryżu 1937 r. // Kwartalnik Architektury i Urbanistyki. 2005. T. 50. Nr 3–4. S. 143–162.

Eesteren 1997 — Eesteren C. van. Het idee van de functionele stad: Een lezing met lichtbeelden 1928. Rotterdam: NAI Publishers, 1997.

Eichenberg 2011 — Eichenberg J. Kämpfen für Frieden und Fürsorge: Polnische Veteranen des Ersten Weltkriegs und ihre internationalen Kontakte, 1918–1939. Munich: Oldenbourg, 2011.

Eisenstadt 2002 — Eisenstadt Sh. N., ed. Multiple Modernities. New Brunswick, NJ: Transaction Publishers, 2002.

Eisinger 2005 — Eisinger A. Die Stadt der Architekten: Anatomie einer Selbstdemontage. Basel: Birkhäuser, 2005.

Es et al. 2014 — Es E. van et al., ed. Atlas of the Functional City: CIAM 4 and Comparative Urban Analysis. Bussum: Thoth Publishers, 2014.

Etzemüller 2009a — Etzemüller Th., ed. Die Ordnung der Moderne: Social engineering im 20. Jahrhundert. Bielefeld: transcript, 2009.

Etzemüller 2009b — Etzemüller Th. Social Engineering als Verhaltenslehre des kühlen Kopfes // Etzemüller 2009a: 11–39.

Eue 1997 — Eue R. Who's that guy. Rasterfahngung nach dem Architekten im Film // Bauwelt. 1997. Nr. 1–2. S. 18–61.

Fabian, Winko 2010 — Fabian J., Winko U., eds. Architektur zwischen Kunst und Wissenschaft: Texte der tschechischen Architektur-Avantgarde 1918–1938. Berlin: Gebr. Mann Verlag, 2010.

Fabre et al. 2009 — Fabre G., Wintgens Hötte D., Dachy M., eds. Van Doesburg & the International Avant-Garde: Constructing a new World. London: Tate, 2009.

Fałkowski 2005 — Fałkowski W., ed. Straty Warszawy 1939–1945. Raport. Warsaw: Miasto Stołeczne Warszawa, 2005.

Faryna-Paszkiewicz 2003 — Faryna-Paszkiewicz H. Geometria wyobraźni: Szkice o architekturze dwudziestolecia międzywojennego. Gdańsk: Słowo/obraz terytoria, 2003.

Feindt 2017 — Feindt G. Eine 'ideale Industriestadt' für 'neue' tschechische Menschen. Baťas Zlín zwischen Planung und Alltag, 1925–1945 // Kulturelle

Souveränität: Politische Deutungs- und Handlungsmacht jenseits des Staates im 20. Jahrhundert / hg. von G. Feindt, B. Gisibl, J. Paulmann. Göttingen: Vandenhoeck & Ruprecht, 2017. S. 109–131.

Feireiss, Cohen 2001 — Feireiss K., Cohen J.-L. The Art of Architecture Exhibitions / ed. by Nederlands Architectuurinstituut. Rotterdam: NAI Publishers, 2001.

Feliński 1919 — Feliński R. Kwestia mieszkaniowa przyszłości a siedziby i byt inwalidów wojennych. Warsaw: Nakład Sekcji Opieki Ministerstwa Spraw Wojskowych, 1919.

Ferkai 2003 — Ferkai A. Biographies — Hungary // Centropa. 2003. Vol. 3. No. 1. P. 13–26.

Ferkai 2011 — Ferkai A. Molnár Farkas. Budapest: Terc, 2011.

Ferkai 2014 — Ferkai A. Hungary. City Analysis. Social Comittment or Cold Professionalism? // Es et al. 2014: 222–233.

Ferkai, Branczik 2001 — Ferkai A., Branczik M. Pest építészete a két világháború között = The Architecture of Pest Between the World Wars. Budapest: Modern Építészetért Építészettörténeti és Mîuemlékvédelmi, 2001.

Field 2000 — Field H., Field K. Trapped in the Cold War: The Ordeal of an American family. Stanford: Stanford University Press, 2000.

Filler 2009 — Filler M. Maman's Boy // The New York Review of Books. 2009. Vol. 56. No. 7. P. 33–36.

Filler 2010 — Filler M. The Powerhouse of the New // The New York Review of Books. 2010. Vol. 57. No. 11. P. 24–34.

Fisher 1966 — Fisher J. C., ed. City and Regional Planning in Poland. Ithaca, NY: Cornell University Press, 1966.

Fleckner 1995 — Fleckner S. Reichsforschungsgesellschaft für Wirtschaftlichkeit im Bau- und Wohnungswesen // Zukunft aus Amerika: Fordismus in der Zwischenkriegszeit; Siedlung, Stadt, Raum / hg. von Regina Bittner. Dessau: Stiftung Bauhaus Dessau, 1995. S. 208–219.

Fleury 1998 — Fleury A. The League of Nations: Towards a New Appreciation of Its History // The Treaty of Versailles: A Reassessment after 75 years / ed. by M. F. Boemeke. New York: Cambridge University Press, 1998. P. 507–522.

Flierl 2011 — Flierl Th. 'Possibly the Greatest Task an Architect Ever Faced'. Ernst May in the Soviet Union (1930–1933) // Ernst May, 1886–1970 / ed. by C. Quiring. Munich: Prestel, 2011. P. 157–195.

Forty 2004 — Forty A. Words and Buildings. New York: Thames & Hudson, 2004.

Frąckiewicz 2008 — Frąckiewicz A. Zameczek Prezydenta w Wiśle — nowoczesny i romantyczny // Nowakowska-Sito 2008a: 278–281.

Franck 1999 — Franck G. The Economy of Attention // Telepolis. 1999. No 7.

Frank 2005 — Frank A. F. Oil Empire: Visions of Prosperity in Austrian Galicia. Cambridge, MA: Harvard University Press, 2005.

Friedrich 2009a — Friedrich J. '...a better, happier world.' Visions of a New Warsaw after World War Two // Urban Planning and the Pursuit of Happiness: European Variations on a Universal Theme (18th – 21st centuries) / ed. by A. Bartetzky et al. Berlin: Jovis Verlag, 2009. P. 98–115.

Friedrich 2009b — Friedrich J. Modernitätsbegriff und Modernitätspropaganda im polnischen Architekturdiskurs der Jahre 1945–1949 // Bartetzky et al. 2009: 304–328.

Frisch 1985 — Frisch M. Tagebuch, 1946–1949. Frankfurt am Main: Suhrkamp, 1985.

Fuhlrott 1975 — Fuhlrott R. Deutschsprachige Architektur-Zeitschriften. Entstehung und Entwicklung der Fachzeitschriften für Architektur in der Zeit von 1789–1918. Munich: De Gruyter, 1975.

Furtak 2014 — Furtak M. Centralny Okręg Przemysłowy (COP) 1936–1939. Architektura i urbanistyka. Łódź: Księży Młyn Dom Wydawniczy, 2014.

Gaber 1966 — Gaber B. Die Entwicklung des Berufsstandes der freischaffenden Architekten: Dargestellt an der Geschichte des Bundes Deutscher Architekten, BDA. Essen: Bacht, 1966.

Gartman 2009 — Gartman D. From Autos to Architecture: Fordism and Architectural Aesthetics in the Twentieth century. New York: Princeton Architectural Press, 2009.

Gebhard 2006 — Gebhard J. Lublin: Eine polnische Stadt im Hinterhof der Moderne (1815–1914). Cologne: Böhlau, 2006.

George 1949 — George P. Varsovie 1949: reconstruction ou naussance d'une nouvelle ville? // Population. 1949. Vol. 4. No 4. P. 713–726.

Georgiadis 1989 — Georgiadis S. Sigfried Giedion: Eine intellektuelle Biographie. Zurich: Ammann, 1989.

Georgiadis 2014 — Georgiadis S. Function and the Comparative Method. An Essay in Reconstructing Theory // Es et al. 2014: 49–59.

Geppert 2010 — Geppert A. C. T. Fleeting Cities: Imperial Expositions in Fin-de-Siècle Europe. New York: Palgrave Macmillan, 2010.

Gerwarth 2016 — Gerwarth R. The Vanquished: Why the First World War failed to End. New York: Farrar Straus and Giroux, 2016.

Geyer, Paulmann 2001 — Geyer M., Paulmann J., eds. The Mechanics of Internationalism: Culture, Society, and Politics from the 1840s to the First World War. Oxford: Oxford University Press, 2001.

Giedion 1929 — Giedion S. Befreites Wohnen. Zurich: Fussli, 1929.
Giedion 1948 — Giedion S. Mechanization Takes Command. Oxford, 1948.
Giedion 1958 — Giedion S., ed. Architecture, You and Me. Cambridge, MA, 1958.
Gieysztor, Durko 1980 — Gieysztor A., Durko J., eds. Warszawa. Jej dzieje i kultura. Warsaw: Arkady, 1980.
Głuchowska 2006 — Głuchowska L. Der Turmbau zu Babel. Stanisław Kubickis zweisprachige Gedichte aus den Jahren 1918–1921 und die Utopie des 'neuen Menschen' // Grenzüberschreitungen: Deutsche, Polen und Juden zwischen den Kulturen (1918–1939) / Hg. von M. Brandt. Munich: Meidenbauer, 2006. S. 15–43.
Głuchowska 2014 — Głuchowska L. Der 'fremde Krieg' und der 'neue Staat'. Polnische Kunst 1914–1918 // Osteuropa. Zeitschrift für Gegenwartsfragen des Ostens. 2014. Vol. 64. Nr. 2–4. S. 291–316.
Gold 1997 — Gold J. R. The Experience of Modernism: Modern Architects and the Future City, 1928–1953. London: Spon, 1997.
Gold 2000 — Gold J. R. Towards the Functional City? MARS, CIAM and the London Plans, 1933–42 // The Modern City Revisited / ed. by Th. Deckker. London, New York: Spon, 2000. P. 80–99.
Goldman 2005 — Goldman J. Warsaw. Reconstrcution as Propaganda // The Resilient City: How Modern Cities Recover from Disaster / ed. by L. J. Vale, Th. J. Campanella. Oxford: Oxford University Press, 2005. 135–158.
Gollert 1941 — Gollert F. Zwei Jahre Aufbauarbeit im Distrikt Warschau: Im Auftrage des Gouverneurs des Distrikts Warschau SA-Gruppenführer Dr. Ludwig Fischer nach amtlichen Unterlagen zusammengestellt und bearbeitet. Warsaw: Deutscher Osten, 1941.
Gouldner 1954 — Gouldner A. W. Patterns of Industrial Bureaucracy. Glencoe, IL: Free Press, 1954.
Graf, Herzog 2016 — Graf R., Herzog B. Von der Geschichte der Zukunftsvorstellungen zur Geschichte ihrer Generierung: Probleme und Herausforderungen des Zukunftsbezugs im 20. Jahrhundert // Geschichte und Gesellschaft. 2016. Vol. 42. S. 497–515.
Gresleri 2003 — Gresleri G. Convergences et divergences: de Le Corbusier à Otto Neurath // Transnational Associations. 2003. Vol. 55. No. 1–2. P. 72–81.
Grissemann 2003 — Grissemann S. Mann im Schatten. Der Filmemacher Edgar G. Ulmer. Vienna: Paul Zsolnay, 2003.
Gropius 1931 — Gropius W. Was erhoffen wir vom russischen Städtebau? // Das neue Rußland. 1931. Nr 6/7. S. 57.

Gropius 1936 — Gropius W. The New Architecture and the Bauhaus. London: Faber and Faber, 1936.

Gropius 1981 — Gropius W. Internationale Architektur. Mainz: Kupferberg, 1981.Gropius 2003— Gropius W. Die neue Architektur und das Bauhaus. Berlin: Gebr. Mann Verlag, 2003.

Gtr 1932 — Gtr [Gantner]. Der 4. Internationale Kongres fur das Neue Bauen in Moskau// Die Neue Stadt. 1932. H. 6. Nr. 1.

Guillén 2004 — Guillén M. F. Modernism without Modernity: The Rise of Modernist Architecture in Mexico, Brazil, and Argentina, 1890–1940 // Latin American Research Review. 2004. Vol. 39. No. 2. P. 6–34.

Guillén 2006 — Guillén M. F. The Taylorized Beauty of the Mechanical: Scientific Management and the Rise of Modernist Architecture. Princeton: Princeton University Press, 2006.

Gunszburger Makaš, Damljanović Conley 2010 — Gunszburger Makaš E., Damljanović Conley T., eds. Capital Cities in the Aftermath of Empires. Abingdon: Routledge, 2010.

Gusejnova 2016 — Gusejnova D. European Elites and Ideas of Empire, 1917–1957. Cambridge: Cambridge University Press, 2016.

Gussone 1992 — Gussone N., ed. Die Architektur der Weimarer Republik in Oberschlesien: Ein Blick auf unbeachtete Bauwerke. Dülmen: Laumann, 1992.

Gutschow, Klain 1994 — Gutschow N., Klain B. Vernichtung und Utopie: Stadtplanung Warschau 1939–1945. Hamburg: Junius, 1994.

Hain 1994 — Hain S. 'Ex oriente lux'. Deutschland und der Osten // Moderne Architektur in Deutschland 1900 bis 1950: Expressionismus und Neue Sachlichkeit / Hg. von M. Lampugnani, R. Schneider. Frankfurt am Main: Deutsches Architekturmuseum Frankfurt, 1994. S. 133–160.

Hall 1990 — Hall P. Cities of Tomorrow: An Intellectual History of Urban Planning and Design in the Twentieth Century. Oxford: Basil Blackwell, 1990.

Hammer-Tugendhat, Tegethoff 1999 — Hammer-Tugendhat D., Tegethoff W. Ludwig Mies van der Rohe: The Tugendhat House. Vienna: Springer, 1999.

Hard, Misa 2008a — Hard M., Misa Th. J., eds. Urban Machinery: Inside Modern European Cities. Cambridge, MA: MIT Press, 2008.

Hard, Misa 2008b — Hard M., Misa Th. J. Modernizing European Cities: Technological Uniformity and Cultural Distinction // Hard, Misa 2008a: 1–20.

Hartmann 2006 — Hartmann F. Bildersprache: Otto Neurath Visualisierungen. Vienna: Wiener Universitätsverlag, 2006.

Harvey 2004 — Harvey E. National Icons and Visions of Modernity: Asserting and Debating Gender Identities in New National Contexts //

Zwischen Kriegen: Nationen, Nationalismen und Geschlechterverhältnisse in Mittel- und Osteuropa, 1918–1939 / Hg. von J. Gehmacher, E. Harvey, S. Kemlein. Osnabruck, 2004. S. 305–317.

Heinze-Greenberg, Stephan 2000 — Heinze-Greenberg I., Stephan R., eds. Erich Mendelsohn. Gedankenwelten: Unbekannte Texte zu Architektur, Kulturgeschichte und Politik. Ostfildern: Hatje Cantz, 2000.

Henderson 2013 — Henderson S. R. Building culture: Ernst May and the New Frankfurt Initiative, 1926–1931. New York: Lang, 2013.

Herbert 2007 — Herbert U. Europe in High Modernity: Reflections on a Theory of the 20th Century // Journal of Modern European History. 2007. Vol. 5. No. 1. P. 5–21.

Herf 1986 — Herf J. Reactionary Modernism: Technology, Culture, and Politics in Weimar and the Third Reich. New York: Cambridge University Press, 1986.

Herren 2009 — Herren M. Internationale Organisationen seit 1865: Eine Globalgeschichte der internationalen Ordnung. Darmstadt: Wissenschaftliche Buchgesellschaft, 2009.

Herschdorfer et al. 2012 — Herschdorfer N., Umstätter L., Benton T., eds. Le Corbusier and the Power of Photography. London: Thames & Hudson, 2012.

Herscher 1999 — Herscher A. Publikationen und Öffentlichkeit. Architekturzeitschriften in der österreichisch-ungarischen Monarchie und ihren Nachfolgestaaten // Blau, Platzer 1999: 237–246.

Heß 2012 — Heß R. Vom Gedächtniß 'großer Männer' zur Inszenierung der Global Player — Der Architekt in der Moderne // Nerdinger 2012a: 447–461.

Heßler 2001 — Heßler M. 'Mrs. Modern Woman'. Zur Sozial- und Kulturgeschichte der Haushaltstechnisierung. Frankfurt am Main, New York: Campus, 2001.

Heuvel 2008 — Heuvel Ch. van den. Building Society, Constructing Knowledge, Weaving the Web: Otlet's Visualizations of a Global Information Society and His Concept of a Universal Civilization // European Modernism and the Information Society: Informing the Present, Understanding the Past / ed. by W. B. Rayward. Aldershot: Ashgate, 2008. P. 127–153.

Heyman 1976 — Heyman Ł. Nowy Żoliborz 1918–1939: Architektura-urbanistyka. Wrocław: Ossolineum, 1976.

Heynen 1999 — Heynen H. Architecture and Modernity: A critique. Cambridge, MA: MIT Press, 1999.

Heynen 2002 — Heynen H. Engaging Modenrism // Back from Utopia: The Challenge of the Modern Movement / ed. by H.-J. Henket, H. Heynen. Rotterdam: 010 Publishers, 2002. P. 378–399.

Hilberseimer 2002 — Hilberseimer L. Internationale Neue Baukunst im Auftrag des Deutschen Werbundes // Neues Bauen international 1927–2002 / Hg. von Institut für Auslandsbeziehungen. Reprint of 1927 edition. Berlin: Gebr. Mann Verlag, 2002. S. 4–48.

Hilpert 1988 — Hilpert Th., ed. Le Corbusiers 'Charta von Athen': Texte und Dokumente. Braunschweig: Vieweg, 1988.

Hirdina 1984 — Hirdina H. Neues Bauen, neues Gestalten: Das Neue Frankfurt, die neue Stadt, eine Zeitschrift zwischen 1926 und 1933. Berlin: Elefanten Press, 1984.

Hitchcock, Johnson 1995 — Hitchcock H.-R., Johnson Ph. The International Style: Architecture Since 1922. New York: W.W. Norton, 1995.

Hochhäusl 2010 — Hochhäusl S. Otto Neurath — The Other Modern: Proposing A Socio-Political Map for Urbanism // Cornell [Электронный ресурс]. 2010. URL: https://ecommons.cornell.edu/handle/1813/17779 (дата обращения: 25.02.2022).

Hofmann 2009 — Hofmann A. R. Utopien der Nationen: Landes- und Nationalausstellungen in Ostmitteleuropa vor und nach dem Ersten Weltkrieg // Zeitschrift für Ostmitteleuropa-Forschung. 2009. Vol. 58. Nr. 1–2. S. 5–32.

Höpfner, Fischer 1986 — Höpfner R., Fischer V., eds. Ernst May und das Neue Frankfurt, 1925–1930. Berlin: Ernst, 1986.

Horňáková 2009 — Horňáková L. Baťa Satellite Towns around the World // Klingan 2009: 117–136.

Horne 1923 — Horne Ch. F. Source Records of the Great War: In 7 vol. National Alumni, 1923. Vol. 7.

Horne 2004 — Horne J. The European Moment between the two World Wars (1924–1933) // Moderniteit: Modernisme en massacultuur in Nederland 1914–1940 / Hg. von M. de Keizer, S. Tates. Zutphen: Walburg Pers, 2004. S. 223–240.

Hríbek 2005 — Hríbek T. Karel Teige and the 'wissenschaftliche Weltauffassung' // Umění. 2005. Vol. 53. No. 4. P. 366–384.

Ingberman 1994 — Ingberman S. ABC: International Constructivist Architecture, 1922–1939. Cambridge, MA: MIT Press, 1994.

Intellectual — Intellectual Co-Operation Organisation. Executive Committee. Action to be taken on the Resolution of the International Committee on Intellectual Co-Operation. Twentieth Session. International Architectural Competitions. Item VII of the Agenda. LoN.

International 1908 — International Congress of Architects, ed. 7th International Congress of Architects. London: The Royal Institute of British Architects, 1908.

Internationale 1979 — Internationale Kongresse für neues Bauen, ed. Die Wohnung für das Existenzminimum. Nendeln, Liechtenstein: Kraus, 1979.

Irion, Sieverts 1991 — Irion I., Sieverts Th. Neue Städte: Experimentierfelder der Moderne. Stuttgart: Deutsche Verlags-Anstalt, 1991.

Iriye 2002 — Iriye A. Global Community. The Role of International Organizations in the Making of the Contemporary World. Berkeley: University of California Press, 2002.

Isaacs 1983, 1984 — Isaacs R. R. Walter Gropius: 2 vols. Berlin: Gebr. Mann Verlag, 1983–1984.

Jaeger 1998 — Jaeger R. Neue Werkkunst. Architekturmonographien der 20er Jahre: Mit einer Basis- Bibliographie deutschsprachiger Architekturpublikationen 1918–1933. Berlin: Gebr. Mann Verlag, 1998.

Jaeggi 2009 — Jaeggi A., ed. Modell Bauhaus. Ostfildern: Hatje Cantz, 2009.

Jakimowicz 2005 — Jakimowicz T. Architektura i urbanistyka Poznania w XX wieku. Poznań: Wydawnictwo Miejskie Poznania, 2005.

Janatková 2002 — Janatková A. Großstadtplanung und Expertenöffentlichkeit: Architektur und Städtebau in Prag und Brünn im Zwischenkriegszeitraum: Ansätze für eine vergleichende Untersuchung // Stadt und Öffentlichkeit in Ostmitteleuropa 1900–1939: Beiträge zur Entstehung moderner Urbanität zwischen Berlin, Charkiv, Tallinn und Triest / Hg. von A. R. Hofmann, A. V. Wendland. Stuttgart: Steiner, 2002. S. 27–56.

Janatková 2008 — Janatková A. Modernisierung und Metropole: Architektur und Repräsentation auf den Landesausstellungen in Prag 1891 und Brünn 1928. Stuttgart: Steiner, 2008.

Janatková, Kozińska-Witt 2006 — Janatková A., Kozińska-Witt H., eds. Wohnen in der Großstadt: 1900–1939; Wohnsituation und Modernisierung im europäischen Vergleich. Stuttgart: Steiner, 2006.

Jankiewicz, Porębska-Srebrna 2005 — Jankiewicz A., Porębska-Srebrna J. Tradycje urbanistyczne Warszawy // Fałkowski 2005: 34–59.

Jankowski 1990 — Jankowski S. Warsaw: Destruction, Secret Town Planning, 1939–44, and Postwar Reconstruction // Diefendorf 1990: 77–93.

Jannière 2002 — Jannière H. Politiques éditoriales et architecture 'moderne': L'émergence de nouvelles revues en France et Italie (1923–1939). Paris: Arguments, 2002.

Janowski 2004 — Janowski M. Polish Liberal Thought Before 1918. New York: Central European University Press, 2004.

Jarausch 1990 — Jarausch K. H. The Unfree Professions: German Lawyers, Teachers, and Engineers, 1900–1950. New York: Oxford University Press, 1990.

Jarzombek 1997 — Jarzombek M. Meditations on the Impossibility of a History of Modernity: Seeing Beyond Art's History // The Education of the Architect: Historiography, Urbanism, and the Growth of Architectural Knowledge / ed. by Martha D. Pollak. Cambridge, MA: MIT Press, 1997. P. 195–216.

Jedlicki 1999 — Jedlicki J. A Suburb of Europe: Nineteenth-century Polish Approaches to Western Civilization. Budapest, 1999.

Johnston 2008 — Johnston G. B. Drafting Culture: a Social History of Architectural Graphic Standards. Cambridge, MA: MIT Press, 2008.

Kähler 2000 — Kähler G., ed. Geschichte des Wohnens. 1918–1945: Reform, Reaktion, Zerstörung. Stuttgart: Deutsche Verlags-Anstalt, 2000.

Kaiser, Schot 2014 — Kaiser W. Schot J. Writing the Rules for Europe: Experts, Cartels and International Organizations. Basingstoke New York: Palgrave Macmillan, 2014.

Kamiński 2000 — Kamiński Z. Inauguracja Wydziału Architektury // Barucki 2000: 27–28.

Karamańska 2007 — Karamańska M., ed. Słownictwo Polityczne Drugiej Rzeczypospolitej Polskiej w latach 1926–1939. Cracow: Wydawnictwo Naukowe AP, 2007.

Kargon, Molella 2008 — Kargon R. H., Molella A. P. Invented Edens: Techno-Cities of the Twentieth Century: Techno-Cities of the Twentieth Century. Cambridge, MA: MIT Press, 2008.

Kettelhut, Sudendorf 2009 — Kettelhut E., Sudendorf W. Der Schatten des Architekten. Munich: Belleville Verlag, 2009.

Keuning 2017 — Keuning D. Bouwkunst en de Nieuwe Orde: Collaboratie en berechting van Nederlandse architecten 1940–1950. Nijmegen: Vantilt, 2017.

Klain 1993 — Klain B. Warschau 1939–1945: Vernichtung durch Planung // Der "Generalplan Ost": Hauptlinien der nationalsozialistischen Planungs- und Vernichtungspolitik / Hg. von M. Rössler, S. Schleiermacher, C. Tollmien. Berlin: Akademie Verlag, 1993. S. 294–327.

Klain 1997a — Klain B. City Planning in Warsaw // Bosma, Hellings 1997: 112–127.

Klain 1997b — Klain B. Warsaw 1947: Plan for the Reconstruction // Bosma, Hellings 1997: 274–281.

Klingan 2009 — Klingan K., ed. A Utopia of Modernity: Zlín; revisiting Baťa's functional city. Berlin: Jovis Verlag, 2009.

Kłosiewicz 2000 — Kłosiewicz L. Modernizm polski: seminarium w stulecie urodzin pokolenia modernistów polskich // Kwartalnik Architektury i Urbanistyki. 2000. Vol. 45. No. 2. S. 84–95.

Kochanowicz 2006 — Kochanowicz J. Backwardness and Modernization: Poland and Eastern Europe in the 16th–20th centuries. Aldershot: Ashgate, 2006.

Kochanowski et al. 2003 — Kochanowski J., Majewski P., Markiewicz T., Rokicki K., eds. Zbudować Warszawę piękną: o nowy krajobraz stolicy 1944–1956. Warsaw: Wydawnictwo Trio, 2003.

Kodelski 1931 — Kodelski A. Żelazobeton w wykonaniu // AiB. 1931. № 12. S. 436–444.

Koehler 1993 — Koehler K. R. Great Utopias and Small Worlds: Architectural Realities in the Prints of the Weimar Bauhaus 1919–1925. Princeton: Princeton University Press, 1993.

Koenen 2005 — Koenen G. Der Russland-Komplex: Die Deutschen und der Osten 1900–1945. Munich: Beck, 2005.

Kohlrausch 2007 — Kohlrausch M. Die CIAM und die Internationalisierung der Architektur Das Beispiel Polen // Clio-online [Электронный ресурс]. 2007. URL: www.europa.clio-online.de/essay/id/artikel-3373 (дата обращения: 25.02.2022).

Kohlrausch 2008 — Kohlrausch M. Warschau im Zweiten Weltkrieg. Besatzungspolitik und Stadtplanung // Stadt und Nationalsozialismus / ed. F. Mayrhofer, F. Oppl. Linz: Österreichischer Arbeitskreis für Stadtgeschichtsforschung, 2008. S. 23–42.

Kohlrausch 2010 — Kohlrausch M. Szymon Syrkus: Die Stadt imaginieren im Angesicht der Katastrophe. Warschau 1930–1950 // Historische Anthropologie. 2010. Vol. 18. Nr. 3. S. 404–422.

Kohlrausch 2012 — Kohlrausch M. 'Houses of Glass'. Modern Architecture and the Idea of Community in Poland, 1925–1944 // Making a New World: Architecture & Communities in Interwar Europe / ed. by R. Heynickx, T. Avermaete. Leuven: Leuven University Press, 2012. P. 93–103.

Kohlrausch 2014a — Kohlrausch M. Die Zentralität der Apokalypse nach 1945. Städtebauliche Kontinuitätslinien und die internationale Rezeption des Wiederaufbaus von Warschau // Wiederaufbau europäischer Städte: Rekonstruktionen, die Moderne und die lokale Identitätspolitik seit 1945 / Hg. von G. Wagner-Kyora. Stuttgart: Franz Steiner Verlag, 2014. S. 179–201.

Kohlrausch 2014b — Kohlrausch M. Poland. Planning a European Capital for a New Statee // Es et al. 2014: 320–333.

Kohlrausch 2014c — Kohlrausch M. Warszawa Funkcjonalna: Radical Urbanism and the International Discourse on Planning in the Interwar Period // Behrends, Kohlrausch 2014a: 205–231.

Kohlrausch 2015 — Kohlrausch M. Imperiales Erbe und Aufbruch in die Moderne. Neuere Literatur zur ostmitteleuropäischen Stadt // H-Soz-Kult. 2015. 16 November. S. 1–54.

Kohlrausch 2016 — Kohlrausch M. Aufbruch und Ernüchterung: Architekten in der Frühphase der Bundesrepublik Deutschland und der Volksrepublik Polen // Wo liegt die Bundesrepublik? Vergleichende Perspektiven auf die westdeutsche Geschichte / Hg. von S. Levsen, C. Torp. Göttingen: Vandenhoeck & Ruprecht, 2016. S. 48–67.

Kohlrausch et al. 2010a — Kohlrausch M., Steffen K., Wiederkehr S., eds. Expert Cultures in Central Eastern Europe: The Internationalization of Knowledge and the Transformation of Nation States since World War I. Osnabrück: fibre, 2010.

Kohlrausch et al. 2010b — Kohlrausch M., Steffen K., Wiederkehr S. Expert Cultures in Central Eastern Europe. The Internationalization of Knowledge and the Tranformation of Nation States since World War I: Introduction // Kohlrausch et al. 2010a: 9–30.

Kohlrausch, Trischler 2014 — Kohlrausch M., Trischler H. Building Europe on Expertise: Innovators, Organizers, Networkers. New York: Palgrave Macmillan, 2014.

Koło 1916 — Koło Architektów w Warszawie, Uwagi do szkicu wstępnego planu regulacyjnego miasta st. Warszawy, Warsaw 1916.

König 1999 — König W. Künstler und Strichezieher: Konstruktions- und Technikkulturen im deutschen, britischen, amerikanischen und französischen Maschinenbau zwischen 1850 und 1930. Frankfurt am Main: Suhrkamp, 1999.

Korngold 1928 — Korngold L. Die neue Baukunst in Polen // Wasmuths Monatshefte für Baukunst und Städtebau. 1928. H. XI (5). S. 204–213.

Kostanecki 1938 — Kostanecki M. Architektura Trzeciej Rzeszy // AiB. 1938. № 9. S. 285–305.

Kostelnick 1990 — Kostelnick Ch. Typographical Design, Modernist Aesthetics, and Professional Communication // Journal of Business and Technical Communication. 1990. Vol. 4. Iss. 1. P. 5–24.

Kostof 1976 — Kostof S. Architecture, You and Him: The Mark of Sigfried Giedion // Daedalus. 1976. Vol. 105. No. 1. P. 189–204.

Kostof 1977 — Kostof S., ed. The Architect: Chapters in the History of the Profession. New York: Oxford University Press, 1977.

Kotańska 1999 — Kotańska A. Dokumentacja fotograficzna wystaw: 'Warszawa wczoraj, dziś, jutro' (1938 r.) i 'Warszawa Oskarża' (1945 r.) w zbiorach Muzeum Historycznego m. st. Warszawy // Almanach Muzealny. 1999. Nr 2. S. 291–313.

Kotarbiński 1999 — Kotarbiński A. The Developing Career and Thoughts of Jan Olaf Chmielewski // Planning History. 1999. Vol. 21. No. 1. P. 6–12.

Kotaszewicz 2016 — Kotaszewicz T. Tadeusz Tołwiński, 1887–1951: Architekt, urbanista, twórca Polskiej Szkoły Urbanistyki. Warsaw: Oficyna Wydawnicza Politechniki Warszawskiej, 2016.

Kott 2008 — Kott S. Une 'communaute épistémique' du social? Experts de l'OIT et internationalisation des politiques sociales dans l'entre-deux-guerres // Genèses. 2008. Vol. 71. P. 26–46.

Kozińska-Witt 2006 — Kozińska-Witt H. Die Krakauer kommunale Selbstverwaltung und die Frage der Kleinwohnungen 1900–1939 // Janatková, Kozińska-Witt 2006: 179–204.

Kozińska-Witt 2008 — Kozińska-Witt H. Krakau in Warschaus langem Schatten. Stuttgart: Steiner, 2008.

Kranakis 1997 — Kranakis E. Constructing a Bridge: An Exploration of Engineering Culture, Design, and Research in Nineteenth-Century France and America. Cambridge, MA: MIT Press, 1997.

Krau 2012 — Krau I. Vom Architekten zum Stadtplaner // Nerdinger 2012a: 711–725.

Król 2002 — Król M. Collaboration and Compromise: Women Artists in Polish-German Avant-Garde Circles, 1910–1930 // Central European Avantgardes: Exchange and transformation. 1910–1930 / ed. by Timothy O. Benson. Cambridge, MA: MIT Press, 2002. P. 338–356.

Królikowski 2005 — Królikowski J. Architekci w odbudowie Warszawy 1945–1949 // Architekt warszawski i mazowiecki. Informacje OW SARP. 2005. Listopad. S. I–XII.

Krupa 1932 — Krupa J. Na marginesie wystąpienia Rady Związku Stowarzyszeń Architektow Polskich // AiB. 1932. № 8.

Krzyżanowska 2006 — Krzyżanowska H. Lauterbach Alfred // Polski słownik biograficzny konserwatorów zabytków. Warsaw: Stowarzyszenie Konserwatorów Zabytków, 2006. Z. 2 / Pod red. H. Kondzieli, H. Krzyżanowskiej.

Kuchenbuch 2009 — Kuchenbuch D. Eine Moderne nach 'menschlichem Maß'. Ordnungsdenken und social engineering in Architektur und Stadtplanung — Deutschland und Schweden, 1920er bis 1950er Jahre // Etzemüller 2009a: 109–128.

Kuchenbuch 2010 — Kuchenbuch D. Geordnete Gemeinschaft: Architekten als Sozialingenieure — Deutschland und Schweden im 20. Jahrhundert. Bielefeld: transcript, 2010.

Kudělka, Chatrný 2000 — Kudělka Z, Chatrný J. For new Brno: The architecture of Brno 1919-1939. Brno: Muzeum města Brna, 2000.

Kuhn 2001 — Kuhn G. Standartwohnung oder Individualwohnung? Zur Wohndiät und Choreografie des Wohnalltags in den 20er Jahren // Archplus. 2001. Vol. 158. Nr. 12. S. 66–71.

Konstruktivistische 1992 — Konstruktivistische Internationale Schöpferische Arbeitsgemeinschaft, 1922-1927, Utopien für eine europäische Kultur. Kunstsammlung Nordrhein-Westfalen, Düsseldorf, 30. Mai bis 23. August 1992; Staatliche Galerie Moritzburg Halle, 13. September bis 15. November 1992. Stuttgart: Hatje Cantz, 1992.

Kunz 2016 — Kunz T. Architektki. Cracow: EMG, 2016.

Laak 2008 — Laak D. van. Planung, Geschichte und Gegenwart des Vorgriffs auf die Zukunft // Geschichte und Gesellschaft. 2008. Vol. 34. Nr. 3. S. 305–326.

Lampland 2011 — Lampland M. The Technopolitical Lineage of State Planning in Hungary, 1930–1956 // Entangled Geographies: Empire and Technopolitics in the Global Cold War / ed. by Gabrielle Hecht. Cambridge, MA: MIT Press, 2011. P. 155–184.

Laqua 2011a — Laqua D. Transnational Intellectual Cooperation, the League of Nations, and the Problem of Order // Journal of Global History. 2011. Vol. 6. Iss. 2. P. 223–247.

Laqua 2011b — Laqua D., ed. Internationalism Reconfigured: Transnational Ideas and Movements Between the World Wars. London: Tauris, 2011.

Lauterbach 1925/26 — Lauterbach A. Zagadnienia Wielkiego Miasta // AiB. 1925/26. № 2. S. 15–23.

Lauterbach 1928 — Lauterbach A. Der Klassizismus in Polen // Wasmuths Monatshefte für Baukunst und Städtebau. 1927. H. 11. Nr 5.

Lauterbach 1928 — Lauterbach A. Jan Stefanowicz, Hala targowa w Końskich // AiB. 1928. № 1. S. 14–21.

Le Corbusier 1938 — Le Corbusier. Rozwiazania zasadnicze // DOM. 1938. № 6–7. S. 16–34.

Le Corbusier 1974 — Le Corbusier. In Defense of Architecture // Oppositions. 1974. Vol. 4. P. 93–108.

Le Corbusier 2008 — Le Corbusier. Vers une architecture. Paris: Flammarion, 2008.

Leendertz 2008 — Leendertz A. Ordnung schaffen: Deutsche Raumplanung im 20. Jahrhundert. Göttingen: Wallstein Verlag, 2008.

Léger 1927 — Léger F., ed. Machine Age Exposition. New York, 1927.

Lenger 2013 — Lenger F. Metropolen der Moderne: Eine europäische Stadtgeschichte seit 1850. Munich: Beck, 2013.

Leniaud, Bouvier 2002 — Leniaud J.-M, Bouvier B., eds. Le livre d'architecture: XVe–XXe siècle. Paris: École nationale des Chartes, 2002.

Leśniakowska 2004 — Leśniakowska M. Modernistka w kuchni: Barbara Brukalska, Grete Schütte-Lihotzky i 'polityka kuchenna': wstęp do architektury modernizmu // Konteksty: polska sztuka ludowa: antropologia kultury, etnografia, sztuka. 2004. T. 58. Nr 1–2. S. 189–202.

Leśniakowska 2006 — Leśniakowska M. Architektura w Warszawie: 1918–1939. Warsaw: Arkady, 2006.

Leśnikowski 1996a — Leśnikowski W., ed. East European Modernism: Architecture in Czechoslovakia, Hungary & Poland between the Wars. 1919–1939. New York: Rizzoli, 1996.

Leśnikowski 1996b — Leśnikowski W. Functionalism in Polish Architecture // Leśnikowski 1996a: 203–285.

Leśnikowski 1996c — Leśnikowski W. Holocaust and Aftermath // Leśnikowski 1996a: 289–295.

Levin 2010 — Levin M. R. Urban Modernity: Cultural Innovation in the Second Industrial Revolution. Cambridge, MA: MIT Press, 2010.

Lewandowska 2008 — Lewandowska K., ed. Dokumentalistki: Polskie fotografki XX wieku. Warsaw: Bosz, 2008.

Lewicki 2007 — Lewicki J. Roman Feliński, architekt i urbanista. Pionier nowoczesnej architektury. Warsaw: Neriton, 2007.

Liebermann 1932 — Liebermann B. Die Wohnungsausstellung in Stanislawow // Die Neue Stadt. 1932. H. 6. Nr 2.

Liulevicius 2005 — Liulevicius V. G. War Land on the Eastern front: Culture, National Identity and German Occupation in World War I. Cambridge: Cambridge University Press, 2005.

Loose 2010 — Loose I. How to Run a State: The Question of Knowhow in Public Administration in the First Years after Poland's Rebirth in 1918 // Kohlrausch et al. 2010a: 145–159.

Lubinski 1935 — Lubinski P. M. L'habitation a bon marche en Pologne // AA. 1935. No. 6–7.

Maasberg, Prinz 2005 — Maasberg U., Prinz R. Die Neuen kommen! Weibliche Avantgarde in der Architektur der zwanziger Jahre. Hamburg: Junius, 2005.

Machedon, Scoffham 1999 — Machedon L., Scoffham E. R. Romanian Modernism: The Architecture of Bucharest, 1920–1940. Cambridge, MA: MIT Press, 1999.

Mahecic 2007 — Mahecic D. R. Moderna arhitektura u hrvatskoj 1930-IH: Modern Architecture in Croatia 1930's. Zagreb, 2007.

Mai 2002 — Mai U. "Rasse und Raum": Agrarpolitik, Sozial- und Raumplanung im NS-Staat. Paderborn: Schöningh, 2002.

Maier 1970 — Maier Ch. S. Between Taylorism and Technocracy: European Ideologies and the Vision of Industrial Productivity in the 1920's. // Journal of Contemporary History. 1970. Vol. 5. P. 27–61.

Maier 1981 — Maier Ch. S. Recasting Bourgeois Europe: Stabilization in France, Germany, and Italy in the Decade after World War I. Princeton: Princeton University Press, 1981.

Maier 2000 — Maier Ch. S. Consigning the Twentieth Century to History: Alternative Narratives for the Modern Era // American Historical Review. 2000. Vol. 105. No. 3. P. 807–831.

Majewski 2003 — Majewski J. S. Warszawa nieodbudowana: Metropolia Belle Époque. Warsaw: Veda, 2003.

Majewski 2005 — Majewski P. Wojna i kultura: Instytucje kultury polskiej w okupacyjnych realiach Generalnego Gubernatorstwa. 1939–1945. Warsaw: Wydawnictwo Trio, 2005.

Majewski 2009 — Majewski P. Ideologia i konserwacja. Architektura zabytkowa w Polsce w czasach socrealizmu. Warsaw: TRIO, 2009.

Makaryk 2010 — Makaryk I., ed. Modernism in Kiev: jubilant experimentation. Toronto: University of Toronto Press, 2010.

Malinowski, Englert 1993 — Malinowski M., Englert J. L. Zamek Królewski w czasach drugiej Rzeczypospolitej. Warsaw: Arx Regia, 1993.

Malisz 1987 — Malisz B. Functional Warsaw: a Challenge from the Past // Planning Perspectives. 1987. No. 2. P. 254–269.

Mallgrave 2009 — Mallgrave H. F. Modern architectural theory: A historical survey, 1673–1968. Cambridge: Cambridge University Press, 2009.

Manias 2015 — Manias Ch. Internationals of Experts, Educators, and Scholars: Transnational Histories of Information and Knowledge in the Long Nineteenth Century // German Historical Institute Bulletin. 2015. Vol. 37. No. 2. P. 39–58.

Mansbach 1999 — Mansbach S. Modern Art in Eastern Europe: From the Baltic to the Balkans, ca. 1890–1939. Cambridge: Cambridge University Press, 1999.

Mansbach 2014 — Mansbach S. Capital Modernism in the Baltic Republics Kaunas, as well as Tallinn and Riga // Behrends, Kohlrausch 2014a: 235–266.

Marek 2004 — Marek M. Kunst und Identitätspolitik: Architektur und Bildkünste im Prozess der tschechischen Nationsbildung. Cologne: Böhlau, 2004.

Margold, Warhaftig 1999 — Margold E. J., Warhaftig M. Bauten der Volkserziehung und Volksgesundheit. Berlin: Gebr. Mann Verlag, 1999.

Marjanović 2014 — Marjanović I. Peripatetic Discourse of Lubomir Micić and Branko ve Poljanski // Bogdanović et al. 2014: 63–84.

Marklund, Stadius 2010 — Marklund C., Stadius P. Merging Modernity with Nationalism in the Stockholm Exhibition in 1930 // Culture Unbound. 2010. Vol. 2. P. 609–634.

Martyn 2000 — Martyn P. Emerging Metropolises and Fluctuating State Borders: Architectural Identity and the Obliteration of Warsaw in the First Half of the Twentieth Century // Murawska-Muthesius 2000: 139–149.

Marzyński 2000 — Marzyński S. Koło, Stowarzyszenie i Towarzystwo // Barucki 2000: 61–62.

Masaryk, Warren 1972 — Masaryk T. G., Warren W. P., eds. The New Europe: The Slav Standpoint. Lewisburg: Bucknell University Press, 1972.

Mattioli, Steinacher 2009 — Mattioli A., Steinacher G., eds. Für den Faschismus bauen: Architektur und Städtebau im Italien Mussolinis. Zurich: Orell Fussli, 2009.

Maurer — Maurer B. Stockholm Ausstellung 1930 // Oechslin, Harbuch: 196–197.

Mazur 2005 — Mazur E. Żoliborz-dzielnica obietnic // Fałkowski 2005: 140–163.

Medina Warmburg 2005 — Medina Warmburg J. Projizierte Moderne. Deutschsprachige Architekten und Städtebauer in Spanien (1918–1936): Dialog — Abhängigkeit — Polemik. Frankfurt am Main: Vervuert, 2005.

Meer 2010 — Meer E. van. 'The Nation is Technological': Technical Expertise and National Competition in the Bohemian Lands, 1880–1914 // Kohlrausch et al. 2010a: 85–104.

Meinel 2011 — Meinel F. Der Jurist in der industriellen Gesellschaft: Ernst Forsthoff und seine Zeit. Berlin: Akademie Verlag, 2011.

Meller 1990 — Meller H. E. Patrick Geddes: Social Evolutionist and City Planner. London, New York: Routledge, 1990.

Mendelsohn 1991 — Mendelsohn E. Amerika: Bilderbuch eines Architekten. Braunschweig: Vieweg, 1991.

Mergel 2012 — Mergel Th. Modernization // European History Online (EGO). 2012. P. 1–12.

Meyer, Winkler 1980 — Meyer H., Winkler K.-J. Bauen und Gesellschaft: Schriften, Briefe, Projekte. Dresden: Verlag der Kunst, 1980.

Michejda 1932 — Michejda T. O zdobyczach architektury nowoczesnej // AiB. 1932. № 5.

Micińska 2008 — Micińska M. Inteligencja na rozdrożach 1864–1918. Warsaw: Neriton, 2008.

Mies van der Rohe 1986 — Der vorbildliche Architekt: Mies van der Rohes Architekturunterricht 1930–1958 am Bauhaus und in Chicago / Museum f. G. Bauhaus-Archiv and Mies van der Rohe Centennial Project. Berlin: Nicolai, 1986.

Miller 1989 — Miller D. L. Lewis Mumford, a Life. New York: Weidenfeld & Nicolson, 1989.

Miłobędzki 1990 — Miłobędzki A. Oskar Sosnowski — Architekt i badacz oraz jego zakład architektury polskiej // Kwartalnik Architektury i Urbanistyki. 1990. T. 35. Nr 3–4. S. 131–138.

Miłobędzki 1996a — Miłobędzki A., ed. Architecture and Avant-Garde in Poland, 1918–1939. Bologna, 1996.

Miłobędzki 1996b — Miłobędzki A. Polish Architecture in the Period 1918–1939 // Miłobędzki 1996a: 6–13.

Miłosz 2001 — Miłosz C. The captive mind. London: Penguin, 2001.

Ministry 1946 — Ministry of Reconstruction. Physical Planning and Housing in Poland. Warsaw: Trzaska Evert & Michalski, 1946.

Minorski 1970 — Minorski J. Polska nowatorska myśl architektoniczna w latach 1918–1939. Warsaw: Państwowe Wydawnictwo Naukowe, 1970.

Misa 2008 — Misa Th. J. Appropriating the International Style: Modernism in East and West // Hard, Misa 2008a: 71–95.

Misa, Schot 2005 — Misa Th. J., Schot J. Inventing Europe: Technology and the Hidden Integration of Europe // History and Technology. 2005. Vol. 21. No. 1. P. 1–20.

Mißelbeck, Hagspiel 2000 — Mißelbeck R., Hagspiel W. Werner Mantz: Vision vom neuen Köln; Fotografien 1926–1932. Cologne: J. P. Bachem Verlag, 2000.

Moholy-Nagy 2000 — Moholy-Nagy L. Malerei, Fotografie, Film. Berlin: Gebr. Mann Verlag, 2000.

Molik 1989 — Molik W Polskie peregrynacje uniwersyteckie do Niemiec: 1871–1914. Poznań: Wydawnictwo Naukowe UAM, 1989.

Moravánszky 1988 — Moravánszky Á. Die Erneuerung der Baukunst: Wege zur Moderne in Mitteleuropa 1900–1940. Salzburg: Residenz-Verlag, 1988.

Moravánszky 1998 — Moravánszky Á. Competing Visions: Aesthetic Invention and Social Imagination in Central European Architecture, 1867–1918. Cambridge, MA: MIT Press, 1998.

Moravánszky et al. 2017 — Moravánszky Á., Lange T., Hopfengärtner J. East, West, Central: Rebuilding Europe, 1950–1990. Basel: Birkhäuser, 2017.

Mrówczyński 2001 — Mrówczyński T. Wojenna lista strat architektów warszawskich // Barucki 2001: 105–112.

Müller 2013 — Müller J.-W. Contesting Democracy: Political Ideas in Twentieth-Century Europe. New Haven, CT: Yale University Press, 2013.

Müller, Radewaldt 2009 — Müller U., Radewaldt I. Bauhaus-Frauen: Meisterinnen in Kunst, Handwerk und Design. Munich: Sandmann, 2009.

Müller, Siegrist 2014 — Müller D., Siegrist H., eds. Professionen, Eigentum und Staat: Europäische Entwicklungen im Vergleich 19. und 20. Jahrhundert. Göttingen: Wallstein Verlag, 2014.

Müller, Tooze 2015 — Müller T. B., Tooze A. Normalität und Fragilität: Demokratie nach dem Ersten Weltkrieg. Hamburg: Hamburger Edition, 2015.

Mumford 1974 — Mumford L. The Pentagon of Power: The Myth of the Machine. Volume Two. New York: Harcourt, 1974.

Mumford 2000 — Mumford E. The CIAM Discourse on Urbanism, 1928–1960. Cambridge, MA: MIT Press, 2000.

Mumford 2009 — Mumford E. CIAM and the Communist Bloc, 1928–59 // The Journal of Architecture. 2009. Vol. 14. No. 2. P. 237–254.

Munster 1938 — Munster J. Tradycja i racjonalizm w dzisiejszej architekturze Italii // AiB. 1938. № 11–12. S. 383–392.

Murawska-Muthesius 2000 — Murawska-Muthesius K., ed. Borders in Art: Revisiting Kunstgeographie. Warsaw: Institute of Art, 2000.

Musielski 2003 — Musielski R. Bau-Gespräche: Architekturvisionen von Paul Scheerbart, Bruno Taut und der "Gläsernen Kette". Berlin: Reimer, 2003.

Muthesius 2000 — Muthesius S. Germany's Western and Eastern borders: the Architcture of Alsace-Lorraine and Eastern Upper Silesia c. 1870–1935 // Murawska-Muthesius 2000: 227–232.

N. N. 1926 — N. N. Zjazd Międzynarodowego Kongresu Architektow // AiB. 1926. № 12. S. 27–28.

Necker 2012 — Necker S. Konstanty Gutschow: 1902–1978; modernes Denken und volksgemeinschaftliche Utopie eines Architekten. Munich: Dölling und Galitz, 2012.

Nerdinger 2006 — Nerdinger W., ed. Architektur wie sie im Buche steht: Fiktive Bauten und Städte in der Literatur. Salzburg: Pustet, 2006.

Nerdinger 2009 — Nerdinger W., ed. Zlín: Modellstadt der Moderne. Berlin: Jovis Verlag, 2009.

Nerdinger 2012a — Nerdinger W., ed. Der Architekt — Geschichte und Gegenwart eines Berufsstandes. Munich: Prestel, 2012.

Nerdinger 2012b — Nerdinger W. Studiere die Architekten, bevor Du Architektur studierst // Nerdinger 2012a: 9–13.

Neufert 1999 — Neufert E. Architekt und Industrialisierung des Bauwesens (1948) // Ernst Neufert: Normierte Baukultur im 20. Jahrhundert / hg. von Walter Prigge. Frankfurt am Main: Campus Verlag, 1999. S. 384–395.

Neumann, Albrecht 1999 — Neumann D., Albrecht D. Film Architecture: Set Designs from Metropolis to Blade runner / ed. by D. Winton Bell Gallery. Munich, New York: Prestel, 1999.

Nicolai 2009 — Nicolai B. 'Der goldene Käfig'. Ernst Reuter und Martin Wagner im türkischen Exil // Ernst Reuter. Kommunalpolitiker und Gesellschaftsreformer. 1921–1953 / hg. von H. Reif, M. Feichtinger. Bonn: Dietz, 2009. S. 239–250.

Niemojewski 1931 — Niemojewski L. Osmy Cud Świata // AiB. 1931. № 12. S. 413–435.

Niemojewski 1934 — Niemojewski L. Corbusier jako pisarz // AiB. 1934. № 4. S. 112–113.

Niemojewski 1948 — Niemojewski L. Uczniowie cieśli. Rozważania nad zawodem architekta. Warszawa: Trzaska, Evert i Michalski, 1948.

Niethammer 1978 — Niethammer L. Die deutsche Stadt im Umbruch 1945 als Forschungsproblem // Die alte Stadt. 1978. Vol. 5. S. 138.

Noakowski 2000 — Noakowski S. Powstanie Wydziału Architektury // Barucki 2000: 29–32.

Noell 2002 — Noell M. Nicht mehr Lesen! Sehen!' Le livre d'architecture de langue alleamande dans les années vingt // Le livre d'architecture: XVe–XXe siècle / éd. J.-M. Leniaud, B. Bouvier. Paris: Ecole nationale des Chartes, 2002. P. 143–156.

Norwerth 1925/26a — Norwerth E. Edukacja architektoniczna w Rosji dzisiejszej // AiB. 1925/26. № 5. S. 26–33.

Norwerth 1925/26b — Norwerth E. Le Corbusier 'Urbanisme' // AiB. 1925/26. № 8.

Norwerth 1925/26c — Norwerth E. Wystawa Międzynarodowa Architektury Nowoczesnej // AiB. 1925/26. T. 1. № 4. S. 37–38.

Norwerth 1927 — Norwerth E. Przesłanki socjologiczne architektury wspołczesnej // Droga. 1927. T. 1–2.

Norwerth 1929a — Norwerth E. Architektura Wystawowa // AiB. 1929. № 1. S. 3–29.

Norwerth 1929b — Norwerth E. 'Kompozycja' w regulacje Warszawy // AiB. 1929. № 3. S. 84–94.

Norwerth 1930 — Norwerth E. Centralny Instytut Wychowania Fizycznego na Bielanach w Warszawie // AiB. 1930. № 11.

Nowa 1936 — Nowa ustawa o zawodzie architekta w Niemczech // AiB. 1936. № 6.

Nowakowska-Sito 2003 — Nowakowska-Sito K. Kunst und Künstler der Zweiten Republik: Haltungen — Relationen — Kontexte // Schuler, Gawlik 2003: 161–171.

Nowakowska-Sito 2008a — Nowakowska-Sito K., ed. Wyprawa w dwudziestolecie. Warsaw: Muzeum Narodowe w Warszawie, 2008.

Nowakowska-Sito 2008b — Nowakowska-Sito K. Miasto, masa, maszyna // Nowakowska-Sito 2008a: 70–101.

Nowakowski 1933 — Nowakowski T. Geneza Budownictwa Sportowego w Polsce // AiB. 1933. № 10–12.

Ockman 2000 — Ockman J., ed. Architecture Culture 1943–1968: A Documentary Anthology. New York: Rizzoli, 2000.

Oechslin, Harbuch — Oechslin W., Harbuch G., eds. Sigfried Giedion und die Fotografie. Zurich: gta Verlag.

Olsson 2004 — Olsson G. Paul Scheerbart's Utopia of Coloured Glass // Colour and Paints. 2004. P. 194–197.

Olszewski 1988 — Olszewski A. K. Idee Le Corbusiera w Polsce // Podług nieba i zwyczaju polskiego: studia z historii architektury, sztuki i kultury ofiarowane Adamowi Miłobędzkiemu / Pod red. A. Miłobędzkiego. Warsaw: Państwowe Wydawnictwo Naukowe, 1988. S. 482–491.

Olszewski 1996 — Olszewski A. Great Margins // Miłobędzki 1996a: 26–37.

Olszewski, Gorczyca 2012 — Olszewski C., Gorczyca Ł. Warszawa nowoczesna: fotografie z lat trzydziestych XX wieku. Warsaw: Fundacja Raster, 2012.

Omilanowska 2008 — Omilanowska M. Architekt Stefan Szyller 1857–1933. Warsaw: Liber pro Arte, 2008.

Omilanowska 2011 — Omilanowska M., ed. Tür an Tür: Polen — Deutschland. 1000 Jahre Kunst und Geschichte. Cologne: DuMont, 2011.

Osterhammel 2009 — Osterhammel J. Die Verwandlung der Welt: Eine Geschichte des 19. Jahrhunderts. Munich: Beck, 2009.

Otter 2008 — Otter Ch. The Victorian Eye: a Political History of Light and Vision in Britain, 1800–1910. Chicago: University of Chicago Press, 2008.

Pągowski 1990 — Pągowski S. Architekt Architektów — Stanisław Noakowski (1867–1928) // Kwartalnik Architektury i Urbanistyki. 1990. T. 35. Nr 3–4. S. 123–129.

Pallas 2001 — Pallas J.-C., ed. Histoire et architecture du Palais des Nations (1924–2001): L'art déco au service des relations internationales. Geneva: Nations Unies, 2001.

Parlagreco 2005 — Parlagreco S., ed. Costruttivismo in Polonia. Turin: Bollati Boringhieri, 2005.

Passuth 1992 — Passuth K. Ungarische Künstler und die 'Konstruktivistische Internationale' // Konstruktivistische 1992: 235–241.

Passuth 2003 — Passuth K. Treffpunkte der Avantgarden: Ostmitteleuropa 1907–1930. Dresden, 2003.

Passuth 2009 — Passuth K. De Stijl and the East-West Avant-garde: Magazines & the Formation of International Networks // Fabre et al. 2009: 20–27.

Pawłowski 2005 — Pawłowski K. Niemieckie zamiary urbanistyczne wobec Warszawy // Fałkowski 2005: 202–211.

Pazder 2003 — Pazder J. Kaiserschloss Posen: Zamek cesarski w Poznaniu — Von der "Zwingburg im Osten" zum Kulturzentrum "Zamek" = Od pruskiej "warowni na wschodzie" do Centrum Kultury "Zamek" / hg. von Stiftung Preussische Schlösser und Gärten Berlin-Brandenburg and Ausstellung Kaiserschloss Posen. Von der "Zwingburg im Osten" zum Kulturzentrum "Zamek". Potsdam: Stiftung Preußische Schlösser und Garten Berlin-Brandenburg, 2003.

Pearlman 2007 — Pearlman J. E. Inventing American Modernism: Joseph Hudnut, Walter Gropius, and the Bauhaus legacy at Harvard. Charlottesville: University of Virginia Press, 2007.

Pehnt, Bolz 2007 — Pehnt W., Bolz H.-S. Hans Poelzig: 1869 bis 1936; Architekt, Lehrer, Künstler. Munich: Deutsche Verlags-Anstalt, 2007.

Perović 2014 — Perović M. R. Zenitism and Modernist Architecture // Bogdanović et al. 2014: 85–96.

Peter 2000 — Peter J. The Oral history of Modern Architecture: Interviews with the Greatest Architects of the Twentieth Century. New York: Harry N. Abrams, 2000.

Péteri 1989 — Péteri G. Engineer Utopia. On the Position of Technostructure in Hungary's War Communism, 1919 // International Studies of Management & Organization. 1989. Vol. 19. No. 3. P. 82–102.

Petersen 2007 — Petersen H.-Ch. Bevölkerungökonomie — Ostforschung — Politik: Eine biographische Studie zu Peter-Heinz Seraphim (1902–1979). Osnabruck: fibre, 2007.

Petz 1995 — Petz U. von. Raumplanung und 'Moderne': Ansichten zur Geschichte einer Disziplin // Die alte Stadt. 1995. Vol. 22. Nr. 4. S. 349–363.

Peukert 1987 — Peukert D. J. K. Die Weimarer Republik: Krisenjahre der klassischen Moderne. Frankfurt am Main: Suhrkamp, 1987.

Pevsner 1960 — Pevsner N. Pioneers of Modern Design, from William Morris to Walter Gropius. Harmondsworth: Penguin Books, 1960.

Pfammatter 1990 — Pfammatter U. Moderne und Macht: 'Razionalismo': Italienische Architekten 1927–1942. Braunschweig: Vieweg, 1990.

Pfammatter 1997 — Pfammatter U. Die Erfindung des modernen Architekten: Ursprung und Entwicklung seiner wissenschaftlich-industriellen Ausbildung. Basel: Birkhäuser, 1997.

Piątek 2016a — Piątek G. Sanator: Kariera Stefana Starzyńskiego. Warsaw: Wydawnictwo W.A.B, 2016.

Piątek 2016b — Piątek G. Wystawa 'Warszawa przyszłości' (1936). Między pokazem architektury a 'jarmarkiem dydaktycznym' // Miejsce. 2016. T. 6. S. 147–173.

Pick 1993 — Pick D. War Machine: The Rationalisation of Slaughter in the Modern Age. New Haven, CT: Yale University Press, 1993.

Pietrowski 2000 — Pietrowski R. Życie zawodowe, towarzyskie i stowarzyszeniowe architektów // Barucki 2000: 39–44.

Piłatowicz 1994 — Piłatowicz J. Kadra Inżynierska w II Rzeczypospolitej. Siedlce: Wydawnictwo Wyższej Szkoły Rolniczo-Pedagogicznej, 1994.

Piłatowicz 1999 — Piłatowicz J. Technicy Lwowa i Kracowa wobec perspektyw odzyskania przez Polskę niepodległości // Kwartalnik Historii Nauki i Techniki. 1999. T. 44. Nr 3–4. S. 89–108.

Piłatowicz 2009 — Piłatowicz J. Poglądy Heleny i Szymona Syrkusow na architekturę w latach 1925–1956 // Kwartalnik Historii Nauki i Techniki/ 2009. T. 54. Nr 3–4. S. 123–164.

Piotrowski 1930 — Piotrowski R. Przyczynek do sprawy mieszkaniowej w Polsce // Praesens. 1930. № 2.

Piotrowski 2000 — Piotrowski R. Lata trzydzieste w Stowarzyszeniu Architektów Polskich // Barucki 2000: 67–72.

Piotrowski 2003 — Piotrowski P. Eine neue Kunst – ein neuer Staat // Schuler, Gawlik 2003: 51–68.

Plach 2006 — Plach E. The Clash of Moral Nations: Cultural politics in Piłsudski's Poland, 1926–1935. Athens, OH: Ohio University Press, 2006.

Plank 2003 — Plank I., ed. Fény és forma / Light and Form: Modern építészet és fotó 1927–1950 — Modern Architecture and Photography 1927–1950. Budapest: Kulturális Örökségvédelmi Hivatal, 2003.

Platzer 1999 — Platzer M. Die CIAM und ihre Verbindungen nach Zentraleuropa // Blau, Platzer 1999: 227–231.

Platzer 2009 — Platzer M. Zlín — Ein architektonischer Sonderfall // Nerdinger 2009: 94–111.

Pohle 1986 — Pohle F. Das mexikanische Exil: Ein Beitrag zur politisch-kulturellen Emigration aus Deutschland (1937–1946). Stuttgart: Metzler, 1986.

Politechnika 1967 — Politechnika: Zakład Architektury Polskiej. Warszawska Szkoła Architektury, 1915–1965. Warsaw: Państwowe Wydawnictwo Naukowe, 1967.

Pollak 1997 — Pollak M. D. The Education of the Architect: Historiography, Urbanism, and the Growth of Architectural Knowledge Essays Presented to Stanford Anderson. Cambridge, MA: MIT Press, 1997.

Popescu 2004 — Popescu C. Le style national roumain: Construiere une nation a travers l'architecture 1881–1945. Rennes: Presses Universitaires de Rennes, 2004.

Poppelreuter 2007 — Poppelreuter T. Das Neue Bauen für den Neuen Menschen: Zur Wandlung und Wirkung des Menschenbildes in der Architektur der 1920er Jahre in Deutschland. Hildesheim: Olms, 2007.

Posener 2004 — Posener J. Heimliche Erinnerungen: In Deutschland 1904 bis 1933. Munich: Siedler, 2004.

Prasa 1930 — Prasa zagraniczna o Polsce // AiB. 1930. № 8. S. I–II.

Prigge, Schwarz 1988 — Prigge W., Schwarz H.-P. Das Neue Frankfurt: Städtebau und Architektur im Modernisierungsprozess, 1925–1988. Frankfurt am Main: Vervuert, 1988.

Pszczółkowski 2014 — Pszczółkowski M. Architektura użyteczności publicznej II Rzeczypospolitej 1918–1939: Forma i styl. Łódź: Księży Młyn Dom Wydawniczy, 2014.

Pszczółkowski 2015 — Pszczółkowski M. Architektura użyteczności publicznej II Rzeczypospolitej 1918–1939: Funkcja. Łódź: Księży Młyn Dom Wydawniczy, 2015.

Pszczółkowski 2016 — Pszczółkowski M. Kresy nowoczesne: Architectura na ziemiach wschodnich II Rzeczypospolitej 1921–1939. Łódź: Księży Młyn Dom Wydawniczy, 2016.

Purchla, Tegethoff 2006 — Purchla J., Tegethoff W., eds. Nation, Style, Modernism. Cracow: International Cultural Centre, 2006.

Purseigle 2014 — Purseigle P. The First World War and the Transformations of the State // International Affairs. 2014. Vol. 90. No. 2. P. 249–264.

Rabinbach 1992 — Rabinbach A. The Human Motor: Energy, Fatigue, and the Origins of Modernity. Berkeley: University of California Press, 1992.

Raniecki 1925/26 — Raniecki A. Dział Mieszkaniowy Wystawy 'Mieszkanie i Miasto' // AiB. 1925/26. № 6. S. 29–35.

Raphael 1996 — Raphael L. Die Verwissenschaftlichung des Sozialen als methodische und konzeptionelle Herausforderung für eine Sozialgeschichte des 20. Jahrhunderts // Geschichte und Gesellschaft. 1996. Vol. 22. Nr. 2. S. 165–193.

Raphael 2012 — Raphael L. Ordnungsmuster und Selbstbeschreibungen europaischer Gesellschaften im 20. Jahrhundert // Theorien und Experimente der Moderne: Europas Gesellschaften im 20. Jahrhundert / hg. von L. Raphael. Cologne, Weimar, Vienna: Böhlau, 2012. S. 9–36.

Rebel 2007 — Rebel B. Architectural Critcism in de 8 en Opbouw // Avantgarde and Criticism / ed. by K. Beekman, J. de Vries. Amsterdam: Rodopi, 2007. P. 31–54.

Reinbothe 2006 — Reinbothe R. Deutsch als internationale Wissenschaftssprache und der Boykott nach dem Ersten Weltkrieg. Frankfurt am Main, New York: Peter Lang, 2006.

Richter et al. 2001 — Richter H., Janser A., Rüegg A. Hans Richter: Die neue Wohnung; Architektur, Film, Raum. Baden: Lars Müller, 2001.

Ricken 1990 — Ricken H. Der Architekt: Ein historisches Berufsbild. Stuttgart: Deutsche Verlags-Anstalt, 1990.

Ricken 2005 — Ricken H. Der Bauingenieur: Geschichte eines Berufes. Berlin: Verlag für Bauwesen, 1994.

Rieger 2005 — Rieger B. Technology and the Culture of Modernity in Britain and Germany, 1890–1945. Cambridge, New York: Cambridge University Press, 2005.

Riesman 1947 — Riesman D. Some Observations on Community Plans and Utopia // The Yale Law Journal. 1947. No. 2. P. 173–200.

Ritoók, Sebestyén 2018 — Ritoók P, Sebestyén Á. A. Communicating 'space and form': The history and impact of the journal Tér és Forma as the Hungarian pipeline of Modernism // Docomomo. 2018. Vol. 59. No. 2. P. 18–25.

Rodgers 1998 — Rodgers D. T. Atlantic Crossings: Social Politics in a Progressive Age. Cambridge, MA: The Belknap Press of Harvard University Press, 1998.

Rodogno et al. 2015a — Rodogno D., Struck B., Vogel J., eds. Shaping the Transnational Sphere: Experts, Networks, and Issues from the 1840s to the 1930s. New York: Berghahn, 2015.

Rodogno et al. 2015b — Rodogno D., Piana F., Gauthier Sh. Shaping Poland: Relief and Rehabilitation Programmes Undertaken by Foreign Organizations, 1918–1922 // Rodogno et al. 2015a: 259–278.

Rodríguez García et al. 2016 — Rodríguez García M., Rodogno D., Kozma L., eds. The League of Nations' Work on Social issues: Visions, Endeavours and Experiments. Geneva: United Nations, 2016.

Rodríguez-Lores 1977 — Rodríguez-Lores J. Reprint aus "Das neue Frankfurt, Die neue Stadt". Aachen: Lehrstuhl fur Planungstheorie d. RWTH, 1977.

Roguska 1996a — Roguska J. The New Housing Between Dogma and Reality // Miłobędzki 1996a: 60–72.

Roguska 1996b — Roguska J. The Radical Avant-Garde and Modernism in Polish Interwar Architecture // Miłobędzki 1996a: 14–25.

Rohdewald 2010 — Rohdewald S. Mimicry in a Multiple Postcolonial Setting: Networks of Techocracy and Scientific Management in Piłsudskis Poland // Kohlrausch et al. 2010a: 63–84.

Rokkan et al. 2000 — Rokkan S., Flora P., Fix E. Staat, Nation und Demokratie in Europa: Die Theorie Stein Rokkans aus seinen gesammelten Werken. Frankfurt am Main: Suhrkamp, 2000.

Romaniak 2005 — Romaniak W. Wybrane zagadnienia urbanistyki i architektury w województwie pomorskim w latach, 1920–1939. Warsaw: Neriton, 2005.

Rössler 2009 — Rössler H.-C. Die Wunderstadt, die niemals schläft // Frankfurter Allgemeine Zeitung. 2009. Nr 85. 11 April.

Rotkiewicz 2000 — Rotkiewicz M. Wielki Samotnik. Edgar Aleksander Norwerth (1884–1950) // Kultura Fizyczna. 2000. T. 1–2. S. 2–4.

Roulet 2006 — Roulet D. de. Le Corbusier in Vichy // Tec21. 2006. Vol. 132. P. 22–25.

Rożański 1928 — Rożański S. Plan ogolny wielkiej Warszawy // AiB. 1928. № 11. S. 410–415.

Sachse 2010 — Sachse C. "Mitteleuropa" und "Südosteuropa" als Planungsraum: Wirtschafts- und kulturpolitische Expertisen im Zeitalter der Weltkriege. Göttingen: Wallstein Verlag, 2010.

Saint 1983 — Saint A. The Image of the Architect. Yale University Press, 1983.

Saint 2008 — Saint A. Architect and Engineer: A Study in Sibling Rivalry. New Haven, CT: Yale University Press, 2008.

Saraiva 2007 — Saraiva T. Inventing the Technological Nation: The Example of Portugal (1851–1898) // History and Technology. 2007. Vol. 23. No. 3. P. 263–273.

Saski 1925/26 — Saski K. Planowanie Miast w Polsce w Okresie Powojennym // AiB. 1925/26. T. 1. № 6. S. 4–28.

Saski 1928 — Saski K. Sprawy urbanystyczne na międzynarodowym kongresie mieszkanowym i budowy miast w Paryżu 1928 // AiB. 1928. № 10. S. 367–375.

Saunier 2001 — Saunier P.-Y. Sketches from the Urban Internationale, 1910–50: Voluntary Associations, International Institutions and US Philanthropic Foundations // International Journal of Urban and Regional Research. 2001. Vol. 25. No. 2. P. 380–403.

Saunier 2010 — Saunier P.-Y. Borderline Work: ILO Explorations onto the Housing Scene until 1940 // ILO Histories. Essays on the International Labour Organization and its Impact on the World during the Twentieth Century / ed. by J. van Daele et al. Brussels: Peter Lang, 2010.

Sayer 2013 — Sayer D. Prague, Capital of the Twentieth Century: A Surrealist History. Princeton: Princeton University Press, 2013.

Scheerbart 1914 — Scheerbart P. Glasarchitektur. Berlin, 1914.

Scheffler 1907 — Scheffler K. Der Architekt. Frankfurt am Main: Rütten & Loening, 1907.

Schenk 2002 — Schenk F. B. Mental Maps: Zur Konstruktion von geographischen Räumen in Europa seit der Aufklärung // Geschichte und Gesellschaft. 2002. Vol. 28. No. 3. P. 493–514.

Scherf 2013 — Scherf A. Franz Wilhelm Seiwert und die rheinische Tradition: Seiwerts Bildsprache zwischen Tradition und Moderne. Norderstedt: Books on Demand, 2013.

Schlimm 2014 — Schlimm A. Ordnungen des Verkehrs: Arbeit an der Moderne — deutsche und britische Verkehrsexpertise im 20. Jahrhundert. Bielefeld: transcript, 2014.

Schlögel 2005 — Schlögel K. Marjampole oder Europas Wiederkehr aus dem Geist der Städte. Munich: Hanser, 2005.

Schneider 2014 — Schneider U. The Conception, Production and Language of the Maps // Es et al. 2014: 60–71.

Schnell 2005 — Schnell D. Bleiben wir sachlich! Deutschschweizer Architekturdiskurs 1919–1939 im Spiegel der Fachzeitschriften. Basel: Schwabe, 2005.

Schot, Lagendijk 2008 — Schot J., Lagendijk V. Technocratic Internationalism in the Interwar Years: Building Europe on Motorways and Electricity Networks // Journal of Modern European History. 2008. Vol. 6. No. 2. P. 196–217.

Schuler, Gawlik 2003 — Schuler R., Gawlik G., eds. Der neue Staat: Zwischen Experiment und Repräsentation. Polnische Kunst 1918–1939. Vienna: Hatje Cantz, 2003.

Schumacher 1977 — Schumacher F., ed. Lesebuch für Baumeister. Äußerungen über Architektur und Städtebau: Eine Sammlung klassischer Texte. Braunschweig: Vieweg, 1977.

Schwab 1930 — Schwab A. Ein Städtebau-Film // Die Form. Zeitschrift für gestaltende Arbeit. 1930. Vol. 5, No. 7. P. 195.

Schwarz 1979 — Schwarz R. Wegweisung der Technik und andere Schriften zum Neuen Bauen: 1926–1961. Braunschweig: Birkhäuser, 1979.

Schwendemann, Dietsche 2003 — Schwendemann H., Dietsche W. Hitlers Schloß: Die "Führerresidenz" in Posen. Berlin: Links, 2003.

Searing 1974 — Searing H. Berlage and Housing, 'the most significant modern building type' // Nederlands kunsthistorisch jaarboek. 1974. Vol. 25. P. 133–179.

Seipp 2009 — Seipp A. R. The Ordeal of Peace: Demobilization and the Urban Experience in Britain and Germany, 1917–1921. Farnham: Ashgate, 2009.

Seraphim 1939 — Seraphim P. H. Wohnungsnot und Wohnungsbau in Polen // Ost-Europa-Markt. 1939. Vol. 19. P. 280–285.

Shore 2006 — Shore M. Caviar and Ashes: A Warsaw Generation's Life and Death in Marxism; 1918–1968. New Haven, CT: Yale University Press, 2006.

Sigfried Giedion 1987 — Sigfried Giedion. Wege in die Öffentlichkeit: Aufsätze und unveröffentlichte Schriften aus den Jahren 1926–1956. Zurich: Ammann, 1987.

Siegrist 2004 — Siegrist H. The Professions in Nineteenth-Century Europe // The European way: European Societies in the 19th and 20th Centuries / ed. by H. Kaelble. New York, Oxford: Berghahn, 2004. P. 68–88.

Sigalin 1986 — Sigalin J. Warszawa 1944–1980. Warsaw: Państwowe Wydawnictwo Naukowe, 1986.

Šimičić 2003 — Šimičić D. From Zenit to Mental Space: Avant-garde, Neo-avant-garde, and Post avant-garde Magazines and Books in Yugoslavia, 1921–1987 // Djurić, Šuvaković 2003: 294–331.

Šlapeta 1987 — Šlapeta V. Czech Functionalism: 1918–1938. London: Architectural Association, 1987.

Śleboda 2000 — Śleboda T. Centralny Instytut Wychowania Fizycznego w Warszawie: Architektura największego żałożenia sportowego międzywojennej Polski // Studia z architektury nowoczesnej / pod red. J. Malinowskiego. Toruń: Wydawnictwo Tako, 2000. S. 147–175.

Smet 2003 — Smet C. de. The 'Other Side' of the Architectural book // Modern: Architekturbücher aus der Sammlung Marzona / hg. von E. Bresciani. Vienna: Schlebrügge, 2003.

Smet 2005 — Smet C. de. Le Corbusier: Architect of books. Baden: Müller, 2005.

Smets 1985 — Smets M. Resurgam: De Belg. Wederopbouw na 1914. Brussels: Gemeentekrediet, 1985.

Snyder 2015 — Snyder D. Rhetorics and Politics. Polish architectural modernism in the early post-war years // Alternative visions of post-war reconstruction: Creating the modern townscape / ed. by J. R. Pendlebury. London: Routledge, 2015. P. 160–178.

Sobe 2008 — Sobe N. W. Provincializing the Worldly Citizen: Yugoslav Student and Teacher Travel and Slavic Cosmopolitanism in the Interwar Era. New York: Lang, 2008.

Sołtysik 1993 — Sołtysik M. Gdynia, miasto dwudziestolecia międzywojennego: urbanistyka i architektura. Warsaw: Wydawnictwo Naukowe PWN, 1993.

Somer 2007 — Somer K. The Functional City. CIAM and the Legacy of Van Eesteren. Rotterdam: NAI Publishers, 2007.

Sonne 2003 — Sonne W. Representing the State: Capital City Planning in the Early Twentieth Century. Munich: Prestel, 2003.

Sosnowski 1925/26 — Sosnowski O. Zakład Architektury Polskiej Politechniki Warszawskiej // AiB. 1925/26. № 5.

Sosnowski 1930 — Sosnowski O. Powstanie, układ i cechy charakterystyczne sieci ulicznej na obszarze wielkiej Warszawy. Warsaw: Wydawnictwo Zakładu Architektury Polskiej Politechniki Warszawskiej, 1930.

Soutou 2000 — Soutou G.-H. Was there a European Order in the Twentieth Century? From the Concert of Europe to the End of the Cold War // Contemporary European History. 2000. Vol. 9. P. 329–353.

Soutter 2011 — Soutter L., ed. Le Corbusier. Une maison, un palais. Lyon: Fage Editions, 2011.

Spechtenhauser, Weiss 1999 — Spechtenhauser K., Weiss D. Karel Teige and the CIAM: The History of a Troubled Relationship // Dluhosch, Švácha 1999: 216–245.

Stachura 2004 — Stachura P. D. Poland, 1918–1945: An Interpretive and Documentary History of the Second Republic. London: Routledge, 2004.

Stam 1926 — Stam M. Trautenau // ABC. 1926. Series 2. No. 1. P. 7.

Stamm 2013 — Stamm R. Ein 'Staatsanwalt des architektonischen Gewissens'. Walter Müller-Wulckow als Propagandist der architektonischen Moderne // Neue Baukunst: Architektur der Moderne in Bild und Buch. Der Bestand Neue Baukunst aus dem Nachlass Müller-Wulckow im Landesmuseum Oldenburg / hg. von C. Quiring, A. Rothaus. R. Stamm. Bielefeld: Kerber, 2013. P. 9–19.

Stanek 2012 — Stanek Ł. Introduction: The 'Second World's' architecture and planning in the 'Third World' // The Journal of Architecture. 2012. Vol. 17. No. 3. P. 299–307.

Stanisławski 1992 — Stanisławski R. Die Bemühungen um eine internationale Künstlersolidarität. Polnische Künstler und die 'K. I.' // Konstruktivistische 1992: 248–254.

Stanisławski 2006 — Stanisławski I., ed. Drogi do Nowoczesności: Idea modernizacji w polskiej myśli politycznej. Cracow: Ośrodek Myśli Politycznej, 2006.

Stanisławski, Brockhaus 1994 — Stanisławski R., Brockhaus Ch., eds. Europa, Europa: Das Jahrhundert der Avantgarde in Mittel- und Osteuropa. Bonn: Kunst und Ausstellungshalle der Bundesrepublik Deutschland, 1994.

Stanoeva 2014 — Stanoeva E. Architectural Praxis in Sofia: The Changing Perception of Oriental Urbanity and European Urbanism, 1879–1940 // Behrends, Kohlrausch 2014a: 179–203.

Starr 1978 — Starr S. F. Melnikov: Solo Architect in a Mass Society. Princeton: Princeton University Press, 1978.

Stefanowicz 2000 — Stefanowicz J. Architektura międzywojenna // Barucki 2000: 49–50.

Steffen 2008 — Steffen K. Wissenschaftler in Bewegung: Der Materialforscher Jan Czochralski zwischen den Weltkriegen // Journal of Modern European History. 2008. Vol. 6. No. 2. P. 237– 261.

Steiner 2005 — Steiner Z. The Lights that Failed: European International History 1919–1933. Oxford: Oxford University Press, 2005.

Steinmann 1972 — Steinmann M. Political Standpoints in CIAM: 1923–1933 // Architectural Association Quarterly. 1972. Vol. 4. P. 54–55.

Steinmann 1979 — Steinmann M., ed. CIAM: Dokumente 1928–1939. Basel: Birkhäuser, 1979.

Stephan 1958 — Stephan H. Der Wiederaufbau von Warschau und Danzig. Notizen von einer Studienreise im Juni 1958 // Bauwelt. 1958. Vol. 42. S. 1019–1927.

Stiller 2008 — Stiller A., ed. Polen. Salzburg: Pustet, 2008.

Stiller, Slachta 2003 — Stiller A., Slachta S. Architektur Slowakei: Impulse und Reflexion. Salzburg: Pustet, 2003.

Stöneberg 2009 — Stöneberg M. Arthur Köster: Architekturfotografie, 1926–1933. Das Bild vom "Neuen Bauen". Berlin: Gebr. Mann Verlag, 2009.

Stoop 2016 — Stoop M. Van stad tot As. De beeldvorming van Warschau en haar wederopbouw in België na de Tweede Wereldoorlog (1944–1956): Masterarbeit. KU Leuven, 2016.

Störtkuhl 2005 — Störtkuhl B. Gdynia — Meeresmetropole der Zweiten Polnischen Republik // Neue Staaten — neue Bilder? Visuelle Kultur im Dienst staatlicher Selbstdarstellung in Zentralund Osteuropa seit 1918 / hg. von A. Bartetzky, Th. Fichtner. Cologne: Böhlau, 2005. S. 33–46.

Störtkuhl 2006 — Störtkuhl B. Ausstellungsarchitektur als Mittel nationaler Selbstdarstellung. Die 'Ostdeutsche Ausstellung' 1911 und die 'Powszechna Wystawa Krajowa' 1929 in Posen/Poznań // Purchla, Tegethoff 2006: 237–255.

Straalen 1998 — Straalen M. Empirische Stadtanalysen // Daedalus. 1998. Vol. 69/70. P. 60–67.

Strożek 2013 — Strożek P. Krakow and Warsaw: Becoming the Avant-Garde: Rydwan, Maski, Wianki, Formiści; Nowa Sztuka, Zwrotnica and Blok // The Oxford Critical and Cultural History of Modernist Magazines / ed. by P. Brooker. Oxford: Oxford University Press, 2013. P. 1184–1207.

Struck 2006 — Struck B. Nicht West — nicht Ost: Frankreich und Polen in der Wahrnehmung deutscher Reisender zwischen 1750 und 1850. Göttingen: Wallstein Verlag, 2006.

Surman 2008 — Surman J. Supranational? Die habsburgischen Universitäten im Spannungsfeld zwischen 'republique des lettres' und 'republique des nations' // Kulturwissenschaftliches Jahrbuch Moderne. 2008. Nr. 4. S. 213–224.

Sutcliffe 1981 — Sutcliffe A. Towards the Planned City: Germany, Britain, the United States and France 1780–1914. Oxford: Blackwell, 1981.

Švácha 1995 — Švácha R. Od moderny k funkcionalismu. Prague: Victoria Publishing, 1995.

Švácha 1999a — Švácha R. Before and After the Mundaneum: Teige as Theoretician of the Architectural Avant-Garde // Dluhosch, Švácha 1999: 106–139.

Švácha 1999b — Prag, Brno und Zlín // Blau, Platzer 1999: 215–218.

Švácha, Malý 1996 — Švácha R., Malý J. The Architecture of New Prague: 1895–1945. Cambridge, MA: MIT Press, 1996.

Svobodová 2017 — Svobodová M. Bauhaus a Československo 1919–1938: Studenti, koncepty, kontakty = The Bauhaus and Czechoslovakia 1919–1938; Students, Concepts, Contacts. Prague: Kant, 2017.

Świątkowska 2016 — Świątkowska B. Adrichalim. Architekci: Leksykon pochodzących z polski architektów działających w Palestynie i Izraelu w XX wieku. Warsaw: Fundacja Nowej Kultury "Bęc Zmiana", 2016.

Syrkus 1925 — Syrkus S. Architektoniczne podstawy budownictwa mieszkaniowego // Odbudowa Gospodarcza. 1925. № 2. S. 21–26.

Syrkus 1926 — Syrkus S. Preliminarz Architektury // Praesens. 1926. T. 1. S. 6–16.

Syrkus 1927 — Syrkus S. Architecture opens up volume // Léger 1927: 29–32.

Syrkus 1928 — Syrkus S. Fabrykacja osiedli // AiB. 1928. № 8. S. 277–298.

Syrkus 1929 — Syrkus S. II Międzynarodowy Kongres Architektury Nowoczesnej // AiB. 1929. № 11–12. S. 87–88.

Syrkus 1931a — Syrkus S. Maisons basses, moyennes ou hautes? // AA. 1931. No. 4. P. 44.

Syrkus 1931b — Syrkus H., Syrkus S. Osiedle WSM na Rakowcu // DOM. 1931. № 5. S. 2–12.

Syrkus 1932 — Syrkus H., Syrkus S. Production des Logements en Masse // AA. 1932. No. 1. P. 61–68.

Syrkus 1933a — Syrkus S. Informacje o IV-ym Międzynarodowym Kongresie Architektury Nowoczesnej // AiB. 1933. № 8.

Syrkus 1933b — Syrkus S. Le Mur Exterieur: Experiences des Annees Dernieres et Projets Pour 1933 // Le IVe Congres Internarional d'Architecture Moderne a Athenes 'La Ville Fonctionelle' / ed. Chambre Technique de Grece // Annales Techniques. 1933. B IV (special issue). P. 1145–1149.

Syrkus 1933c — Syrkus S. Varsovie // Annales Techniques. 1933. B IV.

Syrkus 1934 — Syrkus S. Het Nieuwe Bouwen in Polen // De 8 en opbouw. 1934. No. 13. Z. 105–111.

Syrkus 1935 — Syrkus H., Syrkus S. O architekturze i produkcji mieszkań robotniczych. Warsaw, 1935.

Syrkus 1949 — Syrkus H., Syrkus S. Planning and Housing in Warsaw // Architect's Year Book 3. 1949. P. 55–64.

Syrkus 1973 — Syrkus H. Działalność architektów i urbanistów w Warszawie w okresie okupacji hitlerowskiej 1939–1945 // Studia Warszawskie. 1973. Nr 17. S. 303–313.

Syrkus 1976 — Syrkus H. Ku idei osiedla społecznego. Warsaw: Państwowe Wydawnictwo Naukowe, 1976.

Syrkus 1984 — Syrkus H. Społeczne cele urbanizacji: człowiek i środowisko. Warsaw: Państwowe Wydawnictwo Naukowe, 1984.

Syrkus, Żakowski 1932 — Syrkus S., Żakowski J. Zjazd lewicowych architektow w Pradze Czeskiej // DOM. 1932. № 11–12.

Szanior 2000 — Szanior T. Międzynarodowe wystąpienie nieistniejącego państwa // Barucki 2000: 21–25.

Szczepanik 2009 — Szczepanik P. The Aesthetics of Rationalization: The media Network in the Baťa Company // Klingan 2009: 203–215.

Szczerski 2003 — Szczerski A. Ein Festival der Leistungen — Die Allgemeine Landesausstellung 'PWK' in Posen 1929 // Schuler, Gawlik 2003: 129–131.

Szczerski 2010 — Szczerski A. Modernizacje: Sztuka i architektura w nowych państwach Europy Środkowo-Wschodniej 1918–1939. Łódź: Muzeum Sztuki w Łodzi, 2010.

Szmelter 2005 — Szmelter A. Kilka uwag o wątkach planowania urbanistycznego okresu międzywojennego w planach Biura Odbudowy Stolicy // Architekt warszawski i mazowiecki. Informacje OW SARP. 2005. Listopad. S. I–V.

Szmidt 1945 — Szmidt B., ed. The Polish School of Architecture, 1942–1945. Liverpool: Charles Birchall, 1945.

Szwankowska 2005 — Szwankowska H. Biuro Odbudowy Stolicy z perspektywy lat // Fałkowski 2005: 643–667.

Szymański 1989 — Szymański J. A. Warszawska Spółdzielnia Mieszkaniowa 1921–1970: Zarys dziejów. Warsaw: Wydawnictwo Spółdzielcze, 1989.

Szymanski-Störtkuhl 2000 — Szymanski-Störtkuhl B. Interwar Silesian Architecture in the Tension-Zone of National Assertiveness // Murawska-Muthesius 2000: 211–220.

Taut 1929 — Taut B. Die neue Baukunst in Europa und Amerika. Stuttgart: Julius Hoffmann, 1929.

Teige 2002a — Teige K. The Minimum Dwelling / Transl. by E. Dluhosch. Chicago: MIT Press; Graham Foundation for Advanced Studies in the Fine Arts, 2002.

Teige 2002b — Teige K. The Housing Crisis // Teige 2002a: 32–61.

Teige 2002c — Teige K. The Minimum Dwelling // Teige 2002a: 234–272.

Tereny 1929 — Tereny Sportowe w Warszawie // AiB. 1929. № 8.

Terlinden 1999 — Terlinden U. 'Neue Frauen' und 'Neues Bauen' // Feministische Studien. 1999. Vol. 17. Nr. 2. S. 6–14.

Terlinden, Oertzen 2006 — Terlinden U., Oertzen S. von. Die Wohnungsfrage ist Frauensache! Frauenbewegung und Wohnreform 1870 bis 1933. Berlin: Reimer, 2006.

Ther 2006 — Ther Ph. Vom Gegenstand zum Forschungsansatz. Zentraleuropa als kultureller Raum // Schauplatz Kultur — Zentraleuropa: Transdisziplinäre Annäherungen / hg. von J. Feichtinger / Innsbruck: Studienverlag, 2006. S. 55–63.

Thiekötter, Bätz 1993 — Thiekötter A., Bätz O. Kristallisationen, Splitterungen: Bruno Tauts Glashaus. Basel: Birkhäuser, 1993.

Thum 2013 — Thum G. Megalomania and Angst. The 19th-century Mythicization of Germany's Eastern Borderlands // Shatterzone of Empires: Coexistence and Violence in the German, Habsburg, Russian, and Ottoman Borderlands / ed. by O. Barţov. Bloomington: Indiana University Press, 2013. P. 42–60.

Todorov 2010 — Todorov T. The Limits of Art: Two Essays. London, New York: Seagull Books, 2010.

Todorova 2009 — Todorova M. N. Imagining the Balkans. Oxford, New York: Oxford University Press, 2009.

Toeplitz 1928 — Toeplitz T. Nowe sposoby budowania // AiB. 1928. Nr 4. S. 129–147.

Toker 2004 — Toker F. K. Fallingwater rising: Frank Lloyd Wright, E. J. Kaufmann, and America's most extraordinary house. New York: A.A. Knopf, 2004.

Tołwiński 1946 — Tołwiński S. Zagadnienie samorządu w świetle doświadczeń demokracji ludowej. Warsaw: Czytelnik, 1946.

Tołwiński 1970 — Tołwiński S. Wspomnienia, 1895–1939. Warsaw: Państwowe Wydawnictwo Naukowe, 1970.

Tomaszewski 1931 — Tomaszewski L. Urbanistyka w Z.S.R.R. // AiB. 1931. № 8–9.

Tomlow 2006a — Tomlow J., ed. Climate and Building Physics in the Modern Movement. Zittau: Hochschule Zittau/Görlitz, 2006.

Tomlow 2006b — Tomlow J. Introduction. Building Science as Reflected in Modern Movement Literature // Tomlow 2006a: 6–16.

Tooze 2001 — Tooze A. Statistics and the German State, 1900–1945: The Making of Modern Economic Knowledge. Cambridge: Cambridge University Press, 2001.

Toulmin 1992 — Toulmin S. E. Cosmopolis: The hidden agenda of modernity. Chicago: University of Chicago Press, 1992.

Tournikiotis 1999 — Tournikiotis P. The Historiography of Modern Architecture. Cambridge, MA: MIT Press, 1999.

Towarzystwo 1972 — Towarzystwo Urbanistow Polskich, 1923–1973. Warsaw: Arkady, 1972.

Trommler 1995 — Trommler F. The Avant-Garde and Technology // Science in Context. 1995. Vol. 8. P. 397–416.

Trybuś 2012 — Trybuś J. Warszawa niezaistniała: Niezrealizowane projekty urbanistyczne i architektoniczne Warszawy dwudziestolecia międzywojennego. Warsaw: Muzeum Powstania Warszawskiego, 2012.

Turda 2010 — Turda M. Modernism and Eugenics. New York: Palgrave Macmillan, 2010.

Turnock 2006 — Turnock D. The Economy of East Central Europe, 1815–1989: Stages of Transformation in a Peripheral Region. London: Routledge, 2006.

Turowski 1996 — Turowski A. From Workers' Estates to Co-operative Habitat // Miłobędzki 1996a: 48–60.

Twardowska 2016 — Twardowska K. Frederyk Tadanier. Cracow: Instytut Architektury, 2016.

Tyrmand 2009 — Tyrmand L. Dziennik 1954. Warsaw: Wydawnictwo MG, 2009.

Urbanik 2006 — Urbanik J. Szymon Syrkus. CIAM Representative of Poland and Pioneer in Integrated Building Science in Modern Architecture // Tomlow 2006a: 53–60.

Uyttenhove 1990 — Uyttenhove P. Continuities in Belgian Wartime Reconstruction Planning // Diefendorf 1990: 48–63.

Uzdrowiska 2012 — Uzdrowiska polskie. Łódź: Księży Młyn Dom Wydawniczy, 2012.

Uzelac 2003 — Uzelac S. B. Visual Arts in the Avant-gardes between the Two Wars // Djurić, Šuvaković 2003: 122–169.

Vago 1935 — Vago J. A. Zlin, Phenomene sociale // AA. 1935. No 11. P. 48–50.

Vago 2000 — Vago P. Une vie intense. Brussels: Archives d'Architecture Moderne, 2000.

Vandendriessche et al. 2015 — Vandendriessche J., Peeters E., Wils K. Introduction: Performing Expertise // Scientists' Expertise as Performance: Between State and Society, 1860–1960 / ed. by J. Vandendriessche, E. Peeters, K. Wils. London: Taylor & Francis, 2015. P. 1–13.

Vidler 2008 — Vidler A. Histories of the Immediate present: Inventing Architectural Modernism. Cambridge, MA: MIT Press, 2008.

Vossoughian 2006 — Vossoughian N. Mapping the Modern City: Otto Neurath, the International Congress of Modern Architecture (CIAM), and the Politics of Information Design // Design Issues. 2006. Vol. 22. No. 3. P. 48–65.

Vossoughian 2008 — Vossoughian N. Otto Neurath. The Language of the Global Polis. Rotterdam: NAI Publishers, 2008.

Wagenaar 2004 — Wagenaar C., ed. Happy Cities and Public Happiness in Post-War Europe. Rotterdam: NAI Publishers, 2004.

Wagner 1898 — Wagner O. Moderne Architektur. Wien: Schroll, 1898.

Wagner 2016 — Wagner Ph. Stadtplanung für die Welt? Internationales Expertenwissen 1900–1960. Göttingen: Vandenhoeck & Ruprecht, 2016.

Wahrhaftig 2005 — Wahrhaftig M., ed. Deutsche jüdische Architekten vor und nach 1933: Das Lexikon. Berlin: Reimer, 2005.

Wallenstein 2009 — Wallenstein S.-O. Bio-Politics and the Emergence of Modern Architecture. New York: Princeton Architectural Press, 2009.

Ward 2002 — Ward S. V., ed. Planning the Twentieth-Century City: The Advanced Capitalist World. Chichester: Wiley, 2002.

Warszawa 1945 — Warszawa Oskarża: Przewodnik po wystawie urządzonej przez Biuro Odbudowy Stolicy wespół z Muzeum Narodowym w Warszawie. Warsaw: Drukarnia Narodowa, 1945.

Weindling 1993 — Weindling P. Public Health and Political Stabilisation: The Rockefeller Foundation in Central and Eastern Europe between the two World Wars // Minerva. 1993. Vol. 31. No. 3. P. 253–267.

Weiss et al. 2014 — Weiss D., Harbuch G., Maurer B. A Major Heritage and an Unpublished Book. Introduction to the Atlas of the Fucntional City // Es et al. 2014: 11–24.

Welter 2002 — Welter V. Biopolis: Patrick Geddes and the City of Life. Cambridge, MA: MIT Press, 2002.

Welter 2010 — Welter V. The Limits of Community — The Possibilities of Society: On Modern Architecture in Weimar Germany // Oxford Art Journal. 2010. Vol. 33. No. 1. P. 63–80.

Wenderski 2017 — Wenderski M. Literary, Artistic and Architectural Exchange between Dutch and Polish Avant-Gardes: A Case Study in European Cultural Mobility in the 1920s and 30s // Dutch Crossing. 2017. Vol. 41. No. 2. P. 143–159.

Wijdeveld et al. 1933 — Wijdeveld H. Th., Mendelsohn E., Ozenfant A. Académie Européenne Méditerranée: Architecture, painting, sculpture, ceramics, textiles, typography, theater, music and dancing, photography and film. Amsterdam: Self-published, 1933.

Winter, Robert 1997 — Winter J. M., Robert J.-L., eds. Capital Cities at War: Paris, London, Berlin, 1914–1919. Cambridge: Cambridge University Press, 1997.

Wisłocka 1968 — Wisłocka I. Awangardowa architektura polska 1918–1939. Warsaw: Arkady, 1968.

Wiśniewski, Ochęduszko 2013 — Wiśniewski M., Ochęduszko R. Adolf Szyszko-Bohusz. Cracow: Instytut Architektury, 2013.

Wojtowicz 1996 — Wojtowicz R. Lewis Mumford and American Modernism: Utopian Theories for Architecture and Urban Planning. Cambridge: Cambridge University Press, 1996.

Wolfe 1999 — Wolfe T. From Bauhaus to Our House. New York: Bantam, 1999.

Wolff 1994 — Wolff L. Inventing Eastern Europe: The Map of Civilization on the Mind of the Enlightenment. Stanford: Stanford University Press, 1994.

Wood 2010 — Wood N. D. Becoming Metropolitan: Urban Selfhood and the making of Modern Cracow. DeKalb: Northern Illinois University Press, 2010.

Woods 1999 — Woods M. N. From Craft to Profession: The Practice of Architecture in Nineteenth-century America. Berkeley: University of California Press, 1999.

Wóycicki 1925/26 — Wóycicki Z. Cel i istota wystawy 'Mieszkanie i Miasto' // AiB. 1925/26. № 6. S. 2.

Woźnicki 1934 — Woźnicki S. Warszawa jako stolica // AiB. 1934. № 5. S. 137–138.

Wupper-Tewes 2002 — Wupper-Tewes H. Die Normalisierung industrieller Arbeit: Leistung, Norm und Gesundheit in der Rationalisierungsbewegung der Weimarer Republik // Anthropologie der Arbeit / hg. von U. Bröckling, E. Horn. Tübingen: Narr, 2002. S. 97–107.

Wynot 1983 — Wynot E. D. Warsaw between the World Wars: Profile of a Capital City in a Developing Land. 1918–1939. Boulder: East European Monographs, 1983.

Wystawa 1929 — Wystawa Mieszkaniowa w Warszawie // AiB. 1929. № 11–12. S. 86–87.

Wystawa 1930 — Wystawa Mieszkanie Najmniejsze // AiB. 1930. № 2. S. 80.

Zabel 2003 — Zabel B. B. Assembling Art: The Machine and the American Avant-Garde. Jackson: University Press of Mississippi, 2003.

Zarecor 2011 — Zarecor K. E. Manufacturing a Socialist Modernity: Housing in Czechoslovakia, 1945–1960. Pittsburgh: University of Pittsburgh Press, 2011.

Żarnowerówna 1942 — Żarnowerówna T. Obrona Warszawy: Lud polski w obronie stolicy (wrzesień, 1939 roku). New York: Polish Labor Group, 1942.

Żarnowski 2003a — Żarnowski J., ed. State, Society and Intelligentsia: Modern Poland and its regional context. Aldershot: Ashgate, 2003.

Żarnowski 2003b — Żarnowski J. Learned Professions in Poland 1918–1939 // Żarnowski 2003a: 407–426.

Żarnowski 2003c — Żarnowski J. The Impact of New Technology on Cultural Life in Poland: 1918–1939 // Żarnowski 2003a: 129–146.

Zarycki 2014 — Zarycki T. Ideologies of Eastness in Central and Eastern Europe. London, New York: Routledge, 2014.

Zervosen 2016 — Zervosen T. Architekten in der DDR: Realität und Selbstverständnis einer Profession. Bielefeld: transcript, 2016.

Zespoł 1932 — Zespoł 'U' // DOM. 1932. № 11–12.

Ziegler 2003 — Ziegler R. Kunst und Architektur im Kulturfilm: 1919–1945. Konstanz, 2003.

Zieliński 2000 — Zieliński T. Wielkie zadania architektow i architektury // Barucki 2000: 33–34.

Zimmermann 1991 — Zimmermann C. Von der Wohnungsfrage zur Wohnungspolitik: Die Reformbewegung in Deutschland 1845–1914. Göttingen: Vandenhoeck & Ruprecht, 1991.

Zimnica 1999 — Zimnica E. Making History. Poland at the 1939 World's Fair in New York // Department of Art History, Queen's University [Электронный ресурс]. 1999. URL: http://www.collectionscanada.gc.ca/obj/s4/f2/dsk2/ftp01/MQ37993.pdf (дата обращения: 22.02.2022).

# Предметно-именной указатель

Аалто Алвар 357, 372, 382
*А-Бе-Це. Байтреге цум бауэн*, журнал 204, 205, 207, 209
Аберкромби Патрик 307
авангардные движения 149, 152, 195, 211, 214, 223, 239
  влияние Первой мировой войны на 194–203
  восточно-центральноевропейские журналы 204–225
  польские 16, 17, 211, 219, 242
  связанные с архитекторами модернистами 149
Австрия 48, 58, 91, 93, 165, 235, 324, 337
Австро-Венгрия 48, 51, 58, 67, 200
*Австро-Даймлер*, салон 120
автомобили 118–120, 127, 128
авторитарные режимы / авторитаризм 49, 53, 85, 127, 148, 149, 165, 168, 260, 263, 294, 319, 324, 392
  архитекторы, работавшие при 85, 129, 149, 168, 260, 263, 294, 319, 324, 355, 392
  архитекторы-модернисты 149, 168, 294, 319, 324, 355, 392

возможности 85, 392
и технократия 53, 294
*авторские* здания 78
Айзенштадт Шмуэль 35
Академия изящных искусств в Кракове 102, 106
Аккра 387
Алофсин Энтони 73
Амстердам 89, 161, 175, 207, 263, 272, 275, 279, 281, 300, 309, 317, 339
Анвин Рэймонд 307
*Анналь текник*, журнал 299
антисемитизм 328, 330, 337, 388, 393
  в Венгрии 337
  в Польше 328, 393
архикраты 388
*Архитект*, польский журнал 215
архитектонизация, 116
архитекторы 7, *passim*
  женщины 105, 151, 173, 232
  как квалифицированные специалисты 5, 54, 59, 93, 390
  как предвестники современности 30, 34, 394, 395, 402
  как технократы 20, 129, 131, 131, 294, 388, 395, 399

как элита 74, 94, 98, 99, 105, 108, 109, 131, 365, 367
культурные репрезентации 93, 138, 218, 232, 391
подготовка 37, 81, 91, 95–99, 102, 103, 109, 110, 116, 131, 158, 166, 189, 257, 261, 392

*Архитекторы*, фильм 390, 391

архитекторы-модернисты 7, 16, 17, 19–21, 23, 25–39, 41, 46, 49, 55, 61, 68, 76, 77, 80, 81, 87, 97–99, 109, 114, 115, 117, 121, 125–127, 131, 132, 136, 143, 145, 148–151, 158, 160, 162, 166, 168, 173, 180, 185, 186, 188–193, 196, 198, 199, 201, 203–205, 209, 212, 213, 223, 225, 227, 232, 235, 237, 245, 247, 248, 252–258, 265, 269, 275, 294, 295, 306, 307, 316–389, 391–395, 397, 399, 402

в Восточно-Центральной Европе 16, 21, 23, 25, 29, 35, 37, 39, 61, 76, 77, 114, 117, 125–127, 149, 166, 186, 189, 193, 201, 205, 209, 212, 254, 255, 257, 316, 326, 334, 371, 388, 391–394, 397

в Польше 16, 19, 29, 49, 55, 115, 148, 149, 160, 168, 180, 199, 216, 218, 235, 319, 320, 321, 324, 325, 327, 334, 337, 355, 364

женщины 76, 173, 232, 249

и CIAM 28, 29, 33, 131, 132, 143, 145, 153, 158–160, 162, 166–169, 185, 186, 188, 193, 199, 205, 212, 213, 232, 237, 257, 258, 269, 275, 307, 317, 319, 325, 331, 334, 337, 345, 354, 371, 381, 392–395, 397, 402

и нацистский режим 20, 264, 325, 327

и политика 19, 23, 25, 39, 173, 186, 247, 256, 295, 317, 320, 326, 345, 391–395

интернационализм 185, 191, 203, 388, 392

как технократы 20, 37, 126, 131, 132, 294, 388, 395, 399

и фотография 87, 189, 196, 201–203, 207, 218, 247

самоуполномочие 30, 37, 131, 136, 257, 317, 392, 400

упадок 325

эмиграция 27, 264, 324, 355

архитекторы-писатели 226, 229, 243, 294

архитектура 8, *passim*

в литературе 22, 23, 64

и гигиена / здравоохранение 62, 83, 87, 104, 125, 135, 210

и государственное строительство 30, 53, 60, 85, 92, 94, 102, 127, 180, 235, 283, 285

и градостроительство 22, 52, 75, 77, 83, 95, 101–103, 110, 112, 142, 151, 156, 164, 175, 217, 243, 245, 247, 253, 257, 269, 270, 275, 292, 377, 389

и интернационализм 108, 144, 146, 185, 186, 190, 191, 203, 328

и модернизация 19, 35, 73, 75–77, 83, 110, 117, 120, 125, 187, 247, 320, 396

и общественное мнение 188, 237, 247, 302

и планирование 39, 52, 64, 110, 112, 125, 148, 157, 179, 205, 215,

217, 241, 270, 273, 280, 284, 293, 302, 317, 371, 384, 398, 400
и *социальная инженерия* 132
и социальные изменения 20, 38, 76, 81, 126, 132, 164, 183, 187, 189, 215, 352, 389
историография 29, 35
научно-технический аспект 142
рационализация / стандартизация 35, 117, 125, 144, 266
функционалистская 70, 72, 165, 179, 219, 222, 238, 266, 332
художественный аспект 22, 83, 97, 110, 122, 125, 151, 152, 196, 207, 239, 251
эстетический аспект 26, 72, 76, 118, 158, 204, 205, 222, 238

*Архитектура и будовництво*, журнал 163, 178, 212, 213, 215, 216, 218, 219, 221, 226, 241, 245, 248, 256, 281, 282, 321, 322, 325, 326

Архитектурно-градостроительная мастерская 344; см. PAU

*Аршитектюр д'ожурдюи*, журнал 8, 11, 141, 207–213, 215, 224, 226, 229, 234, 235, 253, 269

Ассоциация архитекторов Польской Республики 9, 148; см. SARP

Ассоциация польских архитекторов 9, 147; см. SAP

*Атлас функционального города* 24

Ауд Якобус Йоханнес Питер 23, 97, 127, 205, 227, 356

Аушвиц, концентрационный лагерь 13, 39, 233, 346, 350–352, 373, 374, 389

Афины 257, 262, 306, 308

аэрофотосъемка 111, 252, 283

Баба, пражский квартал 204
  дом *Март Стам* 204

Бабуров Виктор Вениаминович 381

Багдад 387

Балтии страны 49, 68, 212

Балчик, Болгария 192

Банк национального хозяйства 8, 180, 295

Барр Альфред 190

Барселона 247, 307

Басра 387

*Батя*, фабрика в Злине 165, 169, 266, 270

*Баувельт*, журнал 209

Бауман Зигмунт 20

Баухаус 8, 22–25, 41, 45, 84, 98, 105, 108, 112, 122, 125, 127, 192, 193, 196, 201, 223, 224, 239, 251, 258, 264, 327, 333, 402
  влияние на восточно-центральноевропейскую модернистскую архитектуру 22, 25, 201, 251, 258, 264
  городское планирование 84, 112
  Интернациональная выставка 1923 года 251
  самороспуск под давлением нацистов 258

*Башня* В. Е. Татлина 239

Башус Альбин 59

Бёкинг Пер 277

Бельгия 17, 48, 58, 64, 335, 383
   городское планирование 64
Бейвут Бернар 18
Бене Адольф Бруно 83, 224, 227–229, 243
   *Один час архитектуры* 224, 243
Бенш Адольф 108
Бергамо 13, 370, 385
Беренс Петер 96
Берлаге Хендрик Петрюс 87, 89, 157
Берлеви Генрик 120
Берлин 56, 58, 108, 197, 201, 272, 275–281, 283, 286, 288, 298, 300, 313, 322, 376, 402, 403
Бернулли Ханс 285, 307, 381
Берут Болеслав 13, 363, 367, 368
Бирбауэр (Борбиро) Виргил 171, 214, 216, 230, 366
Бирнс Джеймс Фрэнсис 372
*Блок*, польский авангардный журнал 11, 119, 120, 150, 152, 153, 197, 206, 214, 215, 240, 250, 251
   и группа 120, 150, 197, 206, 240 250, 375
   и конструктивизм 150, 197, 240
   и Шимон Сыркус 150, 197, 215, 251
Блок Андре 207
Большая Варшава 285, 367
Боттони Пьеро 168, 318
Бразилия 206, 291, 354
Брейер Марсель 34, 77, 333
Брешиани Эдда 225
Брно 10, 12, 43, 44, 66, 72–74, 108, 109, 134, 165, 169, 190, 227, 248, 270

Брукальская Барбара 10, 11, 29, 71, 92, 105, 124, 128, 150, 151, 161, 179, 182, 183, 200, 217, 232, 253, 321, 327, 362, 369, 398
Брукальский Балтазар 92
Брукальский Станислав 10, 11, 29, 70, 71, 92, 115, 128, 150, 161, 179, 200, 217, 228, 229, 245, 253, 294, 321, 327, 354, 361, 362, 369, 398
   и CIAM 29, 161, 179, 232, 354, 361
   об урбанизме 115, 229
   проекты 70, 115, 150, 179, 253, 294, 321
Брыла Стефан 354
Брюссель 133, 134, 240, 311, 339
Бубер Мартин 95
Будапешт 11, 58, 165, 166, 168, 170, 171, 258, 272, 288, 291, 356, 376
Бюро восстановления столицы 8, 360, 361; см. BOS
Бюро землеустройства и геодезических работ 300
Бюро регионального планирования 12, 285, 287, 300, 301, 309
Бюро Совета Лондонского графства 84

Ваго Жозеф 210
Ваго Пьер 141, 207, 269, 270
Вагнер Мартин 265, 313, 314, 333
Вагнер Отто 108, 399
Вагнер Филип 6, 141
Вайсенхоф, Германия 217, 247
Вайсман Эрнест 167, 193, 221
Валери Поль 264

ван Нелле фабрика в Роттердаме 204
Варшава 5, 8–13, 15, 17, 23–25, 38, 39, 46, 55–57, 62–64, 66, 67, 69, 70, 84, 100, 101, 107, 133, 149, 161, 163, 176, 177, 179, 180, 183, 184, 197, 201, 215, 217, 218, 220, 221, 230, 234, 251–253, 255–257, 264, 272, 274, 279–319, 321–323, 326, 333, 338–345, 347–350, 354, 357–365, 367–389, 392, 396, 397, 399
*Пруденциаль* 13, 341, 343, 354, 359
будущее 218, 289, 290, 292–298, 301, 303, 305, 310, 312, 314–317, 377
восстановление после Второй мировой войны 39, 100, 350, 360–363, 365, 367, 370, 373–377, 380–383, 385–387, 397
градопланирование 280, 283–286, 288, 289, 293, 294, 301, 302, 304, 312, 315, 321, 339, 342, 345
градостроительство 217, 253, 257, 264, 281, 283, 292, 313, 379, 380, 389
жилищное строительство 15, 55, 56, 57, 161, 163, 176, 177, 180, 183, 217, 221, 287, 292, 294, 365, 389, 396
и CIAM 24, 38, 39, 133, 161, 163, 176, 179, 230, 257, 264, 272, 273, 279–281, 298–300, 303, 307–314, 317, 318, 329, 332, 339, 345, 354, 357, 360, 361, 371, 373, 374, 379, 381, 385, 386, 392, 393, 397

как лаборатория *функционального города* 163
критика 101, 149, 294, 313, 314, 341, 377
модернистская архитектура 66, 67, 102, 120, 149, 315, 333, 369, 375, 377, 396
при нацистской оккупации 24, 101, 341, 345, 378
разрушение во время Второй мировой войны 13, 344, 358–360, 363, 373, 375, 376, 378–380
реформа 176, 219, 290, 292–294, 298, 365
*Варшава будущего*, выставка 12, 13, 293–296, 298, 312, 316, 320, 368, 376
*Варшава, вчера, сегодня, завтра*, выставка 12, 296–298
*Варшава живет*, выставка 13, 376–378
*Варшава максимальная* 304
*Варшава обвиняет*, выставка 374–377
*Варшава функциональная*, план 12, 38, 255, 257, 298, 300, 302, 307–310, 312, 313, 315, 317, 332, 392
*Варшавский городской комплекс* 305, 362
Варшавский жилищный кооператив 9, 17, 55, 148, 177, 184, 219; см. WSM
Варшавский политехнический институт (ВПИ) 9, 99
*Васмутс монатшефте фюр баукунст унд штедтебау*, журнал 209

Ват Александр 327
  *Мой век* 327
Вейдевельд Хендрик 264, 356
Веймар 98, 193
Веймарская республика 42, 56, 60–62, 75, 98, 105, 127, 134, 238, 241
  архитекторы 42, 61, 98, 105, 134
  женщины 105
  жилищное строительство 127, 241
*Век машины*, выставка 1927 года в Нью-Йорке 160, 251
Великобритания 17, 117, 141, 353, 377, 401
Вельде Анри ван де 264
Вена 58, 106, 108, 112, 146, 165, 197, 286, 376
Венгрия 16, 21, 29, 48, 49, 57, 60, 77, 83, 114, 121, 133, 165, 168, 171, 172, 210, 213, 214, 235, 239, 253, 263, 265, 319, 323–325, 329, 336, 337, 355–357, 361, 366, 386, 395
  антисемитизм 337
  коммунистический режим 366, 386
  модернистская архитектура 29, 214, 235, 336, 386
  и архитекторы 16, 29, 49, 77, 114, 121, 168, 210, 239, 253, 263, 265, 319, 324, 329, 336, 337, 355, 361, 395
  и политика 60, 210, 323, 336
  журналы 210, 213, 214, 239, 253, 386
  после Второй мировой войны 336, 357, 361, 366

региональное планирование 165, 171, 329
Вердегаст Витус, персонаж фильма 40, 42
*вещественность* (Sachlichkeit) 224, 238–240
*Вещь / Gegenstand / Objet*, журнал 205
Вильнюс 71
Винглер Ханс Мария 402
Возницкий Станислав 281, 282, 293
Войцицкий Зигмунт 251, 252
Восточно-Центральная Европа 5, 16, 21, 23, 25, 28, 29, 35, 37–39, 47–50, 54, 57, 58, 61, 62, 65, 67–69, 75–77, 80, 83, 99, 105, 110, 113, 114, 116–118, 122, 125, 127, 129, 133, 135, 144, 146, 149, 159, 164, 165, 185, 186, 191, 193, 194, 198, 203, 204, 206, 212, 215, 229, 230, 233, 254, 255, 257, 291, 310, 316, 326, 327, 337, 338, 358, 388, 391–394, 396, 397, 401
  авангардные движения 23, 149, 204, 205, 215, 239
  архитекторы 16, 21, 23–25, 28, 29, 35, 37–39, 61, 76, 77, 83, 91, 99, 105, 110, 113, 114, 116, 117, 122, 125–127, 129, 134, 146, 149, 153, 155, 159, 166, 169, 181, 185, 186, 189, 191, 193, 194, 198, 201, 203–206, 209, 210, 212, 230, 232, 239, 254, 255, 257, 291, 316, 326, 327, 334, 338, 371, 388, 391–394, 397, 401
  CIAM (CIAM-Ost) 24, 28, 29, 38, 133, 146, 153, 155, 159, 164–166, 169, 185, 186, 194, 205,

232, 251, 254, 257, 310, 323, 325, 334, 338, 371, 392–394, 397, 401
градостроительство 77, 83, 110, 114, 164, 257
конструктивизм 215, 239
политика 23, 25, 38, 29, 54, 67, 68, 129, 185, 186, 191, 210, 323, 326, 391, 392
социальные изменения 16, 80, 135, 164
легитимность 37, 61, 83, 93, 129, 134, 144, 291, 316, 396
модернизм 23–25, 29, 35–37, 66, 67, 69, 75–77, 118, 169, 193, 203–206, 209, 210, 233, 388, 392
модернистская архитектура 23, 28, 29, 35, 50, 66, 67, 117, 122, 149, 155, 204, 205, 209, 212, 229, 230, 251, 254, 396
после Второй мировой войны 39, 371
прогрессивные идеалы государства 105, 149, 169
восточный модернизм 22, 35, 37, 40–77
всемирные выставки 12, 70, 245–247, 297
Всемирная выставка 1925 года в Париже 245–247
Всеобщая национальная выставка в Познани 9, 10, 12, 71, 72, 217, 248–250, 252; см. PeWuKa
Всепольский съезд архитекторов 147
Вторая мировая война 22, 29, 33, 36, 39, 53, 81, 90, 135, 140, 155, 157, 161, 172, 257, 319, 326, 334, 336, 338, 365, 369, 371, 373, 379, 388, 396, 399, 400

влияние на модернистскую архитектуру 157
преемственные связи после 396
разрушение Варшавы 13, 344, 358–360, 363, 373, 375, 376, 378–380
Вторая польская республика 10, 50–52, 54, 67, 70, 102, 106, 283
Вуд Натаниэл 68
Вулф Том 25
*От Баухауса до нашего дома* 25
ВХУТЕМАС (Высшие художественно-технические мастерские) 9, 98
*высокая современность* 35, 36
Выставка Веркбунда в Германии, 1914 18, 247
Выставка жилищного строительства в Варшаве, 1935 12, 287
Выставка современной архитектуры в Варшаве, 1926 251
Выставка современной культуры в Чехословакии, 1929 12, 248
выставки как средство распространения информации об архитектуре 245, 247, 253, 293
Выставочный дворец в Праге 10, 73

Габсбурги 58, 227
Галиция 47, 94
Гарвард 371
ГДР 9, 390
Гдыня 10, 52, 53, 66, 94, 115, 252, 283
архитекторы 94, 115, 252
модернистская архитектура 66

Геддес Патрик 63, 227
Генерал-губернаторство 340
Генеральный план Варшавы 1931 года 101, 284, 285, 381
Германия 9, 17, 18, 22, 48–50, 58, 60, 67, 82, 83, 91, 93, 96, 105, 112, 122, 125, 149, 153, 169, 200, 205, 217, 219, 225, 227, 229, 238, 251, 258, 263–266, 271, 277, 309, 319, 324, 325, 327, 336, 337, 339, 342, 344, 350, 383, 384
Гётеборг, Швеция 335
Гидион Зигфрид 8, 11, 12, 23, 34, 120, 134, 135, 138, 153, 154, 156, 157, 160–163, 165, 166, 168–170, 172–174, 178, 191, 201, 202, 223, 224, 227, 228, 230, 231, 234, 236, 258–262, 270, 280, 300, 307–309, 311, 324, 328, 329, 331–335, 373, 386
  *Освобожденное жилье* 223
  и модернизм / модернистское движение 23, 169
  и CIAM 154, 156, 157, 160–163, 168–170, 172, 174, 202, 230, 231, 234, 236, 260, 261, 308, 309, 324, 328, 329, 331–335, 373
  как фотограф 201, 202
  о политике и архитектуре 260
  публикации 223
Гийен Мауро Ф. 109, 110, 116, 117
Гинзбург Моисей Яковлевич 223
  *Стиль и эпоха* 223
Говард Эбенизер 141
Гогенцоллерны 58
Голлерт Фридрих 341–344
Гольдберг Максимилиан 17, 354
Гольдзамт Эдмунд 386

города 6, *passim*; см. также столицы
  влияние Первой мировой войны 15, 30, 63, 65, 66, 80, 83, 88, 95, 108, 176, 192, 239, 257, 281, 283–285, 299, 325, 326, 399
  *город-сад* 15, 141, 283, 285
  градопланирование 257, 262, 272, 280, 283–286, 288, 289, 302, 304, 312, 315, 339, 342
  *линейный город* 271, 305
  развитие 51, 52, 64, 68, 74, 103, 111, 113, 141, 148, 175, 217, 252, 255, 270–273, 283–286, 289–293, 295, 299, 300, 304, 305, 314, 316, 341, 379, 380, 382, 387
  сравнение 68, 108, 154, 175, 217, 244, 271–275, 385
Горький (Нижний Новгород) 114
государства 15, 16, 18, 21, 27, 30, 34, 36, 37, 47, 48, 51, 53–74, 76, 77, 83–85, 89–96, 98, 99, 101–105, 109–111, 114–117, 129, 134, 139, 144, 146, 149, 163, 165–167, 173, 180, 185, 186, 189, 191, 194, 203, 209, 210, 212, 217, 239, 245, 248, 249, 252, 253, 256, 263, 266, 267, 282–287, 290, 291, 297, 316, 319–321, 325, 328, 329, 337, 338, 364, 367, 368, 388, 390–393, 396–398, 401
  и квалифицированные специалисты 54, 59, 93, 390
  и планирование 53, 129, 130, 166
  польское 15, 18, 19, 51, 55–57, 59, 62, 93, 94, 104, 146, 163, 217, 325

постмонархические архитекторы 57–65, 60, 83, 89, 92
центрально-восточноевропейские 16, 21, 36, 37, 47, 48, 54, 57, 58, 61, 62, 65–69, 76, 77, 83, 91–93, 99, 110, 114, 116, 117, 129, 134, 144, 149, 185, 186, 191, 194, 203, 212, 316, 325, 337, 338, 388, 391, 392, 396, 397, 401
и архитектура / архитекторы 18, 64, 66, 67, 70, 72, 76, 77, 83, 94, 101–104, 109, 110, 116, 146, 149, 173, 183, 186, 189, 190, 203, 209, 212, 217, 249, 253, 256, 266, 287, 320, 321, 328, 388, 396
столицы 56, 58, 68, 69, 84, 95, 149, 252, 253, 256, 282, 285–287, 289, 291, 316, 338, 360, 396
строительство 30, 60, 92, 94, 102, 283, 316
Государственный жилищный фонд, Польша 180
градопланирование 199, 257, 262, 272, 280, 283–286, 288, 289, 293, 294, 301–304, 312, 315, 321, 339, 342, 345, 364
в Польше 199, 285, 289, 302, 364
Варшава 280, 283–286, 288, 289, 293, 294, 301, 302, 304, 312, 315, 321, 339, 342, 345
и политика 285, 302, 312, 321, 342
в СССР 280, 285
в Чехословакии 16, 114, 165, 169, 205, 267, 329, 395
и нацистский режим 339, 342
как дисциплина 262, 283, 284
градостроительство 22, 37, 52, 57, 75, 77, 83, 88, 95, 101–103, 109–118, 141, 142, 151, 156, 164, 175, 217, 229, 243, 247, 253, 257, 264, 269–271, 275, 281–298, 313, 352, 377, 379, 380, 389
в Амстердаме 175, 275
в Польше 52, 83, 114, 253, 283
Варшава 217, 253, 257, 264, 281, 283, 292, 313, 379, 380, 389
в Чехословакии 114, 243, 253
ван Эстерен о 175, 243
возникновение и подъем 37, 109–118
и архитектура 22, 52, 75, 77, 83, 95, 101–103, 110, 112, 142, 151, 156, 164, 175, 217, 243, 245, 247, 253, 257, 269, 270, 292, 377, 389
после Второй мировой войны 380
функционалистское 151, 313
Грац 106
Гриневицкая-Пиотровская Анатолия 12, 151, 249
Гриневицкий Ежи 377
Гропиус Вальтер 9, 23, 24, 30, 96, 97, 112, 127, 134, 154, 169–171, 174, 181, 190, 191, 193, 196, 202, 209, 213, 221, 224, 226–229, 231, 232, 234, 235, 241, 251, 258, 261, 263, 270, 275–278, 308, 309, 313–315, 318, 323, 324, 331–333, 336, 337, 353, 354, 371, 372, 377, 384, 394, 400, 401, 403
и модернизм / модернистское движение 96, 97, 127, 169, 190, 191, 202, 209, 213, 224, 226, 229, 235, 251, 258, 315, 331, 333, 377, 400
и CIAM 30, 112, 154, 169, 171, 174, 193, 202, 213, 234, 241, 251,

258, 261, 270, 275, 308, 313–315, 318, 324, 331, 332, 337, 371, 384, 394, 401, 403
  как современный человек 231, 232
  критика Ле Корбюзье 261
  о стандартизации 127
  о *Варшаве функциональной* 308, 313, 314, 318, 377
  публикации 209, 213
  статус / слава 394
*Группа "U"* 151, 152, 301
Гувер Герберт 50
Гутт Ромуальд 361
Гутшов Нил 343

Данциг 52
движение за гигиену и архитектура 87
Дворец Лиги Наций в Женеве 11, 137, 138, 158
Дворец Советов в Москве 140, 258
*Де 8 эн опбау*, журнал 207, 210
*Де опбау*, нидерландская группа 207
*Де стейл*, нидерландская группа 72, 108, 195, 205, 206, 209
  типография 205
Дёблин Альфред 46
  *Берлин, Александерплац* 46
*Деветсил*, чехословацкая авангардная группа 213
Департамент по делам опустошенных войной территорий, Бельгия 64
Дессау 192, 193
Дехаан Хезер 114

*Дешевый собственный дом, польская кампания и выставка* 242
Джонсон Филип 190, 191, 228
  *Интернациональный стиль: архитектура с 1922 года* 190, 191
*Диск*, чехословацкий журнал 213
Дом Мельникова в Москве 10, 78, 79
*Дом. Оседле. Мешканье*, журнал 8, 12, 163, 177, 212, 219, 221, 242
Дусбург Тео ван 65, 97, 149, 227, 229, 240
Дюги Леон 63

евгеника 20
Европа 5, *passim*
  и США 93, 117, 119, 225, 285, 333, 382
  и фордизм 126, 127
  фашизм 69
  и CIAM 28, 29, 33, 38, 133, 134, 146, 159, 164, 165, 167, 169, 185–187, 193, 194, 230, 241, 251, 257, 264, 272, 279, 298, 310, 325, 336, 338, 361, 371, 392–394, 397, 400, 401
Европейская средиземноморская академия 266, 356

Жаньер Элен 210
Жарновер Тереза 13, 151, 340, 375
железобетон 11, 88, 99, 131, 203
Жеромский Стефан 14–20, 179, 290, 304
  *Канун весны* 14, 15, 290
*Жилище и город*, польская выставка 1925 года 251

жилищное строительство 9, 12, 54, 55, 60, 62, 105, 126, 127, 132, 140–142, 144, 162, 164, 167, 173, 175, 177, 180, 183, 199, 217, 221, 224, 227, 240, 241, 287, 292, 348, 364, 366, 390, 398
    в Варшаве 15, 55, 56, 57, 161, 163, 176, 177, 180, 183, 217, 221, 287, 292, 294, 365, 389, 396
    в Восточно-Центральной Европе 16, 54, 62, 133, 144, 149, 186
    в Польше 55, 62, 105, 128, 148, 162, 199, 364, 398
    в Швеции 132, 173
    рационализация 20, 126, 132, 164
    реформа 55, 142, 183, 229, 243, 292, 365
    социалистическое 177, 190
*Жиче WSM*, польская газета 219
Жолибож, Варшава 179, 181, 182, 283, 286
Жорж Пьер 382
журналы архитектурные 189, 193, 199, 200, 204–225, 253, 256, 386

*За новую архитектуру*, венгерская выставка 1932 года 251
Зайверт Франц Вильгельм 10, 86, 87
заказчики 31, 68, 76, 85, 95, 114, 116, 117, 155, 173, 190, 316, 331, 338, 355
    в военное время 355
    зависимость архитекторов 338, 355
    CIAM 116, 155, 338

Замок кайзера в Познани 72
Захватович Ян 361
*Звротница*, польский журнал 118, 214, 215
Зелинский Тадеуш 94
*Зенит*, югославский журнал 214
Злин, Чехословакия 12, 73, 165, 169, 264, 266–270

*Изотайп*, проект 244, 271
империи 21, 48, 49, 51, 57–60, 74, 91, 93, 99, 100, 227, 292
    роль квалифицированных специалистов 91, 93
    сухопутные 48, 91
индустриальное домостроение 20, 180, 362, 366, 399
    в Чехословакии 366
инженеры 16, 19, 20, 42, 59, 60, 77, 82, 84, 89, 92, 93, 97, 103, 110, 112, 121, 147, 154, 180, 288, 354, 390
    и архитекторы 16, 20, 42, 77, 82, 84, 88, 89, 96, 97, 103, 109, 110, 112, 131, 147
    подготовка 59, 60, 92, 93, 96, 103, 109, 110
Институт истории и теории архитектуры Швейцарской высшей технической школы в Цюрихе (gta ETH) 8, 24, 317, 401
интерес архитекторов-модернистов к повседневной жизни 132, 182
интернационализм 28, 39, 108, 143, 144, 146, 154, 162, 168, 185, 186, 190, 191, 203, 328, 388, 392, 401, 402

в архитектуре 108, 144, 146, 185, 190, 191, 203, 328
CIAM 28, 39, 154, 162, 168, 185, 186, 392, 401
модернистская архитектура 190, 191, 203, 328
кризис 144, 328
инфографика 12, 38, 194, 271, 302, 313
Испания 277, 324, 329
Истебна, Польша 11, 135
историография архитектуры 35, 224
*Источник*, книга А. Рэнд 31, 78
Италия 277

*К архитектуре* Ле Корбюзье 119, 223, 245
Каливода Франтишек 29, 165, 170, 171, 331, 357
Каллон Мишель 228
Каминский Зигмунд 101
Карлофф Борис 40, 42
Карлсруэ 283
Карой Давид 193
Каунас 67
Каэн Марсель Эжен 207
Квятковский Евгениуш 53, 129
Келен Николаус 307
Кения 265
Кёстер Артур 201
Клайн Барбара 343
*Книги Баухауса*, серия 223
книги по архитектуре 191, 222, 223, 225, 230
Кобро Катажина 197, 198
Коллектив социалистического строительства 277

*Коллективный дом*, венгерская выставка 1931 года 251
Коло, жилой район в Варшаве 13, 349, 362, 363
Коломина Беатрис 199
*Команда 10* 402
Комитет экспертов по архитектуре Лиги Наций 8, 137, 164; см. CAE
коммунистический режим 36, 39, 44, 367, 370, 392, 398
в Венгрии 366, 386
в Восточно-Центральной Европе 36, 39, 392
в Польше 44, 115, 363, 368, 398
в Центральной Европе 326
конкурсы международные 137–140, 147, 159, 258, 259, 321, 323, 374, 382
регулирование 140, 147
конструктивизм 26, 150, 197, 215, 238–240
в Восточно-Центральной Европе 215, 239
в Польше 239
*Конструктивистский интернационал*, союз художников 240
кооперативы жилищные 9, 17, 55, 148, 152, 161, 177, 180, 184, 219
Копенгаген 339
Корн Артур 276, 277
корпоративизм 63
Котера Ян 73, 108
Коутс Уэллс 308
Кощиц-Виткевич Ян 15
Краков 68, 106, 118, 215, 256, 340
Краковское техническое общество 215

Кранц Йозеф 72
Красная Вена 112
Крейцар Яромир 108
*кризификация*, стратегия 241, 251, 293
*Кружок архитекторов* 147, 288
Кумпошт Индржих 109
Кухенбух Давид 6, 111, 132, 241
Кшивицкая Ирена 17

Лавин Людвик 373
Ла-Сарра 155, 161, 240, 311
Латур Бруно 145, 228
Лаутербах Альфред 229
Лаутербах Генрих 216, 217
Ле Корбюзье 12, 13, 23, 27, 30, 33, 43, 46, 89, 96, 97, 112, 119–121, 128, 131, 132, 134, 137, 138, 145, 154, 155, 158, 159, 169, 170, 173–175, 188, 191, 193, 201, 204, 206, 207, 213, 214, 217, 223, 225–229, 231, 234, 236–238, 241, 245, 258–262, 268–270, 273, 300, 302, 305, 307, 308, 311, 323, 334, 357, 367, 377, 382, 385, 401
*Афинская хартия* 262, 308, 379, 385
*Лучезарный город* 305
*План Вуазен* 377
визит в Злин 268–270
градопланирование 262, 302
и CIAM 30, 112, 131, 145, 154, 155, 158, 159, 169, 173–175, 188, 193, 234, 236–238, 241, 258–262, 269, 270, 273, 300, 307, 308, 311, 323, 334, 357, 385, 401
и дело Мунданеума 158, 159, 237

и модернизм / модернистское движение 43, 46, 96, 97, 137, 155, 158, 159, 191, 201, 207, 214, 223, 226, 229, 237, 238, 258, 269, 270, 334, 377, 382
как организатор 174
как современный человек 231
как фотограф 201
о *Варшаве функциональной* 273, 302, 307, 308, 377
о вещественности (Sachlichkeit) 238
о машинах 120, 214
образование 96, 97, 112
публикации 134, 213, 223, 229, 262
статус / слава 89, 191
*Лева фронта*, чехословацкая авангардная группа и журнал 213, 277
легитимность государств Восточно-Центральной Европы 37, 55–61, 72, 83, 84, 93, 129, 134, 144, 316, 360, 396
Ленин Владимир Ильич 80
Лессепс Фердинанд де 291, 292, 341
Лига Наций 8, 9, 137–140, 142–145, 153, 156, 158, 160, 164, 187
линейного города концепция 271, 305
Лисицкий Эль 197, 204, 205, 225, 240
*Россия. Реконструкция архитектуры в Советском Союзе* 225
Литва 67, 386
Лодзь 133, 198

Лондон 146, 272, 275, 286, 307, 318, 373, 376
Лоос Адольф 227
Лутоши Бела 40, 42
Лунд, Швеция 335
Львов 71, 358
Львовская политехническая школа 94, 101
Льеж, Бельгия 335, 336
Люрса Андре 374, 381
Ляхерт Богдан 10, 11, 29, 62, 121, 147, 150, 151, 179, 214, 217, 245, 308, 321, 327, 354, 361, 369

Магнитогорск 235, 271
Май Эрнст 84, 134, 153, 193, 208, 209, 221, 241, 259, 260, 263, 265, 271, 275, 277, 327, 353
   и СССР 153, 259, 263, 265, 280, 327, 353
   проект «Нового Франкфурта» 84, 153, 208, 221
Майер Ханнес 84, 153, 232, 263, 265, 277, 352, 353, 373
Майер Чарльз 63, 76, 91
Малевич Казимир Северинович 196, 197
Мамфорд Льюис 377, 379–381, 387, 388
Мамфорд Эрик 24, 227
Манц Вернер 201
Маркелиус Свен 372
Маркс Карл 34
   *Манифест Коммунистической партии* 34
Масарик Томаш Гарриг 43, 47, 74
машины, увлечение модернистов 37, 118–125, 195

Маяковский Владимир Владимирович 204
Международная выставка новой архитектуры 1925 года в Варшаве 215
Международная федерация жилищного строительства 9, 142; см. IVW
Международная федерация жилищного строительства и городского планирования 9, 141; см. IFHTP
Международное объединение архитекторов 9, 141, 207; см. RIA
Международный конгресс современной архитектуры (CIAM) 8, 24, 145, 146, 174, 175, 186, 239, 273; см. CIAM
Международный союз прогрессивных художников 239, 240
Мексика 265, 353
Мельников Константин Степанович 78, 80
Мемориал Томаша Батя в Злине 265
Мендельсон Эрих 192, 225, 264–266, 275, 277
*Механофактура*, выставка 120
Миланская триеннале 1933 года 10, 70
Миллер Ромуальд 308
Милош Чеслав 21, 344
   *Азбука* 21
Милютин Николай Александрович 259, 271, 305
минимальное жилище 132–134, 161, 162, 167, 178

*Минимальное жилище*, выставка 1930 года, организованная *Презенсом* 253
Министерство восстановления Польши 365, 368, 376
Министерство культуры Польши 376
Министерство общественных работ Польши 94, 252, 283, 285
Минск 358
Мис ван дер Роэ Людвиг 18, 23, 26, 96, 97, 190, 247, 275, 394
Миса Томас 140
модернизация 19–21, 25, 27, 28, 33–35, 37, 38, 47, 51, 54, 58, 59, 62, 65, 68, 69, 73, 75–77, 83, 91, 105, 110, 114, 117, 120, 125, 136, 187, 247, 317, 342, 391, 392, 396
  в Восточно-Центральной Европе 21, 25, 35, 37, 47, 65, 68, 73, 75–77, 83, 91, 110, 114, 117, 191, 320, 391, 392, 396
  и архитектура 19, 35, 73, 75–77, 83, 110, 117, 120, 125, 187, 247, 320, 396
модернизм 11, 17, 22–25, 27–29, 32, 33, 35–37, 40–77, 108, 109, 118, 169, 192, 193, 200, 203–206, 209, 210, 213, 215, 218, 221, 222, 225, 229, 231, 233, 237, 241, 247, 249, 266, 267, 269, 324, 350, 355, 360, 361, 368–371, 382, 385, 387–389, 392–395, 398, 399, 402, 403
  восточный / в Восточно-Центральной Европе 22, 35, 37, 40–70
  разочарование 1960-х 169, 399
  распространение 192, 222, 394, 395

язык 218, 221, 237
модернистская архитектура 22, 23, 27–29, 34–36, 42, 43, 50, 76, 97, 104, 116, 117, 120, 122, 132, 149, 151, 155, 157, 158, 189–191, 196, 199, 201, 204, 205, 209, 210, 212–214, 222, 224, 226, 229, 231, 238, 244, 247, 249, 251, 254, 265–267, 270, 315, 331, 333, 334, 336, 337, 355, 370, 375, 377, 394, 396, 400
  в Восточно-Центральной Европе 23, 28, 29, 35, 50, 66, 67, 117, 122, 149, 155, 204, 205, 209, 212, 229, 230, 251, 254, 396
  в Польше 29, 70, 120, 149, 160, 210, 221, 226, 229, 249, 328, 331, 355, 375
  в СССР 28, 204
  в Чехословакии 29, 43, 204, 209, 213, 331
  Варшава 66, 67, 102, 149, 333, 396
  Злин 266, 270
  и CIAM 28, 29, 155, 157, 158, 160, 205, 213, 231, 238, 251, 254, 270, 315, 331, 334, 336
  и авангардные движения 23, 117, 189, 196, 199, 204, 205, 213–215
  и вещественность (Sachlichkeit) 224, 238
  и современность 34–36, 42, 76, 117, 132, 225
  и социальные изменения 132, 215, 251, 328, 370
  критика 35, 149, 190, 218, 222, 236, 377, 400

подъем и упадок 29
Мозер Вернер 134, 160, 172, 173, 307, 373
Мозер Карл 188, 307
Мольнар Фаркаш 11, 29, 77, 133, 165, 168–171, 193, 214, 231, 233, 258, 270, 331, 336, 337, 356, 357
и CIAM 29, 133, 165, 168–171, 231, 270, 331, 336, 337, 357
монументальная архитектура 72, 320
Моравия 266
Москва 78–80, 140, 159, 258, 263, 276, 280, 304, 376
московская модернистская архитектура 78, 80, 140, 258, 259, 280
Мохой-Надь Ласло 77, 122, 201, 205, 227, 239, 258, 333, 337
*Конгресс архитекторов* 227, 258
конструктивизм
*множественных современностей* концепция Ш. Айзенштадта 35
Музей современного искусства, Нью-Йорк 269
Мунданеум 158, 159, 170, 237, 244
Мюллер-Вулков Вальтер 222, 223
*Синие книги* 222, 223,

Нанси, Франция 251
Напрафорго, улица в Будапеште 192
Народный дом в Простеёве 73
научно-технический аспект архитектуры 99
научный подход к градопланированию 82, 111, 114, 167

национализация территорий в Варшаве 181, 363, 380, 385
Национальный музей в Варшаве 13, 293, 322, 323, 375
нацистский режим, трудности для архитекторов 61, 264
в Варшаве 339
коллаборация 352–357
эмиграция 327
Нейрат Отто 244, 248, 261, 271, 272, 313
Неккер Сильвия 388
Нельсон Пауль 374, 381
Немоевский Лех 11, 217, 218, 226, 369, 370
*Ученики плотника* 370
Нигеман Хенк 265
Нидерланды 17, 48–50, 108, 122, 125, 149, 153, 219, 251, 333
Нижний Новгород 114; см. Горький
Нимейер Оскар 382
Новая Варшава 285
Новая вещественность (Neue Sachlichkeit) 238, 240
Новицкий Мачей 360, 377, 382
*Новый Франкфурт*, проект 84, 153, 188, 194
*Нойе Франкфурт*, немецкий журнал 208, 221
Нойферт Эрнст 127
Норверт Эдгар 10, 64, 218, 229, 245, 249, 294, 370
Нью-Йорк 245, 376

*Общественный дом*, Варшава 179
Общество жилищной реформы (TRM) 9, 176, 177, 229

Общество польских урбанистов 9, 176; см. TUP
Общество рабочих поселков 71, 177, 295, 361
Объединение современных архитекторов (ОСА) 9, 223, 239
Одерфельд Генрих 11, 138
Одесса 283
Озанфан Амеде 206, 264
Оман Фридрих 108
организации взаимопомощи 17, 179, 183
*Организация господарства домовего*, журнал 177
Орен Уво 275, 336, 372
Осборн Фредерик 307
Оссовский Станислав 346
Отвоцк, Польша 11, 135
Отле Поль 158, 244, 245
Охота, район Варшавы 283

Пабст Фридрих 339
Павильон в Барселоне 18, 247
Пайпер Тадеуш 215
Палата культуры, Нидерланды 356
*Пасмо*, чехословацкий журнал 213
*Патрис II*, судно 12, 236, 257, 258, 262, 299
Певзнер Николас 23, 306
Пёльциг Ханс 42
Пёльциг Яльмар, персонаж фильма 40–42, 77
Первая мировая война 15, 20, 21, 30, 36–38, 40, 42, 48, 50, 51, 57–59, 63–66, 69, 77, 80–83, 86, 88, 89, 91–93, 95, 98, 101, 102, 105, 108, 115, 118, 119, 129, 131, 140, 143, 146, 147, 149, 154, 165, 176, 180, 192, 194–196, 222, 225, 239, 254, 257, 281, 283–285, 292, 295, 299, 325, 326, 281, 397, 399
в Восточно-Центральной Европе 51
влияние
на городское развитие 63, 64
на коммуникационные технологии 196
на модернистскую архитектуру 42
на роль государства 63
периферийные регионы 25, 47, 168
Перре Огюст 269
Пикабиа Франсис 231
Пилсудский Юзеф 53, 54, 63, 320–322
Пилсудского форум в Варшаве 13, 322
Пиотровский Пётр 233
Пиотровский Роман 13, 29, 116, 161, 179, 308, 309, 327, 329, 361, 365, 368
Пискатор Эрвин 181
*План большой Варшавы* 283
планирование 16, 30, 37, 39, 47, 52–54, 63, 64, 82, 84, 88, 95, 110–114, 117, 118, 125, 126, 129–132, 141, 142, 148, 157, 161, 162, 165–167, 169, 171, 172, 179, 181, 205, 215, 217, 228, 235, 241, 263, 267, 270, 273, 279, 283–289, 291, 293, 294, 298, 300–304, 308–313, 317–319, 321, 329, 339, 341–343, 361–368, 371, 373, 384, 387, 389, 395–400; см. также Региональное планирование

и архитектура 52, 64, 110, 112, 125, 148, 157, 179, 205, 217, 241, 270, 293, 302, 317, 371, 384, 400
функционалистское 301, 303
Платцер Моника 168, 270
плотность населения 287, 292
  в Варшаве 292
Пневский Богдан 147, 282
подготовка архитекторов 81, 95, 98, 109, 110, 131, 257, 392
Позенер Юлиус 210, 227
Познань 57, 71, 72, 217, 248–250, 252
  Замок кайзера 72
Поллини 318
Польша 15–17, 19, 21, 24, 29, 38, 44, 46, 48–57, 62, 65, 67, 69–72, 83, 92–94, 99, 101, 103, 105–108, 114–116, 118, 120, 121, 125, 128–130, 133–135, 146–149, 160, 162, 163, 165, 168, 176, 177, 180, 183, 185, 197–199, 203, 206–208, 210, 213, 216, 218, 219, 221, 226, 229, 230, 235, 239, 249, 253, 277, 279, 281, 283–285, 287, 289, 290, 291, 294, 295, 300, 302, 304, 306, 309, 311, 319–321, 324, 325, 327–332, 334, 336–338, 353, 355, 360, 363, 364, 368, 375, 379, 381, 382, 384, 387, 395, 398
  авангардные движения 17, 49, 52, 108, 118, 120, 197, 239
  антисемитизм 328, 337
  архитекторы 16, 19, 24, 29, 49, 55, 92, 94, 99, 103, 106–108, 114–166, 121, 128, 146–149, 160, 162, 163, 165, 168, 180, 185, 199, 206, 207, 210, 216, 218, 226, 230, 235, 239, 249, 253, 277, 279, 281, 291, 300, 319–321, 324, 325, 327, 329, 331, 334, 337, 338, 355, 364, 375, 379, 382, 387, 395, 398
  и нацистский режим 24, 101, 338, 355
  карьеры 94, 216, 364
  влияние Первой мировой войны 15, 21, 48, 50, 69, 93, 101, 105, 115 129, 146, 147, 176, 239, 281, 325
  Вторая польская республика 10, 50–52, 54, 67, 70, 102, 106, 283
  градопланирование 199, 285, 289, 302, 364
  градостроительство 52, 83, 114, 253, 283
  жилищная реформа 16, 54, 55, 105, 128, 133, 148, 163, 176, 177, 328
  модернистские архитекторы / архитектура 29, 70, 120, 149, 160, 210, 221, 226, 229, 249, 328, 331, 355, 375
  журналы 120, 177, 197, 206–208, 210, 213, 216, 219, 239, 253, 325, 331
  и Вторая мировая война / нацистский режим 29, 319, 334, 336, 338
  региональное планирование 53, 129, 165, 285, 309, 329
  социалистический реализм 368
  технические специалисты 92, 93, 103
постмодернизм 403
постмонархические государства 57–65

архитекторы 83
жилищное строительство 89
квалифицированные специалисты 91
Постоянный международный комитет архитекторов 141; см. CPIA
*потенциальное состояние* 289, 298
*поточный город* (Н. А. Милютина) 305
Прага 10, 43, 58, 67, 73, 108, 169, 243, 248, 269, 288, 339, 376
*Презенс*, польская группа 29, 125, 150–153, 160, 176, 178, 179, 182, 185, 197–200, 206, 211, 215, 217, 226, 230, 249, 253, 280, 310, 329, 346, 354, 361, 365, 367, 374
  и журнал 11, 33, 152, 163, 198, 200, 203, 205, 216, 251
  выставки 160, 176, 197, 215, 217, 230, 249, 251, 253, 374
  и Шимон Сыркус 29, 125, 150, 151, 160, 179, 197, 198, 211, 215, 217, 230, 251, 253, 280, 310, 346, 354, 361, 365, 374
  и CIAM 29, 33, 153, 160, 178, 179, 185, 199, 205, 217, 230, 280, 310, 329, 346, 354, 361, 374
  и WSM 178, 179, 185, 221, 365, 374
президенты Варшавы 13, 192, 293, 297, 300, 308, 315, 365, 383, 387
профессионализация архитекторов 97
профессионализация архитектуры 96

*Пруденциаль*, здание в Варшаве 13, 341, 343, 354, 359
Прыстор Александр 54
Пшипковский Тадеуш 377

разрушение как предпосылка новаторства 43
Райт Фрэнк Ллойд 264
Раковец, микрорайон Варшавы 370
рационализм 73, 121
рационализация 20, 35, 37, 125, 126, 129–132, 164, 266, 271
  и архитектура 35, 125, 266
  жилищного строительства 20, 126, 132, 164
  реализаторы 20, 172–186, 294
*Ревю Деветсилу*, чехословацкий журнал 213
региональное планирование 53, 54, 113, 129, 161, 165–167, 169, 171, 181, 267, 285, 300, 301, 308, 309, 311, 317, 329, 363
  в Восточно-Центральной Европе 54, 113, 129, 166, 169
  в Польше 53, 54, 129, 165, 285, 309, 329
Рига 106, 115
Рисмен Дэвид 377–381, 388
  *Одинокая толпа* 377
Ритвельд Геррит 97
*Ритм*, польский журнал 214
Роде Отто 180
Родоньо Дэвид 144
Роккан Стейн 47
Романовы 58
Рорк Говард, персонаж книги 31, 78

Российская империя 48, 51, 100, 292
Рот Альфред 161, 307, 373, 401–403
Рот Йозеф 46
Роттердам 25
*Рочник*, польский ежегодник 219
Роэ Людвиг Мис ван дер 18, 23, 26, 96, 97, 190, 247, 275, 394
Ружанский Станислав 12, 284–287, 289, 293, 295–297, 300, 301, 309, 315
Ружицкий Стефан Збигнев 301, 308
Румыния 49, 68, 165
Рутковский Станислав 294
Рэнд Айн 31, 78
*Источник* 31, 78

санации режим, Польша 53, 54, 57, 58, 148, 177, 186, 284, 292, 294
санатории 11, 134, 135, 218
Сарторис Альберто 202, 334, 335
Сен-Тропе 264
Серт Хосе Луис 13, 131, 221, 307, 308, 318, 385, 401
Сигалин Юзеф 13, 361, 368
Симультанный театр в Варшаве 11, 184, 196
Скандинавия 50
Скотт Джеймс 65, 91
*Благими намерениями государства* 65
собор Александра Невского в Варшаве 67
современность 19, 26, 27, 30, 32–37, 40–77, 103, 111, 116–118, 127, 131, 132, 134, 193, 225, 227, 228, 232, 245, 258, 391, 392, 394, 395, 398, 402
архитекторы как предвестники / реализаторы 30, 33, 115, 394
в Восточно-Центральной Европе 65, 66
высокая 35
Запад как стандарт современности 75
Сомер Кис 24, 157
Сориа-и-Мата Артуро 271, 305
Сосновский Оскар 287–290, 298, 354
сотрудничество архитекторов с нацистским режимом 101
социалистический реализм 13, 36, 367–369, 385
*социалистический город* (Н. А. Милютин) 259
социальная инженерия 88, 131, 132, 134
Социально-экономический музей 244
социальные изменения 20, 27, 38, 76, 81, 109, 126, 132, 172, 183, 187, 215, 352, 389
архитектура / модернистская архитектура 20, 27, 132, 134, 183
в Восточно-Центральной Европе 37, 185
в Польше 115
Спыхальский Мариана 13, 365, 366
*Срединная Европа* (Mitteleuropa) 48
СССР 9, 28, 52, 114, 153, 194, 197, 204, 217, 235, 251, 259, 263, 265, 275, 276, 280, 281, 285, 327, 336, 353

авангардные движения 52, 197, 204, 276
архитекторы 28, 114, 194, 204, 235, 259, 263, 265, 276, 280, 327, 336
градопланирование 280, 285
конструктивизм 197, 275
модернистская архитектура 28, 204, 235, 263, 265, 327
*Ставба*, чехословацкий журнал 213
*Ставитель*, чехословацкий журнал 212, 213
Стажинский Стефан 12, 13, 292–295, 297, 298, 308, 315, 316, 322, 368, 387
Сталева-Воля, Польша 52, 53
Сталин Иосиф Виссарионович 258, 259, 386
Сталинград 358
Стам Март 23, 154, 202, 204, 205, 263, 384
стандартизация 117, 119, 126–128, 131, 144, 180, 244, 245, 266, 269, 399
Станишкис Ежи 377
Старый город Варшавы 13, 360, 364, 366
*Стеклянная цепь*, сообщество архитекторов 18, 46
стеклянные дома 15–20, 135, 179, 183, 219, 233, 290, 399
  в литературе 15, 16, 135
  в Польше 16, 17, 19
*Стеклянные дома*, ассоциация жильцов 17, 179, 183, 219
Стеклянный дом в Варшаве 17
Стеклянный дом в Париже 18
Стеклянный павильон Бруно Таута 18
Стжелецкий Ян 308
Стокгольмская выставка 1930 года 247
столицы восточно-центрально-европейских государств 6, 38, 56, 58, 65, 67–69, 84, 95, 113, 149, 215, 217, 221, 252, 253, 255–257, 272, 280–282, 284–292, 294, 298, 315, 316, 321, 338–342, 344, 354, 359–361, 363, 373, 375–379, 381–383, 386, 387, 396
Столя Дариуш 386
*Строим для наших детей*, венгерская выставка 1932 года 251
Стравинский Игорь Федорович 264
супердзельницы 289
Суэцкий канал 291
Схот Йохан 5, 140
США 22, 40, 43, 50, 82, 93, 96, 97, 117, 119, 172, 190, 225, 230, 284, 285, 324, 332, 333, 372, 375, 377, 379, 382
  визит Сыркусов 172, 377
  обмен с Европой 225
  попытка эмиграции Сыркусов 332, 333
Сыркус Хелена 24, 29, 105, 108, 128, 132, 147, 150, 151, 161, 163, 166, 170, 179, 181, 184, 197, 202, 212, 221, 233–237, 298, 301, 306, 307, 309, 314, 315, 317–319, 323, 324, 327–336, 345–347, 349–354, 356, 357, 361–363, 369–374, 377, 378, 383–385, 389, 398, 401–403
  визит в США 172, 377

воспоминания 24, 132, 345, 401
и коммунистический режим 398
и CIAM 29, 116, 234, 236, 237, 288, 307, 309, 385, 403
интернационализм 237, 402
о политической ситуации в Польше 330, 331, 334, 350
о структуре сообщества в жилых микрорайонах 347
о PAU 345, 346
попытки эмиграции 332, 333, 352, 353
после Второй мировой войны 362, 370, 372
проекты 128, 306, 307, 349, 363, 363

Сыркус Шимон 24, 29, 39, 71, 106, 108, 115, 116, 122, 123, 125, 128, 131, 133, 134, 147, 150, 151, 153, 159–163, 165, 166, 168, 170, 172, 173, 175, 178, 179–181, 184, 186, 191, 193, 196–199, 201, 202, 205, 210–212, 215, 217, 221, 229–231, 233–236, 238, 241, 251, 253, 254, 275, 276, 278–280, 283, 290, 291, 294, 298–306, 309–315, 317–319, 323, 324, 327–335, 339, 346, 347, 350–354, 356, 357, 361–363, 369–374, 377, 378, 381, 384, 389, 393, 394, 398
визит в США 172, 377
и вещественность (Sachlichkeit) 238
и группа «Блок» 150
и журнал «Презенс» 198
и коммунизм 115
и СССР 276
и CIAM 29, 116, 133, 159–163, 217, 221, 230, 279, 280, 300, 309–311
интернирование в Аушвице 39, 233, 346, 350, 352, 373
о «функциональном городе» 115, 116, 163, 275, 276, 279, 283
о Варшаве / функциональной Варшаве 283, 291, 298–316
о политической ситуации в Польше 335
о социальном домостроении / архитектуре 133
об архитекторах-модернистах как реализаторах 173
об интернационализме 235, 236
после Второй мировой войны 362, 370, 373, 374, 381
проекты 71, 138, 362
публикации 122, 123, 125, 210, 211, 229, 253, 346

Сэйнт Эндрю 232

Тайге Карел 117, 121, 122, 133, 159, 170, 193, 197, 204, 213, 237, 238, 260, 329
*Конструктивизм и ликвидация искусства* 122
и вещественность (Sachlichkeit) 238
и СССР 197
и CIAM 133, 159, 170, 213, 237, 238, 260, 329
о социальном домостроении 133, 170, 238
проекты 122, 204
радикализм 121, 122, 159, 170, 213, 329

Татлин Владимир Евграфович 239
Таут Бруно 18, 45, 61, 75, 225, 226
  *Венец города* 18
Тель-Авив 327, 355
Тёплиц Теодор 55, 175–178, 185, 294
*Тер эс форма*, венгерский журнал 214, 216, 366, 386
территориализация 91
технические специалисты 60, 89, 92, 93, 103, 111, 129, 248, 260, 326
технократия 20, 37, 53, 54, 59, 63, 125, 126, 129–132, 144, 155, 271, 294
  и авторитаризм 53, 129, 294
  в Восточно-Центральной Европе 126, 129, 388
технократы 20, 292, 305, 388, 395, 399
  и архитекторы / архитекторы модернисты 20, 388, 395, 399
технологизация 88, 98, 132
Тиллинг Тадеуш 301
типографика 205, 206, 254
Товарищество развития восточных земель 54
Тодоров Цветан 30, 239
Токио 376
Толвинский Станислав 175–178, 183, 348, 365, 381, 383
Толвинский Тадеуш 101, 282–284, 288, 308
*Тотальный театр* Гропиуса 196
Траутенау (Трутнов), Чехословакия 205
Тугендхат вилла в Брно 10, 17, 43, 44
Турда Мариуш 20
Турция 265, 313, 324
Тырманд Леопольд 385–387, 399

Ульмер Эдгар 40–43, 77
  *Черный кот* 10, 40, 41, 77, 390
Управление социального страхования 71, 148
урбанизм 88, 113, 115, 116, 145, 148, 157, 160, 175, 228, 229, 241, 243, 245, 247, 270, 272, 282, 283, 295, 312, 342, 358; см. градостроительство
утопия 18, 60, 75, 92, 131, 195, 239, 240, 273, 279, 290, 305, 346, 348, 371, 378

Фелинский Роман 55, 94, 95, 102, 115, 229, 283
Филд Герман 370, 382
фильмы 10, 22, 40–43, 77, 100, 199, 227, 243, 258, 390, 391, 393
  *Архитекторы* 390, 391
  *Конгресс архитекторов* 258
  *Черный кот* 10, 40, 41, 77, 390
Фишер Йожеф 366, 386
Флобер Гюстав 122
Фогель Якоб 6, 144
Форбат Фред 8, 13, 24, 29, 77, 116, 169, 170, 172, 174, 193, 231, 232, 234, 235, 259, 260, 263, 265, 280, 313, 323, 324, 331, 333, 335–337, 353, 354, 357, 371–374, 384, 386, 394
  и CIAM 24, 29, 170, 172, 174, 234, 259, 280, 313, 323, 331, 335–337, 357, 371, 373, 374, 384
  о политической ситуации в Венгрии 323, 336, 337

о «функциональном городе» 280, 313
о холодной войне 384
работа в СССР 259, 263, 265, 280, 336
эмиграция в Швецию 77, 336
фордизм 126, 127
*Форм*, журнал 209
Форстхофф Эрнст 60, 61, 63
Форти Эдриан 237
фотографирование архитектуры 87, 189, 196, 199–203, 207, 218, 222–224, 231, 234, 247, 376
Франкфурт 132, 134, 142, 161, 188, 193, 240, 241, 253
социальное жилье 133, 241
*Франкфуртер цайтунг*, газета 263
Франция 17, 58, 64, 153, 207, 218, 219, 223, 224, 227, 229, 251, 253, 277, 291, 327
Фриш Макс 380
Фукс Богуслав 108, 162
функциональный город 24, 39, 116, 163, 257, 260, 262, 264, 270–281, 283, 298, 302, 305, 307–313, 345, 350, 382, 399
критика 313
во время нацистской оккупации 339, 345
Злин как образец 270
функционалистская архитектура 72, 165, 179, 219, 332

Хальмош Бела 168
Хансен Оскар 399
Хегеманн Вернер 245, 247
Хейфел Шарль ван де 244
Херрен Мадлен 28
Хильберзаймер Людвиг 224

Хичкок Генри-Рассел 23, 190, 191, 228, 316
*Интернациональный стиль: архитектура с 1922 года* 190, 191
Хмелевский Ян Олаф 179, 300–305, 309, 310, 312, 314, 315, 350, 362, 365, 379, 381
холодная война 45, 370, 377, 379, 384, 400
художественный аспект архитектуры 96, 110, 122

*центр и периферия* 21
Центральная Европа 11, 48, 49, 60, 65, 82, 83, 92, 96–98, 119, 165, 194, 201, 208, 210, 227, 230, 320, 324
влияние Первой мировой войны 63, 64
коммунизм, солидаризация с ним интеллектуалов 327
эмиграция архитекторов из 324
Центральный институт физического воспитания в Варшаве 10, 62, 64
Центральный промышленный регион Польши 9, 11, 52, 129, 130, 315; см. ЦПР
ЦПР (Центральный промышленный регион Польши) 9, 52, 53, 115, 129
Цюрих 24, 169, 170, 174, 230, 275, 307, 308, 317, 401, 402

Черный Владислав 328, 365
Чернышев Сергей Егорович 381
Чехословакия 16, 17, 21, 29, 36, 43, 48, 49, 51, 59, 72–74, 108,

114, 121, 128, 159, 165, 169, 171, 174, 204, 205, 210, 213, 221, 235, 239, 243, 247, 251, 253, 266, 267, 277, 319, 325, 329–331, 337, 338, 361, 366, 386, 395
  архитекторы 16, 29, 49, 74, 108, 114, 121, 159, 165, 169, 204, 210, 213, 235, 239, 253, 277, 319, 329–331, 395
  градопланирование 16, 114, 165, 169, 205, 267, 329, 395
  индустриальное домостроение 366
  модернистская архитектура 29, 43, 73, 169, 204, 213, 235, 266, 331, 386
  Злин 73, 169, 266, 267
  урбанизм 243
Чешский технический университет в Брно 109
Чикаго 376

Шанайца Юзеф 10, 29, 62, 133, 147, 150, 151, 159–161, 179, 217, 245, 321, 327, 354
Шаниор Тадеуш 146
Шаро Пьер 18
Щерский Анджей 53
Швейцария 50, 376
Швеция 132, 173, 335, 336, 353, 357, 372, 374
Шеербарт Пауль 18
Шеффлер Карл 95, 98
  *Архитектор* 95
Шлегель Карл 192
  *чудо одновременности* 192, 254
Шпеер Альберт 31, 357
Штайнманн Мартин 317, 319, 345, 401, 402

Штерткуль Беата 67
Штрук Бернард 144
Штутгарт 247
Шумахер Фриц 83, 89, 133
Шютте Вильгельм 339
Щука Мечислав 120

Эйзенхауэр Дуайт Дэвид 13, 366
Эйнштейн Альберт 264
элиты 59, 74, 92–94, 99–101, 105, 108, 109, 131, 283, 290, 340, 365, 367
  архитекторы как часть 74, 94, 98, 99, 105, 108, 109, 131, 365, 367
  польские 100, 340
*Эспри нуво*, журнал 206, 213, 215, 223
Эстерен Корнелис ван 8, 12, 13 23, 24, 112, 154, 156, 170, 174, 175, 230, 234, 236, 243, 244, 272–274, 278, 280, 282, 300, 308, 309, 314, 324, 331–336, 353, 356, 357, 381, 386
  *Идея функционального города*, серия лекций 272
  и CIAM 24, 112, 154, 156, 174, 175, 230, 234, 243, 244, 272, 273, 280, 308, 309, 314, 324, 331, 332, 335, 336, 357, 381
  о *Варшаве функциональной* 272–274, 309, 314
  о градопланировании 272
  о градостроительстве 175, 243
  о «функциональном городе» 272, 273, 278, 308
  проекты 154, 175, 244, 273, 336, 381

*Эра*, кафе в Брно 10, 72, 73
Этцемюллер Томас 131
Эфорие, Румыния 192

Юго-Восточная Европа 47
Югославия 49, 68, 91, 165, 167, 193, 401
Южная Америка 109, 110, 353

Япония 206
ячейка поселения 342

*a.r.*, группа *Революционные художники/Artyści rewolucyjni* 10, 151, 198, 199
BOS (Biuro Odbudowy Stolicy — Бюро восстановления столицы) 8, 360–362, 364, 365, 367–369, 381
CAE (Committee of Architectural Experts — Комитет экспертов по архитектуре Лиги Наций) 8, 137, 140–142, 145, 164
CIAM (Congres Internationaux d'Architecture Moderne — Международный конгресс современной архитектуры) 24, 28–30, 33, 38, 39, 112, 113, 116, 131–134, 138, 143, 145, 146, 152–176, 178, 179, 185–188, 193, 194, 199, 202, 205, 212, 213, 217, 221, 227, 230–232, 234, 236–238, 240–244, 251, 253, 254, 257–264, 269–281, 297–300, 303, 307–319, 323–325, 328–339, 345, 346, 351–354, 357, 358, 360, 361, 366, 369–371, 373, 374, 379, 381, 384–386, 392–397, 400–403
дружба 234
и *Варшава функциональная* 38, 39, 257, 264, 273, 298, 307–314, 317, 318, 332, 339, 386, 392, 393
и восточно-центрально европейские архитекторы (CIAM-Ost) 38, 164–172185, 186, 194, 231, 258, 270, 311, 329, 331
и Вторая мировая война 29, 33, 155, 157, 161, 172, 257, 319, 334, 336, 338, 354, 371, 373, 379, 400
и градостроительство 112, 113, 156, 164, 175, 243, 257, 264, 269–271, 275, 352, 379
и Мунданеум 158, 159, 170, 237
и политика 258
деполитизация 319
и тема *минимального жилища* 132, 134, 161, 162, 167, 240
и тема *функционального города* 24, 39, 116, 163, 260, 262, 264, 270–275, 278–280, 298, 308, 309, 311, 313, 345
и холодная война 379, 384, 400
интернационализм / интернациональные сети 28, 39, 154, 162, 168, 185, 186, 392
и Лига Наций 145, 153, 156, 158, 160, 164, 187
история 317, 402
перестройка после Второй мировой войны 357, 358
польская группа 24, 38, 134, 158–164, 176, 186, 202, 221, 276, 279, 300, 306, 307, 317, 329, 345, 379

раскол между Западом
и Востоком 159, 277
роспуск 154, 400
устремления 113, 188, 194
CIAM-Ost 38, 164–168, 170–172, 185, 186, 194, 231, 258, 270, 311, 325, 329, 331
CPIA (Comité Permanent International des Architectes — Постоянный международный комитет архитекторов) 8, 141, 146, 156
*i10*, голландский журнал 205
IFHTP (International Federation for Housing and Town Planning — Международная федерация жилищного строительства и городского планирования) 9, 141, 142, 145, 162, 176, 185, 232, 243, 381
IVW (Internationaler Verband für Wohnungswesen — Международная федерация жилищного строительства) 9, 142, 176, 243
PAU (Pracownia Architektoniczno Urbanistyczna — Архитектурно-градостроительная мастерская) 9, 13, 344–348, 350, 352, 356, 360, 361, 364, 367
PeWuKa (Powszechna Wystawa Krajowa w Poznaniu — Всеобщая национальная выставка в Познани) 9, 12, 72, 208, 248–250, 252, 293
RIA (Réunion International d'Architectes — Международное объединение архитекторов) 9, 141, 207, 269
SAP (Stowarzyszenie Architektów Polskich — Ассоциация польских архитекторов) 9, 147–150, 194, 219, 280, 300, 325, 329
SARP (Stowarzyszenie Architektów Rzeczypospolitej Polskiej — Ассоциация архитекторов Польской Республики) 9, 106, 148, 149, 302, 308, 312, 321325, 329, 330, 355, 359
TUP (Towarzystwo Urbanistów Polskich — Общество польских урбанистов) 9, 176, 280, 287, 300, 302, 321
UFA, немецкая киностудия 9, 201
WSM (Warszawska Spółdzielnia Mieszkaniowa — Варшавский жилищный кооператив) выставка, посвященная минимальному жилищу 9, 11, 17, 55, 57, 148, 152, 172–185, 219, 221, 335, 345, 346, 348, 350, 361, 364, 365, 368, 374
и *Презенс* 178, 179, 185, 221, 365, 374

# Оглавление

Благодарности .................................................. 5
Принятые сокращения ..................................... 8
Список иллюстраций ...................................... 10

Введение. Предвестники современности ................. 14
Глава 1. Современность в Восточной Европе:
  восточноевропейский модернизм? ..................... 40
Глава 2. Архитекторы как специалисты по социальному:
  новый тип, вышедший на европейскую сцену .......... 78
Глава 3. Формирование новых архитектурных целей ....... 137
Глава 4. Распространение информации о социальных
  преобразованиях, осуществляемых посредством
  архитектуры ................................................. 188
Глава 5. Материализация международной повестки:
  «Варшава функциональная» .............................. 256
Глава 6. Под давлением: архитекторы-модернисты
  и рост политических крайностей ....................... 320
Эпилог .......................................................... 390

Библиография ................................................ 404
Предметно-именной указатель ........................... 455

*Научное издание*

Мартин Кольрауш
ПРЕДВЕСТНИКИ СОВРЕМЕННОСТИ
Восточно-Центральная Европа и подъем архитекторов-модернистов. 1910–1950

Директор издательства *И. В. Немировский*
Ответственный редактор *И. Белецкий*
Куратор серии *В. Кучерявенко*
Заведующая редакцией *О. Петрова*

Дизайн *И. Граве*
Редактор *Н. Васильев*
Корректоры *А. Филимонова, Е. Гайдель*
Верстка *Е. Падалки*

Подписано в печать 29.08.2023.
Формат издания 60 × 90 $^1/_{16}$. Усл. печ. л. 20,3.
Тираж 300 экз.

Academic Studies Press
1577 Beacon Street, Brookline, MA 02446 USA
https://www.academicstudiespress.com

ООО «Библиороссика».
190005, Санкт-Петербург, 7-я Красноармейская ул., д. 25а

Эксклюзивные дистрибьюторы:
ООО «Караван»
ООО «КНИЖНЫЙ КЛУБ 36.6»
http://www.club366.ru
Тел./факс: 8(495)9264544
e-mail: club366@club366.ru

Книги издательства можно купить
в интернет-магазине: www.bibliorossicapress.com
e-mail: sales@bibliorossicapress.ru

*Знак информационной продукции согласно
Федеральному закону от 29.12.2010 № 436-ФЗ*

www.ingramcontent.com/pod-product-compliance
Ingram Content Group UK Ltd.
Pitfield, Milton Keynes, MK11 3LW, UK
UKHW021832210426
5322IPUK00004B/158